"十二五"职业教育国家规划教材

经全国职业教育教材审定委员会审定

"十三五"江苏省高等学校重点教材

（编号：2020-1-033）

DADLU

GONGCHENG

SHIGONG JISHU

道路工程施工技术

第二版

徐秀维　张爱芳　主　编　李　灵　副主编

化学工业出版社

·北京·

内 容 简 介

本书根据我国公路工程现行技术规范、标准编写而成，详细介绍了道路的分类和技术标准，全书从道路分部分项工程施工与质量验收过程展开，系统地阐述了道路工程施工准备、施工技术和工艺要求，并明确了其质量验收的流程、步骤、方法和标准。针对高等职业教育的特点，以实际工程为载体，辅以全套的施工图纸，通过任务引领的方式，以施工过程为主线，通过项目任务构建了教材的结构体系。

本书项目后附有知识点考核、综合能力考核（包括案例分析、真实项目方案编制）以及考核评价。内容具有实用性、工学结合实践性强的特点，符合高职高专学生的学习规律。同时，本书配套了丰富的数字资源，扫码可以查看。

本书可作为高职高专道路桥梁工程技术、市政工程技术、建筑工程技术、工程监理等相关专业的教材，也可作为从事市政工程施工与管理等相关技术工作人员的参考书。

图书在版编目（CIP）数据

道路工程施工技术/ 徐秀维，张爱芳主编.—2 版.—北京：化学工业出版社，2020.8（2022.8重印）

"十二五"职业教育国家规划教材　经全国职业教育教材审定委员会审定

ISBN 978-7-122-36966-6

Ⅰ.①道…　Ⅱ.①徐…　②张…　Ⅲ.①道路施工-高等职业教育-教材　Ⅳ.①U415

中国版本图书馆 CIP 数据核字（2020）第 084376 号

责任编辑：李仙华　　　　　　　　　　　　文字编辑：邢启壮
责任校对：李雨晴　　　　　　　　　　　　装帧设计：张　辉

出版发行：化学工业出版社（北京市东城区青年湖南街 13 号　邮政编码 100011）
印　　装：三河市双峰印刷装订有限公司
787mm×1092mm　1/16　印张 17¾　字数 460 千字　2022 年 8 月北京第 2 版第 3 次印刷

购书咨询：010-64518888　　　　　　　　　售后服务：010-64518899
网　　址：http://www.cip.com.cn
凡购买本书，如有缺损质量问题，本社销售中心负责调换。

定　　价：49.80 元　　　　　　　　　　　版权所有　违者必究

前　言

　　本教材是"十二五"职业教育国家规划教材，自出版以来得到了各兄弟院校师生和广大读者的关注。

　　教材在使用中，一方面收集和整理了几年来的教学实践和使用者的建议，另一方面《公路工程技术标准》《城市道路交通工程项目规范》《公路路基施工技术规范》等行业标准、规范都有不同程度的修订，因此，为使教材能及时引入行业新标准、新规范、新技术，编者团队在企业的共同参与下，对教材的内容进行了必要的调整、补充或延展。主要表现在以下几个方面。

　　(1) "基于工作过程"系统化的课程开发理念和方法，坚持企业一线工程技术人员共同编写的校企合作模式，坚持引入二建考试大纲，按"精讲多练，启发引导，留有余地，注重创新"的原则编排教材内容。突出了"基础性和普遍性""工程性和实践性""系统性与先进性"的统一。

　　(2) 项目导向任务引领的编写思路，以真实的项目为载体，通过任务实施，将道路工程的施工方法、施工技术及施工规范中涉及新增或变化的内容进行了增减或修改，保持了教材的先进性、科学性、实用性的特点，符合高等职业技术教育培养人才的客观要求。

　　(3) 项目引领、任务驱动的编排方式，在循序渐进、适合教学和自学提高等优点的基础上，增加了图片、视频等配套的二维码数字资源，拓展和延伸教材的内容，为学习者提供了更加丰富、直观的学习内容，形成了有利于扩展知识面、开阔视野的技术与知识体系。

　　本教材第二版由常州工程职业技术学院徐秀维、张爱芳主编；常州工程职业技术学院李灵任副主编；常州工程职业技术学院杨波、李艳霞、沈程、姚文驰，江苏城乡建设职业学院顾虓，扬州工业职业技术学院束必清，江苏工程职业技术学院刘伟宏参与编写。常州先达路桥工程有限责任公司教授级高工陆志红总工程师审稿。中交路桥建设有限公司海外分公司张靖工程师为教材提供了大量的工程现场素材和工程实例，并全程参与了教材编写工作。

　　在编写和审稿过程中，编写团队走访了多家企业，听取了行业企业专家和兄弟院校的意见，尤其是中铁第四勘察设计院集团有限公司邓云纲、江苏恒基路桥有限公司副总经理芮山、常州华北建筑有限公司总经理周惠忠对教材提出了宝贵的修改意见，在此一并感谢！

　　本书配套有 PPT 教学课件，可登录 www.cipedu.com.cn 免费获取。

　　由于编者的水平有限，书中难免存在不妥之处，恳请读者批评指正！

编者

2020 年 6 月

第一版前言

高等职业技术教育培养的是面向生产和管理第一线的应用型技术人才，为了满足高等职业技术发展的需要，为了贯彻高等职业教育、教学改革精神，结合"基于工作过程"系统化的课程开发理念和方法，结合二级建造师岗位职业资格证考试大纲要求，在企业专业人士的大力支持下，编写了本书。本书以一个真实的项目为载体，通过任务实施，将道路工程的施工方法、施工技术、施工规范进行融合，具有科学性、先进性、实用性的特点，符合高等职业技术教育培养人才的客观要求。2015年本教材入选"十二五"职业教育国家规划教材。

本书具有以下特点。

① 以具体的工程项目为载体，采用项目引领任务驱动模式，按照岗位实际工作任务、工作过程和工作情境组织教学内容。从岗位职业技术要求和能力要求出发，以工作任务为中心来整合相应的知识、技能、素质，为教师教学和学生学习提供有效途径。

② 每个项目中的任务实施按照工作流程和技术路线展开，突出理论与实践一体化，将理论知识融入项目任务中，引导学生自主学习。

③ 学生在完成项目任务之后，可以通过总结与训练进一步巩固知识、提高专业知识和能力；引入大量二级建造师考试内容，以提升学生综合能力。

本书由常州工程职业技术学院徐秀维主编，常州工程职业技术学院张爱芳、杨波副主编，参加编写人员有常州工程职业技术学院徐秀维、张爱芳、杨波、李艳霞、余跃，江苏城乡建设职业学院顾虓，常州先达路桥工程有限责任公司副总经理曹斌。本书由常州先达路桥工程有限责任公司总经理陆志红主审。在此感谢常州工程职业技术学院吴亚伟、李灵、刘晨凌、楼晓雯、郭晓东等老师的支持和帮助。

在编写和审稿过程中，走访了多家市政企业，听取了行业企业专家和兄弟院校的意见，主审陆志红总经理提出了大量宝贵意见，同时感谢江苏建设集团和常州先达路桥工程有限责任公司工程技术人员的大力支持，在此一并深表谢意。

本书配套有PPT教学课件、现场施工视频以及与课程内容相关的行业标准、规范、典型项目等，可登录 www.cipedu.com.cn 免费获取。

由于编者的水平有限，书中难免存在不妥之处，恳请读者批评指正。

编者

2015 年 1 月

目 录

项目三　道路基层施工　/76

项目四　沥青路面施工　/109

资源目录

引　言　道路基础知识准备

理解道路的分类及分级；熟悉道路的组成；掌握道路工程施工图识读方法。

能够应用所学知识，区分公路与城镇道路的分级；能够按照规范标准正确识读道路施工图。

素质目标

养成自主学习、探索知识的习惯；养成遵守标准规范的习惯。

道路工程施工技术中包含了相关的专业知识和技术手段，因此，在施工前对相关专业知识进行系统学习和理解，有助于后续项目任务的实施。

知识点 0. 1　道路的分类及分级

0. 1. 1　道路分类

道路是指供各种车辆和行人等通行的工程设施的总称。按其使用特点共分为公路、城镇道路、厂矿道路、林区道路以及乡村道路等。道路分类如图 0-1 所示。

0. 1. 2　公路分类与技术标准

0. 1. 2. 1　公路的概念及分类

公路是指连接城镇、乡村，主要供汽车行驶的道路。根据公路的作用及使用性质，又将公路划分为以下几类。

（1）国家干线公路（简称国道）　是指具有全国性政治、经济、文化以及国防意义的公路，包括重要的国际公路、国防公路以及连接各省、市、自治区、重要大中城镇、港口枢纽、工农业基地等的主要干线公路。

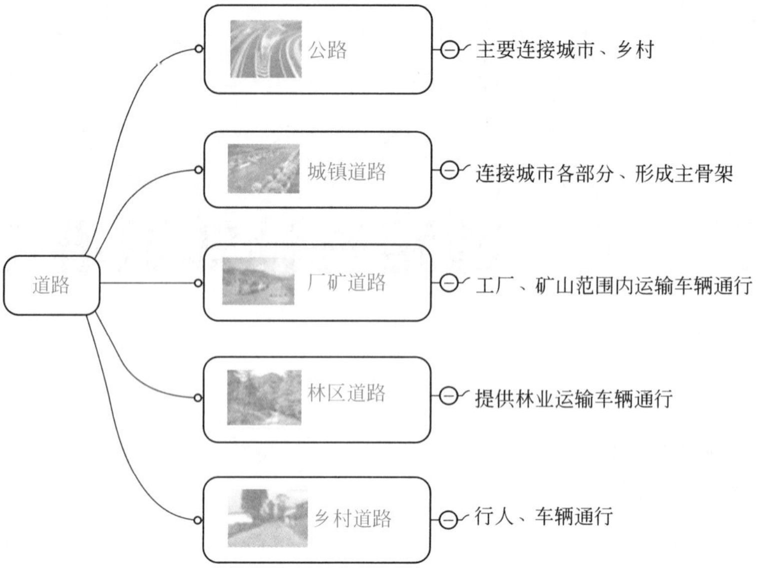

图 0-1　道路分类

（2）省级干线公路（简称省道）　是指在省公路网中，具有全省性的政治、经济、国防意义，并经确定为省级干线的公路。

（3）县级公路（简称县道）　是指具有全县性的政治、经济意义，并经确定为县级干线的公路。

（4）乡级公路（简称乡道）　是指主要为乡村生产、生活服务，并经确定为乡级的公路。

（5）专用公路　是指由工矿、农林部门等投资修建，主要供部门使用的公路。

0.1.2.2　公路的分级

依据交通运输部办公厅关于《公路工程技术标准》（JTG B01—2014）的规定，按照功能性等级（公路的使用任务、功能和流量）将公路划分为以下五个等级。

① 高速公路为专供汽车分向、分车道行驶，全部控制出入的多车道公路。高速公路的年平均日设计交通量宜在 15000 辆小客车以上。

② 一级公路为供汽车分向、分车道行驶，并可根据需要控制出入的多车道公路。一级公路的年平均日设计交通量宜在 15000 辆小客车以上。

③ 二级公路为供汽车行驶的双车道公路。二级公路的年平均日设计交通量宜为 5000～15000 辆小客车。

④ 三级公路为主要供汽车、非汽车交通混合行驶的双车道公路。三级公路的年平均日设计交通量宜为 2000～6000 辆小客车。

⑤ 四级公路为供汽车、非汽车交流混合行驶的双车道或单车道公路。双车道四级公路年平均日设计交通量宜在 2000 辆小客车以下，单车道四级公路年平时日设计交通量宜在 400 辆小客车以下。

0.1.2.3　公路技术等级选用的基本原则

① 公路技术等级的选用应根据路网规划、公路功能，并结合交通量论证确定。

② 主要干线公路应选用高速公路。

③ 次要干线公路应选用二级及二级以上公路。

④ 主要集散公路宜选用二、三级公路。

⑤ 支线公路宜选用三、四级公路。

0.1.2.4　公路的技术标准

（1）设计车辆（见表 0-1）

表 0-1　设计车辆

车辆类型	总长/m	总宽/m	总高/m	前悬/m	轴距/m	后悬/m
小客车	6	1.8	2	0.8	3.8	1.4
大型客车	13.7	2.55	4	2.6	6.5+1.5	3.1
铰接客车	18	2.5	4	1.7	5.8+6.7	3.8
载重汽车	12	2.5	4	1.5	6.5	4
铰接列车	18.1	2.55	4	1.5	3.3+11	2.3

注：铰接列车的轴距（3.3+11）m，其中 3.3m 为第一轴至铰接点的距离，11m 为铰接点至后轴的距离。

（2）交通量　新建和改扩建公路项目的设计交通量预测符合下列规定。

① 高速公路和一级公路设计交通量预测年限为 20 年；二、三级公路设计交通量预测年限为 15 年；四级公路根据实际情况确定。

② 设计交通量预测年限的起算年为该项目可行性研究报告中的计划通车年。

③ 交通量换算采用小客车标准车型。各汽车代表车型及车辆折算系数规定见表 0-2。拖拉机和非机动车等交通量换算应符合下列规定。

表 0-2　各汽车代表车型及车辆折算系数

汽车代表车型	车辆折算系数	说明
小客车	1.0	座位≤19 座的客车和载重量≤2t 的货车
中型车	1.5	座位>19 座的客车和 2t<载重量≤7t 的货车
大型车	2.5	7t<载重量≤20t 的货车
汽车列车	4.0	载重量>20t 的货车

a.畜力车、人力车、自行车等非机动车按路侧干扰因素计。

b.公路上行驶的拖拉机每辆折算为 4 辆小客车。

c.公路行驶能力分析所要求的车辆折算系数应针对路段、交叉口等形式，按不同的地形条件、交通需求，采用相应的折算系数。

④ 公路设计小时交通量宜采用年第 30 位小时交通量，也可根据项目特点与需求，在当地年第 20~40 小时交通量之间取值。

（3）服务水平　采用 v/C（指在基准条件下，最大服务交通量与基准通行能力之比。基准能力是五级服务水平条件下对应的最大小时交通量）值来衡量拥挤程度，作为评价服务水平的主要指标，同时采用小客车实际行驶速度与自由流速度之差作为次要评价指标，将服务水平分为六级，分别代表一定条件下驾驶员的感受。各级公路设计服务水平不低于表 0-3，并符合下列规定。

表 0-3　各级公路设计服务水平

公路等级	高速公路	一级公路	二级公路	三级公路	四级公路
服务水平	三级	三级	四级	四级	—

① 一级公路作为集散公路时，设计服务水平可以降低一级。

② 长隧道及特长隧道路段、非机动车及行人密集路段、互通式立体交叉分合流区段以及交织区段，设计服务水平可降低一级。

（4）速度

① 各级公路设计速度。各级公路设计速度应符合表 0-4 的规定。设计速度的选用应根据公路的功能与技术等级，结合地形、工程经济、预期运行速度和沿线土地利用性质等因素综合论证确定，并应符合下列规定。

表 0-4　各级公路设计速度

公路等级	高速公路			一级公路			二级公路		三级公路		四级公路
设计时速/(km/h)	120	100	80	100	80	60	80	60	40	30	30

a. 高速公路设计速度不宜低于 100km/h。受地形、地质等条件限制时，可选用 80km/h。

b. 一级公路作为干线公路时，设计速度宜采用 100km/h；受地形、地质等条件限制时，可选用 80km/h；作为集散的一级公路，设计速度宜采用 80km/h；受地形、地质条件限制，可采用 60km/h。

c. 高速公路和作为干线的一线公路特殊困难局部路段，且因新建工程可诱发工程地质灾害时，经论证，该局部路段的设计速度可采用 60km/h，但长度不宜大于 15km。或仅限于相邻两互通立体交叉之间的路段。

d. 作为干线的二级公路，设计速度宜采用 80km/h；受地形、地质等条件限制时，可采用 60km/h；作为集散的二级公路，设计速度宜采用 60km/h；受地形、地质等条件限制时，可采用 40km/h。

e. 三级公路设计速度宜采用 40km/h；受地形、地质等条件限制时，可采用 30km/h。

f. 四级公路设计速度宜采用 30km/h；受地形、地质等条件限制时，可采用 20km/h。

② 公路设计应采用运行速度进行检验。相邻路段运行速度之差应小于 20km/h，同一路段运行速度与设计速度之差宜小于 20km/h。

③ 公路限制速度应根据设计速度、运行速度及路侧干扰与环境等因素综合论证确定。

（5）建筑界线　各级公路的建筑界线应符合图 0-2 规定，并符合下列规定。各级公路建筑界线符号说明见表 0-5。

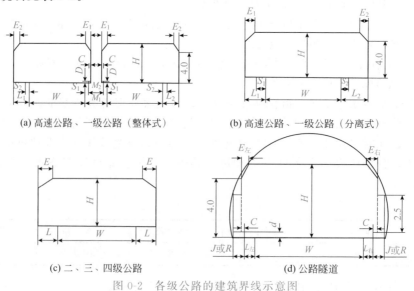

(a) 高速公路、一级公路（整体式）　　(b) 高速公路、一级公路（分离式）

(c) 二、三、四级公路　　(d) 公路隧道

图 0-2　各级公路的建筑界线示意图

表 0-5 各级公路建筑界线符号说明 单位：m

图中符号	表示的内容
W	行车道宽度
L_1	左侧硬路肩宽度
L_2	右侧硬路肩宽度
S_1	左侧缘带宽度
S_2	右侧缘带宽度
L	侧向宽度，二级公路的侧向宽度为硬路肩宽度；三、四级公路侧向宽度为路肩宽减去 0.25m；设置护栏时，根据护栏需要的宽度加宽路基
$L_左$	隧道内左侧侧向宽度
$L_右$	隧道内右侧侧向宽度
C	当设计速度大于 100km/h 时为 0.5m，小于或等于 100km/h 时为 0.25m
D	路缘石高度，小于或等于 0.25m。一般情况下，高速公路可不设路缘石
M_1	中间带宽度
M_2	中央分隔带宽度
J	检修道宽度
R	人行道宽度
d	检修或人行道高度
E	建筑限界顶角宽度，当 $L \leqslant 1m$ 时，$E = L$；当 $L > 1m$ 时，$E = 1m$
E_1	建筑限界顶角宽度，当 $L_1 \leqslant 1m$ 时，$E_1 = L_1$，或 $S_1 + C \leqslant 1m$，$E_1 = S_1 + C$；当 $L_1 \geqslant 1m$ 或 $S_1 + C \geqslant 1m$ 时，$E_1 = 1m$
E_2	建筑限界顶角宽度，$E_2 = 1m$
$E_左$	建筑限界左顶角宽度，当 $L_左 \leqslant 1m$ 时，$E_左 = E_右$；当 $L_左 > 1m$ 时，$E_左 = 1m$
$E_右$	建筑限界右顶角宽度，当 $L_右 \leqslant 1m$ 时，$E_右 = E_左$；当 $L_右 > 1m$ 时，$E_右 = 1m$
H	净空高度

① 设置加（减）速车道、紧急停车带、爬坡车道、错车道、慢车道、车道隔离设施等路段，行车道应包括该部分的宽度。

② 八车道及以上的高速公路（整体式），设置左侧硬路肩时，建筑限界应包括左侧硬路肩宽度。

③ 一条公路应采用同一净高。高速公路、一级公路、二级公路的净高应为 5.00m；三级公路、四级公路的净高应为 4.5m。

④ 人行道、自行车道、检修道与行车道分开设置时，净高应为 2.5m。

⑤ 路基、桥梁、隧道相互衔接处，其建筑限界应按过渡段处理。

（6）抗震　抗震设计应符合以下规定：

① 地震动峰值加速度系数小于或等于 0.05 地区的公路工程，除有特殊要求外，可采用简易设防。

② 地震动峰值加速度系数大于 0.05、小于 0.4 地区的公路工程，应进行抗震设计。

③ 地震动峰值加速度系数大于 0.4 地区的公路工程，应进行专门的抗震研究和设计。

④ 做过地震小区划地区的公路工程，应按主管部门审批的地震动峰值加速度系数进行抗震设计。

0.1.3 公路路线

0.1.3.1 车道宽度

车道宽度见表0-6，并应符合下列规定。

表 0-6 车道宽度

设计速度/(km/h)	120	100	80	60	40	30	20
车道宽度/m	3.75	3.75	3.75	3.50	3.50	3.25	3.00

① 八车道及以上公路在内侧车道（内侧1、2车道）仅限小客车通行时，其车道宽度可采用3.5m。

② 以通行中、小型客运车辆为主且设计速度为80km/h及以上的公路，经论证车道宽度可采用3.5m。

③ 四级公路采用单车道时，车道宽度应采用3.5m。

④ 设置慢车道的二级公路，慢车道宽度应采用3.5m。

⑤ 需要设置非机动车道和人行道的公路，非机动车道和人行道等的宽度，宜视实际情况确定。

0.1.3.2 车道数

各级公路车道数应符合表0-7的规定。高速公路和一级公路各路段车道数应根据设计交通量、设计通行能力确定，当车道数为双车道以上时应按双数增加。

表 0-7 各级公路车道数

公路等级	高速、一级公路	二级公路	三级公路	四级公路
车道数	≥4	2	2	2 或 1

注：四级公路应采用双车道，交通量小或困难路段可采用单车道。

0.1.3.3 中间带设置

高速公路和一级公路整体式断面必须设置中间带。中间带由中央分隔带和两左侧路缘带组成。

① 高速公路和作为干线的一级公路，中央分隔带宽度应根据公路项目中央分带功能确定。

② 作为集散的一级公路，中央分隔带应根据中间隔离设施的宽度确定。

③ 左侧路缘带宽度应不小于表0-8中的规定。设计速度为120km/h、100km/h，受地形、地物限制的路段或多车道公路内侧车道仅限小型车辆通行的路段，左侧路缘带可论证采用0.5m。

表 0-8 左侧路缘带宽度

设计速度/(km/h)	120	100	80	60
左侧路缘带宽度/m	0.75	0.75	0.5	0.5

0.1.3.4　路肩

路肩宽度应符合表 0-9 的规定，并应符合下列规定。

表 0-9　路肩宽度

公路等级(功能)		高速公路			一级公路	
设计速度/(km/h)		120	100	80	100	80
右侧硬路肩设计宽度/m	一般值	3 (2.5)	3 (2.5)	3 (2.5)	3 (2.5)	3 (2.5)
	最小值	1.50	1.50	1.50	1.50	1.50
土路肩宽度/m	一般值	0.75	0.75	0.75	0.75	0.75
	最小值	0.75	0.75	0.75	0.75	0.75

公路等级(功能)		一级公路(集散功能)和二级公路		三级公路、四级公路		
设计速度/(km/h)		80	60	40	30	20
右侧硬路肩设计宽度/m	一般值	1.5	0.75	—	—	—
	最小值	0.75	0.25			
土路肩宽度/m	一般值	0.75	0.75	0.75	0.5	0.25(双车道) 0.5(单车道)
	最小值	0.5	0.5			

注：1. 正常情况下，应采用"一般值"；在设爬坡车道、变速车道及超车道路段、受地形、地物等条件限制路段及多车道公路特大桥，可论证采用"最小值"。

2. 高速公路和作为干线的一级公路以通行小客车为主时，右侧硬路肩宽度可采用括号内数值。

① 高速公路和一级公路应在右侧路肩宽度内设右侧路缘带，其宽度为 0.50m。

② 高速公路和一级公路采用分离式断面时，应设置左侧硬路肩，其宽度不应小于表 0-10 规定的数值。左侧路肩宽度应包含左侧路缘带宽度。

表 0-10　分离式断面高速公路和一级公路左侧路肩宽度

设计速度/(km/h)	120	100	80	60
左侧硬路肩宽度/m	1.25	1	0.75	0.75
左侧土路肩宽度/m	0.75	0.75	0.75	0.5

③ 八车道及以上高速公路宜设置左侧硬路肩，其宽度应不小于 2.5m，左侧硬路肩宽度应包含在左侧路缘带宽度中。

0.1.3.5　线路其他相关规定

① 高速公路和作为干线一级公路右侧硬路肩宽度小于 2.50m 时，应设置紧急停车带。紧急停车带宽度应为 3.5m，有效长度不应小于 40m，间距不宜大于 500m。

② 互通式立体交叉、服务区、停车区、公共汽车停靠站、管理设施出入口处，高速公路、一级公路应设置加(减)速车道，二级公路应设置过渡段。

③ 高速公路、一级公路以及二级公路的连续上坡路段，当通行能力、运行安全受到影响时，应设置爬坡车道，爬坡车道宽度不应小于 3.5m。六车道以上的高速公路，可不设置爬坡车道。

④ 连续长、陡下坡路段，应结合交通安全评估论证设置避险车道。

⑤ 二级公路货车比例高时，可根据需要局部增设超车道。超车道宽度应按相应路段的车道宽度确定。

⑥ 二级公路慢行车辆较多时，可根据需要采用加宽硬路肩的方式设置慢车道，并应增加必要的交通安全设施，加强交通组织管理。

⑦ 四级公路采用单车道时，应设置错车道。设置错车道路段的路基宽度不应小于双车道的路基宽度。

⑧ 非机动车、行人密集公路和城市出入口的公路，可根据需要设置侧分隔带、非机动车道和人行道。

⑨ 公路路基宽度为车道宽度与路肩宽度之和，当设有中间带、加（减）速车道、爬坡车道、紧急停车带、超车道、错车道、慢车道、侧分隔带、非机动车道、人行道等时，应计入这些部分的宽度。

0.1.3.6 停车视距

视距应符合下列规定。

① 高速公路、一级公路的停车视距应不小于表 0-11 的规定。

表 0-11 高速公路、一级公路停车视距

设计速度/(km/h)	120	100	80	60
停车视距/m	210	160	110	75

② 二、三、四级公路的停车视距、会车视距与超车视距应不小于表 0-12 的规定。

表 0-12 二、三、四级公路停车视距、会车视距与超车视距

设计速度/(km/h)	80	60	40	30	20
停车视距/m	110	75	40	30	20
会车视距/m	200	150	80	60	40
超车视距/m	550	350	200	150	100

③ 互通式立体交叉、服务区、停车区、公共汽车停靠站等各类出入口应满足识别视距要求。

④ 双车道公路应间隔设置满足超车视距的路段。

⑤ 高速公路一级公路以及大型车比例较高的二、三级公路，应采用货车停车视距对相关路段进行检验。货车停车视距、识别视距应符合《公路工程技术标准》（JTG B01—2014）要求。

⑥ 积雪冰冻地区的停车视距宜适当增长。直线的最大长度与最小长度应有所限制。

0.1.3.7 圆曲线最小半径及纵坡

① 圆曲线最小半径应符合表 0-13 的规定。

表 0-13 圆曲线最小半径

设计速度/(km/h)		120	100	80	60	40	30	20
圆曲线最小半径(一般值)/m		1000	700	400	200	100	65	30
圆曲线最小半径(极限值)/m	$i_{max}=4\%$	810	500	300	150	65	40	20
	$i_{max}=6\%$	710	440	270	135	60	35	15
	$i_{max}=8\%$	650	400	250	125	60	30	15
	$i_{max}=10\%$	570	360	220	115	—	—	—

注："一般值"为正常情况下的采用值；"极限值"为条件受限制时可采用的值；"i_{max}"为采用的最大超高值；"—"为不考虑采用对应最大超高值的情况。

② 公路圆曲线半径小于表 0-13 的不设超高最小半径时，应设置圆曲线超高。最大超高应符合下列规定。

a. 一般地区，圆曲线最大超高应采用 8%。

b. 积雪冰冻地区，最大超高值应采用 6%。

c. 以通行中、小型客车为主的高速公路和一级公路，最大超高可采用 10%。

d. 城镇区域公路，最大超高值可采用 4%。

③ 直线与小于表 0-13 不设超高最小半径的圆曲线相衔接处，应设置缓和曲线。采用缓和曲线时，应符合下列规定：

a. 缓和曲线参数及其长度应根据线形设计以及对安全、视觉、景观等要求，选用较大的数值。

b. 四级公路与小于不设超高最小半径的圆曲线相衔接处，可不设置缓和曲线，可用超高、加宽缓和段相连接。

④ 最大纵坡应符合表 0-14 的规定，并符合下列规定。

表 0-14 最大纵坡

设计速度/(km/h)	120	100	80	60	40	30	20
最大纵坡/%	3	4	5	6	7	8	9

a. 设计速度为 120km/h、100km/h、80km/h 的高速公路受地形条件或其特殊情况限制时，经技术经济论证，最大纵坡值可增加 1%。

b. 公路改扩建中，设计速度为 40km/h、30km/h、20km/h 的利用原有公路的路段，经技术经济论证，最大纵坡值可增加 1%。

c. 二级及二级以下公路的越岭路线连续上坡（或下坡）路段，相对高差为 200～500m 时，平均纵坡不应大于 5.5%；相对高差大于 500m 时，平均纵坡不应大于 5%。任意连续 3km 路段的平均路段纵坡不应大于 5.5%。

d. 调速公路、一级公路应论证采用合理的平均纵坡。对存在连续长、陡纵坡的路段应进行安全性评价。

⑤ 不同纵坡的最大坡长应符合表 0-15 的规定。

表 0-15 不同纵坡的最大坡长　　　　　单位：m

纵坡长度/%	设计速度						
	120km/h	100km/h	80km/h	60km/h	40km/h	30km/h	20km/h
3	900	1000	1100	1200	—	—	—
4	700	800	900	1000	1100	1100	1200
5	—	600	700	800	900	900	1000
6	—	—	500	600	700	700	800
7	—	—	—	—	500	500	600
8	—	—	—	—	300	300	400
9	—	—	—	—	—	200	300
10	—	—	—	—	—	—	200

⑥ 公路纵坡变更处应设置竖曲线。竖曲线最小半径和最小长度不应小于表 0-16 的规

定值。

表 0-16　竖曲线最小半径和最小长度

设计速度/(km/h)	120	100	80	60	40	30	20
凸形的曲线最小半径/m	11000	6500	3000	1400	450	250	100
凹形的曲线最小半径/m	4000	3000	2000	1000	450	250	100
竖曲线最小长度/m	100	85	70	50	35	25	20

0.1.4　公路路基路面

0.1.4.1　一般规定

① 路基路面应根据公路功能、技术等级、交通量，结合沿线地形、地质及路用材料、气候等自然条件进行设计，保证其具有足够的强度、稳定性和耐久性。路面面层应满足平整和抗滑的要求。

② 路基应设置排水设施与防护设施，取土、弃土应进行专门设计，防止水土流失、堵塞河道和诱发路基病害；应进行路基表土综合利用方案设计，充分利用资源。

③ 应因地制宜、统筹考虑安全、环境、土地、经济等因素，选择合理的路基断面形式。

④ 通过特殊地质水文条件的路段，必须查明其规模，根据其对公路的危害程度，采取综合治理措施，增强公路防灾、抗灾能力。

⑤ 路基路面结构应遵循整体化设计原则。路基设计应根据可用填料、施工条件和当地成功经验，提出路基结构的设计要求与设计指标；路面结构设计应结合路基结构设计要求与设计指标进行综合设计，以满足路面结构耐久性要求。

⑥ 公路改扩建项目的新建路面和原路面利用均应按现行标准进行设计，并应加强路基、路面的拼接设计；应对路面材料循环再生利用进行论证，充分利用废旧材料。

0.1.4.2　路基设计洪水频率

路基设计洪水频率应符合表 0-17 规定。

表 0-17　路基设计洪水频率

公路等级	高速公路	一级公路	二级公路	三级公路	四级公路
设计洪水频率	1/100	1/100	1/50	1/25	按具体情况确定

注：城市周边地区的公路路基设计洪水频率应结合城市防洪标准，考虑救灾通道、排洪和泄洪需求综合确定。

0.1.4.3　路基高度

路基高度应符合下规定。

① 路基高度设计应使路肩边缘高出两侧地面积水高度，同时考虑地下水、毛细水和冰冻作用，不使其影响路基的强度和稳定性。

② 沿河及受水浸淹的路基边缘高程，应高出表 0-17 规定的设计洪水频率的计算水位与壅水高、波浪侵袭高和 0.5m 的安全高度之和。

0.1.4.4　路基技术要求

路基技术要求和原地面处理要求应符合以下规定。

① 路堤基底应清理和压实。基底强度、稳定性不足时，应进行处理，以保证路基稳定，减少工后沉降。

② 路基压实度应根据公路技术等级、填挖深度、交通荷载等级和填料特点等因素确定，路基压实度应符合表 0-18 的规定。

表 0-18　路基压实度

路基部位		路床顶面以下深度/m	压实度/%		
			高速公路 一级公路	二级公路	三级公路 四级公路
上路床		0～0.3	≥96	≥95	≥94
下路床	轻、中及重交通荷载等级	0.3～0.8	≥96	≥95	≥94
	特重、极重交通荷载等级	0.3～1.2	≥96	≥95	—
上路堤	轻、中及重交通荷载等级	0.8～1.5	≥94	≥94	≥93
	特重、极重交通荷载等级	1.2～1.9	≥94	≥94	—
下路堤	轻、中及重交通荷载等级	>1.5	≥93	≥92	≥90
	特重、极重交通荷载等级	>1.9			

注：1. 表列压实度数值以重型击实试验为准。
2. 特殊干旱或特殊潮湿地区的路基压实度，表列数值可适当降低。
3. 三、四级公路修筑沥青混凝土或水泥混凝土路面时，其路基压实度应采用二级公路标准。

③ 在满足路基各层压实度的前提下，应根据路基实际采用的填料类型和路面结构设计要求，确定路床顶面回弹模量标准。对于重载交通路基、软弱和特殊路基，可适当提高路床顶面回弹模量标准。

④ 路基防护应根据公路功能，结合当地气候、水文、地质等情况，采取相应防护措施，保证路基稳定，并应符合以下规定。

a. 路基防护应采取工程防护与植物防护相结合的综合防护措施，并与景观相协调。

b. 深挖、高填路基边坡段必须查明工程地质情况，针对其工程特性进行路基防护设计。对存在稳定性隐患的边坡，应进行稳定性分析，采用加固、防护措施来保证边坡稳定。

c. 沿河路段必须查明河流特性及演变规律，采取防止冲刷路基防护措施。凡侵占、改移河道的地段，必须做出专门防护设计。

⑤ 路面结构设计标准轴载为双轮组单轴 100kN，轮胎压力 0.7MPa。重载交通路段可根据实际调查的轴载谱采用分向、分道方式进行路面结构设计。

⑥ 论证路面结构类型应根据公路功能、技术等级、交通量、环境保护、工程造价等因素进行综合后选用；路面结构形式应根据当地气候条件、交通荷载、当地材料，并结合路面结构耐久性、资源循环利用等因素进行全寿命周期经济分析后合理确定。

⑦ 公路路面结构设计使用年限应不小于表 0-19 的规定。

表 0-19　公路路面结构设计使用年限

公路等级		高速公路	一级公路	二级公路	三级公路	四级公路
设计使用年限/年	沥青混凝土路面	15	15	12	10	8
	水泥混凝土路面	30		20	15	10

⑧ 路面结构材料应满足强度、稳定性和耐久性的要求。路面垫层宜采用水稳性好的粗

粒料类材料或稳定类材料。路基填料采用尾矿、矿渣等材料时，应做环保评价，明确利用方案及处置措施。

⑨ 路基路面排水与防水应符合下列规定。

a.路基路面排水应综合设计、合理布局，并与沿线排灌系统相协调，保护生态环境，防止水土流失和污染水源。

b.根据公路等级，结合沿线气象、地形、地质、水文等自然条件，设置必要的地表排水、路面内部排水、地下排水等设施，并与沿线排水系统相配合，形成完整的排水体系。

c.特殊地质地段的路基路面排水设计，必须与该特殊工程整治措施相结合，进行综合设计。

d.路基、路面结构设计应进行防水设计，以减少路面结构水损坏。

⑩ 高速公路路面不应分期修建，位于软土、高填方等沉降较大的局部路段，面层可一次设计、分期实施。

⑪沙漠、戈壁、草原等地区小交通量高速公路，其右侧硬路肩部分的面层可分期修建，但在分期修建实施前，应采取技术措施对右侧硬路肩面层进行处理，保证交通安全。

0.1.4.5　公路路基宽度

各级公路路基宽度见表 0-20。

表 0-20　各级公路路基宽度

公路等级		高速公路、一级公路							
设计时速/(km/h)		120			100			80	60
车道数		8	6	4	8	6	4	6	4	4
路基宽度/m	一般值	45.00	34.50	28.00	44.00	33.50	26.00	32.00	24.50	23.00
	最小值	42.00	—	26.00	41.00	—	24.50	—	21.50	20.00
公路等级		二级公路、三级公路、四级公路								
设计时速/(km/h)		80	60	40	30	20				
车道数		2	2	2	2	2 或 1				
路基宽度/m	一般值	12.00	10.00	8.5	7.50	6.5（双车道）	4.5（单车道）			
	最小值	10.00	8.50	8.50	—	—				

注：1."一般值"为正常情况下的采用值，"最小值"为条件受限时可采用的值。

2.八车道高速公路路基宽度"一般值"为设置左侧硬路肩、内侧车道采用 3.50m 时的宽度。

3.八车道高速公路路基宽度"最小值"为不设置左侧硬路肩、内侧车道采用 3.75m 时的宽度。

① 各级公路路基宽度为车道宽度与路肩宽度之和，当设有中间带、加（减）速车道、爬坡车道、紧急停车带、错车道等时，应计入这些部分的宽度。

② 二级公路因交通量、交通组成等需设置慢车道的路段，设计速度为 80km/h 时，其路基宽度可采用 15.0m；设计速度为 60km/h 时，可采用 12.0m。

③ 四级公路宜采用双车道路基宽；交通量小的路段，可采用单车道 4.50m 路基宽。

④ 确定路基宽度时，中央分隔带宽度、左侧路缘带宽度、右侧硬路肩宽度、土路肩宽度等的"一般值"和"最小值"应同类项相加。

0.1.4.6　路面面层类型的选择

路面面层类型的选择见表 0-21。

表 0-21 路面面层类型

面 层	适用范围
沥青混凝土	高速公路、一级公路、二级公路、三级公路、四级公路
水泥混凝土	高速公路、一级公路、二级公路、三级公路、四级公路
沥青贯入式、沥青碎石、沥青表面处治	三级公路、四级公路
砂石路面	四级公路

0.1.5 城镇道路分类与技术标准

0.1.5.1 城镇道路的分类及等级

城镇道路是在城镇范围内，供车辆及行人通行的道路。城镇道路的功能除了把城镇各部分联系起来为城镇交通服务外，还起着形成城镇布局主骨架的作用，同时为通风、采光、防火、绿化、商业活动等提供公共空间。

根据城镇道路在道路网中的地位、交通功能以及对沿线建筑物的服务功能等，城镇道路分为快速路、主干路、次干路、支路四种类型。有特殊功能的专用道路，如货运专用通道、防洪专用通道、消防专用通道、旅游道路等应根据规划等级执行相应的技术标准，并须满足通行车辆的特殊要求。人行专用道路、非机动车专用道路不列入道路分类等级，可参照执行。

（1）快速路 是较高车速的长距离交通的重要道路。主要为城镇大中量、长距离、快速交通服务，其特征如下。

① 双向车道间应设中间分车带。

② 有自行车通行时，加设两侧带。

③ 进出口采用全控制或部分控制。

二维码 0.1

④ 与高速公路、快速路、主干路相交时采用立体交叉，与次干路相交可采用平面交叉，与支路不能直接相交，过路行人集中点设置过街天桥或地道。

⑤ 两侧不应设置吸引大量车流、人流的建筑物的进出口，当进出口较多时，宜在两侧另建辅道。

（2）主干路 是为连接城镇各主要分区的干路，以交通功能为主，是城镇道路网的骨架。当自行车交通量较大时，宜采用机动车与非机动车分隔方式。同样，主干路两侧不应设置吸引大量车流、人流的建筑物的进出口。

（3）次干路 是城镇的交通干路，兼有服务功能。次干路与主干路配合组成城镇道路网，具有集散交通的作用。

（4）支路 是次干路与街坊路的连接线，解决局部地区交通，以服务功能为主。

0.1.5.2 各级道路技术标准

① 城镇各级道路设计速度见表 0-22。

表 0-22 城镇各级道路设计速度

道路等级	快速路			主干路			次干路			支路		
设计速度/(km/h)	100	80	60	60	50	40	50	40	30	40	30	20

② 道路设计车辆应符合国家车辆生产标准，车辆外廓尺寸和运行性能应具有代表性。

机动车设计车辆及其外廓尺寸应符合表 0-23 的规定。

表 0-23 机动车设计车辆及其外廓尺寸

车辆类型	总长/m	总宽/m	总高/m	前悬/m	轴距/m	后悬/m
小客车	6	1.8	2.0	0.8	3.8	1.4
大型客车	12	2.5	4.0	1.5	6.5	4.0
铰接车	18	2.5	4.0	1.7	5.8+6.7	3.8

注：1. 总长指车辆前保险杠至后保险杠的距离。

2. 总宽指车厢宽度（不包括后视镜）。

3. 总高指车厢顶或装载顶至地面的高度。

4. 前悬指车辆前保险杠至前轴轴中线的距离。

5. 轴距指双轴车时，为从前轴轴中线到后轴轴中线的距离，铰接车时分别为前轴轴中线至中轴轴中线、中轴轴中线至后轴轴中线的距离。

6. 后悬指车辆后保险杠至后轴轴中线的距离。

③ 道路设计应满足行人、非机动车和机动车的通行要求，同时应设置完美的排水、照明和交通设施，并应满足管线布设、绿化、景观的总体布置要求。

④ 道路建筑限界应根据设计车辆确定。道路建筑限界内不得有任何物体侵入。道路建筑限界应符合下列规定。

a. 道路建筑限界应为道路上净高线和道路两侧侧向净宽边线组成的空间界线（图 0-3）。顶角抹角宽度（E）不应大于机动车道或非机动车道的侧向净宽（W_i）。

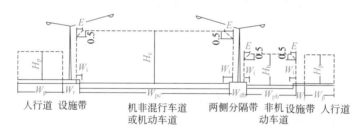

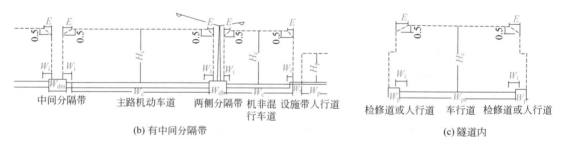

图 0-3　道路建筑限界示意图（图中尺寸单位为 m）

H_b—非机动车道高；H_c—车道净高；H_p—人行道高；

W_{pc}—机动车道（机非混行车道）；W_c—主路机动车道；

W_p—人行道宽度；W_r—设施带宽度；W_i—机动车道或非机动车道的侧向净宽度；W_{db}—两侧分隔带宽度；

W_{pb}—非机动车道宽度；E—顶角抹角宽度；W_{dm}—中间分隔带

b. 道路最小净高应满足机动车、非机动车和行人的通行要求，最小净高应符合表 0-24 的规定。

表 0-24 道路最小净高

道路种类	行驶车辆类型	最小净高/m
机动车	小客车、大型客车、铰接客车	4.5
	小客车	3.5
非机动车	自行车、三轮车	2.5
人行道	行人	2.5

注：对需要通行设计车辆以外特殊车辆的道路，最小净高应满足车辆通行要求。

⑤ 道路设计交通量的预测年限：快速路、主干路为 20 年；次干路为 15 年；支路为 10～15 年。

⑥ 道路路面结构设计使用年限应根据道路等级及路面类型确定，各类型道路路面结构的设计使用年限应符合表 0-25 的规定。

表 0-25 各类型道路路面结构设计使用年限 单位：年

道路等级	路面结构类型		
	沥青路面	水泥混凝土路面	砌块路面
快速路	15	30	—
主干路	15	30	—
次干路	15	20	—
支路	10	20	10(20)

注：对于砌块路面，当采用混凝土预制块时，设计年限为 10 年；采用石材时，设计年限为 20 年。

⑦ 道路应根据现行国家标准《中国地震动参数区划图》（GB 18306—2015）规定的地震动参数进行抗震设防。

⑧ 道路应避开泥石流、滑坡、崩塌、地面沉降、塌陷、地震断裂活动带等自然灾害易发区；当不能避开时，必须提出有效的工程措施和严格的管理措施。

0.1.5.3 城镇道路路线

① 路线设计应贯彻环境保护和土地资源利用的基本国策，降低道路工程对沿线生态环境及资源的影响。路线设计应顺适、纵断面应均衡、横断面应合理，并应适应地形、地物和周边环境，满足行车安全、排水通畅等要求。

② 路线设计应符合城市道路网规划，并应与地形地物、地质水文、地域气候、地下管线、排水、生态环境、自然景观等要求结合，合理确定路线线位的技术指标。

③ 平面设计应处理好直线与平曲线的衔接，合理地设置缓和曲线、超高、加宽等，圆曲线的最小半径应能保障车辆在曲线部分行驶安全、舒适。

④ 平纵面设计应按道路通行条件满足停车视距、会车视距或超车视距的要求。

⑤ 纵断面设计应根据道路等级与建设条件、综合交通安全、工程建设投资与运营期间的经济效益、节能减排、环保效益等因素，合理确定技术指标。

⑥ 纵断面设计最大纵坡应满足所在地区各种气候条件下安全行车的要求，采用最大纵坡时应限制最大坡长。纵断面设计应与道路两侧建筑物和地块高程合理衔接。

⑦ 横断面设计应按道路等级、服务功能、交通特性，结合各种控制条件，在规划红线宽度范围内合理布设，并应分别满足机动车道、非机动车道、人行道、分车带、设施带等宽度的规定。

⑧ 平面和横断面设计应优先布置行人和公共交通设施。

0.1.5.4 城镇道路路基路面

① 路基路面应根据道路功能、类型和等级，结合沿线地形地质、水文气象及路用材料等条件进行设计，应因地制宜、合理选材、节约资源。应使用节能降耗型路面设计，合理采用路面材料再生利用技术，并应选择技术先进、经济合理、安全可靠、方便施工的路基路面结构。

② 路基路面应具有足够的强度和稳定性，以及良好的抗变形能力和耐久性。同时，路面面层应满足平整、抗滑、耐磨与低噪声等表面特性要求。

③ 路基路面排水设计应根据道路排水总体设计的要求，结合沿线水文、气象、地形、地质等自然条件，设置必要的地表排水和地下排水设施，并应形成合理、完整的排水系统。

④ 路基防护应根据道路功能，查明工程地质、水文地质条件，合理选择岩土的物理力学参数，采取相应防护措施，并应与环境景观协调。

⑤ 路基支挡结构设计应满足各种设计荷载组合下支挡结构的稳定、坚固和耐久性要求；结构类型及设置位置和范围的确定应安全可靠、经济合理、便于施工养护；结构材料应满足耐久、耐腐蚀的要求。

⑥ 对软土、黄土、膨胀土、红黏土、盐渍土等特殊地区的路基设计，应查明特殊土的分布范围与地层特征。应充分调查特殊土的物理、力学和水理特性以及道路沿线的水文与地质条件，合理确定特殊地基处理或处治的设计方案，使其具有良好的抗变形能力和稳定性要求。

0.1.5.5 城镇道路交叉

① 道路与道路交叉形式应根据道路网规划、相交道路等级、交通流量和流向及有关技术、经济和环境效益合理确定。

② 道路交叉口设计应安全、有序、畅通，兼顾所有道路使用者的要求，处理好与其他交通方式的衔接，综合考虑交通周围环境等要素，并应与周围环境相协调，合理确定用地规模。

③ 道路与轨道交通线路交叉位置应符合规划要求，形式应根据道路和轨道交通线路性质、等级、交通量、地形条件、安全要求以及经济、社会效益等因素确定。

④ 当道路与全封闭运行的城市的轨道交通线路交叉时，必须设置立体交叉。

⑤ 当道路与高速铁路、客运专线、铁路车站、铁路编组站交叉时，必须设置立体交叉；行驶有轨电车或无轨电车的道路与铁路交叉时，必须设置立体交叉。

⑥ 道路上跨轨道交通应符合轨道交通建筑限界的规定。

⑦ 道路与道路的平面交叉口，以及无人看守或未设置自动信号的道路与铁路平交道口的视距三角范围内，不得有任何妨碍驾驶员视线的障碍物。

⑧ 平面交叉口应设置行人和非机动车过街设施，并应与交叉口的几何特征、人流量、车流量、交通组织方式等相协调。

⑨ 立交区域内的非机动车和行人系统应保证其连续性和有效宽度。应与相交道路的非机动车和行人系统相匹配，布置应满足安全、便捷的要求。

0.1.5.6 城镇道路行人和非机动车交通系统

① 道路应根据使用功能要求，设置相应的行人和非机动车交通设施。行人和非机动车

交通系统应安全、连续，应保证行人及非机动车的有效通行宽度。行人道有效通行宽度不应小于1.5m。

② 城市道路上的行人及非机动车交通系统应与道路沿线的居住区、商业区、城市广场、交通枢纽等内部相关设施合理衔接，构成完整的交通系统。

③ 对视距实验室限制、急转弯陡坡等危险路段以及行车道宽度渐变路段，严禁设置人行横道。

④ 当穿越行车道的人行横道长度大于16m时，应在分隔带或道路中心线附近的人行横道处设置人行二次过街安全岛。

⑤ 穿越快速路的行人过街设施必须采用立体交叉方式。

⑥ 设计速度大于40km/h的隧道，非机动车道与机动车道之间必须设置安全隔离设施。

⑦ 对于长度大于1000m隧道，严禁将机动车道与非机动车道或人行道在同一孔内设置。对于长度小于或等于1000m隧道，当需要设置非机动车道或人行道，与机动车道之间必须设置安全隔离设施。

⑧ 独立的步行街道应满足消防车、救护车、送货车和清扫车的通告要求，且最小宽度不应小于5.0m。

⑨ 非机动车专用路设计速度应小于20km/h，并应设置相应的交通安全、排水、照明等设施。

0.1.5.7　城镇道路公共交通设施

① 道路设计中应根据城市公共交通战线发展战略和线网规划要求进行公共交通设施设计。应包括与道路相关的公共交通专用车道和车站设计。

② 公交专用车道的设计应与城市道路功能相匹配，应合理使用道路资源。

③ 公交车站应根据公交线网规划，并应结合沿线交通需求及各类交通接驳布局要求设置。

0.1.5.8　城镇道路公共停车场和城市广场

① 公共停车场和城市广场的位置和规模必须符合城市规划要求，并根据道路交通组织，合理布局。

② 停车场及城市广场出入口必须有良好的通视条件，视距三角范围内不得有任何妨碍驾驶员视线的障碍物，且不得影响临近交叉口的交通运行。

③ 机动车停车场位置布置可按纵向或横向排列分组安排，每组停车不超过50辆。当各组之间无通道时，必须留出大于或等于4m宽的消防通道。

0.1.5.9　城镇道路施工

① 道路施工应满足道路结构的强度、稳定性及耐久性要求。

② 道路施工应进行必要的施工工艺性能检测、工程质量检验及专项验收，并应满足道路防排水要求。

③ 基坑、基槽、道路边坡、挡土墙施工应进行必要的监控量测，合理控制地下水，保障结构安全，同时应保护水环境。

④ 高填土与软土路基施工，应进行沉降观测，在沉降稳定后再进行道路基层的施工。

知识点 0.2　道路的组成

0.2.1　公路的基本组成

公路是一种线形结构物，它由线形和结构两部分组成。公路基本组成见图 0-4。

0.2.1.1　线形组成

公路路线即指公路的中线，为平面有曲线、纵面有起伏的立体空间线形。平面由直线和曲线组成，纵面由坡道线及竖曲线组成。作为立体空间线形的图形表示由平面图、纵断面图和横断面图表示。

0.2.1.2　结构组成

公路是交通运输的结构物，它不仅承受荷载的作用，而且受自然条件的影响，其结构组成主要如下。

（1）路面　路面是用坚硬材料铺筑于路基上供汽车直接行驶的构造物，通常路面由基层及面层两部分组成。公路的组成如图 0-4 所示。

路面常用的材料有沥青、水泥、碎石（砾石）、砂等。

（2）路基　路基是行车部分的基础，断面形式一般可有路堤、路堑、半填半挖三种形式。路基结构必须稳定、坚固，并符合尺寸的要求，以承受汽车荷载和自然因素的影响。

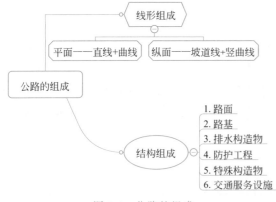

图 0-4　公路的组成

（3）排水构造物

① 桥涵：主要指各种桥梁和涵洞；

② 渗水路堤：是用石块堆砌成的路堤，用以通过流量不大的季节性洪水；

③ 过水路面：是允许周期性水流从路表面通过的路段。

（4）防护工程　为保护路基稳定或行车安全所修筑的工程设施，如挡土墙、护坡、护栏等。

（5）特殊构造物

① 隧道：是为缩短线路长度穿山越岭所修筑的山洞；

② 半山桥：是山区路基悬出一半所修筑的桥梁；

③ 路台：是在悬崖峭壁上所修筑的悬臂式构造物。

（6）交通服务设施

① 照明设施：如灯柱、弯道反光镜等。

② 交通标志：是使驾驶员知道前面路段的情况和特点的设施，有下列四类。

a. 警告标志：指明前面有行车障碍物和行车危险的地点，督促驾驶员集中注意力；

b. 禁令标志：指明必须遵守的交通限制，如车速限制、不准停车等；

c. 指示标志：指示驾驶员行驶的方向和里程等；

d. 指路标志：表示行政区划分界、地名、预告出入口等。

二维码 0.2

③ 服务设施：如加油站、汽车站、养路站、食宿站、饭店等。

④ 植树绿化与美化工程：环境绿化有利于净化空气、舒畅人们的心情，且可提高行车安全。

0.2.2　城镇道路的组成

0.2.2.1　城镇道路的组成

城镇道路应将城镇各主要组成部分如居民区、市中心、工业区、车站、码头、文化福利设施等之间联系起来，形成一个完整的道路系统。城镇道路组成如图 0-5 所示。

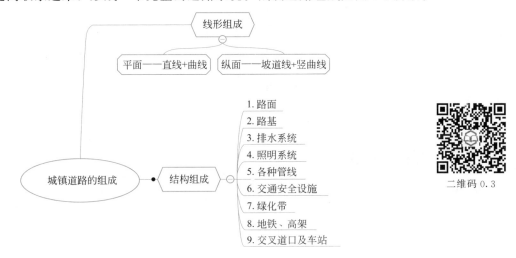

图 0-5　城镇道路的组成

二维码 0.3

0.2.2.2　城镇道路各组成部分的功能

① 供汽车行驶的机动车道，供有轨电车行驶的有轨电车道，供自行车、三轮车行驶的非机动车道；

② 专供行人步行交通用的人行道，人行天桥和人行地道；

③ 交叉口、交通广场、停车场，公共汽车停靠站台；

④ 交通安全设施，如交通信号灯、交通标志、护栏等；

⑤ 排水系统，如街沟、边沟、雨水管、下水道等；

⑥ 沿街地上设施，如照明灯柱、电线杆、邮筒、给水栓等；

⑦ 地下各种管线，如电缆、煤气管、给水管等；

⑧ 绿化带；

⑨ 交通发达的现代化大城镇，还建有地下铁道、高架道路等。

知识点 0.3　道路工程施工图

道路是一种带状构筑物，它具有高差大、曲线多且占地狭长的特点，因此道路工程施工图的表现方法与其他工程图有所不同。道路工程施工图是由道路平面图、道路纵断面图、道路横断面图及构造详图组成。道路工程施工图识读的基本步骤如图 0-6 所示。

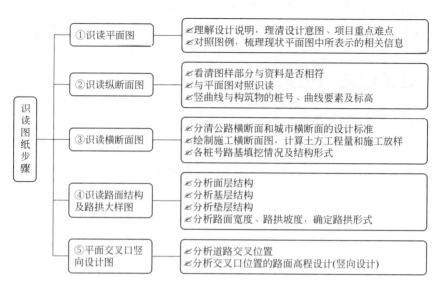

图 0-6   道路工程施工图识读的基本步骤

0.3.1   道路平面图

道路平面图又称为线路平面图，它是将道路建设范围所有与道路有关联的固定物体，投影在水平投影面上的正投影图。通常的城镇道路平面图是由道路现状平面图和道路施工平面图两部分组成，并用同样比例画在一张图上。

0.3.1.1   道路现状平面图

道路现状平面图是供道路平面设计时使用的，通常应包括：地面上已有的固定物体，例如房屋、桥梁（立交桥、平交桥、高架桥）、涵闸堤坝、河流沟渠、湖泊池塘、家田耕地、树林山丘、草地园林、铁路轻轨、道路街坊、电杆以及其他地面设施；地面下已有的固定物体，例如给水排水、电力电信、煤气热力、地铁人防以及其他地下设施。道路现状平面图实际上就是标注有地下人工构筑物的地形图。

地形图是由实测获得。通常采用的比例是 1:500、1:1000 或更小，它用等高线和图例的方法绘制成图，作为道路平面设计的依据。读图时主要了解比例、坐标位置、地形地貌位置关系及形态特征。

0.3.1.2   道路施工平面图

道路施工平面图简称平面图，是设计者表明道路平面布置的情况并提供施工的图纸，在平面图上标明了道路红线范围、机动车道、非机动车道、人行道、花坛、分隔带、桥涵、排水沟、挡土墙、倒虹吸、立交桥、台阶、雨水口和检查井等地面建筑物或构筑物的设计平面位置，以及地下各种管线等设计平面位置。主要包括下列基本内容。

（1）道路设计中心线   简称中线，这是表示道路走向的轴线，常用细点画线绘制。中线是丈量道路的长度、路基和路面的宽度以及平曲线半径等的基准线。由于城镇道路并不完全都是按道路规划的标准横断面一次建成。因此，在平面图中，常可见到的一条细双点画线，这就是规划中心线。

（2）里程桩号   是表示道路总长和分段长的数字标注。通常在中线上从起点到终点沿道路前进方向左侧标注的数字表示千米数，右侧数字则表示不足 1km 的余数，两数之间用符号 "＋" 连接，表示的符号是英文字母 "K"，单独写桩号时，必须写上千米符号，在平面图上则可不写，例如 6＋302.56（亦可写成 K6＋302.56），口语则念成 "K6 加 302 点 56"。它表示该处位置距离道路起点间距离为 6302.56m。

一般城镇道路采用每 20m 设桩的方法（公路为 50m），在平面图中看到非 20 进位的桩号，称为加桩或碎桩。设置加桩的原因很多，例如地形起伏变化、平曲线起止位置、桥涵或其他构筑物位置等。通常在平面图中书写桩号都是采用垂直于中线的方式。

（3）道路建筑红线　简称红线，它是表示道路建设范围的边界线，在红线内的一切不符合设计要求或妨碍设计修建的建筑物、构筑物、地下管线和其他设施，都应拆除。在平面图中常用粗实线绘制。

（4）横断面布置　道路横断面组成有机动车道、非机动车道、人行道、分隔带、花坛和树穴等。图中均用粗线或中实线于相应的平面位置绘制。

（5）圆曲线　当道路转折时，为使相交两条折线能平滑地衔接，以满足车辆行驶的要求而设置的曲线段，也称为 "弯道"。在平面图中，除绘制出曲线段外，还要标注出曲线要素。曲线要素是给定的道路中线的技术条件和制约。图 0-7 是圆曲线要素的几何图及其符号。

根据图 0-7，按照以下几何关系可算出 T、L、E 等圆曲线要素。

$$T = R\tan\left(\frac{\alpha}{2}\right)$$

$$L = \frac{\pi}{180} \times \alpha R$$

$$E = R\left(\sec\frac{\alpha}{2} - 1\right)$$

$$D = 2T - L$$

式中　α——转折角，(°)；

R——圆曲线半径，m；

T——切线长度，m；

E——外距（矢距），即指交点到曲线顶点（中点）的距离，m；

L——曲线长度，m；

D——切曲差，m。

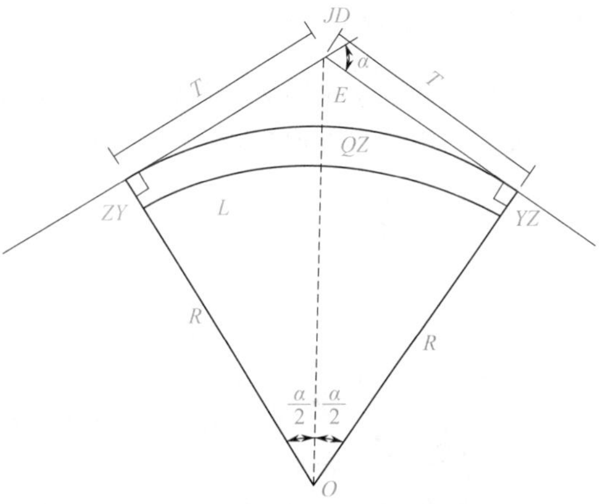

图 0-7　圆曲线要素的几何图及其符号
JD——道路转折处的交点，用桩号表示；
ZY——圆曲线起点（进弯点），用桩号表示；
QZ——曲线中点，用桩号表示；
YZ——圆曲线止点（出弯点），用桩号表示

在平面图中，曲线起点、中点和止点的位置都用桩号标注。当转折点太多，为方便识图也可采用曲线表的方式，集中反映道路全线的曲线元素。

（6）坐标　是表示某一点在平面上的位置。平面图上道路起点和转折点通常是采用国家规定的北京坐标系的坐标来表示。

（7）水准点　在平面图上常是沿线设置，并且需标出它的编号、高程数和平面的相应位置。

（8）图例表示　电力、电信、电缆、给水排水、煤气、热力管道等地下管网和其他构筑物，需要与道路同步建设的项目等，在平面图中常采用图例绘制出它们的平面位置和走向（以附录中的项目为例）。

（9）道路平面图识读要点

① 首先要阅读平面图设计的文字说明，包括图纸上说明。弄清设计意图和重点，特别是图纸不易展示清楚的部位。

② 对照图例，看清楚道路现状平面图，特别是地面下的现状，由于图例的不统一，各地区和各城镇都采用一些习惯图例，这应引起读图者的注意。

③ 仔细阅读设计平面图，从中获得道路的组成内容、几何形状、尺寸和位置，曲线及其要素，构筑物类型和位置，水准点位置和高程，道路的起止桩号和总长，交叉口布置等。

0.3.2 道路纵断面图

一般来说，沿道路中心线的竖向剖面即为道路的纵断面，它表示了道路在纵向的起伏变化状况。在纵断面图上表示原地面的标高线称为地面线。地面线上各点的标高称为地面标高，沿道路中心线所设计的纵坡线称为纵断面设计线，纵断面设计线上的各高程称为设计标高。路线任一横断面上的设计标高与地面标高之差值称为施工高度，它表示该横断面是填方还是挖方，当设计线高出地面线时为填土，即为填方路段，反之则为挖方路段，设计线与地面线重合则为没有填挖。在设计路基的填挖高度时，需要加减路面结构层厚度。确定道路中线在立面上相对于地面的位置和起伏关系的工作，称为道路的纵断面设计。

0.3.2.1 图样部分

纵断面图的水平向表示道路长度，垂直向表示设计中线的地面和设计高程及其高差，道路工程的路线的长度比高差要大很多。若采用同一种比例制图，就很难兼容和兼顾。因此。通常是各自采用各自的比例，以能恰如其分表达清晰为目的，一般都是选用垂直向比水平向的比例放大 10 倍，例如水平向比例选用 1：1000，垂直向则选用 1：100，图样主要包括下列基本内容。

（1）地面线　是设计中线上一系列桩号处原路面高程的连接线，反映在图上是一条不规则的折线。通常用细实线表示。

（2）设计线　是设计中线上一系列桩号处的设计地面线。它由直线和曲线（竖曲线）组成。通常用粗实线表示。

（3）竖曲线　当设计纵坡变更时，且相邻两纵坡差绝对值超过规范，为利于行车而在变坡点处设置的圆曲线。由于它设在垂直方向，所以称为竖曲线，有凹凸两种形状。在竖曲线范围内必须标明其要素半径 R、切线 T 和外距 E，并标明竖曲线的起点和终点。

（4）桥涵及其他构筑物标注　桥涵及其他构筑物的名称、编号、种类、大小和中心桩号，都要在图上标注清楚。

（5）水准点　水准点的标注方式与平面图相同。

（6）地质柱状图　用于表明道路所在建筑地段的地质情况。由钻探孔位所取得的各层岩芯样品，并经试验室测定而获得的类别鉴定，将天然含水量、液塑性、塑性指数和其他物理力学指标等资料，用柱状图形和图例加文字相结合的方式，绘制和标注在纵断面图上。

0.3.2.2 资料表部分

（1）平面线　它是道路平面图的中线示意图，也称之为平面示意图栏目。水平线表示直线段，凸形表示沿前进方向右转的平曲线，凹形表示左转的平曲线。两垂直线之间的距离表示平曲线长度，并且还有写在两垂直线之间的平曲线要素 JD、R、T、E 和 L。

（2）桩号　除了应该有与平面图保持一致性的桩号外，例如 20m 递增的整桩号，平曲线的 ZY、QZ 和 YZ 桩号，构筑物中心桩号和水准点位置桩号等，还应有因地形突变点的加桩。

（3）地面标高　表示原地面实测的地面标高。一般情况下，有桩号的地方都应有地面标高。

（4）设计标高　根据纵坡计算出的设计标高。一般有桩号的地方都标注有设计标高数。

（5）填挖高度　填挖是指设计标高与地面标高之差，前者大于后者为填，反之为挖。因此，凡桩号标注有设计和地面标高时，都应有填或挖的数值，单位为米。

（6）纵坡与坡长　纵坡是设计纵坡坡度的简称。它是以相邻两点的设计标高差为分子和以两变更点之间的水平距离（即坡长）为分母的比值，常用百分率表示，如 2%。同时，以变更点所在桩号为准，将栏目划分为若干格，在每格间画一道对角线或水平线，并在线上方标注纵坡值（%），线下方标注坡长（m），以表示纵坡的性质和参数。当对角线由低向高，则为上坡；反之则为下坡；水平线则为平坡，用"0"表示。道路纵断面图见附录。

0.3.2.3　道路纵断面图的识读要点

① 看清图样是否与资料表相符。
② 与道路平面图对照识读。
③ 注意竖曲线和构筑物的桩号、曲线要素和标高。
④ 发现问题，如实记录。

0.3.3　道路横断面图

道路横断面图，在直线段上是垂直于道路中心线方向的断面图，而在平曲线段上则是通过切点并垂直于其切线方向的断面图。城镇道路的横断面设计必须在城镇总体规划中确定的规划红线范围内进行。红线之间的宽度即道路用地范围，亦称道路的总宽度或称规划路幅。道路红线是一个法定边线，它是道路工程的设计依据，也是城镇公用设施各项管线工程的用地依据。

城镇道路的横断面是由车道、人行道、绿化带和分隔带等部分组成。公路的横断面由车道、路肩、边沟、边坡、分隔带等部分组成。根据道路功能和红线宽度的不同，它们之间可有各种不同形式的组合。

标准横断面图是从横断面的角度，反映出道路设计各组成部分的位置、宽度和相互关系，也反映出与道路建设有关的地面和地下公用设施布置的情况。它包括道路总宽度（建筑红线宽度）、机动车道、非机动车道、分隔带和人行道等组成部分的位置和宽度，并表明地面上有照明灯和地下管道布置的位置、间距、管径等基本情况。

横断面图冠以"标准"两字。其含义是它只具备"共性"，而不表示"个性"问题。要了解横断面变化及每个里程桩号横断面的具体情况必须查找施工横断面图。标准横断面图一般采用 1：100 或 1：200 的比例尺。在该图上应给出各个组成部分的宽度和位置以及排水方向、路拱横坡等。

0.3.3.1　公路横断面

公路横断面应包括车道、路肩宽度，边沟、边坡、分隔带等的位置和宽度以及边坡的大小等。公路路基标准横断面图如图 0-8、图 0-9 所示。

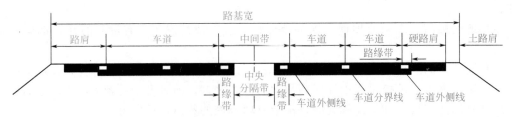

图 0-8　高速、一级公路路基标准横断面图

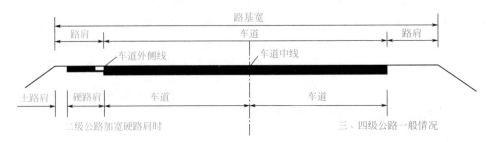

图 0-9　二、三、四级公路路基标准横断面图

0.3.3.2　城镇道路横断面

城镇道路等级划分为城镇快速路（A）、城镇主干路（B）、城镇次干路（C）、城镇支路（D），但从使用功能上又可划分为中心区类、城区类、郊区类、独立开发区类、景观类、文保类、商业类、公共交通类等，其适宜采用的断面形式也不同，如表 0-26 所示。

表 0-26　城镇道路等级划分及适宜采用的断面形式

类　别	城镇快速路 A		城镇主干路 B		城镇次干路 C		城镇支路 D
	环线	联络线	重要	一般	重要	一般	一般
中心区类	Az1	Az2	Bz1	Bz2	Cz1	Cz2	
城区类	Ac1	Ac2	Bc1	Bc2	Cc1	Cc2	Dz
郊区类	Aj1		Bj1	Bj2	Cj1	Cj2	
独立开发区类			Bk1	Bk2	Ck1	Ck2	Dk
景观类	Ag1	Ag2	Bg1	Bg2	Cg1	Cg2	Dg
文保类		Aw2	Bw1	Bw2	Cw1	Cw2	
商业类			Bs1	Bs2	Cs1	Cs2	Dz
公共交通类	At1	At2	Bt1	Bt2	Ct1	Ct2	

（1）城镇快速路（A）

① 中心区、城区类道路 Az1、Az2、Ac1、Ac2 其交通特性较强，主要解决中、长距离交通与区域交通的关系，宜采用四幅式断面布置。Az1 横断面如图 0-10 所示。

② 郊区类道路 Aj1 宜采用双幅式断面布置，双向四车道，另加设连续停车带或采用相应等级的公路横断面标准。Aj1 横断面如图 0-11 所示。

③ 景观类道路 Ag1、Ag2 宜采用四幅式路断面，同时视情况加大 W_{dm}、W_{db}、W_g 宽度，采用 Az1 断面形式。

④ 文保类道路 Aw2 宜采用四幅式或单幅式断面形式，采用 Az1 断面形式。

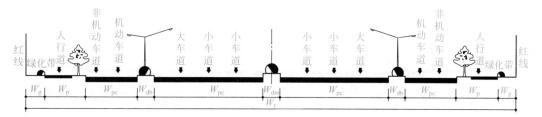

图 0-10　Az1 横断面图

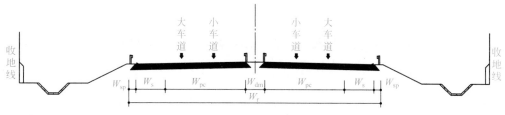

图 0-11　Aj1 横断面图

⑤ 公交线较多的道路及路中有轻轨的道路 At1、At2，距离较长时，可将道路最外侧或最内侧作为公交专用道；或限时、或全日运营。对路中有轻轨利用中央分隔带预留轻轨位置。道路横断面采用 Az1 断面形式。

（2）城镇主干路（B）

① Bz1：用于特殊道路使用要求（如有游行、集会及其他大型活动要求）的城镇道路，宜采用单幅式断面形式，增强其灵活性，适应特殊需要。

② Bz2、Bc1、Bc2：宜采用四幅式或三幅式形式，车道组成及断面宽度应根据交通需求确定。Bz2 由于位于城镇中心区，土地资源宝贵，道路红线宽度较小，W_g 值可相应减小。

③ Bj1、Bj2：非机动车相应较少，宜采用两幅式断面形式。

④ Bk1、Bk2：对于绿化景观要求较高的开发区、科技园区、工业园区，因非机动车较少，为节约土地，增加绿化景观，宜采用两幅式。Bk1 横断面如图 0-12 所示。

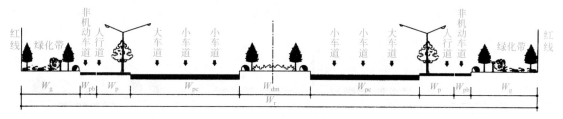

图 0-12　Bk1 横断面

⑤ Bg1、Bg2：对道路红线较宽，景观要求高的道路，宜采用四幅式或双幅式断面形式。

⑥ Bw1、Bw2：适用于文物保护类道路，因受文物控制条件限制，横断面不一定局限于某一横断面形式。Bw1 横断面形式如图 0-13 所示。

⑦ Bs1、Bs2：商业类道路，公共交通、人流交通大，而非主要交通性道路，一般采用单幅式或四幅式。

⑧ Bt1：公交线路较多，道路沿线客流量较大，对公共交通有强烈的需求，应考虑设置公交专用车道。对于需要预留城镇地铁宽度的道路，宜采用双幅式断面形式，利用中央做分

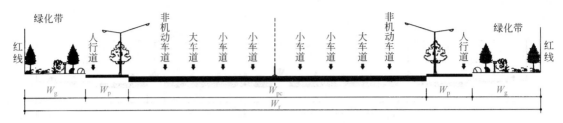

图 0-13　Bw1 横断面

隔带为地铁预留足够的空间。

（3）城镇次干路（C）

① Cz1：城镇中心城区次干路较多，宜采用单幅式或双幅式断面形式。Cz1 横断面如图 0-14 所示。

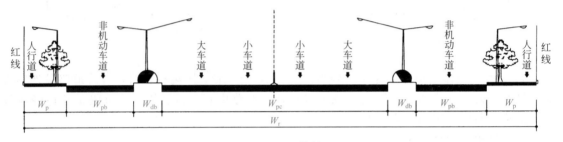

图 0-14　Cz1 横断面

② Cz2：对于城镇中心区交通量不大的一般性次干道宜采用单幅式路断面形式。

③ Cj1：郊区或经济开发区，非机动车较少，为增加景观效果，宜采用双幅式路断面形式。

④ Cj2：对于地势较特殊的滨河路，可利用地形优势采用分离式断面，将过境交通和地方交通置于不同的高度，从空间上进行分割，方便地方交通使用。Cj2 横断面如图 0-15 所示。

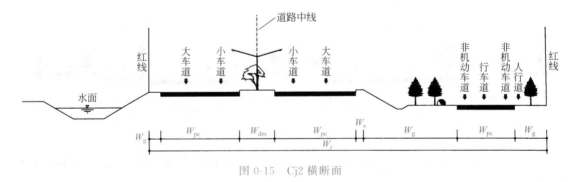

图 0-15　Cj2 横断面

⑤ Cg1、Cg2：位于风景区，具有非机动车较少、景观要求高的特点，道路横断面宜采用双幅式断面形式。

⑥ Cs1、Cs2：适用于商业、旅游、景观为一体的道路，宜采用双幅式或单幅式断面形式。

（4）城镇支路（D）

① Dz：适用于道路红线较窄、交通量少、车速较低的小区道路，宜采用单幅式断面形

式。Dz 断面图如图 0-16 所示。

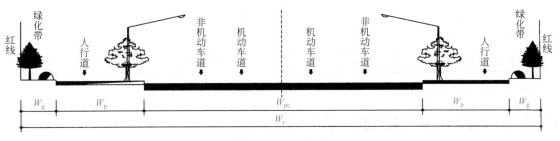

图 0-16　Dz 断面

② Dk：适用于非机动车较少的开发区、别墅区道路，宜采用单幅式断面形式。非机动车道布置在人行道一侧。

③ Dg：适用于对绿化、景观（或休闲）有需求的生活性道路，宜采用双幅式断面。

0.3.4　路面结构及路拱大样图

0.3.4.1　路面结构

路面是由各种材料铺筑而成的，通常把整个路面结构自上而下分成面层、基层和垫层三个结构层。

（1）面层　面层是直接承受车辆荷载及自然因素的作用，并将荷载传递到基层的路面结构层。由于面层承受行车荷载的垂直力、水平力和冲击力以及温度和湿度变化的影响最大，因此，面层应具备较高的结构强度，耐磨、不透水和温度稳定性，并且其表面还应具有良好的平整度和粗糙度，同时还应满足抗滑性、耐久性、扬尘少、噪声小等要求。面层可由一层或数层组成，高等级路面的面层可以包括磨耗层、面层上层和面层下层等。

（2）基层　基层分上基层和下基层，主要承受由面层传来的车辆荷载垂直力，并把它扩散到垫层和土层中，故基层应有足够的强度和良好的稳定性，同时应具有良好的扩散应力的性能，这些基本的要求是保证路面强度与稳定的基本条件，可提高路基的强度与稳定性，减少路面厚度、降低路面造价。

（3）垫层　在土基与基层之间设置垫层，其功能是改善土基的湿度和温度状况，以保证面层和基层的强度和稳定性不受冻胀翻浆的作用。垫层通常设在排水不良和有冰冻翻浆路段，在地下水位较高地区铺设的垫层称为隔离层，能起隔水作用；在冻深较大的地区铺设的垫层称为防冻层，能起防冻作用。此外，垫层还能扩散由面层和基层传来的车辆荷载垂直作用力，以减小土基的应力和变形；而且它也能阻止路基土挤入基层中，影响基层结构性能。

0.3.4.2　路拱大样图

为了迅速排除路面上的雨水，路面表面做成中间高两边低的拱形，称之为路拱。不同路面的路拱坡度应根据路面类型、当地自然条件、有利于路面排水和行车安全平稳等要求按表 0-27 设置。同时，应注意在干旱和有积雪地区采用低值，多雨地区采用高值；当道路纵坡较大，或路面较宽，或行车速度较高，或交通量和车载质量较大，或常有拖挂车行驶时，应采用低值，反之则采用高值。土路肩的横向坡度较路面横坡大 1.0%～2.0%。

表 0-27　各种路面的路拱坡度

路 面 类 型	路拱坡度/%	路 面 类 型	路拱坡度/%
水泥混凝土路面	1.0～2.0	半整齐路面、不整齐石块	2.0～3.0
沥青混凝土路面	1.0～2.0	碎、砾石等粒料路面	2.5～3.5
其他沥青混凝土路面、整齐石块	1.5～2.5	低级路面	3.0～4.0

路拱大样图见附录。

0.3.5　平面交叉口竖向设计图

道路交叉口位置的路面高程设计称为交叉竖向设计。通过合理设计交叉口的标高，以利于行车和排水。一般采用小方格网设计等高线法。相关图纸见附录交叉口竖向设计图（一）～（三）。

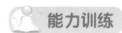能力训练

第一部分　知识点考核

（说明：测试时间 45 分钟）

一、单选题（每题 1 分，共 10 题，共 10 分）

1. 公路的设计时速是以（　　）为主要参数。
　　A. 公路的路面材料　B. 使用功能要求不同　　C. 结构不同　　　　　　D. 交通量

2. 同一条公路的设计时速（　　）。
　　A. 可分段选用不同时速　　　　　　　　B. 必须全线一致进行设计
　　C. 根据建设单位要求设计　　　　　　　D. 根据行车速度设计

3. 各级公路路基宽度计算（　　）。
　　A. 路面宽度　　　　　　　　　　　　　B. 车道宽度
　　C. 车道宽度与路肩宽度之和　　　　　　D. 根据需要计算

4. 城镇道路等级的划分是根据（　　）。
　　A. 城镇规模　　　　　　　　　　　　　B. 汽车数量
　　C. 城镇道路在道路网中的地位和功能等要求　D. 城镇的经济情况

5. 高速公路与城镇道路（　　）。
　　A. 不能相交　　　　　　　　　　　　　B. 可以相交
　　C. 不能与支路相交　　　　　　　　　　D. 根据具体情况确定

6. 道路建筑红线是指（　　）。
　　A. 道路两边距离设定的边界　　　　　　B. 道路边坡底的界线
　　C. 道路排水沟边界线　　　　　　　　　D. 道路建设范围的边界线

7. 公路横断面主要包括车行道、路肩宽度、边沟、边坡、（　　）。
　　A. 分隔带　　　　　　　　　　　　　　B. 绿化带
　　C. 人行道　　　　　　　　　　　　　　D. 管线

8. 里程桩号 K312＋215.24 表示的是（　　）。
　　A. 从 0 点到 312.21524km 处的位置
　　B. 从起点到终点的位置
　　C. 215＋0.24m
　　D. 该处距离道路起点中线距离为 312215.24m

9. 地面线是表示设计中线上一系列桩号处的（ ）的连接线。

    A. 设计高程线   B. 施工标高控制线

    C. 原路面高程   D. 竣工后高程线

10. 设计纵坡反映的是（ ）。

    A. 上坡或下坡的坡度值

    B. 是以相邻两点的设计标高差为分子和以两变更点之间的水平距离为分母的比值

    C. 以平路面到上坡或者下坡坡点的高差

    D. 填方与挖方的关系

二、多选题（每题 2 分，共 10 题，共 20 分）

1. 公路与道路的区别体现在（ ）。

    A. 设计时速不同   B. 使用功能要求不同

    C. 结构不同   D. 材料不同

2. 公路的线形组成包括（ ）。

    A. 平面曲线   B. 纵面起伏

    C. 弯道   D. 超高加宽

3. 城镇道路横断面是由行车道、（ ）等组成。

    A. 人行道   B. 绿化带

    C. 边沟   D. 边坡

4. 道路红线之间的宽度为规划路幅，其作用是（ ）等。

    A. 公路用地的法定边线   B. 道路工程设计的依据

    C. 城镇规划的依据   D. 边坡的界线

5. 道路由（ ）组成。

    A. 线形   B. 结构

    C. 横坡   D. 纵坡

6. 公路线形组成包括（ ）。

    A. 平面曲线   B. 纵面起伏空间线

    C. 红线   D. 竖向曲线

7. 排水构造物主要包括（ ）。

    A. 桥梁   B. 渗水路面

    C. 边坡   D. 交通安全标志

8. 交通标志主要包括（ ）等。

    A. 警告   B. 禁令

    C. 指路   D. 安全

9. 城镇道路组成包括（ ）等。

    A. 机动和非机动车道   B. 地下通道

    C. 地下各种管线   D. 高架

10. 施工横断面图包括（ ）等。

    A. 里程桩号   B. 比例尺

    C. 设计标高   D. 填挖高度

第二部分　考核评价

考 核 内 容		考核内容及标准		评　分
过程考核 （20分）		学习主动性强，按照要求，及时、正确地完成相关任务。主动承担项目小组相应工作，提出问题、解决问题意识强（小组互评＋个人自评＋教师评价）		
能力知识考核 （80分）	知识点考核 （30分）	在规定的时间内，独立完成知识点测试（可采取小组同学互评的方式）		
		单选题（10分）		
		多选题（20分）		
	综合技术考核 （50分）	项目实施（50分）：完成附录中项目的施工图识读报告，考核点及要求如下		
		1. 撰写施工图识读报告	内容全面，表达清楚，要点明确（40分）	
		2. 文本格式	文本格式符合专业要求（10分）	
总分				
总结与思考		（本次任务实施中主要存在的问题，需要教师帮助解决的问题） 　　　　　　　　　　　　　　年　　　月　　　日		

项目一　道路工程施工准备

知识目标

了解道路工程施工准备的内容；熟悉道路工程施工技术准备、组织准备和其他准备的内容；掌握道路工程施工技术准备方法；掌握道路工程施工准备的要求。

能力目标

能够初步应用技术准备的方法参与项目的施工准备工作；能够初步参与项目的施工组织计划编制；能够初步参与项目的施工放样。

素质目标

培养工程意识、质量意识、经济意识，并能很好完成本职工作；善于语言表达，能够与工程相关的设计单位、监理单位、分包商、各部门进行沟通与交流；遵守规范标准要求，善于观察和思考，养成发现问题、提出问题、及时解决问题的良好学习和工作习惯。

道路工程施工的第一个重要工作就是进行工程施工准备。道路工程项目施工准备工作按其性质及内容通常包括技术准备、物资准备、劳动组织准备、施工现场准备和施工场外准备。准备工作的好坏直接影响后续各项工作的施工质量、进度和工程造价。

任务 1.1　技术准备

任务实施要求

本任务是道路施工现场施工和管理人员必须具备的专业能力，涉及道路工程施工图识读、工程测量等专业知识，通过任务实施目的是使学生初步了解道路工程施工技术准备的具体工作内容、需要的专业技术知识和职业能力，课程教学可引入现场施工准备视频、图片等直观教学资源，以激发学习兴趣。任务实施可以由教师与学生共同设置情景，进行角色定位，虚拟道路工程施工准备过程；同时也可布置任务，进行相应的工地现场调研，使学生进入道路工程施工现场，了解现场道路工程施工的准备工作和工作内容，以报告的形式提交学习成果。

技术准备是施工准备的核心。由于任何技术的差错或隐患都可能引起人身安全和质量事故，造成生命、财产和经济的巨大损失。技术准备是准备工作的重点和难点，也是体现专业知识和专业技术水平的重要环节。如图 1-1 所示为道路工程施工技术准备的技术路线图。技术准备的主要工作内容如图 1-2 所示。

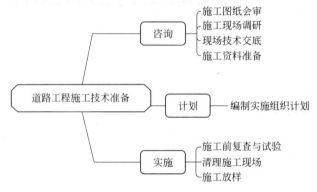

图 1-1　道路工程施工技术准备的技术路线图

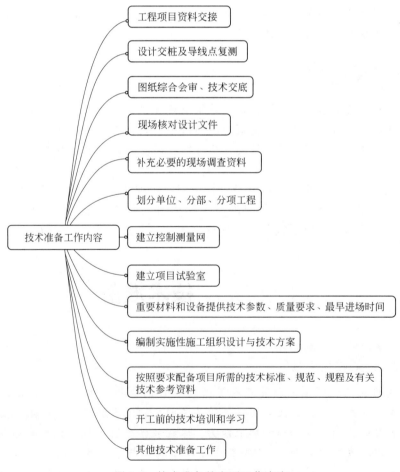

图 1-2　技术准备的主要工作内容

1.1.1 项目技术准备主要工作

1.1.1.1 工程项目资料交接

工程项目中标后，应会同上级有关主管部门及时进行工程资料交接，需要交接的资料主要包括投标期间的现场考察技术资料、投标文件、中标通知书、合同文件、与业主签订的相关协议、投标承诺、图纸等。

1.1.1.2 设计交桩及导线点复测

工程开工前，在业主（或者监理工程师）的主持下，由设计单位向施工单位进行交桩，交桩应在现场进行。设计单位将路线勘测时所设置的导线控制点、水准控制点及其他重要点位的桩位及相关技术资料逐一交给施工单位，交桩应有交桩记录。

项目部接受导线控制点、水准控制点的桩位后，要及时对这些控制点进行复测，并将复测结果报监理工程师审核批准，为下一步控制测量做好准备。

1.1.1.3 图纸综合会审、技术交底

图纸会审分为初步审核、内部审核和综合审核，其中综合审核为甲方招集建设项目参建各方参加的图纸审核和技术交底事项。实施步骤如图 1-3 所示。

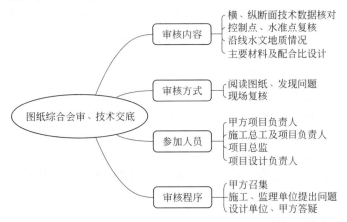

图 1-3 图纸综合会审、技术交底任务实施步骤

（1）图纸综合会审的主要工作 图纸会审的主要步骤：初审、内部会审、综合会审。

① 初审：施工单位收到拟建工程的设计图纸和有关技术文件后。应尽快地组织有关的工程技术人员熟悉和初审图纸，写出自审图纸的记录。初审图纸的记录应包括对设计图纸的疑问和对设计图纸的有关建议。

初审的主要内容包括：道路施工图设计总说明分析，设计文件及资料的完整性和正确性分析，应用的主要规范、标准、规程，技术标准与图纸中的相关技术参数是否一致，工程概况（道路起止点桩号、总里程、实施范围、道路宽度、构筑物情况、道路现状分析、沿线地质概况）与设计图纸和现场的一致性，设计概要（平面、纵断面、横断面、引道、坡段、路线交叉、路基处理、路面结构设计）与施工图纸标注或现场的一致性，路面材料选择及性能要求，施工注意事项与施工规范的要求的一致性，基层及垫层材料要求及施工注意事项与施工规范的一致性，附属工程施工要求与施工规范的一致性。现场调研情况与设计情况分析，平曲线俯角、缓和曲线相关要素的复核检查，纵断面竖向曲线的要素与规范的一致性，交

点、水准点测量与设计图纸中的数据差异性分析，中桩、边桩、横断面及填、挖方复测。

②内部会审：施工企业内部各专业间（测量、试验、材料、机械、预算、合同、财务等）对施工图的会同审查。

③综合会审：一般由建设单位主持，由设计单位和施工单位参加，三方进行设计图纸的会审。图纸会审时，首先由设计单位的工程设计人向与会者说明拟建工程的设计依据、意图和功能要求，并对特殊结构、新材料、新工艺和新技术提出设计要求；然后施工单位根据自审记录以及对设计意图的了解，提出对设计图纸的疑问和建议；最后在统一认识的基础上，对所探讨的问题逐一地做好记录，形成"图纸会审纪要"，由建设单位正式行文，参加单位共同会签、盖章，作为与设计文件同时使用的技术文件和指导施工的依据，以及建设单位与施工单位进行工程结算的依据。

（2）技术交底

①设计交底：由业主组织设计交底，设计单位、施工单位、监理单位参加。施工单位、监理单位说明图纸会审情况，提出相关技术问题，设计院及甲方答复相关问题，提出解决方案或者策略，主要导线点、中心桩、交点、水准点等控制点进行现场交底，并形成会议纪要，其与施工文件具有同等效力。

图纸会审、技术交底是基本建设技术管理制度的重要内容。工程开工前，在总工程师的带领下集中有关技术人员仔细审阅图纸，将不清楚或不明白的问题汇总并通知业主、监理及设计单位及时解决。图纸会审是由建设单位负责召集的一次正式会议，各方可先审阅图纸、汇总问题，然后在会议上由设计单位解答或各方共同确定。测量复核成果是对所有控制点、水准点进行复核，与图纸有出入的地方及时与设计人员联系解决。

②企业内部技术交底：交底记录是施工管理的原始技术资料。交底内容包括：承包合同有关条款、设计图、设计文件规定的技术标准、施工技术规范和质量要求、施工进度和总工期、拟采用的施工工艺方法和材质要求、技术安全措施等。对于重点工程、重点部位、特殊工程、新结构、新材料的工程，更要做详细的技术交底。

技术交底一般分为设计技术交底、施工组织设计交底、试验专用数据交底、分部分项或工序安全技术交底等几个层次。工程开工后，项目经理部的技术交底由项目经理组织，项目总工程师主持实施；工长（技术负责人）负责组织向本责任区内的班组交底；对于分包工程，项目经理部向分包单位详细进行全面交底。

1.1.1.4　现场核对及补充资料

（1）现场核对　现场核对设计文件是工程建设中的重要环节，必须认真组织。核对的目的是：充分了解设计意图、设计标准、熟悉设计内容，结合现场实际对施工图纸进行核对，对其平、纵面位置，标高，几何尺寸，使用功能等进行核对，发现问题及时提出，由设计单位完善设计，确保工点设置合理，强化使用功能。

（2）补充资料

①施工现场的地形、地貌。

②工程所在地的地质情况。

③水文情况调查。

④当地的气象情况。

⑤当地交通运输、电力、通信、文物以及工程附近建筑物对工程的干扰情况。

⑥当地水电供应情况。

⑦当地材料供应情况。

⑧ 当地风俗、医疗、生活物资供应情况。

⑨ 当地政府对建设工程颁布的相关规定。

1.1.1.5　单位、分部、分项工程的划分

为了对施工资料进行科学管理，根据施工任务、施工管理和质量评定标准的需要，在施工准备阶段，施工单位应根据《公路工程质量检验评定标准　第一册　土建工程》（JTG F80/1—2017）的规定，结合本工标段工程特点，对施工项目按照单位工程、分部工程和分项工程逐级进行划分，直至详细列出所有的每一个分项工程的编号、名称或内容、桩号或部位。使本标段整个工程项目中工程实体与划分的项目一一对应，单位、分部、分项工程的数量、位置都一目了然。施工单位将划分好的单位、分部、分项工程以文件的形式上报监理部门，监理部门审核批复上报项目办，在整体项目实施过程中，施工单位、监理单位和建设单位应按照相同的工程项目划分进行工程质量的监控和管理。

按照由大到小的顺序，工程项目依次划分为建设项目、单项工程、单位工程、分部工程、分项工程。各项目的定义及相互关系具体如下。

① 建设项目：也称为基本建设项目，是指经批准在一个设计任务书范围内按照同一总体设计进行建设的全部工程。建设项目由一个或几个单位工程组成，经济上统一核算，行政上实行统一管理，一般以一个企业（或联合企业）单位或独立工程作为一个建设项目。公路工程基本建设以单独设计的公路路线、独立桥梁作为建设项目。

② 单项工程：也称工程项目，是指建设项目中具有独立的设计文件，建成后可独立发挥生产能力或使用效益的工程。

③ 单位工程：是单项工程的组成部分，是指在单项工程中有单独设计和独立施工条件，而又作为一个施工对象的工程。

④ 分部工程：是按工程结构、材料或施工方法不同所做的分类，是单位工程的组成部分。道路工程按结构部位、路段长度以及施工特点或施工任务划分为若干分部工程。

⑤ 分项工程：在分部工程中，应按照不同的施工方法、材料、工序及路段长度等划分为若干分项工程。

1.1.1.6　建立控制测量网

开工前，对业主和设计单位移交的导线点和水准点进行闭合复测，复测合格并经业主和监理工程师签认后方能施工。

（1）平面控制系统　采用导线测量方法建立导线平面控制系统，系统布设以甲方提供的控制点为导线起始方向，导线点的位置应通视条件良好，间距 50～100m，不易受道路交通的影响，并保护好定位桩。

（2）高程控制系统　建立以导线点为基础，等级为四等的高程控制系统，采用水准仪按照甲方提供的水准点将标高引至各导线点上。

（3）放线控制　道路中心线（边线）、管道中心线、检查井、雨水井、路灯基座等的平

面控制及高程控制。

1.1.1.7 建立项目试验室并提前做好前期工程试验及配合比工作

试验检测是工程质量的重要组成部分，是工程质量科学管理的重要手段。试验检测是工程建设中，质量、进度、费用三大控制的重要手段，为改进施工工艺、优化施工流程、确保工程质量，验证施工与设计的一致性，及时发现、消除工程质量隐患提供科学依据。因此，建立项目试验室并提前做好工程试验及配合比对工程施工有着重要意义。

（1）建立项目试验室　确定试验操作区的功能，电力改造、台座安装根据项目的特点、项目质量检验及规范要求，配备相应的仪器、设备，安装调试。按照功能区划分，主要分为水泥室、集料室、力学室、水泥混凝土室、留样室、办公室等，确立安全卫生责任人，仪器编号建档，建立标识卡，确定保养维护责任制、仪器标定和自检自校。

（2）配备相关试验人员　根据项目规模，配备试验师和试验员。试验人员需持证上岗，对无证人员需进行培训，获得相应岗位证书后方可上岗。

（3）试验准备　收集现行规程、规范，建立有效文件目录清单，保证所用标准齐全有效。

（4）工程试验及配合比工作

① 料源调查：材料分为甲供材料和企业自购材料。料源调查主要是为了筛选材料来源，做试验以确定其是否达到要求，检测指标是否合格。

② 混凝土配合比：宜先做低标号混凝土，后做高标号混凝土，合理安排配合比试验工作。

③ 土工标准试验：根据工程所在地的土质和设计要求，按照相关试验规程，主要为原地面利用土工标准击实试验，为现场压实度试验提供控制标准，求得最佳含水量和最大干密度。

④ 原材料进场检测：进入搅拌站的各种材料在进场前，必须对材料进行取样检测，合格后方能进场，按照配合比进行搅拌。

1.1.1.8 为需要提前订购的重要材料和设备提供相关的技术参数、质量要求和最早进场时间

根据中标项目的项目招标文件、补遗书和工程施工图纸，结构中标项目的工程特点、地质构造、地形条件及施工组织设计选用方案的具体情况，同时结合施工现场条件及气候特点、单位现有的设备情况和以往类似工程的施工经验等情况配置设备。设备配置的基本方法如下。

① 设备投入依据"少污染、低噪声、高效率"的原则。

② 设备配置应功能齐全、满足施工要求。

③ 选用先进设备，满足质量、工期要求。

④ 尽量配套合理、最大限度提高机械利用率。

⑤ 调入设备确保先进，机械状况良好，满足项目施工期内使用要求。

⑥ 设备数量满足工程需要，并略有富余。

⑦ 设备的技术参数应满足工程施工质量验收标准和施工进度要求。

根据工程施工组织与各标段的划分，设备进场时间按照施工工序先开工先进场的原则确定，设备提前到达现场试运行，以确保工程进度和质量。

1.1.1.9　编制实施性施工组织设计与技术方案

根据项目的招标文件及施工图纸，以及项目沿线的水文地质条件和气候特点，结合施工单位的工程经验，现场踏勘实际情况编制施工组织设计。以合同总工期作为控制进度目标，统筹考虑合同段的施工工艺、现场布置以及施工进度计划。

施工组织设计中列出的工、料、机具设备等计划，仅作为指导施工时的参考，不作为项目的最终供应计划，后期根据工程进展情况具体优化和调整。施工组织设计具体内容详见第1.1.2节。

主要工程的施工方案、方法和技术措施的编制，需结合项目现场实际情况，分析项目各分部分项工程的重点和难点，特别是特殊关键工序，有针对性地制定详细的施工方法、技术保障措施、质量检测检验方法、检测方案与检测工具等，以实现总体的质量、进度、环保等目标。

1.1.1.10　按照业主和上级机关要求及工程具体情况配备项目所需的技术标准、规范、规程及有关技术参考资料

项目部应根据项目的特点和所需的设计、施工、质量检验与验收、安全、环保等规范标准，配备足够数量的工具书供现场技术人员查阅和使用。

1.1.1.11　开工前的技术培训和学习

① 安全培训：工程开工前，集中项目参建人员对其进行全员安全教育培训与安全规章制度的学习。主要目的是建立安全管理意识，明确安全责任，学习安全防护设施，提高安全防控能力，掌握安全防范技术。突出项目安全管理重点与防控措施，学习应急救援预案。对特种设备操作人员的安全培训，主要目的是让操作人员熟悉作业风险，加强操作规程学习和贯彻安全技术交底制度。对危险性较大的分部分项工程的安全管理培训，主要目的是贯彻关键施工环节安全验收制度。

② 新标准、新规范的学习与培训。主要目的是让管理人员熟悉和掌握最新的设计、施工、检验验收等规范。

③ 相关法律法规的学习与培训。根据项目参建人员的组成情况，有针对性地节选相关的法律与法规文件，主要目的是让项目参建者遵守法律，做事有底线，不碰红线。

1.1.1.12　其他技术准备

① 材料储备情况。根据项目施工进度安排和主要材料的消耗用量，综合考虑周边材料供应距离和供应量，做好材料储备计划，确保项目开工后所需材料数量和质量能满足工程需要。

② 设备检测：根据项目各分部分项工程的进度安排和进场的各类设备配备情况，对进场设备进行测试和检验，确保项目开工后能立即投入使用。

1.1.2　编制施工组织设计

中标后需编制项目施工组织设计。施工组织设计是项目全体人员进行施工生产活动的行动纲领；是项目领导、职能部门指导施工准备、布置施工生产、进行项目管理、控制施工进度的依据；是劳动力、材料和机械设备进退场和调配依据（人、材、机依据）；是编制工程预算和进行工程竣工结算的依据。因此，施工组织设计是施工前准备工作的重要组成部分，

对于能否全面完成施工生产任务，起着决定性作用。

1.1.2.1 道路施工组织设计的特点

① 道路工程要用许多材料混合加工，因此道路的施工必须与采掘、加工和储存这些材料的基地工作密切联系。组织路面施工时，也应考虑混合料拌和站的情况，包括拌和站的规模、位置等。

② 在设计路面施工进度时必须考虑路面施工的特殊要求。例如，沥青类路面不宜在气温过低时施工，这就需安排在温度相对适宜的时期内施工。

③ 路面施工的工序较多，合理安排工序间的衔接是关键。垫层、基层、面层以及隔离带、路缘石等工序的安排，在确保养生期要求的条件下，应按照自下而上、先主体后附属的顺序施工。

1.1.2.2 施工组织设计的主要内容

（1）编制说明

（2）编制依据

① 相关文件：包括招标文件、投标书、设计文件和设计图纸、施工规范、合同文件等。

② 现场调查资料或报告。

③ 各种定额及概预算资料。

④ 政策规定、环保条例、上级部门对施工的有关规定和工期要求。

⑤ 所涉及的国家和行业标准、规范和规程的名称。

（3）工程概况

① 工程项目的主要情况。

② 施工条件。

③ 工程施工的特点和难点分析。

④ 合同特殊要求。

（4）施工总体部署

（5）主要工程项目的施工方案

（6）施工进度计划

（7）各项资源需求计划

① 劳动力需求计划（人）。

② 材料需求计划（材）。

③ 施工机械设备需求计划（机）。

④ 资金需求计划（资金）。

（8）施工总平面图设计 施工总平面图是对施工过程所需各种临时设施、动力供应、原材料堆放、场内运输、半成品生产场地等做出规划布置，正确处理平面和空间的关系。

（9）大型临时工程

（10）主要分项工程施工工艺

（11）季节性施工技术措施

（12）质量管理与质量控制的保证措施

（13）安全管理与安全保证措施 施工单位应当建立健全安全生产责任制度和安全生产教育培训制度及安全生产技术交底制度，制定安全生产规章制度和操作规程，保证本单位安全生产条件所需资金的投入，对所承担的城镇道路工程进行定期和专项安全检查，并做好安全检查记录。

① 建立健全安全保证体系。

② 建立健全安全生产责任制。

③ 强化安全教育培训，持证上岗。项目经理、项目副经理、专职安全生产管理人员、生产管理人员、特种工必须取得安全生产考核合格证，持证上岗；对全体施工人员进行安全生产教育培训，培训合格后方可上岗作业。

④ 安全生产技术交底制度。实施前，技术人员向施工班组成员详细说明，并由双方签字。

⑤ 对危险性较大的工程编制专项施工方案，必要时组织专家论证、编制专项施工方案。经施工单位技术负责人、监理工程师审查同意签字后实施，安全员现场督查。

⑥ 遵守安全生产法规和操作规程。

⑦ 保证安全条件所需资金投入。

⑧ 定期和专项安全检查。

⑨ 配备专职安全生产管理人员。

⑩ 突发事故的防范措施、应急救援预案。

1.1.2.3　道路施工组织设计的编制程序

① 掌握设计意图和确认现场条件；

② 计算工程量和计划施工进度；

③ 确定施工方案；

④ 计算各种资源的需要量和确定供应计划；

⑤ 平衡劳动力、材料物质和施工机械的需要量并修正进度计划；

⑥ 绘制施工平面布置图；

⑦ 确定施工质量保证体系和组织保证措施；

⑧ 确定施工安全保证体系和组织保证措施；

⑨ 确定施工环境保护保证体系和组织保证措施；

⑩ 其他有关方面措施。

1.1.2.4　编制施工预算

施工预算是施工单位内部编制的预算，是单位工程在施工时所需人工、材料、施工机械台班消耗数量和直接费用的标准，以便有计划、有组织地进行施工，从而达到节约人力、物力和财力的目的。

（1）施工图预算的主要作用

① 为施工单位进行工程项目准备和编制实施性施工组织设计时，提供重要的参考作用；

② 进行成本控制的依据；

③ 工程费用调整的依据。

（2）施工图预算的主要内容

① 编制说明书。包括编制的依据、方法，各项经济技术指标分析，对新技术、新工艺、新材料、新设备在工程中的应用等。

② 工程预算书。主要包括工程量汇总表、主要材料汇总表、机械台班明细表、费用计算表、工程预算汇总表等。

任务 1.2　组织准备

1.2.1　组建施工项目经理部

施工项目经理部是指在施工项目经理领导下的施工项目经营管理层，其职能是对施工项目实行全过程的综合管理。施工项目经理部是施工项目管理的中枢，是施工企业内部相对独立的一个综合性的责任单位。

1.2.1.1　项目经理部的设置原则

项目经理部的机构设置要根据项目的任务特点、规模、施工进度、规划等方面的条件确定，其中要特别遵循以下三个原则。

① 项目经理部功能必须完备。

② 项目经理部的机构设置必须根据施工项目的需要实行弹性建制，一方面要根据施工任务的特点确定设立什么部门，另一方面要根据施工进度和规划安排调节机构的人数。

③ 项目经理部的机构设置要坚持现代组织设计的原则，首先要反映出施工项目目标的要求，其次要体现精简、效率、统一的原则，分工协作的原则和责任权利统一的原则。

1.2.1.2　项目经理部的机构设置

项目经理部机构设置如图 1-4 所示。

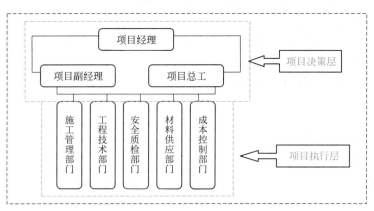

图 1-4　项目经理部机构设置

各部门职能如下。

（1）施工管理部门　负责项目实施与质量进度控制，负责施工现场组织与管理、安排施工计划、调度施工机械，协调各部门间以及与外部单位间的关系。

（2）工程技术部门　负责项目运行中变更、施工方案调整、负责解决施工过程中出现的技术难题，施工组织设计与实施、技术管理、计算统计，负责与项目参建各方进行技术交流和沟通协调工作。

（3）安全质检部门　负责项目的安全施工专项方案的制订与执行、检查与监督，负责各分部分项工程的质量检验、进场材料试验与检查，负责项目的文明施工、消防保卫和环境保护等工作。

（4）材料供应部门 要在开工前就提出材料、机具供应计划，包括材料、机具计划量和供应渠道，在施工过程中，要负责施工现场各施工作业层间的材料协调，以保证施工进度。

（5）成本控制部门 主要负责合同管理、工程结算、索赔、资金收支、成本核算、财务管理等工作。

1.2.2 组建专业施工班组

施工班组的组建是项目任务实施的重要环节，同时也是项目质量控制、进度控制、投资控制的基础，因此施工班组的设置、劳动力的合理调配水平是体现项目管理者和职能部门综合能力的重要指标之一。

1.2.2.1 施工班组设置

道路工程施工班组按照道路工程分部分项工程设置，根据各项工程的工程数量以及标段的长度、工程施工的难易程度、机械化作业程度、参与项目劳动者的施工经验等统筹进行作业班组的划分。路面施工中，面层、基层和垫层除构造有变化外，工程量差别不太大。因此，可以根据不同的面层、基层、垫层，不同的工作内容选择不同的施工队伍，按均衡的流水作业施工。

1.2.2.2 劳动力的调配

劳动力的调配一般应遵循这样的规律：开始时调少量工人进入工地做准备工作，随着工程的开展，陆续增加工作人员；工程全面展开时，可将工人人数增加到计划需要量的最高额，然后尽可能保持人数稳定，直到工程主要部分完成后，逐步分批减少人员，最后由少量工人完成收尾工作。尽可能避免工人数量骤增、骤减现象的发生。

任务 1.3 其他准备

1.3.1 现场准备

施工现场是参加建筑施工的全体人员为优质、安全、低成本和高速度完成施工任务而进行工作的活动空间，施工现场准备工作是为拟建工程施工创造有利的施工条件和物质保证的基础。其主要内容如下。

① 拆除障碍物，搞好"三通一平"；
② 做好施工场地的控制网测量与放线；
③ 搭建临时设施；
④ 安装调试施工机具，做好建筑材料、构配件等的存放工作；
⑤ 做好冬雨期施工安排；
⑥ 设置消防、保安设施和机构。

另外，路基、路面的施工均为长距离线形工程，受季节变化的影响很大，为使工程施工能保证质量、按期开工，必须做好导线、中线、水准复测、查桩、认桩工作，高温季节要做好降温防暑等工作，冬、雨季施工要采取相应措施。

1.3.2 施工物资准备

（1）物资准备工作的内容
① 各种道路工程所需材料的准备。

② 配件和制品的加工准备。

③ 施工机械与安装机具的准备。

④ 其他生产工艺设备的准备。

（2）物资准备的注意事项

① 无出厂合格证明或没有按规定进行复验的原材料、不合格的配件，不得使用。严格执行施工物资的进场检查验收制度，杜绝假冒伪劣产品进入施工现场。

② 施工过程中要注意查验各种材料、构配件的质量和使用情况，对与原试验检测品种不符或有怀疑的，应提出复验或化学检验的要求。

③ 进场的机械设备必须进行开箱检查验收，产品的规格、型号、生产厂日期等必须与设计要求完全一致。

1.3.3 施工准备工作的实施

1.3.3.1 施工准备中各种关系的协调

项目施工涉及项目参加单位、道路沿线行政村及各单位、企业等，工程的协作和配合程度决定工程进度和投资能否达到预期，因此施工准备工作也必须将各专业、各工种的准备工作统筹安排和协调配合起来。只有取得建设单位、设计单位、监理单位以及与项目有关的人员和单位的支持，分工协作，才能顺利有效地实施。

1.3.3.2 编制施工准备工作计划

为较好地落实各项施工准备工作，应根据各项准备工作的内容、时间和人员，编制施工准备工作计划。责任落实到人，并加强对计划的检查和监督，保证准备工作如期完成。施工准备工作计划见表 1-1。

表 1-1 施工准备工作计划表

序号	项目	施工准备工作内容	要求	负责人	涉及单位	要求完成日间	备注

各项准备工作之间有相互依存的关系。有时用表难以表达明白，故应编制条形计划或网络计划。提倡编制网络计划，以明确各项施工准备工作之间的相互依赖、相互制约的关系，找出关键的施工准备工作，便于检查和调整。

1.3.3.3 建立严格的施工准备工作责任制

由于施工准备工作范围广、线路长、时间长，故必须有严格的责任制，使施工准备工作得以真正落实。在编制了施工准备工作计划后，就要按计划将责任明确到有关部门甚至个人，以便按计划要求的内容及完成时间进行工作。各级技术负责人在施工准备工作中所承担的责任应予以明确，以便推动和促进各级领导认真做好施工准备工作。现场施工准备工作应由项目经理部全权负责。

1.3.3.4 建立施工准备工作检查制度

在施工准备工作实施的过程中，应定期进行检查，可按周、旬、月度进行检查。检查的目的是观察施工准备工作计划的执行情况。如果没有完成计划要求，应进行分析，找出原因，排除障碍，协调施工准备工作进度或调整施工准备工作计划。检查的方法可用实际与计划进行对比，即"对比法"；还可采用会议法，即相关单位或人员在一起开会，检查施工准备工作情况，当场分析产生问题的原因，提出解决问题的办法。后一种方法见效快，解决问题及时，应在制度中规定，多予采用。

1.3.3.5 按建设程序办事，实行开工报告和审批制度

当施工准备工作完成，且具备开工条件后，项目经理部应及时向监理工程师提出开工申请，经监理工程师审批，并下达开工令后，及时组织开工，不得拖延。

 能力训练

第一部分 知识点考核

（说明：测试时间 45 分钟）

一、单选题（每题 1 分，共 10 题，共 10 分）

1.准备工作的好坏直接影响后续各项工作的施工质量、施工进度、（   ）。

    A.工程造价　　　B.机械数量　　　C.用工人数　　　D.材料准备

2.施工准备包括组织准备、物资准备和（   ）。

    A.人员准备　　　B.测量放线　　　C.技术准备　　　D.征地拆迁

3.（   ）、技术交底是基本建设技术管理制度的重要内容。

    A.招投标　　　　B.图纸会审　　　C.监理大纲　　　D.施工组织设计

4.技术交底一般分为设计技术交底、施工组织设计交底、试验专用数据交底、（   ）或工序安全技术交底等几个层次。

    A.现场水准点　　B.现场标高　　　C.分部分项　　　D.设计文件

5.沥青类路面不宜在气温（   ）时施工，这就需安排在温度相对适宜的时期内施工。

    A.过高　　　　　B.过低　　　　　C.适中　　　　　D.没有要求

6.垫层、基层、面层以及隔离带、路缘石等工序的安排，在确保养生期要求的条件下，应按照（   ）、先主体后附属的顺序施工。

    A.中间到两边　　B.两边到中间　　C.自下而上　　　D.自上而下

7.施工预算是施工单位（   ）编制的预算。

    A.投标　　　　　B.内部　　　　　C.结算　　　　　D.外部

8.工程技术部门主要负责项目运行中变更、施工方案调整、负责解决施工过程中出现的技术难题，（   ）。

    A.施工组织设计与实施　　　　　　B.材料试验

    C.资金收支　　　　　　　　　　　D.合同管理

9.图纸会审由（   ）负责召集。

    A.监理单位　　　B.施工单位　　　C.建设单位　　　D.设计单位

10.施工过程中要注意查验各种材料、构配件的质量和使用情况，对与原试验检测品种不符或有怀疑的，应提出（   ）或化学检验的要求。

    A.退货　　　　　B.复验　　　　　C.赔偿　　　　　D.更换

二、多选题（每题 2 分，共 10 题，共 20 分）

1.工程概况应包括：道路起止点桩号，实施范围，沿线地质概况，（   ）。

    A.总里程　　　　　　　　　　　　B.道路现状分析

    C.道路宽度构筑物情况　　　　　　D.施工单位资质

2.设计概要包括：平面、纵断面、横断面、坡段、路面结构设计、（   ）。

  A. 路线交叉   B. 引道   C. 级配型   D. 路基处理

3. 道路施工组织设计的编制程序包括（ ）。

  A. 现场勘察与选择   B. 土方调配、计算工程量

  C. 技术交底   D. 图纸会审

4. 工程预算书主要包括工程量汇总表、（ ）等。

  A. 主要材料汇总表   B. 机械台班明细

  C. 劳动力计划表   D. 进度计划表

5. 施工项目经理部是（ ）。

  A. 法人单位

  B. 承包商

  C. 施工企业内部相对独立的一个综合性的责任单位

  D. 施工项目管理的中枢

6. 项目经理是（ ）。

  A. 项目法人   B. 项目管理者   C. 承包人   D. 法人代表

7. 项目经理部机构设计包括（ ）。

  A. 施工管理部门 B. 质量检验部门 C. 成本控制部门 D. 监理部门

8. 安全质检部门职责包括（ ）等工作。

  A. 监理大纲编制   B. 施工方案编制

  C. 各分部分项工程的质量检验 D. 环境保护

9. 成本控制部门主要负责（ ）、财务管理等工作。

  A. 合同管理   B. 成本核算   C. 索赔   D. 资金收支

10. 施工班组设置应综合考虑（ ）等因素。

  A. 标段的长度   B. 工程施工的难易程度

  C. 机械化作业程度   D. 成本控制

第二部分 综合能力考核

一、案例分析

【案例】

  背景资料：某公司中标某市主干道改建扩建工程，总长 13.20km，需拆除原地下管线及旧路面，路面拓宽部分需移动行道树、电杆等。

问题：

（1）从背景材料看，工程的施工准备阶段的协调工作应如何开展？

（2）该工程项目部如何设置？

二、项目实施

根据附录中的具体项目，结合所学专业知识，编制施工准备方案。

第三部分 考核评价

考核内容	考核内容及标准	评 分
过程考核 （20分）	学习主动性强，按照要求，及时、正确地完成相关任务。主动承担项目小组相应工作，提出问题、解决问题意识强（小组互评＋个人自评＋教师评价）	

续表

考 核 内 容	考核内容及标准		评　分
知识点考核 (30分)	在规定的时间内,独立完成知识点测试(可采取小组同学互评的方式)		
	单选题(10分)		
	多选题(20分)		
综合技能考核 (50分)	案例分析题(15分)	问题分析要点正确,知识点应用准确	
	项目实施(35分):施工准备方案,考核点及要求如下		
	1.技术准备	内容全面,表达清楚,要点明确(15分)	
	2.组织准备	内容全面,结构框图规范(15分)	
	3.文本格式	文本格式符合专业要求(5分)	
总分			
总结与思考	(本次任务实施中主要存在的问题,需要教师帮助解决的问题) 　　　　　　　　　　　　年　　　　月　　　　日		

项目二　路基工程施工

素质目标

　　培养强烈的工程质量意识，遵守测量技术规范标准要求；善于语言表达和协调管理，能够在路基施工准备、路堤施工、路堑施工、路基压实、软土路基施工等环节与工程相关的设计单位、监理单位、分包商、各部门进行沟通与交流；善于观察和思考，养成发现问题、提出问题、及时解决问题的良好学习和工作习惯。

　　路基工程施工技术线路图如图 2-1 所示。

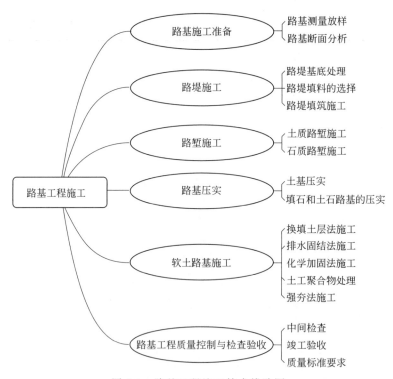

图 2-1　路基工程施工技术线路图

概　　述

路基是在原地面上通过挖、填、压实、砌筑而修成的线形构造物，它多由自然土（石）填、挖而成。在使用过程中，路基一方面承受由路面传送而来的行车荷载的反复作用，另一方面要抵御风吹日晒、雨水冲刷、波浪侵袭等各种自然因素的影响。一条道路的使用品质不仅与道路等级的平纵线形及路面质量有关，还与路基的品质有重要关系。因此，要求路基必须具有足够的强度和整体稳定性，良好的水温稳定性和耐久性。要实现这一目标，除了要求合理的设计外，还必须进行精心的施工。

路基土石方工程量大、分布不均匀，不仅与路基工程相关的设施，如路基排水、防护与加固等相互制约，而且同道路工程的其他工程项目，如桥涵、隧道、路面及附属设施相互交错。因此，路基施工在质量标准、技术操作、施工管理等方面具有特殊性，必须予以研究和不断改进，就整个道路工程的施工而言，路基施工往往是施工组织管理的关键。此外，路基施工中还存在场地布置难、临时排水难、用土处置难、土基压实难等不利的因素。路基的隐蔽工程较多，质量不符合标准会给路面及自身留下隐患，一旦产生病害，不仅损坏道路使用品质，导致妨碍交通及经济损失，而且往往后患无穷，难以根治。因此，为确保工程质量，实现快速、高效、安全施工，必须重视施工技术与管理，就目前情况而言，有一个稳定的专业施工队伍，配有相应的技术骨干和机具设备，建立和健全施工技术操作规程与质量检查验收制度，采用现代化的施工管理方法是实现"精心施工"的必由之路。

（1）路基施工的基本方法　路基施工的基本方法，按其技术特点大致可分为人工及简易机械化、综合机械化、水力机械化和爆破方法等。

① 人力施工是传统方法，它使用手工工具，劳动强度大、功效低、进度慢，工程质量亦难以保证，但限于具体条件，短期内还必然存在并适用于地方道路和某些辅助性工作。为了加快施工进度，提高劳动生产率，实现高标准高质量施工，对于劳动强度大和技术要求高的工序，应配以数量充足、配套齐全的施工机械。机械化施工和综合机械化施工，是保证高等级公路施工质量和施工进度的重要条件，对于路基土石方工程来说，更具有迫切性。实践证明，单机作业的效率，比人力及简易机械施工要高得多，但需要大量的人力与之配合。由于机械和人力的效率差距过大，难以协调配合，单机效率受到限制，势必造成停机待料、机械的生产率很低等问题，如果对主机配以辅机，相互协调，可共同形成主要工序的综合运作。

② 机械化作业，工效才能大大提高。以挖掘机开挖土路堑为例，如果没有足够的汽车配合运输土方，或者汽车运土填筑路基，如果没有相应的摊平和压实机械配合，或者不考虑相应的辅助机械为挖掘机松土和创造合适的施工面，整个施工进度就无法协调，难以紧凑作业，功效亦势必达不到应有的要求，所以实现综合机械化施工，科学严密地组织施工，是路基施工现代化的重要途径。

③ 水力机械化施工，亦是机械化施工的方法之一，它是运用水泵、水枪等水力机械，喷射强力水流，冲散土层并流运至指定地点沉积，例如采集砂料或地基加固等。水力机械适用于电源和水源充足，挖掘比较松散的土质及地下钻孔等。对于砂砾填筑路堤或基坑回填，还可起到密实作用（称为水夯法）。

④ 爆破法是石质路基开挖的基本方法，如果采用钻岩机钻孔与机械清理，亦是岩石路基机械化施工的必备条件。除石质路堑开挖外，爆破法还可用于冻土、泥沼等特殊路基施工，以及清除路面、开石取料与石料加工等。

上述施工方法的选择，应根据工程性质、施工期限、现有条件等因素而定，而且应因地制宜和各种方法综合使用。高速公路、一级公路以及在特殊地区或采用新技术、新工艺、新材料进行路基施工时，应采用不同的施工方案做试验路段，从中选出路基施工的最佳方案指导全线施工。试验路段位置应选择在地质条件、断面形式均具有代表性的地段，路段长不宜小于100m。

（2）路基施工的程序　路基施工的一般程序为：施工前的准备工作，修建小型人工构筑物，路基基础处理，路基土石方工程，路基工程的检查和验收等。

① 施工前的准备工作。施工前的准备工作极为重要，它是组织施工的第一步，无准备的施工或准备不充分的施工，均使路基施工的基本工作难以顺利进行。施工前的准备工作内容较多，大致可归纳为组织准备（主要是建立和健全施工队伍和管理机构，明确施工任务，制定必要的规章制度，确立施工所应达到的目标等，组织准备亦是做好一切准备工作的前提）、技术准备（路基开工前，施工单位应在全面熟悉设计文件和设计交底的基础上进行施工现场的勘查，核对并在必要时修改设计文件，发现问题应及时根据有关程序提出修改意见并报请变更设计，编制施工组织计划，恢复路线，施工放样与清除施工场地，搞好临时工程的各项工作等）和物质准备（包括各种材料与机具设备的购置、采集、加工、调运与储存，以及生活后勤供应等，为使供应工作能适应基本工作的需要，物质准备工作必须制定具体计划，其中有的计划内容，如劳动力调配、机具配置及主要材料供应计划，必须服从于保证上述施工组织计划顺利实施，而且亦常被列为施工组织计划的一个组成部分）三个方面。

② 路基施工的基本工作。施工的基本工作包括测量放线、路基施工和构筑物及管线施工三部分。

测量放线的主要工作是使用测量仪器和工具，按照设计要求，采用一定的方法，将设计图纸上设计好的路线位置标定到施工作业面上，为施工提供正确依据，指导施工；路基施工的主要内容是开挖路堑、填筑路堤、路基压实、整平路基表面、整修边坡、修筑排水沟渠和加固防护设施等；构筑物及管线施工主要是小桥、涵洞及挡土墙的修筑，路基下各类管线的施工等。

③ 路基工程的检查和验收。为了确保工程质量，必须要加强工程质量管理，在施工的过程中必须按施工标准和技术规范的要求进行质量控制与检查验收。施工中间的检查是施工过程中每当一部分完工时，特别是一些重要工程，必须要按设计图纸、设计文件和技术规范的要求进行检查和验收，及时发现问题并采取补救措施，以便下一步工程的顺利进行。

路基工程的检查验收项目主要包括路基有关工程的位置、标高、断面尺寸、压实度等，要在规定的允许误差范围内。在全部工程完工后，还要由施工单位会同设计、监理、建设、使用和养护单位进行施工验收。

任务 2.1　路基施工准备

知识目标

了解路基施工准备的内容；熟悉路基断面形式；掌握路基施工测量放样的方法和基本步骤。

能力目标

初步掌握路基施工的原理和程序；能够熟练分析道路断面形式；能够结合图纸根据放样内容选择合适方法。

任务实施要求

本任务要求通过学习掌握路基施工准备阶段各环节的工作流程，能根据工程图纸要求做好人员的安排、施工现场的布置、线路的恢复和路基施工过程中的测量。实施过程中要求遵守规范强制性要求和图纸要求，做好施工协调工作。任务实施可以由教师与学生共同设置情景，进行角色定位，虚拟路基施工准备过程；同时也可布置任务，进行相应的工地现场调研，使学生进入路基施工现场，了解现场路基施工的准备工作和工作内容，以报告的形式提交学习成果。

2.1.1 路基断面分析

路基断面有宽度、高度和边坡坡度等要素。路基宽度是指在一个横断面上两路肩外缘之间的宽度，包括行车道、中间带、路肩等部分。路基高度则指路基未考虑超高、加宽之前的设计标高与道路中线原地面标高之差，也称填挖高度或施工高度。为保证路基稳定，路基两侧需做成具有一定坡度的坡面。路基边坡坡度是以边坡的高度 H 与宽度 c 之比来表示；习惯上，将高度定为 1，坡度则以 $1:m$ 来表示，$m=c/H$。图 2-2 为高速公路、一级公路路基标准横断面。

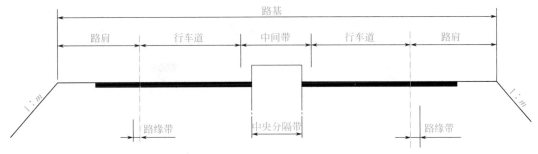

图 2-2　高速公路、一级公路路基标准横断面形式

按照路基设计标高和原地面线标高之间的高差值所形成的填挖情况，可分为路堤、路堑、半填半挖和不填不挖等四种类型。设计标高高于原地面的填方路基称为路堤，如图 2-3 所示。

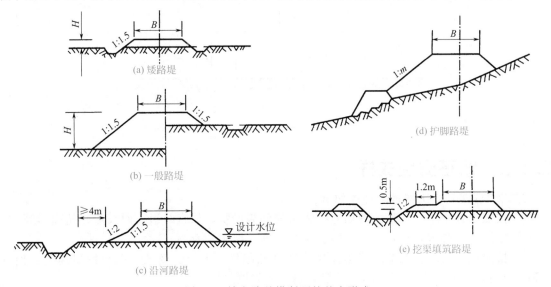

图 2-3　填方路基横断面的基本形式

设计标高低于原地面的挖方路基称为路堑，如图 2-4 所示。

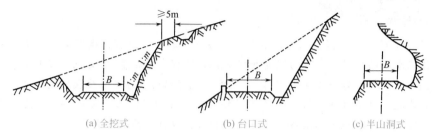

（a）全挖式　　　　　　　（b）台口式　　　　　　　（c）半山洞式

图 2-4　挖方路基横断面的基本形式

在道路横断面上既有填方又有挖方的路基称为半填半挖路基，其典型断面如图 2-5 所示。

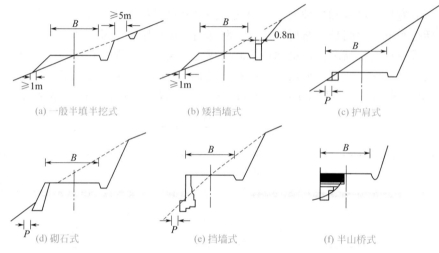

（a）一般半填半挖式　　　　　（b）矮挡墙式　　　　　　（c）护肩式

（d）砌石式　　　　　　　（e）挡墙式　　　　　　　（f）半山桥式

图 2-5　半填半挖路基横断面的基本形式

当地面平坦而道路设计标高与地面标高又相等时，路基几乎没有填挖，形成不填不挖路基（又称零填路基），如图 2-6 所示。

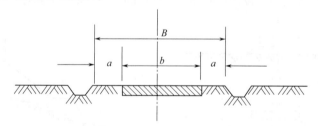

图 2-6　零填路基横断面的基本形式

2.1.2　路基测量放样

道路工程路基施工测量的任务如下。

① 按照设计要求，在施工现场监控线路的外貌形状，如直线形、曲线形、超高形等。

② 按照设计要求，在施工现场监控路基宽度、坡脚、堑顶。

③ 按照设计要求，在施工现场监控线路高低起伏、纵坡、横坡，指导挖填高度，使其达到设计标高，从而避免盲目施工及超填超挖或欠填欠挖。

为了路基施工顺利进行，确保工程质量，在路基施工前，必须在熟悉设计文件各种图表

后，彻底弄清以下几方面。

① 施工标段起点、终点里程桩号；

② 施工标段直线、圆曲线、竖曲线、缓和曲线、超高段的起终点里程桩号，以及曲线的各种元素、交点的里程桩号及其 x、y 坐标值；

③ 施工标段挖方段、填方段里程桩号；

④ 施工段路宽、纵坡、横坡、挖方边坡比、填方边坡比等；

⑤ 线路变坡点里程桩号、变坡点高程等；

⑥ 施工段各结构物里程桩号，以及线路中线与结构物主轴线的几何关系。

2.1.2.1　路基边桩放样

边桩放样首先要确定横断面的方向（直线段为与路中线垂直的方向；曲线段为垂直于所测点的切线方向），然后确定填方断面的坡脚点，挖方断面的坡顶点，半挖半填的坡脚点和坡顶点。路基边桩放样就是在地面上将每一个横断面的路基边坡线与地面的交点，用木桩标定出来，边桩的位置由两侧边桩至中桩的距离来确定。横断面边桩放样的方法大致有三种，即图解法、计算法和渐近法，具体如下。

（1）图解法　图解法就是直接在横断面图上量取中桩至边桩的距离，然后在实地用皮尺沿横断面方向将边桩丈量并标定出来。在填挖方不大时，使用此法较多。路基横断图是路基施工的主要依据，坡脚点（或坡顶点）与中桩的水平距离可以从横断面图上按比例量出，然后在地面上用皮尺沿横断面方向量出坡脚点（或坡顶点）距中桩的水平距离即可定出边桩。

应当注意的是，在量距离时尺子一定要拉平。如横坡较大时，需分段丈量，在量得的点处钉上坡脚桩（或坡顶桩）。每个横断面都放出边桩后，再分别将中线两侧的路基坡脚或路堑的坡顶用灰线连接起来，即为路基填挖边界。

这种放样方法一般用于较低等级的道路路基横断面边桩放样。在应用此法时，应掌握以下要点。

① 方向要准确，应使量测时的横断面垂直于中线方向；

② 丈量距离时，尺子必须拉平。

（2）计算法　计算法就是根据路基填挖高度、边坡率、路基宽度和横断面地形情况，先计算出路基中心桩至边桩的距离；然后，在实地沿横断面方向按距离将边桩放出来。如果施工现场没有横断面设计图，只有施工填挖高度时，可用计算法放样路基横断面边桩。这种方法比图解法精度高，主要用于道路地形平坦或地面横坡较均匀且一致地段的路基横断面边桩放样。具体放样方法如下。

① 平坦地面上路基横断面边桩放样。

路堤的坡脚至中桩的距离为：

$$l = \frac{B}{2} + mH \qquad (2\text{-}1)$$

路堑的坡顶至中桩的距离为：

$$l = \frac{b_1}{2} + mH \qquad (2\text{-}2)$$

式中　B——路基设计宽度，m；

$\quad b_1$——路基与两边侧边沟宽度之和，m；

$\quad m$——边坡的设计坡度；

$\quad H$——路基中心设计填挖高度，m。

② 倾斜地面上路基横断面边桩放样，如图 2-7 所示，当地面横向倾斜较大时，计算时应当考虑横向坡度的影响。

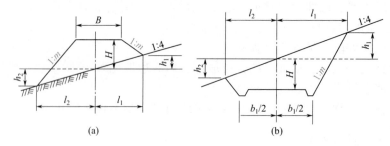

图 2-7 地面倾斜时的边桩放样示意图

路堤坡脚至中桩距离为：

上侧坡脚
$$l_1 = \frac{B}{2} + m(H - h_1) \tag{2-3}$$

下侧坡脚
$$l_2 = \frac{B}{2} + m(H + h_2) \tag{2-4}$$

路堑坡顶至中桩的距离为：

上侧坡顶
$$l_1 = \frac{b_1}{2} + m(H + h_1) \tag{2-5}$$

下侧坡顶
$$l_2 = \frac{b_1}{2} + m(H - h_2) \tag{2-6}$$

式中　h_1——上侧坡脚（坡顶）与中桩的高差，m；

　　　h_2——下侧坡脚（坡顶）与中桩的高差，m。

应当指出的是，上列各式中的 h_1 与 h_2 都是未知数，因此还不能计算出路基边桩至中桩的距离。由于地面横坡均匀一致，放样时应先测得地面坡度为 $1:s$，s 为地面横向坡度。

将 $l_1 = h_1 s$ 代入式（2-3），得：

$$l_1 = h_1 s = \frac{B}{2} + m(H - h_1) \tag{2-7}$$

因此可求得 h_1 为：
$$h_1 = \left(\frac{B}{2} + mH\right) \times \frac{1}{s + m} \tag{2-8}$$

将式（2-8）求得的 h_1 代入式（2-7）得：

$$l_1 = \left(\frac{B}{2} + mH\right) \times \frac{s}{s + m} \tag{2-9}$$

同理可得：
$$l_2 = \left(\frac{B}{2} + mH\right) \times \frac{s}{s - m} \tag{2-10}$$

路堑坡顶至中桩的距离为：

$$l_1 = \left(\frac{b_1}{2} + mH\right) \times \frac{s}{s - m} \tag{2-11}$$

$$l_2 = \left(\frac{b_1}{2} + mH\right) \times \frac{s}{s + m} \tag{2-12}$$

然后，分别根据式（2-9）、式（2-10）或式（2-11）、式（2-12）所计算的距离，从线路中线桩丈量所需尺寸，即可定出路堤或路堑的两侧边桩。

（3）渐近法　渐近法的原理是在分段丈量水平距离的同时，用水准仪、全站仪（高等级公路使用）、经纬仪或其他方法（如抬杆法、钓鱼法）测出该段地面的高程差，最后累计得出边桩点与中桩点的高程差，即可用式（2-3）～式（2-6）验证其水平距离是否正确，如有不符，就逐渐移动边桩，直到正确位置为止。这种放样方法的精度高，既可用于高等级道路，又适用于中、低等级道路。

1）用渐近法放样路堤坡脚桩，如图 2-8 所示，路堤上侧坡脚 A 点的放样步骤如下。

① 从横断面设计图或由计算求得上侧坡脚 A 至中桩 O 的水平距离 l，l 为目标值；

② 从 O 点沿横断面方向量出水平距离 l' 得 A_1 点，同时测出 A_1、O 两点的高程差 h'；

③ 根据量得的高程差 h' 用式（2-3）计算水平距离 l'，如计算值 l' 大于（或小于）实测值 l 时，说明假设的边桩距中桩太近（或太远），两者相差 $|l-l'|$；

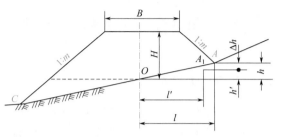

图 2-8　渐近法测量放样示意图

④ 假设继续增长（或缩短）l' 值，相应地重测 h'，再次代入式（2-3）计算，直到计算距离与实测距离相等为止。

用渐近法确定路堤下侧坡脚 B 的方法与上述方法相同。

2）用渐近法放样路堑坡顶桩。用渐近法放样路堑坡顶桩的方法与路堤相同。下面用一例题来说明。

【例 2-1】 如图 2-9 所示路堑边坡，已知路基面顶宽 $b_1=9.50\mathrm{m}$，中桩开挖高度 $H=5.20\mathrm{m}$，边坡开挖坡度 $m=0.5$，试确定其边桩位置。

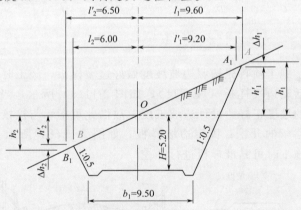

图 2-9　渐近法放样路堑边坡（单位：m）

解　确定上侧坡顶 A_1 点，由横断面设计图量得 $l'_1=9.20\mathrm{m}$；

由中心桩开始丈量水平距离 l'_1 得 A_1 点，同时测出 A_1 点与中心 O 点的高差为 $h'_1=4.30\mathrm{m}$。

用式（2-5）计算 l_1 进行验证：

$$l_1=\frac{b_1}{2}+m(H+h_1)=\frac{9.50}{2}+0.5\times(5.20+4.30)=9.50(\mathrm{m})>9.20\mathrm{m}$$

说明所定边桩与中桩相距太近，需要增加距离。

假定 $l_1=9.60\mathrm{m}$，由中心桩开始丈量水平距离 l_1 得 A 点，测得 A 和 A_1 两点的高差为 $\Delta h_1=0.20\mathrm{m}$，算出 A 点与中桩 O 点的高差为：

$$h_1 = h_1' + \Delta h_1 = 4.30 + 0.20 = 4.50 (\text{m})$$

继续用式（2-5）验证：

$$l_1 = \frac{b_1}{2} + m(H + h_1) = \frac{9.50}{2} + 0.5 \times (5.20 + 4.50) = 9.60 (\text{m})$$

可见，计算的距离值与实测的距离值相等，由此可以认为 A 点即为上侧坡顶桩。以同样的方法，可以确定 B 点即为下侧坡顶桩。

2.1.2.2　边坡放样

在路基施工过程中，只有边桩还不足以指导施工。为了使填挖的边坡达到设计的坡度，还应把边坡坡度在实地标定出来，以方便施工，边坡放样的方法大致有以下两种。

（1）麻绳竹竿挂线法　如图 2-10 所示，O 为中桩，A、B 为边桩，$CD = b$ 为路基宽度，放样时在 C、D 处竖立竹竿，在高度等于中桩填土高度 H 之处的 C'、D' 用绳索连接，同时由 C'、D' 用绳索连接到边桩 A、B 上，则设计边坡就展现于实地了。

当路堤填土高度不大时，可按图 2-10(a) 所示的方法，一次把线挂好。当路堤高度较高时，可采用分层填土、逐层挂线的方法，如图 2-10(b) 所示。

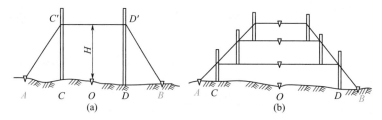

图 2-10　麻绳竹竿挂线法

（2）坡度样板法　施工前首先按照边坡坡度做好边坡样板，施工时可比照边坡样板进行放样。样板的式样有活动边坡样板（坡度尺），如图 2-11(a) 所示，当水准仪气泡居中时，坡度尺的斜边所指示的坡度正好为设计边坡坡度，故借此可指示与检核路堤的填筑，同理坡度尺也可指示与检核路堑的开挖；固定边坡样板，如图 2-11(b) 所示。开挖路堑时，在坡顶外侧立固定样板，施工时可瞄准样板进行开挖。

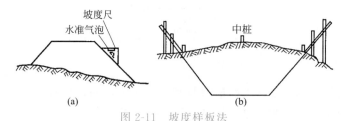

图 2-11　坡度样板法

任务 2.2　路堤施工

　知识目标

了解路堤的分类；掌握路堤基底的处理；掌握填土路堤、填石路堤及混合路堤的施工程

序和特点。

能根据现场实际情况及设计要求合理选择基底处理方式；能根据不同填筑材料性质确定合理填筑方式。

本任务要求学习人员有较好的现场分析能力，要根据实际情况、设计要求，从经济的角度合理选择基底处理方式并进行材料填筑。在实施的同时善于观察，及时发现解决或协调可能出现的各种情况。任务实施可以由教师与学生共同设置情景，进行角色定位，虚拟路堤施工过程；同时也可布置任务，进行相应的工地现场调研，使学生进入路堤施工现场，了解现场路堤施工的工作内容，以报告的形式提交学习成果。

路堤是由外来材料填筑而成，填前的地基状况、填料选择、填筑方式和压实标准、机械、气温气象等因素均影响路堤质量，因此，路基施工中必须对这些问题予以足够的重视。根据填方高度，路堤可分为以下几种。

（1）矮路堤　填方高度 h 小于 $1.0 \sim 1.5 \mathrm{m}$ 的路堤，适用于平坦地区且取土困难时选用。

（2）正常路堤　填方高度 h 在 $1.5 \sim 20.0 \mathrm{m}$ 的范围内，这种情况可按常规设计，采用规定的横断面尺寸，不做特殊处理。

（3）高路堤　依据现行《公路路基设计规范》（JTG D30—2015），高路堤为路基填土边坡高度大于20m的路堤。由于与地面高差较大，故需要对边坡做特殊设计处理。

2.2.1　路堤基底处理

路堤基底的处理是保证路堤稳定、坚固极为重要的措施。在路堤填筑前进行基底处理，能使填土与原来的表土密切结合；能使初期填土作业顺利进行；能使地基保持稳定，增加承载能力；能防止因草皮、树根腐烂而引起的路堤沉陷。对于一般的路堤基底处理，除按要求进行清理场地外，还应按下列规定执行。

① 路基用地范围内的树木、灌木丛等均应在施工前砍伐或移植清理，砍伐的树木应移置于路基用地之外，进行妥善处理。

② 路堤修筑范围内，原地面的坑、洞、墓穴等，应在清除沉积物后，用合格填料分层回填分层压实，压实度应不小于90%。

③ 原地基为耕地或松土时，应先清除有机土、种植土、草皮等，清除深度应达到设计要求，一般不小于15cm，平整后按规定要求压实。在深耕地段，必要时应将松土翻挖，土块打碎，然后回填、整平、压实；经过水田、池塘或洼地时，应根据具体情况采取排水疏干，挖除淤泥，打沙桩，抛填片石、砂砾石或石灰（水泥）处理土等措施，以保持基底的稳固。

④ 基底原状土的强度不符合要求时，应进行换填，换填深度应不小于30cm，并予以分层压实到规定要求。

⑤ 基底土密实，且地面横坡不大于 $1 : 10$ 时，经碾压符合要求后，可直接在地面上修筑路堤（但在不填不挖或路堤高度小于1m的地段，应清除草皮等杂物）。在稳定的斜坡上，横坡为 $1 : 10 \sim 1 : 5$ 时，基底应清除草皮。横坡大于 $1 : 5$ 时，原地面应挖成台阶，台阶宽度

不小于 1m，高不小于 0.5m（如图 2-12 所示）。若地面横坡超过 1∶2.5 时，外坡角应进行特殊处理，如修护墙或护角。

二维码 2.1

图 2-12　横坡较陡时路堤基底处理示意图

⑥ 基底应在填筑前进行压实。高速公路、一级公路、二级公路路堤基底的压实度应不小于90%，当路堤填土高度小于路床厚度（0.8m）时，基底的压实度不宜小于路床的压实度标准。

⑦ 当路基稳定性受到地下水影响时，应予拦截或排除，引地下水至路堤基础范围之外，如图 2-13 所示，再进行填方压实。

砂垫层(厚度: 0.3~1.2m)

图 2-13　砂垫层排水示意图

2.2.2　路堤填料的选择

（1）路基填料的一般要求　根据《公路路基施工技术规范》（JTG/T 3610—2019）的有关规定，用于公路路基的填料要求挖取方便，压实容易，强度高，水稳定性好。其中强度要求是按 CBR 值确定，应通过取土试验确定填料最小承载比和最大粒径。最小承载比和最大粒径的要求见表 2-1。

表 2-1　路基填料最小承载比和最大粒径要求

填料应用部位（路面底面以下深度）/m				填料最小承载比（CBR）/%			填料最大粒径/mm
				高速公路、一级公路	二级公路	三、四级公路	
填方路基	上路床		0～0.30	8	6	5	100
	下路床	轻、中及重交通	0.30～0.80	5	4	3	100
		特重、极重交通	0.30～1.20				
	上路堤	轻、中及重交通	0.8～1.5	4	3	3	150
		特重、极重交通	1.2～1.9				
	下路堤	轻、中及重交通	＞1.5	3	2	2	150
		特重、极重交通	＞1.9				
零填及挖方路基	上路床		0～0.30	8	6	5	100
	下路床	轻、中及重交通	0.30～0.80	5	4	3	100
		特重、极重交通	0.30～1.20				

（2）路基填料的工程性质

① 石质土由粒径大于 2mm 的碎（砾）石，其含量由 25%～50% 及大于 50% 两部分组成。如碎（砾）石土，空隙度大，透水性强，压缩性低，内摩擦角大，强度高，属于较好的路基填料。

② 砂土没有塑性，但透水性好，毛细水上升高度很小，具有较大的摩擦系数。砂土路基强度高，水稳定性好。但砂土黏性小，易于松散，受水流冲刷和风蚀易损坏，在使用时可掺入黏性大的土改善质量。

③ 砂性土是良好的路基填料，既有足够的内摩擦力，又有一定的黏聚力。一般遇水干得快、不膨胀，易被压实，易构成平整坚实的表面。

④ 粉质土不宜直接填筑于路床，必须掺入较好的土体后才能用做路基填料，且在高等级公路中，只能用于路堤下层（距路槽底 0.8m 以下）。

⑤ 轻、重黏土不是理想的路基填料，规范规定：液限大于 50%、塑性指数大于 26、含水量不适宜直接压实的细粒土，不得直接作为路基填料，需要使用时，必须采取技术措施进行处理，经检查满足设计要求后方可使用。

⑥ 黄土、盐渍土、膨胀土等特殊土体不得已必须用作路基填料时，应严格按其特殊的施工要求进行施工。泥炭、淤泥、冻土、有机质土、强膨胀土、含草皮土、生活垃圾、树根和含有腐殖物质的土不得用作路基填料。

⑦ 满足要求（最小承载比 CBR、最大粒径、有害物质含量等）或经过处理之后满足要求的煤渣、高炉矿渣、钢渣、电石渣等工业废渣可以用作路基填料，但在使用过程中应注意避免造成环境污染。

2.2.3 路堤填筑施工

2.2.3.1 土质路堤填筑施工

（1）填筑方法　土质路堤填筑常用推土机、铲运机、平地机、压路机、挖掘机、装载机等机械，路堤填筑必须考虑不同的土质，从原地面逐层填起，并分层压实，每层厚度随压实方法而定，填筑方式一般有以下几种。

① 水平分层填筑：填筑时按照横断面全宽分成水平层次，逐层向上填筑。如原地面不平，应由最低处分层填起，每填一层，经压实合格后再填上一层。此法施工操作方便、安全，压实质量容易保证。

② 纵坡分层填筑：宜于用推土机从路堑取土填筑距离较短的路堤，依纵坡方向分层，逐层向上填筑，常用于地面纵坡大于 12%，用推土机从路堑取料，填筑距离较短的路堤。缺点是不易碾压密实。原地面纵坡小于 20° 的地段可用该法施工，如图 2-14 所示。

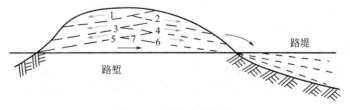

图 2-14　纵坡分层填筑

③ 竖向填筑：从路基一端按横断面的全部高度，逐步推进填筑，仅用于无法自下而上填土的陡坡、断岩或泥沼地区，如图 2-15 所示。此法不易压实，且还有沉陷不均匀的缺点。

为此，应采用必要的技术措施，如选用高效能的压实机械（振动压路机）；采用沉陷量较小的砂性土或废石方做填料；采用混合填筑法，将路堤上部水平分层填筑等。

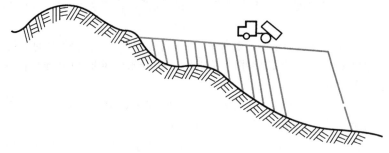

图 2-15 竖向填筑

④ 混合填筑：路堤下层用竖向填筑而土层用水平分层填筑，以使上部填土经分层压实获得足够的密实程度，如图 2-16 所示。适用于因地形限制或填筑堤身较高，不宜采用水平分层填筑或竖向填筑法进行填筑的情况，单机或多机作业均可。一般沿线路分段进行，每段距离以 20～40m 为宜，多在地势平坦，或两侧有可利用的山地土场的场合采用。

（2）机械填筑路堤作业方式

① 推土机填筑路堤作业方式。推土机作业方式通常是由切土、推土、堆卸、空返四个环节组成。而影响作业效率的主要是切土和推土两个环节。推土机作业效率取决于切满土的速度、距离，以及推土过程中切满刀片中的土散失量和推运速度。其作业方式一般有坑槽推土、波浪式推土、并列推土、下坡推土和接力推土。

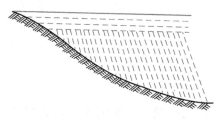

图 2-16 混合填筑

② 挖掘机填筑路堤作业方式。利用挖掘机填筑路堤施工，一般有两种方式：一种为从路基一侧挖土，直接卸向另一侧填筑路堤，这种方式，用反铲挖掘机施工比较方便；另一种方式则配合运土车辆，挖掘机挖土装车后，运至路堤施工现场卸土填筑，这是挖土机填筑路堤施工的主要方式，正、反铲挖掘机都能适用，而且一般在取土场比较集中且运距较长的情况下最宜采用。两种方式都宜与推土机配合施工。

（3）技术要领　加宽路堤时，所用填土应与原路堤用土尽量接近或为透水性好的土，并将原边坡挖成向内倾斜的台阶，分层填筑，碾压到规定的密实度。严禁将薄层新填土贴在原边坡的表面。

高速公路和一级公路，横坡陡峻地段的半填半挖路基，必须在山坡上从填方坡脚向上挖成向内倾斜的台阶，台阶宽度不应小于 1m。其中挖方一侧，在行车范围之内的宽度不足一个行车道宽度时，应挖够一个行车道宽度，其上路床深度范围之内的原地面土应予以挖除换填，并按上路床填方的要求施工。

对于不同性质的土混合填筑时，应视土的透水能力的大小，进行分层填筑压实，并采取有利于排水和路基稳定的方式。一般应遵守以下原则。

① 以透水性较小的土填筑路堤下层时，其表面应做成 4% 的双向横坡，以保证排水通畅。如用以填筑路堤上层时，不应覆盖封闭其下层透水性较大的填料，以保证水分的蒸发和排出。

② 不同性质的土应分别填筑，不得混填。每种填料层累计总厚度不宜小于 0.5m。

③ 凡不因潮湿及冻融而变更其体积的优良土应填在上层，强度（变形模量）较小的土应填在下层。

不同性质的土混合填筑路堤的方式如图 2-17 和图 2-18 所示。

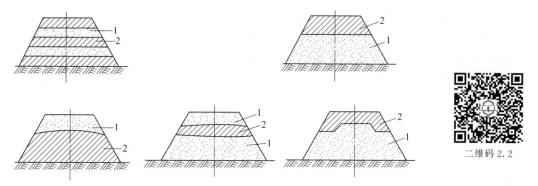

二维码 2.2

图 2-17 路堤内不同性质土的填筑方式（正确方式）

1—透水性较大的土；2—透水性较小的土

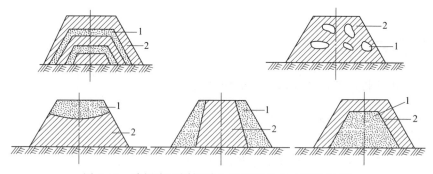

图 2-18 路堤内不同性质土的填筑方式（错误方式）

1—透水性较大的土；2—透水性较小的土

2.2.3.2 填石路堤及土石路堤填筑施工

（1）填石路堤的填筑 其基底处理同填土路堤。石料的强度应不小于 15MPa（用于护坡的不小于 20MPa）。石料的最大粒径不宜超过层厚的 2/3。每层的松铺厚度：高等级道路不大于 0.5m；其他道路不宜大于 1.0m。

高等级道路和铺设高级路面的其他等级道路的填石路堤均应分层填筑，分层压实。铺设低级路面的一般道路在陡峻山坡段施工特别困难或需要大量爆破以挖作填时，可采用倾填方式将石料填筑于路堤下部。倾填前，路堤边坡坡脚应用粒径大于 300mm 的硬质石料码砌。码砌的厚度：填石路堤高度小于或等于 6m 时应不小于 1m；高度大于 6m 时应不小于 2m 或按设计规定。

倾填路堤在路床底面下不小于 1.0m 的范围内仍应分层填筑压实。

高等级道路填石路堤路床顶面以下 50cm 范围内应填筑符合路床要求的土并分层压实，填料最大粒径不得大于 10cm，其他道路填石路堤路床顶面以下 30cm 范围内宜填筑符合路床要求的土并压实，填料最大粒径不应大于 15cm。

（2）土石路堤的填筑 其基底处理同填土路堤。土石混合料中石料强度大于 20MPa 时，石块最大尺寸不得超过压实层厚的 2/3，否则应剔除；当石料强度小于 15MPa 时，石块最大尺寸不得超过压实层厚，超过的应打碎。

土石路堤必须分层填筑，分层压实。每层铺填厚度应根据压实机械的类型和规格确定，但不宜超过 40cm。

混合料中石料含量的多少将影响压实效果，所以当石料含量大于 70% 时，应先铺大块石料，且大面向下放平稳，然后铺小块石料、石屑等嵌缝找平，再碾压密实。当石料含量小于70%时，土石可混合铺填，但应消除硬质石块集中的现象。

土石混合料填筑高等级道路时，其路床顶面以下30～50cm范围内仍应填筑符合路床要求的土并分层压实，填料最大粒径不大于10cm，其他道路在路床顶面以下填筑30cm的砂类土，最大粒径不大于15cm。

任务 2.3　路堑施工

 知识目标

了解路堑的分类；掌握土质路堑的施工方法和适用范围；掌握石质路堑的施工方法和适用范围。

 能力目标

能根据现场实际情况及设计要求合理选择路堑施工方式。

 任务实施要求

本任务要求学习人员有较好的现场分析能力，要根据实际情况、设计要求，从经济的角度合理选择路堑施工方式。在实施的同时善于观察，及时发现解决或协调可能出现的各种情况。任务实施可以由教师与学生共同设置情景，进行角色定位，虚拟路堑施工过程；同时也可布置任务，进行相应的工地现场调研，使学生进入路堑施工现场，了解现场路堑施工的工作内容，以报告的形式提交学习成果。

路堑是在天然地面上以开挖方式建成的路基，它是线路通过山区与丘陵地区的一种常见路基形式。路堑开挖是路基土石方施工的一个重点，在山岭重丘地区挖方路基常常是控制工程进度的关键，尤其是石质路堑更成为路基施工中关键工程的重点。公路建成通车后，挖方路基地段又是养护部门的工作重点。实践证明，路基出现的病害大多发生在挖方路段上，诸如边坡出现滑坡、崩坍、落石等。其原因除了山体本身的地质、水文状况、土质、构造等因素外，路堑开挖方式不合理、防护工程设计不当和施工质量不合格是造成这些病害的主要原因之一。因此，施工人员应从了解现场地质设计、水文复核调查多方面把关，认真组织施工方案，切实搞好挖方路基施工。

根据挖方土质的不同，路堑可以分为两类：土质路堑与石质路堑。两者的施工方式有很大不同，下面对此分类进行叙述。

2.3.1　土质路堑施工

2.3.1.1　作业方法

二维码 2.3

土质路堑施工一般可以采用挖掘机或装载机直接挖取土方，配合自卸汽车进行土方调配，其具体施工方案根据现场情况可分为以下几种。

（1）横向挖掘法　对路堑整个横断面的宽度和深度，从一端或两端逐渐向前开挖的方法称为横向挖掘法，如图 2-19 所示。如果开挖断面是一次成型，称为单层横挖法，如图 2-19（a）所示。这种开挖方法适用于开挖深度小且长度较短的路堑。

如果路堑虽然也较短，但深度较大，可分成几个台阶进行开挖，这就是分层横挖法，如图 2-19（b）所示。这种方法要求各层有独立的出土道和临时排水设施。分层横挖法使得工作面纵向拉开，多层多向出土，可容纳较多的施工机械，若用挖掘机配合自卸汽车进行，台阶高度可采用 3~4m，人力横挖法时一般为 1.5~2.0m。

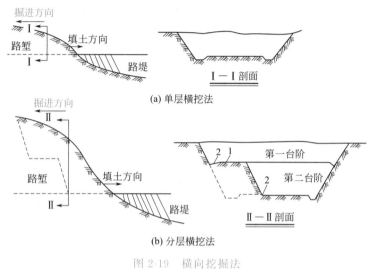

图 2-19　横向挖掘法
1—第一台阶运土道；2—临时排水沟

（2）纵向挖掘法

① 分层纵挖法：沿路堑全宽以深度不大的纵向分层挖掘前进的作业方式称为分层纵挖法，如图 2-20(a) 所示。本法适用于较长的路堑开挖。施工中，当路堑长度较短（＜100m），开挖深度不大于 3.0m，地面较陡时，宜采用推土机作业，其适当运距为 20~70m，最远不宜大于 100m。当地面横坡较平缓时，表面宜横向铲土，下层宜纵向推运。当路堑横向宽度较大时，宜采用两台或多台推土机横向联合作业。当路堑前方为陡峻山坡时，宜采用斜铲推土。

② 通道纵挖法：指沿路堑纵向挖掘一通道，然后将通道向两侧拓宽的作业方式，如图 2-20(b) 所示。上层通道拓宽至路堑边坡后，再开挖下层通道，按此方向直至开挖到挖方路基顶面标高，称为通道纵挖法。这是一种快速施工的有效方法，通道可作为机械行驶和运输土方车辆的道路，便于挖掘和外运的流水作业。

③ 分段纵挖法：沿路堑纵向选择一个或几个适宜处，将较薄一侧路堑横向挖穿，将路堑在纵方向上，按桩号分成两段或数段，各段再纵向开挖，称为分段纵挖法，如图 2-20(c) 所示。本法适用于路堑较长、弃土运距较远的傍山路堑或一侧的堑壁不厚的路堑开挖。

（3）混合式开挖法　即将横向挖掘法与纵向挖掘法混合使用，这种方法适用于路堑纵向长度和深度都很大时的情况。先将路堑纵向挖通，然后沿横向坡面进行挖掘，以增加开挖坡面。为了加快工程进度，施工中，每一个坡面分别设置一个机械施工班组进行作业。

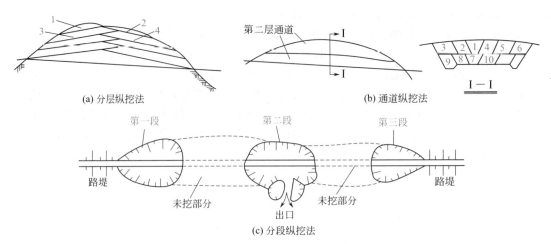

图 2-20 纵向挖掘法

2.3.1.2 机械开挖作业方式

（1）推土机开挖土质路堑作业 推土机开挖土方作业由切土、运土、卸土、倒退（或折返）、空回等过程组成一个循环。影响作业效率的主要因素是切土和运土两个环节，因此必须以最短的时间和距离切满土，并尽可能减少土在推运过程中散失。推土机开挖土质路堑作业方法与填筑路基相同的有下坡推土法、槽形推土法、并列推土法、接力推土法和波浪式推土法，另有斜铲推土法和侧铲推土法。

（2）挖掘机开挖土质路堑作业 公路工程施工中虽以单斗挖掘机最为常见，但路堑土方开挖中以正铲挖掘机使用最多。正铲挖掘机挖装作业灵活，回转速度快，工作效率高，特别适用于与运输车辆配合开挖土方路堑。正铲工作面的高度一般不应小于 1.5m，否则将降低生产效率，过高则易塌方损伤机具。其作业方法有侧向开挖和正向开挖。

土质路堑开挖容易发生边坡失稳、场地积水、翻浆、路床强度不足等病害。为了有效避免路基病害的发生，施工过程中应特别注意以下几个问题。

① 排水问题：路堑开挖前及施工期间的排水包括临时排水和永久性排水。开挖前预估有可能产生流向路基的地表水的路段均需在路堑上边坡坡顶 5m（湿陷性黄土地区 10m）以外开挖临时截水沟。若为透水性土质，应对截水沟边坡进行防渗处理，如采用浆砌片石、砂浆抹面等，并作为永久性排水工程。截水沟拦截的水不能直接排入农田，而应与排水沟相连接。雨季前必须做好截水沟、排水沟的排水体系。

路堑开挖过程中可能出现地下水。一类地下水可能从边坡、开挖断面位置渗出，流量大小会随季节而变化；另一类可能是泉水，集中喷出。对第一类地下水，施工过程中可用挖掘机逐层提前在断面左、中、右设临时集水沟排泄，挖至路床后按排水设计，建设永久性地下排水设施；对第二类地下水，可挖集水井，不定时排水，挖至路床后按地下排水设计，建设永久性地下排水设施。

② 路基宽度：路基开挖边界桩应采用渐近法放样。边桩桩距一般挖方段为 20m；深挖、陡壁、弯道等困难段应为 10m。每开挖 2～5m 深（人工或简易机械取低值，机械化取高值）应恢复中桩，检测开挖位置断面的左、中、右三点标高及宽度。根据设计资料计算该断面挖掘到的位置应有的宽度，与实测宽度做比较，超宽或不足时要及时调整。为保证边坡宽度，路基两侧开挖边桩通常比理论计算值宽 0.5～0.8m。

③ 边坡修整：路堑开挖无论采用哪一种设备，最终都需采用人工修整。通常开挖深度

达 5~10m 后，及时放样边坡，组织工人用铲、锄削平成光滑的坡面。即使边坡设计采用格室草皮、浆砌片石等防护设施，也应及时修整边坡。旱季施工的路堑在雨季前边坡应防护结束。

边坡可能出现局部塌落、崩坍。清理塌方后，边坡修整时通常按矩形修整，必要时配合防护工程处置；对突出的石笋、石芽，可把周边的土质按要求边坡刷齐整平后，保留作为风景亮点而不必炸平。若石笋、石芽周边土质为高液限黏土、膨胀土、湿陷性黄土，此时应采用浆砌片石等措施将石笋周边的土质全部封闭。

④ 稳定边坡：需要设防护的边坡，如膨胀土类边坡，若在冬季施工，可挖至路床标高再砌筑防护设施，但必须在雨季来临之前完成；春夏季节开挖边坡，应自上而下边开挖边砌筑防护工程，逐部分层施工，不宜一鼓作气挖至路床标高后待边坡发生滑坍再清理整治。

雨季路堑开挖过程中经常发生滑坡，为此可在坡脚设挡土墙。为保安全，挡土墙基坑的开挖，基础、墙身的砌筑，应采用跳槽开挖、分段砌筑的方法施工。

⑤ 填挖结合断面的处理：填方、挖方的强度往往不一致，填方强度低于挖方部位，并产生较大的工后沉降。为此，填方部位除按规定挖台阶、建挡土墙外，填料的选择及压实则成为关键。为了提高填挖路基交接处强度的均匀性，可分别在上、下路堤交接面，路床底面或路床顶面设置土工格栅等加强措施。

2.3.2 石质路堑施工

2.3.2.1 基本要求

在开挖程序确定之后，根据岩石条件、开挖尺寸、工程量和施工技术要求，通过方案比较拟定合理的方式。其基本要求是：

① 保证开挖质量和施工安全；

② 符合施工工期和开挖强度的要求；

③ 有利于维护岩体完整和边坡稳定性；

④ 可以充分发挥施工机械的生产能力；

⑤ 辅助工程量少。

2.3.2.2 开挖方法

公路路基穿越石质地带时通常应根据石质类型、风化、节理发育程度、施工条件及工程量大小等选择开挖方式，石质路堑施工方法主要有松土法、破碎法、爆破法三种。

（1）松土法 松土法开挖是充分利用岩体的各种裂隙和结构面，选用推土机作为牵引动力，牵引松土器将岩体翻松，再用推土机或装载机与自卸汽车配合将翻松的岩体搬运到指定地点。松土器装在推土机的后端，根据推土机的不同，分为单齿、三齿、五齿不等。

松土法主要适用于砂岩、节理发育的石灰岩、页岩、泥岩及砾岩等沉积岩以及风化严重、节理发育的其他软质、脆质岩石。松土过程中如遇到局部坚硬的岩石，可配合小型爆破，不要强行使用松土器，以免造成折断。

（2）破碎法 破碎法开挖是利用破碎机凿碎岩块，然后进行挖运等作业。这种方法是将凿子安装在推土机或挖土机上，利用活塞的冲击作用使凿子产生冲击力以凿碎岩石，其破碎岩石的能力取决于活塞功率的大小。破碎法主要用于岩体裂隙较多、体积小和抗压强度低于100MPa 的软质岩石。

（3）爆破法 爆破法开挖是利用炸药爆炸时所释放出的巨大能量，使其周围介质受到破坏或移位。其特点是施工进度快，并可减轻繁重的体力劳动，提高劳动生产率，降低施工成本。但爆破法开挖是一种带有危险性的作业，对山体等周围介质破坏性比较大，对周围环境也有影响，应尽量控制使用。目前，爆破法施工仍是石质路堑开挖最有效、最广泛采用的方法。有薄层开挖、分层开挖（梯段开挖）、全断面一次开挖和特高梯段开挖等方式。

松土法和破碎法具有作业过程简单、生产效率高、不影响周围环境、安全等特点，在国外公路施工中已得到广泛的应用。随着大型、整体式松土器的出现，松土机具的作业范围已经显著扩大。某些按传统方法只能采用爆破方法开挖的岩石，现在也可用松土器耙松后由铲运机械装运，变爆破作业为机械作业，作业过程简单而且经济上也有其明显的优越性。因此，岩土的开挖，如能用松土法或破碎法，应当优先考虑。

<h1 style="text-align:center">任务 2.4　路基压实</h1>

知识目标

了解路基压实机理；掌握路基压实要领；掌握路基压实质量控制要点。

能力目标

能分析现场影响路基压实的主要因素；能根据规范技术要求控制路基压实质量。

任务实施要求

本任务要求学习人员有较好的现场分析和把握能力，要根据实际情况、设计要求，从经济的角度合理选择压实机具和压实技术参数。在实施的同时善于观察，及时发现解决或协调可能出现的各种情况。任务实施可以由教师与学生共同设置情景，进行角色定位，虚拟路基压实过程；同时也可布置任务，进行相应的工地现场调研，使学生进入路基压实施工现场，了解现场路基压实的工作内容，以报告的形式提交学习成果。

路基压实是路基质量控制的关键，路基压实的目的是提高路基的强度和稳定性。路基填料分填土、填石、土石混填三大类。这些填料性质不同，压实机理也有所差别。其中土质路基在我国分布最广，其压实机理和施工也最具代表性，是本任务的重点。

2.4.1　土基压实

2.4.1.1　土基压实的意义和作用

土基压实是指通过重力碾压、冲击等外力手段，克服土颗粒间的凝聚力和摩擦力，将土体中的空气和水分挤出，使土颗粒间相互靠拢挤密，从而提高土的密度，以增强土体抵抗外部压力的能力和稳定性。土体是由土粒固体、水和空气组成的三相体。土体的压缩变形包括土粒固体部分的靠近挤密、土内自由水、弱结合水和气体的挤出，从而减少土体内的空隙，所以土体压缩变形主要是由土体内孔隙的减少引起的。

压实使土的强度大大提高，使土基的塑性变形和透水性明显减小，是改善土体工程性质的一种经济合理措施。在一定的压实能量下，只有在适当的含水量下才能被压实到最大干密度，这个含水量称为最佳含水量，可以通过室内击实试验测定，也可按下式计算：

$$\rho_{dmax} = \eta \times \frac{\rho_w}{1 + 0.01\omega_{op}d_s} \times d_s \tag{2-13}$$

式中　　ρ_{dmax}——分层压实填土的最大干密度，kg/m^3；

$\quad\quad\quad\eta$——经验系数，粉质黏土取 0.96，粉土取 0.97；

$\quad\quad\quad\rho_w$——水的密度，kg/m^3；

$\quad\quad\quad d_s$——土粒相对密度；

$\quad\quad\quad\omega_{op}$——填料的最优含水量（去掉％）。

2.4.1.2　影响压实的主要因素

（1）含水量　土中含水量对压实效果的影响比较显著。当含水量较小时，由于粒间引力使土保持着比较疏松的状态或凝聚结构，土中空隙大都互相连通，水少而气多，在一定的外部压实功能作用下，虽然土空隙中气体易被排出，密度可以增大，但由于水膜润滑作用不明显以及外部功能不足以克服粒间引力，土粒相对移动不容易，因此压实效果比较差；当含水量逐渐增大时，水膜变厚，引力缩小，水膜起润滑作用，外部压实功能比较容易使土体相对移动，压实效果渐佳；当含水量过大时，空隙中出现了自由水，压实功能不可能使气体排出，压实功能的一部分被自由水所抵消，减小了有效压力，压实效果反而降低。然而，含水量较小时，土粒间引力较大，虽然干密度较小，但其强度可能比最佳含水量时还要高。可是此时因密实度较低，空隙多，一经吸饱水，其强度会急剧下降。这又得出一个结论：在最佳含水量情况下压实的土的稳定性最好。最佳含水量和最大干密度是两个十分重要的指标，对路基设计和施工有重要的意义。

（2）土的类别　在同一压实功能作用下，含粗粒土越多，其最大干密度越大，而最佳含水量也较小。

（3）压实功能　同一类土，其最佳含水量随压实功能的加大而减小，而最大干密度则随压实功能的加大而增大。当土偏干时，增加压实功能对提高干密度的影响较大，偏湿时则收效甚微。故对偏湿的土试图加大压实功能的办法来提高土的密实度是不经济的，若土的含水量过大，此时增大压实功能就会出现"弹簧"现象。另外，当压实功能加大到一定程度后，对最佳含水量的减少和最大干密度的提高都不明显了，这就是说单纯用增大压实功能来提高土的密实度是不合适的，有时候压实功能过大还会破坏土体结构，效果适得其反。

（4）压实土的厚度　在相同土质和相同压实功能的条件下，压实效果随压实厚度的递增而减弱。试验证明，表层压实效果最佳，越到下面压实效果越差。因此，对不同压实机械和不同的土质压实时控制的厚度不同。

2.4.1.3　压实技术要领

① 压实机械对土进行碾压时，一般以慢速效果最好，除羊足碾或凸块式碾外，压实速度以 2～4km/h 最为适宜。羊足碾的速度可以快些，在碾压黏土时最高可达 12～16km/h，还不至影响碾压质量。各种压实机械的作业速度，应在填方前做试验段碾压，找出最佳效果的碾压速度，正式施工时参照执行。

② 碾压一段终了时，宜采取纵向退行方式继续第二遍碾压，不宜采用掉头方式，以免因机械调头时搓挤土，使压实的土被翻松。故压路机始终要以纵向进退方式进行压实作业。

③ 在整个全宽的填土上压实，宜纵向分行进行，直线段由两边向中间，曲线段宜由曲

线的内侧向外侧（当曲线半径超过 200m 时，可以按直线段方式进行）。两行之间的接头一般应重叠 1/4～1/3 轮迹，对于三轮压路机则应重叠后轮的 1/2。

④ 纵向分段压好以后，进行第二段压实时，其在纵向接头处的碾压范围宜重叠 1～2m，以确保接头处平顺过渡。

2.4.1.4 压实的质量控制

要控制好路基压实质量，首先应充分认识影响压实的各种因素，然后根据现场实际情况采取各种技术措施，充分发挥现场压实机械的工作效益，使所施工的路基达到压实标准的要求。在施工过程中，重点应注意检查以下几方面。

（1）确定不同种类土的最大干密度和最佳含水量　用于填筑路基的沿线土石材料，其性质往往有较大的变化。在路基填筑施工前，必须对主要取土场采集代表性土样，进行土工试验，用规定方法求得各个土场土样的最大干密度和最佳含水量，以便指导路基土的施工。

（2）检查控制填土含水量　由于含水量是影响路基土压实效果的主要因素，故需检测拟填入路基中的土的含水量。用透水性不良的土做填料时，应控制其含水量在最佳含水量±2% 之内。

（3）分层填筑、分层压实　土压实层的密度随深度递减，表面 5cm 的密度最高。填土分层的压实厚度和碾压遍数与压实机械的类型、土的种类和压实度要求有关，应通过试验来确定。一般认为，对于细粒土，用 12～25t 光轮压路机时，压实厚度不超过 20cm；用 22～25t 振动压路机时（包括激振力），压实厚度不超过 50cm。具体如表 2-2 所示。

表 2-2　路基土方分层厚度与碾压（夯实）遍数参考表

压实机具		每层松铺厚度/cm	有效碾压（夯实）遍数		合理选择压实机具的条件
			非塑性土	塑性土	
羊足碾(6～8t)		20～30	4	8	
钢质光轮压路机	轻型(6～8t)	15～20	4	8	碾压路段长度不宜小于 100m，宜用于压实塑性土；钢质光轮压路机适用于压实非塑性土
	中型(9～10t)	20～30	4	8	
	重型(10～12t)	25～35	4	8	
轮胎压路机	16t	30～35	4	4	
振动压路机	2t	11～20	3	5	碾压路段长度不宜小于 100m，宜用于压实非塑性土，亦可用于压实塑性土
	4.5t	25～35	3	5	
	10t	30～50	3	4	
	12t	40～55	3	4	
	15t	50～70	3	4	
重锤（板夯）	1t 举高 2m	65～80	3	5	用于工作面受限制时，宜用于夯实非塑性土，亦可夯实塑性土
	1.5t 举高 1m	60～70	3	5	
	1.5t 举高 2m	70～90	3	4	
机夯人力夯	0.04t	30～50	3	4	用于工作面受限制及结构物接头处
		20～25	3	4	
振动器	2t	60～75	1～3min	3～5min	宜用于压实非塑性土

（4）全宽填筑、全宽碾压　填筑路基时，应要求从基底开始在路基全宽范围内分层向上填土和碾压，尤其应注意路堤的边缘部分。路堤边缘往往难以压实，处于松散状态，雨后容易滑坍，故两侧可采取全宽填筑 40～50cm，压实工作完成后再按设计宽度和坡度予以刷除整平。

（5）加强测试检验及压实控制　检查压实度一般采取环刀法、灌砂法、蜡封法、水袋法和核子密度仪法。环刀法适用于细粒土，灌砂法适用于各类土。采用核子密度仪时应先进行标定，并与灌砂法做对比试验，找出相关的压实度修正系数。尤其是当填土种类发生变化时，必须重新标定，方能保证压实度检测的准确可靠性。检查填土的压实度可用下式，求得压实度 K：

$$K = 检查填土的干密度 / 最大干密度 \times 100\% \tag{2-14}$$

每个测点的压实度必须合格，不合格的必须重新处理，直到压实度合格为止。

填筑路基时，应分层碾压并分层检查压实，并规定填土层压实度达到要求后方能允许填筑上一层填土，只有分层控制填土的压实度，才能保证全深度范围内的压实质量。

当工地实测的压实度小于要求的压实度时，应检查填土的含水量，当填土含水量与最佳含水量相差在 $\pm 2\%$ 以内时，应增加碾压遍数，如果压实遍数超过 10 遍仍达不到压实度要求，则继续增加碾压遍数的效果很小，建议减少压实层厚度；填土含水量大于最佳含水量时，应将填土挖松，晾干至最佳含水量再重新碾压；当填土含水量小于最佳含水量时，应洒水使填土含水量接近最佳含水量后再进行碾压。

许多地段都是由于路基压实度未能达到规定要求导致路基出现翻浆、沉陷等破坏现象。因此，路基填筑时压实度必须要达到规定的要求，这样才能保证路基的稳定性。

2.4.2　填石路基和土石混填路基的压实

二维码 2.4

2.4.2.1　压实机理

当路基填料中石料含量 $\geq 70\%$ 时，称为填石路基；当采用石料含量在 $30\% \sim 70\%$ 之间时，称为土石混填路基。两者的压实机理与土质类似，主要差别在于石质的压实以及石质和土质的相互作用。石质压实表现为外力作用使石与石之间镶紧，包含下述几个过程：排列过程、填装过程、分离过程和夯实过程。这四种过程虽然是同时发生，但填装过程和夯实过程明显，分离过程和排列过程不明显。水仅对混合料中的细料起作用，外力作用不能使某个石块内部组成改变，只能使石块之间及填隙料之间嵌挤、咬合，减少填石的空隙率。

因此，填石和土石混填路基压实重点考虑外力作用功、级配，保证石块之间能充分靠近，填隙料能充分填满石块之间空隙，同时填隙料能充分受到挤压而密实。

2.4.2.2　压实的质量控制

土石混填、填石路基的压实既要防止细粒土过量振实，又要避免石料"顶天立地"或过度碾碎石料，同时土石不能产生离析。目前一般采用 50t 凸块振动压路机、50t 冲击压路机、$30 \sim 50t$ 压路机控制压实。

土石混填、填石路基的压实一般根据试验路段得出不同的吨位压路机、土石比例的压实度-压实遍数关系曲线，采用碾压遍数、沉降量观测（包括相邻两遍碾压高差不超过 $3 \sim 5mm$）、局部位置用灌砂法检查等综合方法控制碾压。

填石路堤在压实前，应先用大型推土机推铺平整，个别不平处，应用人工配合找平。采用的压路机宜选工作质量 12t 以上的重型振动压路机、2.5t 以上的夯锤或 8t 以上的轮胎压路机。碾压时要求均匀压实，不得漏压。

土石路堤的压实要根据混合材料中巨粒土含量的多少来确定。当巨粒土含量较少时，应按填土路基的压实方法进行压实，当巨粒土含量较大时，应按填石路基的压实方法压实。不论何种路堤，碾压都必须确保均匀密实。

土石路堤的压实度检测采用灌砂法或水袋法。其标准干密度应根据每种填料的不同含石量的最大干密度做出标准干密度曲线，然后根据试坑挖取试样的含石量，从标准干密度曲线上查出对应的标准密度。

任务 2.5　软土路基施工

知识目标

了解软土的定义和危害；掌握软土路基的处理方法。

能力目标

能根据现场实际情况及设计要求合理选择软土路基处理方式。

任务实施要求

本任务要求学习人员有较好的现场分析能力，要根据实际情况、设计要求，从经济的角度合理选择软土路基处理方式。在实施的同时善于观察，及时发现解决或协调可能出现的各种情况。本次任务可以案例法分析实施；同时也可布置任务，进行相应的工地现场调研，使学生进入软土路基施工的施工现场，了解现场软土路基方案制定及实施过程，以报告的形式提交学习成果。

所谓软土，从广义上讲，就是指强度低、压缩性高的软弱土层。在软土地基上修筑路基，若不加处理，将会发生路基失稳或过量沉陷，导致道路破坏或不能正常使用。习惯上常把淤泥、淤泥质土、软黏性土称为软土。软土的特性主要表现为天然含水率高、孔隙比大。含水量在 34％～72％ 之间，孔隙比在 1.0～1.9 之间，饱和度一般大于 95％，液限一般为 35％～60％，塑性指数为 13～30。

软土路基由于强度较低，一般不能直接在上面修筑路基，需要经过特殊处理加固后方可修筑路基，其加固后，可按一般方法进行路基施工。软土路基加固的关键是排水和固结。其具体方法将在本任务中具体分析。

二维码 2.5

2.5.1　换填土层法施工

换填土层法是采用人工、机械或爆破等方法，将基底一定深度及范围内的软土层挖除，换以强度大、稳定性好的砂砾、卵石、碎石、石灰土、素土等回填，并分层压实至规定的密实度。如当地石料丰富，亦可直接在路基基底抛投片石，将软土层挤出路基范围，以提高路基强度。换填砂垫层，可起到加速软弱土层排水固结，提高承载力，减少沉降量的作用。其他回填材料，其应力分布规律、极限承载力、沉降特点，基本上与砂砾垫层相接近。因此，换填土层的厚度、宽度以砂砾垫层作为计算模型。

砂垫层厚度，可按直线变形体理论计算，或者假定应力通过基础按 30° 刚性角向下扩散，砂垫层底面呈梯形分布。一般地，砾垫层厚度在 0.6～1.0m 之间，坡脚两侧各向外多铺筑 50cm。

2.5.2　排水固结法施工

排水固结法是在软土路基中设置垂直排水井，缩短排水距离，运用堆载预压，挤出土中过多含水量，加速土体固结，挤紧土粒，提高土体的抗剪强度。因此，该法适用于含水量过大、土层较厚的软土路基。按垂直排水井材料的不同，可分为下述几种方法。

2.5.2.1 砂井法

用锤击、振动、射水等方式成孔，在孔内灌砂形成砂井。砂井表面铺设 0.5～1.0m 厚的砂垫层或砂沟。排水固结速度与堆载量大小，加载速度，砂井直径、间距、深度等因素有关。实践证明，预压加载量大致与设计荷载相接近，预压至 80% 的固结度。就路基而言，加载工作往往可以直接用填土取代。填土速度根据施工工期、地基强度增长情况分级填筑，以每昼夜地面沉降量不超过 1.5cm、坡脚侧向位移不超过 0.5cm 来控制。砂井直径多为30～40cm、间距 2～4m，平面上呈梅花形或正方形布置，尤以梅花形布置效果为佳；其深度以穿越路基可能的滑动面为宜。砂井用砂为中粗砂，含泥量不宜大于 3%。

为了缩短砂井排水距离，往往预先在直径约 7cm 的圆筒状编织袋里装满砂，然后放入成孔中，此法称袋装砂井法，该法能保证砂井的密实性和连续性，成孔时对土层扰动少，并具有施工机具简单、成本低等优点。袋装砂井间距一般为 1～1.4m，其他与普通砂井相同。

2.5.2.2 排水板法

用纸板、纤维、塑料或绳子代替砂井的砂做成排水井。其原理和方法完全与砂井排水法相同。目前基本上以带沟槽的塑料芯板作为排水板，因此，又称塑料板法。

2.5.2.3 盲沟排水法

在路堤填方前深挖纵向、横向沟，回填碎石，排出地下水，以达到使路基固结的目的。此外，排水固结法还包括降水预压和真空顶压等新技术。

2.5.3 化学加固法施工

化学加固一般是用压力将化学溶液或胶结剂通过注浆管均匀地注入软基土层中，经过短暂时间后，便使颗粒胶结起来凝成一个整体，达到对土基加固的目的，并能起到防渗作用。目前化学溶液主要有下列几类：水玻璃溶液为主的浆液，价格昂贵；丙烯酸铵为主的浆液，效果较好，但价高难以推广；水泥浆以及纸浆废液为主的浆液等。

化学加固施工工艺主要有压力灌注法、电动硅化法和高压旋喷法。压力灌注法及电动硅化法一般是将浆液注入土中赶走孔隙内的水或气体，从而占据其位置，然后将土胶结成整体。高压旋喷法是利用高压（20～25MPa）射流的强度使浆液与土混合，从而在射流影响的有效范围内使土体速凝成一圆柱形的桩，桩径达 0.5～1.0m。

2.5.4 土工聚合物处理

2.5.4.1 土工布

土工布作为一种补强材料用于加固地基已在我国广泛推广使用。软土路基处理时一般土工布是铺设在路堤底部，在路基自重压力作用下，土工布受拉，并产生抗滑力矩，从而提高了路基的稳定性。土工布在软土路基加固中的作用如下。

（1）排水 形成一个水平向的排水面，起到排水通道作用。

（2）隔离 利用土工织物直接铺在软土面上，能起到隔离作用。

（3）应力分散 利用土工织物的强度、韧性，从而能与路基组合形成一个整体，限制了路基的侧向变形，分散了荷载，减少路基的不均匀沉降。

（4）加筋补强　与土体组成复合地基，增强地基的抗剪力。近年新发展应用的土工格栅能更好地与土相结合，加筋补强作用更为显著。

土工布连接一般采用搭接法或缝接法。缝接法有一般缝法、丁缝法和蝶形法。

土工布一般分一层或多层铺设。当铺设两层以上时，层与层之间要夹 10～20cm 的砂或砂砾垫层，以提高基底透水性。土工布的铺设需满足锚固搭接长度要求，注意保持土工布的平整和张拉程度，注意端头的位置和锚固，以保证土工聚合物的整体性。土工布存放以及铺设过程中，应尽量避免长时间暴晒，存放过程中避免与污物接触，以防土工布被污染而失去透水性条件。

2.5.4.2　土工格栅

二维码 2.6

土工格栅加固土的机理在于格栅与土的相互作用。一般可归纳为格栅表面与土的摩擦作用、格栅孔眼对土的锁定作用和格栅肋的被动抗阻作用。三种作用均能充分约束土的颗粒侧向位移，从而大大地增加了土体的自身稳定性，对土的加固效果明显高于其他土工织物，可迅速提高地基承载力，加快施工进度，控制软土路基地段沉降量发展，缩短工期，使公路及早投入使用。

2.5.5　强夯法施工

二维码 2.7

对于有地震液化危险性的软土，可以采用强夯法来进行加固处理。强夯法是通过重锤自由落下，在极短时间内对土体施加一个巨大的冲击能量，这种冲击能量又转化成各种波形（包括压缩波、剪切波和瑞利波），使土体强制压缩、振密、排水固结和预压变形，从而使土颗粒趋于更加稳固的状态，以达到地基加固目的。

任务 2.6　路基工程质量控制与检查验收

知识目标

熟悉路基检查验收环节工作内容；掌握路基质量控制要点和技术要求。

二维码 2.8

能力目标

能根据路基施工质量控制要点进行中间检查；能协助进行竣工验收。

任务实施要求

本任务要求学习人员有较强的质量控制意识和中间检查的责任意识，严格遵守规范和设计要求。在实施的同时善于观察，及时发现解决或协调可能出现的各种情况。本任务的实施可结合案例在多媒体条件下模拟现场设置情景；同时也可布置任务，进行相应的工地现场调研，使学生进入路基施工现场，对照质量控制要点现场检查，以报告的形式提交学习成果。

路基工程完工后，由施工单位会同监理单位按设计文件和施工规范要求检查路线中线、高程、宽度、边坡坡度和排水设施等。

2.6.1 中间检查

施工过程中当每一分项、分部工程完成后，应按设计文件及施工规范等进行中间检查。如路基原地面处理完毕，应检查基底处理情况；边坡加固前，应对加固方法、加固形式、填挖方边坡加固的适用性和边坡坡度是否适当等进行检查；若发现已完工路基受水浸淹损坏、取土及弃土超过设计、意外的填土下陷、填挖方边坡坍塌需增加土方及边坡加固工程数量时应进行中间检查。此外，在路基渗沟回填土前、路基换土工作完成后、各类防护加固工程基坑开挖后必须进行中间检查验收，检查不合格不得进行下一工序的施工。

2.6.2 竣工验收

对路基进行竣工验收时，应对以下项目进行检查、验收：路基的平面位置、路基宽度、标高、横坡和平整度；边坡坡度及加固设施；边沟等排水设施的尺寸及沟底纵坡；防护工程的修建位置和尺寸，填土压实度及表面弯沉值，取土坑、护坡道、渗水井等的位置和形式；隐蔽工程记录等。这些项目的具体评定按公路工程质量检验评定标准进行。

2.6.3 质量标准要求

2.6.3.1 土方路基

土方路基施工应符合下列质量要求：路基必须分层填筑压实，表面平整坚实，无软弹和翻浆现象，路拱合适，排水良好，土的压实度、强度和路床的整体强度符合设计要求。挖方地段上边坡应平整稳定。路床土压实度及强度必须符合规定。压实度是检测路基压实效果的重要指标，路面等级越高，对路基强度和压实度的要求也越高。按照我国《公路路基设计规范》（JTG/T 3610—2019），不同等级的路面对路基压实度的要求具体如表 2-3 所示。土方路基施工的允许偏差见表 2-4。

表 2-3 土质路基压实度标准

填筑部位（路面底面以下深度）/m				压实度/%		
				高速公路、一级公路	二级公路	三、四级公路
填方路基	上路床		0~0.30	≥96	≥95	≥94
	下路床	轻、中及重交通	0.30~0.80	≥96	≥95	≥94
		特重、极重交通	0.30~1.20			—
	上路堤	轻、中及重交通	0.8~1.5	≥94	≥94	≥93
		特重、极重交通	1.2~1.9			—
	下路堤	轻、中及重交通	>1.5	≥93	≥92	≥90
		特重、极重交通	>1.9			—
零填及挖方路基	上路床		0~0.30	≥96	≥95	≥94
	下路床	轻、中及重交通	0.30~0.80	≥96	≥95	—
		特重、极重交通	0.30~1.20			

注：1. 表列压实度以现行《公路土工试验规程》（JTG E40）重型击实试验法为准。

2. 三、四级公路铺筑水泥混凝土路面或沥青混凝土路面时，其压实度应采用二级公路的规定值。

3. 路堤采用特殊填料或处于特殊气候地区时，压实度标准在保证路基强度要求的前提下根据试验段和当地工程经验确定。

4. 特殊干旱地区的压实度标准可降低 2 个百分点~3 个百分点。

表 2-4　土方路基施工的允许偏差

序号	检查项目	规定值或允许偏差			检查方法和频率
		高速、一级公路	二级公路	三、四级公路	
1	压实度	符合表 2-3 规定	符合表 2-3 规定	符合表 2-3 规定	密度法:每 200m 每压实层测 2 处
2	弯沉值(0.01mm)	满足设计要求	满足设计要求	满足设计要求	—
3	纵断面高程/mm	+10,−15	+10,−20	+10,−20	水准仪:每 200m 测 2 点
4	中线偏位/mm	50	100	100	全站仪:每 200m 测 2 点,弯道加 HY,YH 两点
5	宽度/mm	≥设计值	≥设计值	≥设计值	尺量:每 200m 测 4 处
6	平整度/mm	≤15	20	20	3m 直尺:每 200m 测 2 处×5 尺
7	横坡/%	±0.3	±0.5	±0.5	水准仪:每 200m 测 2 个断面
8	边坡坡度	满足设计要求	满足设计要求	满足设计要求	每 200m 测 4 点

2.6.3.2　石质路基

爆破石方应避免爆破超方,边坡必须稳定;坡面的松石、危石必须清除干净;修筑填石路堤时应认真进行地表清理,逐层水平填筑石块,摆放平稳。填筑层厚度及石块尺寸应符合设计和施工规范规定,填石孔隙用小石块和石屑填满铺平,采用振动压路机分层碾压,填筑层顶面石块应稳定。路基顶部填筑石块的最大尺寸不大于 15cm;路基表面应整修平整,边坡应顺直。按照我国《公路路基施工技术规范》(JTG/T 3610—2019),填石路堤施工质量标准见表 2-5。

表 2-5　填石路堤施工质量标准

序号	检查项目		规定值或允许偏差		检查方法和频率
			高速、一级公路	其他公路	
1	压实度		孔隙率满足设计要求		密度法:每 200m 每压实层测 1 处
			沉降差≤试验路段确定的沉降差		精密水准仪:每 50m 测 1 个断面,每个断面测 5 点
2	纵断面高程/mm		+10,−20	+10,−30	水准仪:每 200m 测 2 点
3	弯沉值(0.01mm)		满足设计要求		—
4	中线偏位/mm		≤50	≤100	全站仪:每 200m 测 2 个点,弯道加 HY,YH 两点
5	宽度/mm		满足设计要求		尺量:每 200m 测 4 处
6	平整度/mm		≤20	≤30	3m 直尺:每 200m 测 2 处×5 尺
7	横坡/%		±0.3	±0.5	水准仪:每 200m 测 2 个断面
8	边坡	坡度	不陡于设计值		尺量:每 200m 测 4 点
		平整度	符合设计要求		

能力训练

第一部分 知识点考核

（说明：测试时间 45 分钟）

一、单选题（每题 1 分，共 10 题，共 10 分）

1. 路基填料可使用（　　）。
   A. 冻土　　　　　　B. 杂填土　　　　　　C. 膨胀土　　　　　　D. 有机土

2. 路堤原地基应在填筑前进行（　　）。
   A. 压实　　　　　　B. 换填　　　　　　　C. 平整　　　　　　　D. 爆破

3. 地面横坡陡于 1:5 时，下列表述错误的是（　　）。
   A. 原地面挖成台阶　　　　　　　　B. 直接修筑在天然地基上
   C. 分层夯实　　　　　　　　　　　D. 采用褥垫

4. 不同土质混合填筑路堤时，以透水性较小的土填筑于（　　）时，应做成 4% 的双向横坡。
   A. 上层　　　　　　B. 下层　　　　　　　C. 中层　　　　　　　D. 上层或中层

5. 不同性质的土应分别填筑，不得混填，每种填料层总厚不得小于（　　）。
   A. 0.3m　　　　　　B. 0.4m　　　　　　　C. 0.5m　　　　　　　D. 0.6m

6. 路堤填筑宽度每侧应（　　）填层设计宽度。
   A. 大于　　　　　　B. 等于　　　　　　　C. 小于　　　　　　　D. 大于等于

7. 填石路堤密实状态的标准是（　　）。
   A. 用 12t 以上的压路机，压至无轮迹　　B. 用 15t 以上的压路机，压至无轮迹
   C. 用 12t 以上的压路机，再测重度　　　D. 用 15t 以上的压路机，再测重度

8. 高等级道路填石路堤路床顶面以下 50cm 范围内应填筑符合路床要求的土并分层压实，填料最大粒径不得大于（　　）。
   A. 5cm　　　　　　B. 10cm　　　　　　　C. 15cm　　　　　　　D. 20cm

9. 半挖半填路基，向内倾斜的台阶宽度不应小于（　　）。
   A. 0.5m　　　　　　B. 1.0m　　　　　　　C. 1.5m　　　　　　　D. 2.0m

10. 高速公路土方路堤平整度偏差为（　　）。
    A. 5mm　　　　　　B. 10mm　　　　　　　C. 15mm　　　　　　　D. 20mm

二、多选题（每题 2 分，共 10 题，共 20 分）

1. 路基施工前的准备工作包括（　　）。
   A. 机具配置　　　B. 施工队伍　　　　C. 图纸会审　　　　D. 清理施工场地

2. 经过处理之后满足（　　）要求的煤渣、高炉矿渣、钢渣、电石渣等工业废渣可以用做路基填料。
   A. 最小强度　　　B. 最大粒径　　　　C. 有害物质含量　　D. 密度

3. 路基施工的基本工作有（　　）。
   A. 测量放线　　　B. 路基　　　　　　C. 基层　　　　　　D. 小型构筑物

4. 推土机开挖土质路堑作业方法与填筑路基不相同的有（　　）。
   A. 下坡推土法　　B. 斜铲推土法　　　C. 波浪式推土法　　D. 侧铲推土法

5. 影响土基压实的主要因素有（　　）。
   A. 土的含水量　　B. 压实机具　　　　C. 土的类别　　　　D. 土层厚度

6.软土的工程特性有（　　　）。

    A.压缩模量大　　　　B.压缩系数大　　　　C.水平向易透水　　　　D.竖向难透水

7.软土路基施工处理方法有（　　　）。

    A.砂井　　　　　　　B.换填法　　　　　　C.土工聚合物法　　　　D.强夯法

8.换填土层法可采用的材料是（　　　）。

    A.碎石　　　　　　　B.杂填土　　　　　　C.粗砂　　　　　　　　D.片石

9.下列软基处理方法中，属于排水固结法的有（　　　）。

    A.水泥土桩　　　　　B.砂井　　　　　　　C.排水板　　　　　　　D.盲沟

10.土石路堤的压实度检测一般采取（　　　）。

    A.环刀法　　　　　　B.灌砂法　　　　　　C.蜡封法　　　　　　　D.水袋法

第二部分　综合能力考核

一、案例分析

【案例1】

背景资料：某新建一级公路土方路基工程施工，该工程取土困难。K10+000～K12+000段路堤位于横坡大于1∶5的地面，施工方进行了挖台阶等地基处理，然后采用几种不同土体填料分层填筑路基，填筑至0～80cm，施工方选择细粒土，采用18t光轮压路机对土进行快速碾压，碾压时直线段由中间向两边，曲线段由曲线的两边向中间，碾压一遍即结束。

碾压完成后检测了中线偏位、纵断高程、平整度、宽度、横坡和边坡坡度，认定土方路基施工质量合格，提请下一道工序开工。

问题：

1.对于挖台阶处的填筑具体应如何实施？在公路工程中有哪些情况需要进行挖台阶处理？

2.请从强度、水稳定性、透水性三个方面对不同土体填筑路堤施工提出要求。

3.试写出土方路堤机械化施工的程序。

4.影响土方路基质量最关键的因素是填料和压实，该工程的压实施工是否能有效控制质量？请指出问题所在并进行改正。

5.土方路基质量控制除了填料和压实的要求外，还有什么其他质量控制关键点？

6.现场质量控制检测一般包括哪几种？此处的现场质量控制的检测属于哪一种现场质量控制检测？依据材料中检测内容能否认定路基工程质量合格？请简述原因。

【案例2】

背景资料：某公路一路段为高填方土方路堤，该路段路线从大片麦地中间穿过，并经过三处墓穴。经野外取土试验测得原地土强度符合要求，施工方外运砂性土回填了三处墓穴，清除20cm厚的原地土，平整后进行压实，最小压实度要求按路床压实度减两个百分点加以控制。随后填筑路基，填高1m，路槽38cm。将清除出的原地土用于边坡表层作为种植土使用。路基局部存在有弹簧，为赶进度，未作处理。试验人员测得路槽底面以下80cm深度内平均相对含水量后判定路基为中湿路基。

问题：

1.请逐条分析施工单位对原地基处理的几条措施的合理性。

2. 下列完全不能用于路堤填料的土有（　　　）。

A. 含草皮土　　　B. 含有腐朽物质的土　　C. 强膨胀土　　　　D. 碳渣　　　　E. 煤渣

3. 路基弹簧出现的原因主要是什么？如何预防路基弹簧？

二、项目实施

根据附录中的具体项目，结合所学专业知识，编制专项施工方案。

第三部分　考核评价

考 核 内 容	考核内容及标准		评　分
过程考核 （权重20%）	学习主动性强，按照要求，及时、正确地完成相关任务。主动承担项目小组相应工作，提出问题、解决问题意识强（小组互评＋个人自评＋教师评价）		
知识点考核 （权重30%）	在规定的时间内，独立完成知识点测试（可采取小组同学互评的方式）		
	单选题（10分）		
	多选题（20分）		
综合技能考核 （权重50%）	案例分析题（权重30%）	问题分析要点正确，知识点应用准确	
	项目实施（权重70%）：道路基层专项施工方案，考核点及要求如下		
	1. 工程概况	内容全面，表达清楚，数据准确（5分）	
	2. 编制依据	内容全面，规范标准引用正确（5分）	
	3. 施工进度计划	进度计划安排合理（5分）	
	4. 施工工艺	施工工艺选用正确，工艺流程清晰，工艺要求和操作要点明确（20分）	
	5. 施工质量验收制度及评定标准	质量验收参照标准规范正确，验收流程符合规范要求（10分）	
	6. 质量目标及保证措施	质量目标明确，保证措施到位（10分）	
	7. 安全生产保证措施	安全生产措施到位（10分）	
	8. 文明施工措施	文明施工措施到位（10分）	
	9. 环境保护措施	环境保护措施到位（10分）	
	10. 主要施工机械计划表	按工程要求拟定施工机械计划表（10分）	
	11. 文本格式	文本格式符合专业要求（5分）	
总分			
总结与思考	（本次任务实施中主要存在的问题，需要教师帮助解决的问题） 年　　　月　　　日		

项目三　道路基层施工

　素质目标

1. 培养工程意识、质量意识、经济意识并能很好地完成本职工作。

2. 善于语言表达，能够与工程相关的业主、设计单位、监理单位、分包商等各部门进行沟通与交流。

3. 遵守规范标准要求，善于观察和思考，养成发现问题、提出问题、及时解决问题的良好学习和工作习惯。

概　述

直接位于沥青面层用高质量材料铺筑的主要承重层，或直接位于水泥混凝土面板下用高质量材料铺筑的结构层称为基层。基层可以是一层或两层，也可以是一种或两种材料。在沥青路面基层下用质量较差的材料铺筑的次要承重层或在水泥混凝土路面基层下用质量较差的材料铺筑的辅助层称为底基层。

底基层可以是一层或两层，也可以是一种或两种材料。基层（底基层）按组成材料分为粒料基层、无机结合料稳定基层。无机结合料稳定基层也称半刚性基层，主要分为水泥稳定土、石灰稳定土、石灰工业废渣稳定土等。

水泥稳定土是用水泥做结合料所得混合料的一个广义的名称，它既包括用水泥稳定的各种细粒土（如塑性指数不同的各种黏性土、粉性土、砂性土、砂和石屑等），也包括用水泥稳定的各种中粒土（如砂砾土、碎石土、级配砂砾、级配碎石等）和粗粒土（如砂砾石、碎石土、级配砂砾、级配碎石等）。在经过粉碎的或原来松散的土中，掺入足量的水泥和水，经拌和得到的混合料在碾压和养生后，当其抗压强度符合规定的要求时，称为水泥稳定土。用水泥稳定细粒土得到的强度符合要求的混合料，视所用的土类，可简称为水泥土、水泥砂或水泥石屑。用水泥稳定中、粗粒土得到的强度符合要求的混合料，视所用的土类，可简称为水泥碎石、水泥砂砾。

石灰稳定土是在粉碎的或原来松散的土（包括各种粗、中、细粒土）中，掺入足量的石灰和水，经拌和、压实及养生后得到的混合料，当其抗压强度符合规定的要求时，称为石灰稳定土。压实及养生后得到混合料，当其抗压强度符合规定要求时，称为石灰工业废渣稳定土（简称石灰工业废渣）。一定数量的石灰和粉煤灰，一定数量的石灰、粉煤灰和土以及一定数量的石灰、粉煤灰和砂相混合，加入适量的水（通常为最佳含水量），经拌和、压实及养生后得到的混合料,当其抗压强度符合规定要求时,分别简称为二灰、二灰土、二灰砂。

用石灰和粉煤灰稳定级配碎石或级配砂砾得到的混合料,当其强度符合要求时,分别称为石灰、粉煤灰级配碎石和石灰、粉煤灰级配砂砾。这两种混合料又统称石灰、粉煤灰级配集料,或分别简称二灰级配碎石、二灰级配砂砾、二灰级配集料。

粒料基层主要分嵌锁型和级配型。嵌锁型包括泥结碎石、泥灰结碎石、填隙碎石等;级配型包括级配碎石、级配砾石、符合级配的天然砂砾、部分砾石经轧制掺配而成的级配砾石、碎石等。

有些规范也将热拌沥青碎石、沥青贯入碎石、乳化沥青碎石混合料等用作路面上基层或调平层归为道路基层,称作沥青稳定基层。为了便于理解,本书将此内容纳入路面工程中讲述。本项目主要介绍道路基层的技术要求、施工方法和质量管理。

任务 3.1 无机结合料稳定基层施工

知识目标

了解无机结合料稳定基层的特点及分类;熟悉混合料组成设计及材料要求;掌握路拌法施工的工艺流程及质量要求;掌握厂拌法施工的工艺流程及质量要求。

能力目标

能够结合工程实际选用合适的基层材料,并进行混合料的试配;能够参与并组织路拌法的现场施工;能够参与并组织厂拌法的现场施工。

任务实施要求

本任务是道路施工现场施工和管理人员所必须具备的专业能力,涉及道路工程施工图识读、工程测量、道路工程材料与检测等专业知识,通过任务实施使读者初步了解无机结合料稳定基层施工的主要工作内容、所需的专业技术知识和职业能力,课程教学可引入现场施工视频、图片等直观教学资源,以激发学生的学习兴趣。

任务实施可以由教师与学生共同设置情景,进行角色定位,虚拟施工过程;同时也可布置任务,进行相应的工地现场观摩,使学生进入道路工程施工现场,了解现场无机结合料稳定基层施工的准备工作和工作内容,以报告的形式提交学习成果。

3.1.1 混合料组成设计与材料要求

在各种粉碎或原状松散的土、碎(砾)石、工业废渣中,掺入适当数量的无机结合料(如水泥、石灰或工业废渣等)和水,经拌和得到的混合料在压实与养生后,其抗压强度符合规定要求的材料称为无机结合料稳定类混合料,以此修筑的路面基层称为无机结合料稳定基层。

3.1.1.1 无机结合料稳定基层材料组成

无机结合料稳定基层材料主要由土、结合料、外加剂组成。

3.1.1.2　无机结合料稳定基层的优缺点

（1）优点　无机结合料稳定基层具有一定的板体性、刚度，扩散应力强，具有一定的抗拉强度、抗疲劳强度、良好的水稳定特性。这些都符合路面基层的要求，使得路面基层受力性能良好，并且保证了基层的稳定性。

（2）缺点

① 半刚性材料不耐磨，不能做面层。路面由于车辆载荷的作用，会产生摩擦，半刚性材料不耐磨，不能适应路面面层的要求。

② 无机结合料稳定基层的收缩开裂及由此引起沥青路面的反射性裂缝普遍存在。在国外普遍对裂缝进行封缝处理，而在交通量繁重的公路或者高速公路上，这种封缝工作十分困难。在我国，目前根本没有发现裂缝就进行沥青封缝的习惯，因而开裂得不到有效的处理。

③ 无机结合料稳定基层非常致密，渗水性很差。水从各种途径进入路面并到达基层后，不能从基层迅速排走，只能沿沥青面和基层的分界面扩散、积累。无机结合料稳定基层沥青路面的内部排水性能差是其致命的弱点。

④ 无机结合料稳定基层有很好的整体性，但是在使用过程中，无机结合料稳定基层材料的强度、模量会由于干湿和冻融循环以及在反复荷载的作用下因疲劳而逐渐衰减。按照相关理论，无机结合料稳定基层的状态是由整块向大块、小块、碎块变化，显然按照整体结构设计路面是偏于不安全的。

⑤ 无机结合料稳定基层沥青路面对重载车来说具有更大的轴载敏感性。同样的超载车对无机结合料稳定基层沥青路面的影响要比柔性基层沥青路面大得多，对路面的损伤大得多。

⑥ 无机结合料稳定基层沥青路面损坏后没有愈合的能力，且无法进行修补，只能挖掉重建，这给沥青路面的维修养护造成很大的困难。通常所说的"补强"实际上是不现实的，也是不可能的。

3.1.1.3　常用的基层材料

常用的基层材料有石灰稳定土、水泥稳定土和石灰粉煤灰稳定土。

将消石灰粉或生石灰粉掺入各种粉碎或原来松散的土中，经拌和、压实及养护后得到的混合料，称为石灰稳定土。

在经过粉碎的或原来松散的土中，掺入足量的水泥和水，经拌和得到的混合料在压实和养生后，当其抗压强度符合规定的要求时，称为水泥稳定土。用水泥稳定细粒土得到的强度符合要求的混合料，视所用的土类而定，可简称为水泥土、水泥砂或水泥石屑等。用水泥稳定中粒土和粗粒土得到的强度符合要求的混合料，视所用原材料而定，可简称为水泥碎石、水泥砂砾等。

石灰粉煤灰稳定土是将石灰、粉煤灰与其他掺入材料（土、集料）按适当比例、最佳含水量、合理工艺（拌和、压实及养护）制成的混合料，简称为二灰稳定土，常见于道路结构的基层、底基层。

（1）原材料

土（广义）：细粒土、粗粒土、巨粒土等；无机结合料：水泥、石灰、工业废渣等。

（2）无机结合料种类

二维码 3.1

细粒土：二灰土、水泥土、石灰土、水泥石灰土、三灰土；粗粒土：二灰碎石土、二灰稳定碎石（二灰碎石）、水泥碎石土、水泥稳定碎石、二灰砂、水泥砂；无土：二灰、二渣、水泥矿渣等。

3.1.1.4　无机结合料稳定基层混合料的材料要求

（1）土石材料

① 土的一般要求。对细粒土的液限、塑性指数 IP 要求如下。

水泥稳定土：塑性指数 IP 宜为 10～17；做基层时，粒料颗粒最大粒径不宜超过 37.5mm；做底基层时，城市快速路、主干道及高速公路、一级公路不应超过 37.5mm，次干道和二级公路以下的道路不应超过 53mm。水泥稳定细粒土：IP<17，宜 IP<12，稳定中粗粒土可稍大；塑性指数 IP 大于 17 的土，宜采用石灰稳定，或水泥和石灰综合稳定。石灰稳定土：城市道路 IP 为 10～15，建议取 10～20，稳定无黏性的级配砂砾、级配碎石时应掺 15％的黏性土；塑性相对较高的黏性土更适宜采用水泥和石灰综合稳定；塑性指数 IP 在 10 以下的亚砂土和砂土，用石灰稳定时，应采取适当措施或用水泥稳定，粒径要求同水泥稳定土。石灰工业废渣稳定类：IP 小于 12～20 的黏土和亚黏土，要控制有机质含量<10％，土块的最大粒径不应大于 15mm，二灰稳定土的颗粒最大粒径同水泥稳定土。

② 压碎值要求。该项依公路等级、做基层或底基层、填细碎石或级配碎石而异；要求高的压碎值≤26％或 30％，要求低的压碎值≥35％或 40％。类碎石、砾石、煤矸石等压碎值：对城市快速路、主干道基层与底基层不应大于 30％；对其他道路基层不应大于 30％，对底基层不应大于 35％。水泥稳定土中碎石或砾石压碎值：对基层，高速公路和一级公路不大于 30％，二级及以下公路不大于 35％；对底基层，高速和一级公路不大于 30％，二级及二级以下公路不大于 40％。石灰稳定土中碎石或砾石压碎值：对基层，二级公路不大于 30％，二级以下公路不大于 35％；对底基层，高速和一级公路不大于 35％，二级和二级以下公路不大于 40％。石灰工业废渣稳定土中碎石或砾石压碎值：对基层，同水泥稳定土；对底基层，同石灰稳定土。

③ 硫酸盐与腐殖质含量。水泥稳定：腐殖质含量<2％，含量偏高时，不应单用水泥稳定，硫酸盐含量<0.25％。石灰和二灰类：腐殖质含量<10％，硫酸盐含量<0.8％。

④ 颗粒组成（强度和温度稳定性及施工性能方面的考虑）。对基层、底基层，稳定土应参考规范的级配，见表 3-1，最大粒径有严格要求。

表 3-1　无机结合料稳定基层规范推荐级配

稳定土类别		筛分通过率/%							
		筛孔尺寸/mm							
		40	30	20	10	5	2	0.5	0.075
水泥稳定土	基层	100	90～100	75～90	50～70	30～55	15～35	10～20	0～7
	底基层		100	90～100	60～80	30～50	15～30	10～20	0～7
二灰稳定土	基层	100	90～100	60～85	50～70	40～60	27～47	10～30	0～15
	底基层		100	90～100	55～80	40～65	28～50	10～20	0～10

（2）无机结合料

① 水泥：普通硅酸盐水泥、矿渣硅酸盐水泥、火山灰质硅酸盐水泥等均可用；低标号宜采用 325 或 425 的水泥；凝结时间长（初凝>3h，终凝>6h），快硬、早强及受潮水泥不能用。

② 石灰：三级以上生石灰或消石灰等石灰及其他石灰应满足各指标要求；高速及一级

公路、城市快速主干道宜用磨细生石灰粉。

③ 工业废渣（粉煤灰、煤渣、水淬渣、高炉重矿渣、钢渣、煤矸石等）。粉煤灰：活性成分＞70%，烧失量≤20%，比表面积宜大于 2500cm²/g（或 90% 通过 0.3mm 筛孔，70% 通过 0.075mm 筛孔）。干粉湿粉均可用，湿粉煤灰的含水量不宜超过 35%，铺筑二灰时宜使用较粗的粉煤灰。煤渣：颗粒均匀，孔隙多，成分接近粉煤灰，使用时注意级配调整，最大粒径不应大于 30mm，颗粒组成宜有一定级配，且不宜含杂质。大粒径应打碎，烧失量＜20%。水淬渣（热熔矿渣经水骤冷而成）：成分接近粉煤灰，活性高，长久堆放会自行胶结，品质下降。高炉钢渣（热熔矿渣自然冷却成的重矿渣）：坚硬，密度大，可代替碎石，宜用堆置 3 个月以上的陈渣。

（3）水　满足人畜饮用水要求即可。

3.1.1.5　材料组成设计

设计目标：强度满足要求，抗裂性最优，抗冻性能好，易于施工。

（1）分类　半刚性材料基层、底基层按其混合料结构状态分为四种结构类型：骨架密实型（高速公路、一级公路的基层或上基层），常见的集料级配见表 3-2；骨架空隙型（路面内部有排水要求的基层）；悬浮密实型（二级及二级以下公路的基层和各级公路的底基层），常见的集料级配见表 3-3 和表 3-4；均匀密实型（高速公路、一级公路的底基层，二级及二级以下公路的基层）。

表 3-2　骨架密实型水泥稳定类集料级配

层位	通过下列方孔筛(mm)的质量分数/%						
	31.5	19.0	9.50	4.75	2.36	0.6	0.075
基层	100	68～86	38～58	22～32	16～28	8～15	0～3

表 3-3　悬浮密实型水泥稳定类集料级配

层位	通过下列方孔筛(mm)的质量分数/%						
	37.5	31.5	19.0	9.50	4.75	2.36	0.6	0.075
基层		100	90～100	60～80	29～49	15～32	6～20	0～5
底基层	100	93～100	75～90	50～70	29～50	15～35	6～20	0～5

表 3-4　悬浮密实型石灰粉煤灰稳定碎石的集料级配

层位	通过下列方孔筛(mm)的质量分数/%							
	37.5	31.5	19.0	9.50	4.75	2.36	1.18	0.6	0.075
基层		100	88～98	55～75	30～50	16～36	10～25	4～18	0～5
底基层	100	94～100	79～92	51～72	30～50	16～36	10～25	4～18	0～5

（2）设计方法

① 试配混合料。

② 最大干密度和最佳含水量测试。

③ 成型具有一定体积、一定密实度要求的试件（大、小），试件数量要求见表 3-5。

④ 一般宜采用振动成型方法，缺乏试验条件时对悬浮密实和均匀密实型混合料可采用静压成型方法。

⑤ 脱模养生［规定龄期（6+1）天，20℃±2℃（北方），25℃±2℃（南方）］。

⑥ 用压力机进行极限破坏抗压强度试验，相关要求见表 3-6 和表 3-7。

表 3-5　最少试件数量要求

稳定土类型	偏差系数		
	10%	10%～15%	15%～20%
细粒土	6	9	
中粒土	6	9	13
粗粒土		9	13

表 3-6　水泥稳定类材料的压实度及七天无侧限抗压强度

层位	稳定类型	特重交通		重、中交通		轻交通	
		压实度/%	抗压强度/MPa	压实度/%	抗压强度/MPa	压实度/%	抗压强度/MPa
基层	集料	≥98	3.5～4.5	≥98	3～4	≥97	2.5～3.5
	细粒土	—	—	—	—	≥96	
底基层	集料	≥97	≥2.5	≥97	≥2.0	≥96	≥1.5
	细粒土	≥96		≥96		≥96	

注：基层：二级及以下公路 2.5～3MPa；高速和一级公路 3～5MPa；快速路、主干道 3～4MPa；其他 2.5～3MPa；底基层：二级及以下公路 1.5～2MPa；高速和一级公路 1.5～2.5MPa；快速路、主干道 1.5～2.5MPa；其他 1.5～2MPa。

表 3-7　石灰粉煤灰稳定类材料的压实度及七天无侧限抗压强度

层位	稳定类型	特重、重、中交通		轻交通	
		压实度/%	抗压强度/MPa	压实度/%	抗压强度/MPa
基层	集料	≥98	高速及一级公路 0.8～1.1	≥97	二级及以下公路 0.6～0.8
	细粒土	—	—	≥96	
底基层	集料	≥97	≥0.6	≥96	≥0.5
	细粒土	≥96		≥95	

⑦ 抗冻性能检验。中冰冻、重冰冻区的高速公路、一级公路采用石灰粉煤灰稳定类材料做基层时，应进行抗冻性能检验，技术要求见表 3-8。

表 3-8　石灰粉煤灰稳定类材料抗冻性能技术要求

气候分区	重冻区	中冻区
残留抗压强度/%	≥70	≥65

抗冻性能采用 28d 龄期的试件经 18℃至−18℃的 5 次冻融循环后的残留抗压强度（MPa）与 28d 龄期的抗压强度（MPa）之比进行评价。提高石灰粉煤灰稳定类材料的早期强度或越冬的抗冻性能，掺入剂量通过试验确定，水泥剂量设计试配参考值见表 3-9，石灰剂量设计试配参考值见表 3-10。

表 3-9　水泥剂量设计试配参考值

土类	层位	水泥剂量/%				
中、粗粒土	基层	3	4	5	6	7
	底基层	3	4	5	6	7
IP<12 的土	基层	5	7	8	9	11
	底基层	4	5	6	7	9

续表

土类	层位	水泥剂量/%				
其他细粒土	基层	8	10	12	14	16
	底基层	6	8	9	10	12

注：水泥的最小剂量中粒土和粗粒土为路拌法4%，集中厂拌法3%；细粒土为路拌法5%，集中厂拌法4%。

表 3-10　石灰剂量设计试配参考值

土类	层位	石灰剂量/%				
砂砾、碎石土	基层	3	4	5	6	7
IP＜12 的土	基层	10	12	13	14	16
	底基层	8	10	11	12	14
IP＞12 的土	基层	5	7	9	11	13
	底基层	5	7	8	9	11

（3）混合料组成设计中的建议

① 水泥稳定类材料的强度随水泥剂量的增大而增大，但水泥的剂量通常受混合料的温缩和干缩性能制约，通常推荐 4%～6%。

② 石灰与粉煤灰比例可用 1∶4～1∶2，对于粉土，以 1∶2 为宜；石灰粉煤灰与集料的比例应是 15∶85～20∶80；石灰粉煤灰与细粒土的比例可以是 30∶70～90∶10。

③ 水泥用量占结合料总量的 30% 以上时，按水泥稳定类进行设计。

④ 为提高石灰工业废渣的早期强度，可外加 1%～2% 的水泥。

⑤ 采用水泥稳定碎石土、砾石土或含泥量大的砂、砂砾时，可掺入一定剂量石灰进行综合稳定（效果更好）。

⑥ 水泥稳定粒径均匀且不含细料或细料很少的砂砾、碎石以及不含土的砂时，宜在集料中添加 20%～40% 的粉煤灰，或添加剂量为 10%～12% 的石灰土进行综合稳定（增加压实性能，提高结构的稳定性）。

⑦ 不含黏性土的砂砾、级配碎石和未筛分碎石，采用石灰土稳定时，石灰土与集料的质量比宜为 1∶4，集料应具有良好的级配。

3.1.1.6　基层混合料设计案例

水泥稳定碎石基层混合料设计书

（1）设计要求

① 混合料，供水泥稳定碎石基层用。

② 箐芜洲河砂，粒径 5mm 以下。

③ 中粒碎石，粒径 5cm 以下。

④ 通道水泥一厂 P·O 32.5MPa 水泥，初凝时间大于 3h，终凝时间大于 6h。

二维码 3.2

（2）设计步骤

① 做河砂和碎石的筛分试验，根据各自的通过百分率用试算法确定碎石∶砂＝64∶36 时，集料混合料符合水泥稳定碎石基层的颗粒组成范围，其级配曲线完全处于规范要求的级配范围内，较为平滑顺直，且接近下限，级配较好。因此确定碎石∶砂＝64∶36。

② 分别按 3%、4%、5%、6%、7% 的水泥剂量配制同一种集料、不同水泥剂量的混合料。

③ 确定各种混合料的最佳含水量和最大干密度。做 3%、5%、7% 三个水泥剂量混合料的击实试验以确定其最佳含水量和最大干密度，其他两个水泥剂量混合料的最佳含水量和最

大干密度用内插法确定。

④ 97％的压实度分别计算不同水泥剂量的试件应有的干密度（表3-11）。

表 3-11　最佳含水量和最大干密度计算

水泥剂量	3％	4％	5％	6％	7％
最大干密度/（g/cm³）	2.273	2.287	2.320	2.334	2.368
压实度/％	97	97	97	97	97
计算干密度/（g/cm³）	2.205	2.218	2.250	2.264	2.297
最佳含水量/％	5.1	5.6	6.1	6.6	7.1

⑤ 按最佳含水量和计算得到的干密度制备试件。作为平行试验的试件数量为13件。

⑥ 试件在规定温度下保湿养生6d，浸水24h后，按《公路工程无机结合料稳定材料试验规程》（JTG E51—2009）进行无侧限抗压强度试验。

⑦ 计算试验结果的平均值和偏差系数（见试验报告）。

⑧ 根据强度标准，选定合适的水泥剂量，此剂量的平均抗压强度 $R \geqslant R_d /（1 - Z_a C_v）$。本路段主要行驶重载车辆，因此取高限值3MPa为强度标准。据试验报告可知，水泥剂量为4％的混合料符合抗压强度标准。因此确定实验室水泥剂量为4％。

⑨ 工地采用集中厂拌法施工，实际采用的水泥剂量应比试验确定的剂量多0.5％，采用4.5％的水泥剂量。

⑩ 根据预定干密度、最佳含水量和工地实测含水量计算混合料中各种材料的用量。工地实测碎石含水量为1％，砂含水量为5％。各种材料计算如下：

水泥用量＝2218×4.5％＝99.81（kg/m³）

碎石用量＝（2218－99.81－124.21）×64％×1.01＝1288.91（kg/m³）

砂用量＝（2218－99.81－124.21）×36％×1.05＝753.72（kg/m³）

水用量＝2218×5.6％－12.76－35.89＝75.56（kg/m³）

3.1.2　采用路拌法施工（以石灰稳定土基层路拌法为例）

3.1.2.1　施工工艺

路拌法施工工艺见图3-1。

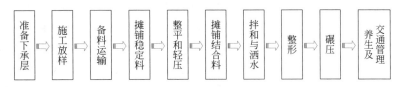

图 3-1　路拌法施工工艺流程

3.1.2.2　施工步骤

（1）准备下承层　下承层必须满足相应的质量指标，下承层表面应平整，标高、横坡和压实度应符合设计规范要求，表面必须进行彻底清扫，并适量洒水，保持下承层湿润，同时用石灰标出两条边线。

（2）施工放样　下承层的准备工作做好后，各项质量指标符合设计要求后，应进行施工放样，恢复路基中线和左右边桩，每隔 20m 设一桩，并在两侧路肩边缘外设指示桩。在指示桩上用明显标记标出灰土边缘的设计标高。

（3）备土、铺灰　根据灰土层的宽度、厚度及最大干密度，计算出需要干燥土的数量；再根据土的含水量和所用运料车辆的吨位，计算每车料的堆放距离和每平方米灰土需要的石灰用量，并确定石灰摆放的纵横间距。按照松铺厚度将土摊铺均匀一致，有利于机械化施工。铺土后，先用推土机大致推平，然后用平地机整平，清余补缺，保证厚度一致，表面平整。

（4）洒水闷料　如已整平的土含水量过小，应在土层上洒水闷料。洒水应均匀，防止出现局部水分过多的现象，严禁洒水车在洒水段内停留和调头。

（5）卸置和摊铺石灰　备灰前，用压路机对铺开的松土轻压 1～2 遍，保证备灰时不产生大的车辙，严禁重车在作业段内调头。备灰前根据灰剂量、不同含水量情况下的石灰松方干容重及石灰土最大干容重计算每平方米的石灰用量。备灰前事先在灰条位置标出两条灰线，以确保灰条顺直。铺灰前在灰土的边沿打出格子标线，然后用人工将石灰均匀地铺撒在标线范围内。

（6）整平和轻压　对摊铺好的土层整平后，用 6～8t 两轮压路机碾压 1～2 遍，使其表面平整，并有一定的压实度。

（7）碾压　无机稳定细粒土：用 12～15t 三轮压路机碾压时，每层的压实厚度不应超过 15cm；用 18～20t 三轮压路机碾压时，每层的压实厚度不应超过 20cm；无机稳定中、粗粒土：采用振动压路机碾压时，每层的压实厚度根据试验确定；压实厚度超过上述规定时，应分层铺筑；每层最小压实厚度为 10cm。

碾压原则：先轻后重，先慢后快；对于直线先边后中；对于曲线先内后外。

碾压速度：头两遍 1.5～1.7km/h；以后 2.0～2.5km/h。

平地机终平：局部高出处——刮平；局部低洼处——不补；纵向平整顺适，对人工摊铺的土层整平后，用 6～8t 两轮压路机碾压 1～2 遍，使其表面平整。

（8）卸置和摊铺石灰

① 按计算所得的每车石灰的纵横间距，用石灰在土层上做标记，同时划出摊铺石灰的边线。

② 将石灰均匀摊开，石灰摊铺完后，表面应没有空白位置。量测石灰的松铺厚度，根据石灰的含水量和松密度，校核石灰用量是否合适。

（9）拌和、洒水　采用专用的稳定土拌和机进行路拌法施工，设专人跟随拌和机，随时检查拌和的深度并配合拌和机操作员调整拌和深度。拌和深度应达稳定层底并宜侵入下承层 5～10mm，以利上下层黏结。严禁在拌和层底部留有素土夹层。

① 土的含水量小，应首先用铧犁翻拌一遍，使石灰置于中下层，然后洒水补充水分，并用铧犁继续翻拌，使水分分布均匀。考虑拌和、整平过程中的水分损失，含水量适当大些（根据气候及拌和整平时间长短确定），土的含水量过大，用铧犁进行翻拌晾晒。

② 水分合适后，用平地机粗平一遍，然后用灰土拌和机拌和第一遍。拌和时要指派专人跟机进行挖验，每间隔 5～10m 挖验一处，检查拌和是否到底。对于拌和不到底的工作段，及时提醒拌和机司机返回重新拌和。

③ 若土的塑性指数高，土块不易拌碎，应增加拌和遍数，并注意下一次拌和前要对已拌和过的灰土进行粗平和压实，然后拌和，以达到拌和均匀，满足规范要求为准。

（10）整平　用平地机，结合少量人工整平。

① 灰土拌和符合要求后，用平地机粗平一遍，消除拌和产生的土坎、波浪、沟槽等，使表面大致平整。

② 用振动压路机或轮胎压路机稳压 1～2 遍。

③ 利用控制桩用水准仪或挂线放样，石灰粉做出标记，样点分布密度视平地机司机水平确定。

④ 平地机由外侧起向内侧进行刮平。

⑤ 重复③、④步骤直至标高和平整度满足要求为止。

3.1.3　采用厂拌法施工（以水泥稳定土、粒料为例）

（1）水泥稳定土、粒料施工工艺流程见图 3-2。

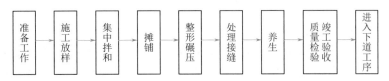

图 3-2　水泥稳定土、粒料施工工艺流程图

（2）准备工作

① 向驻施工现场监理单位报送"基层开工报告单"，经同意后方可进行基层施工。

② 土基、垫层、底层及其中埋设的各种沟、管等隐蔽构造物，必须经过自检合格，报请驻场监理单位检验，签字认可后，方可铺筑其上面的基层。

③ 各种材料进场前，及早检查其规格和品质，不符合技术要求的不得进场。材料进场时，应检查其数量，并按施工平面图堆放，而且还应按规定项目对其抽样检查，其抽样检查结果，报驻场监理单位。

④ 水泥稳定土基层施工前应铺筑试验段。

（3）施工放样

① 恢复中心线，每 10m 设标桩，桩上划出基层设计高和基层松铺的厚度，其中

$$松铺厚度 = 压实厚度 \times 松铺系数$$

② 中心线两侧按路面设计图设计标桩，在标桩上划出基层设计高和松铺厚度，这样做是为了使基层的高度、厚度和平整度达到质量标准。

（4）集中拌和　中心站集中拌和（厂拌）法施工，集中拌和时必须掌握下列要点。

① 土块、粒料的最大尺寸应符合规定。

② 配料必须准确。

③ 混合料的含水量要略大于最佳值，使混合料运到现场摊铺后碾压时的含水量不小于最佳值（比最佳值大 1% 左右）。

④ 拌和必须均匀。

⑤ 根据集料和混合料含水量的大小，及时调整用水量。

⑥ 正式拌和前必须调试设备，使混合料的颗粒组成和含水量都达到规范规定的要求，当原材料的颗粒组成发生变化时，应重新调整生产配合比。

（5）摊铺

① 在铺筑段两侧先培土，以控制基层的宽度和厚度。

② 应尽快将拌成的混合料，用自卸汽车运送到铺筑现场，装车时应控制每车料的数量，使之基本相同。

③ 宜用摊铺机来摊铺混合料（水泥稳定粒料应使用摊铺机），也可用自卸汽车把混合料运到现场，由人工摊铺、整平。

④ 根据松铺系数（水泥稳定砂砾松铺系数约 1.30～1.35，水泥土松铺系数约 1.53～1.58），严格控制卸料距离。通常由专人指挥卸料，避免料多或不够。

⑤ 人工整平或机械整平时，要消除粗、细集料离析现象。

（6）整形、碾压

① 宜用平土机整形，也可用人工整形（高速公路一般不容许人工整平）。

② 用轻型机械如拖拉机、平土机在初步整平地段，快速碾压一遍，以暴露潜在的不平整，再给予整形，通常整形要 1～2 次。

③ 对局部低洼处，应用齿耙将其表层 5cm 耙松，并用新拌的混合料进行找补、整平，严禁用贴"薄饼"的方法找平。

④ 在整形过程中，严禁任何车辆通行。

⑤ 整形后，立即用 12t 以上三轮压路机、重型轮胎压路机或振动压路机碾压。碾压时应控制车速，由近向中、由低向高碾压，直到达到所需的压实度。在碾压过程中，基层表面应始终保持潮湿，如表层水蒸发较快，应及时补洒少量的水。如在碾压过程中有"弹簧"、松散、起皮等现象，应及时翻开重新拌和（加适量的水泥），或用其他方法处理，使其达到质量要求。

（7）横缝的处理

① 用人工将末端混合料弄整齐，横缝必须垂直整齐，紧靠混合料放两根方木，方木的高度应与混合料的压实厚度相同，整平紧靠方木的混合料。

② 方木另一侧用砂砾或碎石回填约 3m 长，其高度略高出方木几厘米。

③ 将混合料碾压密实。

④ 第二天重新摊铺混合料之前，将砂砾（或碎石）和方木除去，并将下承层顶面清扫干净后，重新开始摊铺混合料。

⑤ 也可不对在前面的一段（约 2～3m）进行碾压，继续施工时，剔除未经压实的混合料，并将已碾压密实且高程和平整度符合要求的末段挖成一横向（与中心线垂直）的垂直向下的断面，然后再摊铺新的混合料。

（8）纵缝处理

① 尽量避免纵向接缝。

② 在不能避免纵向接缝的情况下，纵缝必须垂直相接，严禁斜接。

③ 在前一幅摊铺时，在靠后一幅的一侧用方木或钢模板做支撑，高度应与混合料压实厚度相同。

④ 在摊铺另一幅之前，拆除支撑，继续摊铺混合料，整形、碾压。

（9）养生

① 经压实后，检查压实度合格，立即开始养生，采用不透水薄膜保湿养生。

② 养生期不宜少于 7d，养生期间应封闭交通。

③ 养生期结束，如不立即铺筑面层，则应延长养生期，不宜使基层长期暴晒而使基层开裂。

任务 3.2　粒料类基层施工

 知识目标

了解粒料类基层的特点及分类；掌握级配碎石施工的工艺流程及质量要求；掌握填隙碎石施工的工艺流程及质量要求。

能力目标

能够结合工程实际选用合适的基层材料，并进行混合料的试配；能够参与并组织级配碎石基层的施工；能够参与并组织填隙碎石基层的施工。

任务实施要求

本任务是道路施工现场施工和管理人员所必须具备的专业能力，涉及道路工程施工图识读、工程测量、道路工程材料与检测等专业知识，通过任务实施使读者初步了解粒料类基层施工的主要工作内容、所需的专业技术知识和职业能力，课程教学可引入现场施工视频、图片等直观教学资源，以激发学习兴趣。

3.2.1 概述

3.2.1.1 粒料类路面的分类、适用条件、特性

（1）分类　粒料类路面是用加工轧制的碎石按嵌挤原理或密实原理铺压而成的路面。碎石路面按施工方法及所用填充结合料的不同，分为嵌锁型（包括泥结碎石、泥灰结碎石、填隙碎石等）和级配型（包括级配碎石、级配砾石、符合级配的天然砂砾、部分砾石经轧制掺配而成的级配砾碎石等）。

（2）主要概念

① 级配碎石：粗、中、小碎石集料和石屑各占一定比例的混合料，当其颗粒组成符合规定的密实级配要求时，称作级配碎石。

② 级配砾石：粗、中、小砾石和砂各占一定比例的混合料，当其颗粒组成符合规定的密实级配要求且塑性指数和承载比符合规定要求时，称作级配砾石。

③ 填隙碎石：用单一尺寸的粗碎石做主骨料，形成嵌锁结构，起承受和传递车轮荷载的作用，用石屑做填隙料，填满碎石间的孔隙，增加密实度和稳定性，这种材料称作填隙碎石。

级配碎石可用于各级公路、道路的基层和底基层。亦可用做较薄沥青面层与无机结合料稳定基层之间的中间层。级配砾石、级配砾碎石以及符合级配、塑性指数等技术要求的天然砂砾，可适用于较轻交通的二级公路、城市次干道及以下的道路基层和各级道路的底基层。填隙碎石可用于各等级道路的底基层和二级公路、城市次干道及以下道路的基层。

碎石路面的优点是投资不高，可以随交通量的增加分期改善；缺点是平整度差，易扬尘，泥结碎石路面雨天易泥泞。碎石路面的强度主要依靠石料的嵌挤作用以及填充结合料的黏结作用。嵌挤力的大小主要取决于石料的内摩阻角。黏结作用（用材料的黏结力表示）的大小主要取决于填充结合料本身的内聚力及其与矿料之间的黏附力大小。

3.2.1.2 对原材料的技术要求

各类粒料基层（底基层）的集料压碎值应符合表 3-12 的规定。

表 3-12　集料压碎值

材料类型		公路等级		
		高速公路、一级公路	二级公路	三、四级公路
填隙碎石、泥结碎石	基层	—	—	≤26%
	底基层	≤30%	≤30%	≤30%
级配碎石	基层	≤26%	≤30%	≤35%
	底基层	≤30%	≤35%	≤40%
级配或天然砂砾	基层	—	—	≤35%
	底基层	≤30%	≤35%	≤40%

① 填隙碎石的单层铺筑厚度宜为 10～12cm，最大粒径宜为厚度的 0.5～0.7 倍。用做基层时，最大粒径不应超过 53mm；用做底基层时，最大粒径不应超过 63mm。填隙料可用石屑，最大粒径小于 9.5mm，宜用轧制石灰岩碎石的石屑，主骨料和填隙料的颗粒组成可参照有关规范的规定。应采用振动轮每米宽质量不小于 1.8t 的振动压路机碾压，填隙料应填满粗碎石层内部的全部孔隙。碾压后，表面粗碎石间的孔隙得到改善。

② 级配碎石宜用几种粒径不同的碎石和石屑，掺配拌制而成混合料必须拌和均匀，没有粗细颗粒离析现象。其粒料的级配组成应符合相应的试验规程的要求，且级配应接近圆滑曲线。用于底基层的未筛分碎石的级配，宜符合相应的试验规程的要求。

级配碎石用做基层时，其重型击实标准的压实度不应小于 98%；用做底基层时，其重型击实标准的压实度不应小于 96%。用做中间层时，重型击实标准的压实度不应小于 100%。碾压应在最佳含水量时进行。应使用 12t 以上三轮压路机碾压，每层的压实厚度不应超过 15～18cm。用重型振动压路机和轮胎压路机碾压，每层的压实厚度可达 20cm。

③ 级配砾石或天然砂砾用做基层或底基层，其颗粒组成应符合相应的试验规程的要求，且级配宜接近圆滑曲线。混合料必须拌和均匀，没有粗细颗粒离析现象。级配砾石或天然砂砾用做基层时，其重型击实标准的压实度不应小于 98%，CBR 值不应小于 60%；用做底基层时，其重型击实标准的压实度不应小于 96%，CBR 值对轻交通道路不应小于 40%，对中等交通道路不应小于 60%。其碾压厚度同级配碎石。砾石颗粒中细长及扁平颗粒的含量不应超过 20%。级配碎石、级配砾石、填隙碎石基层未洒透层沥青或未铺封层时，禁止开放交通，以保护表层不受破坏。

3.2.1.3　碎砾石路面强度形成原理

（1）纯碎石材料强度构成原理　按嵌挤原则构成强度，其抗剪强度主要取决于剪切面上的法向应力和材料之间的内摩阻角。主要有以下三项因素构成强度。

① 粒料表面的相互滑动摩擦。

② 因剪切时体积膨胀而需克服的阻力。

③ 因粒料重新排列而受到的阻力。

粒料的内摩阻角大小取决于石料的强度、形状、尺寸、均匀性、表面粗糙度及施工时的压实程度。石料强度高，形状接近正方形，有棱角，尺寸均匀，表面粗糙，压实度高时，内摩阻角大。一般石料的内摩阻角在 30°～45°左右。

（2）土石混合料的强度构成原理　当含土量小时，按嵌挤原则构成强度；当含土量大时，按密实原则构成强度。强度和稳定性取决于内摩擦阻力和黏结力的大小。

强度构成很大程度上取决于密实度、颗粒形状和颗粒大小的分配，特别是以粗细成分的比例最为重要。

土石混填混合料的三种物理状况如图 3-3 所示。

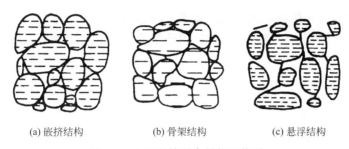

(a) 嵌挤结构　　　　　(b) 骨架结构　　　　　(c) 悬浮结构

图 3-3　土石混填混合料物理状况

① 嵌挤结构：不含或少含细料，其强度和稳定性由颗粒之间的摩擦阻力形成。该混合料空隙率大，透水性好，不易冰冻，但由于材料没有润滑作用（黏性），不易施工碾压。

② 骨架结构：含有足够的细料填充颗粒间的空隙，且仍能从颗粒的接触中达到一定强度，其密实度有所提高，但透水性较差，施工压实较易。

③ 悬浮结构：含有大量细料，粗颗粒与粗颗粒之间没有接触，粗颗粒仅只是悬浮在细料中，强度主要依靠密实程度来形成，该混合料施工压实方便，但密实度低，难以透水，强度和稳定性受水的影响极大。

级配类路面的配合比要求应使路面形成嵌挤结构或骨架结构。稳定类路面可采用悬浮结构，以减少材料收缩裂缝，如图 3-4 所示。

(a)　　　　　　　　　　　　　　　(b)

图 3-4　级配石子（现场不同级配的石子）

3.2.1.4　以嵌挤为主构成强度的碎石类路面

（1）水结碎石　水结碎石路面是用大小不同的轧制碎石从大到小分层铺筑，经洒水碾压后而成的一种结构层。其强度是由碎石之间的嵌挤作用以及碾压时所产生的石粉与水形成的石粉浆的黏结作用而形成的。由于石灰岩和白云岩石粉的黏结力较强，所以它们是水结碎石的常选石料。水结碎石路面厚度一般为 10～16cm。

水结碎石路面可以作为中级路面面层，也适用于各等级公路的底基层和二级以下公路的基层。

（2）泥结碎石　泥结碎石路面是以碎石作为骨料、泥土作为填充料和黏结料，经压实修筑成的一种结构。泥结碎石路面厚度一般为 8～20cm；当总厚度等于或超过 15cm 时，一般分两层铺筑，上层厚度 6～10cm，下层厚度 9～14cm。泥结碎石路面的力学强度和稳定性不仅依赖于碎石的相互嵌挤作用，同时也依赖于土的黏结作用。

泥结碎石路面可以作为中级路面面层，也适用于各等级公路的基层，因含有黏土，只能用于干燥路段。

泥结碎石路面的施工工艺（灌浆法）如下。

① 准备工作：下层整平，施工放样，布置料堆，整理料槽，制备泥浆。泥浆按水∶土＝0.8∶1～1∶1 制作。

② 摊铺碎石：按松铺厚度为 1.2～1.3cm 摊铺碎石，要求大小颗粒均匀分布，纵横断面符合要求，厚度一致。

③ 预压：用轻型压路机慢速碾压 6～10 遍，至石料无松动为止。

④ 浇灌泥浆：在预压的碎石层上，浇灌泥浆，浆要浇得均匀，浇得透，以灌满空隙，泥浆表面与碎石齐平，但碎石棱角仍应露在泥浆之上。

⑤ 撒嵌缝料：当泥浆下沉至碎石层底部，空气溢出，有气泡冒出时，表面泥浆未干时撒 5～15mm 的嵌缝料，嵌缝料要铺撒均匀。

⑥ 碾压：用中型压路机碾压，并随时用扫帚扫匀嵌缝料。直至碎石缝隙隙内泥浆能翻至路面与石屑形成坚实的整体，且路面没有明显的轮迹为止。

（3）泥灰结碎石　泥灰结碎石路面是以碎石为骨料，用一定数量的石灰和土做黏结填缝料的碎石路面。因为掺入石灰，泥灰结碎石路面的水稳定性比泥结碎石好，故可以用于潮湿与中湿路段路面基层。

（4）填隙干压碎石　碎石基层采用干压（不洒水）方法碾压成型的基层。它特别适合于干旱缺水地区。干压碎石的黏结力很小，主要依靠石料的嵌挤锁结作用，厚度一般为 8～12cm。适用于二级以下公路的基层和各级公路的底基层。

3.2.1.5　以密实原则构成强度的碎石类路面

级配碎（砾）石路面与基层的定义、适用条件、材料要求如下。

① 定义：级配碎（砾）石结构层采用由粗、细碎石和石屑各占一定比例级配符合要求的碎石混合料铺筑，轧制碎石和石屑逐级填充空隙，并借黏土来黏结，经过压实后，形成密实结构。

② 适用条件：结构的路面平整度好，施工时容易压实，维修方便，可就地取材，造价低廉。但耐磨性差，易扬尘，水稳定性差。适用于二级城市次干道以下公路的基层及各级道路的底基层、四级公路的路面面层。

③ 材料要求：级配碎（砾）石结构所用石料应有足够的强度，用于面层的碎（砾）石强度不低于Ⅲ级，用于基层的不低于Ⅳ级，其中针片状含量不得超过 20%。砂尽量选用粗砂或中砂。土的塑性指数对于面层应选用 15～25，用于基层时，可适当降低，但土中不得含有腐殖质、草根、杂质等。

根据《公路工程质量检验评定标准　第一册　土建工程》（JTG F80/1—2017）的有关规定，稳定粒料基层和底基层实测项目见表 3-13。

表 3-13 稳定粒料基层和底基层实测项目

序号	检查项目		规定值或允许偏差				检查方法和频率
			基层		底基层		
			高速公路、一级公路	其他公路	高速公路、一级公路	其他公路	
1	压实度/%	代表值	≥98	≥97	≥96	≥95	按照规范附录 B 检查，每 200m 测 2 点
		极值	≥94	≥93	≥92	≥91	
2	平整度/mm		≤8	≤12	≤12	≤15	3m 直尺：每 200m 测 2 处×5 尺
3	纵断高程/mm		+5，−10	+5，−15	+5，−15	+5，−20	水准仪：每 200m 测 2 个断面
4	宽度/mm		满足设计要求		满足设计要求		尺量：每 200m 测 4 个点
5	厚度/mm	代表值	−8	−10	−10	−12	按照规范附录 H 检查，每 200m 测 2 点
		合格值	−10	−20	−25	−30	
6	横坡/%		±0.3	±0.5	±0.3	±0.5	水准仪：每 200m 测 2 个断面
7	强度/MPa		满足设计要求		满足设计要求		按照规范附录 G 检查

3.2.2 级配碎（砾）石基层施工

3.2.2.1 级配碎石路拌法施工

级配碎石路拌法施工工艺流程如图 3-5 所示。

二维码 3.3

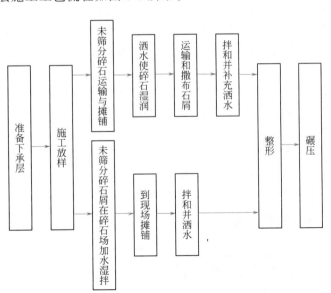

图 3-5 级配碎石路拌法施工工艺流程图

（1）准备下承层　下承层表面应平整、坚实，具有规定的路拱，平整度和压实度应符合规范规定。不宜做成槽式断面。

（2）施工放样　应按规范规定逐个断面检查下承层标高。

（3）备料　根据各路段基层或底基层的宽度、厚度及规定的压实干密度并按确定的配合比分别计算各段需要的未筛分碎石和石屑的数量或不同粒级碎石和石屑的数量，并计算每车料的堆放距离。未筛分碎石的含水量较最佳含水量宜大1%左右。未筛分碎石和石屑可按预定比例在料场混合，同时洒水加湿，使混合料的含水量超过最佳含水量约1%。

（4）运输集料　集料装车时，应控制每车料的数量基本相等。在同一料场供料的路段内，宜由远到近卸置集料。卸料距离应严格掌握，避免料不够或过多。未筛分碎石和石屑分别运送时，应先运送碎石。

（5）摊铺集料　应事先通过试验确定集料的松铺系数并确定松铺厚度。人工摊铺混合料时，其松铺系数约为1.40～1.50；平地机摊铺混合料时，其松铺系数约为1.25～1.35。用平地机或其他合适的机具将料均匀地摊铺在预定的宽度上，表面应力求平整，并具有规定的路拱。应同时摊铺路肩用料。

（6）拌和及整形　对于二级及二级以上公路，应采用稳定土拌和机拌和级配碎石。对于二级以下的公路，在无稳定土拌和机的情况下，可采用平地机或多铧犁与缺口圆盘耙相配合进行拌和。用稳定土拌和机应拌和两遍以上。拌和深度应至级配碎石层底。在进行最后一遍拌和之前，必要时先用多铧犁紧贴底面翻拌一遍。

用平地机进行拌和，宜翻拌5～6遍，使石屑均匀分布于碎石料中。平地机拌和的作业长度，每段宜为300～500m。平地机刀片的安装角度宜符合要求。拌和结束时，混合料的含水量应均匀，并较最佳含水量大1%左右，同时应没有粗细颗粒离析现象。整形的过程中应按规定的路拱进行，并应注意消除粗细颗粒离析现象。

（7）碾压　整形后，当混合料的含水量等于或略大于最佳含水量时，立即用12t以上三轮压路机、振动压路机或轮胎压路机进行碾压。直线和不设超高的平曲线段，由两侧路肩开始向路中心碾压；在设超高的平曲线段，由内侧路肩向外侧路肩进行碾压。碾压时，后轮应重叠1/2轮宽；后轮必须超过两段的接缝处。后轮压完路面全宽时，即为一遍，碾压一直进行到符合要求的密实度为止。一般需碾压6～8遍，应使表面无明显轮迹。压路机的碾压速度，前两遍以采用1.5～1.7km/h为宜，以后用2.0～2.5km/h。路面的两侧应多压2～3遍。

严禁压路机在已完成的或正在碾压的路段上调头或急刹车。凡含土的级配碎石层，都应进行滚浆碾压，一直压到碎石层中无多余细土泛到表面为止。滚到表面的浆（或事后变干的薄土层）应清除干净。

接缝处理应注意以下两方面：

① 横缝，两作业段的衔接处，应搭接拌和。

② 纵缝，应避免纵向接缝。在必须分两幅铺筑时，纵缝应搭接拌和。

3.2.2.2　中心站集中拌和法施工

① 级配碎石混合料可以在中心站用多种机械进行集中拌和，如强制式拌和机、卧式双转轴浆叶式拌和机、普通水泥混凝土拌和机等。

② 对用于高速公路和一级公路的级配碎石基层和中间层，宜采用不同粒级的单一尺寸碎石和石屑，按预定配合比在拌和机内拌制级配碎石混合料。

③ 在正式拌制级配碎石混合料之前，必须先调试所用的厂拌设备，使混合料的颗粒组成和含水量都能达到规定的要求。在采用未筛分碎石和石屑时，如未筛分碎石或石屑的颗粒

组成发生明显变化，应重新调试设备。

④ 将级配碎石用于高速公路和一级公路时，应用沥青混凝土摊铺机或其他碎石摊铺机摊铺碎石混合料。摊铺机后面应设专人消除粗细集料离析现象。

⑤ 振动压路机、三轮压路机进行碾压，碾压方法同路拌法。

⑥ 级配碎石用于二级和二级以下公路时，如没有摊铺机，也可用自动平地机（或摊铺箱）摊铺混合料。

接缝处理：横接缝，用摊铺机摊铺混合料时，靠近摊铺机当天未压实的混合料，可与第二天摊铺混合料一起碾压，但应注意此部分混合料的含水量。必要时，应补水使含水量达到规定要求。应避免纵向接缝，不能避免的情况下，纵缝必须垂直相接，不应斜接。

根据《公路工程质量检验评定标准　第一册　土建工程》（JTG F80/1—2017）的有关规定，级配碎（砾）石基层和底基层实测项目见表 3-14。

表 3-14　级配碎（砾）石基层和底基层实测项目

序号	检查项目		规定值或允许偏差				检查方法和频率
			基层		底基层		
			高速公路、一级公路	其他公路	高速公路、一级公路	其他公路	
1	压实度/%	代表值	≥98		≥96		按照规范附录 B 检查,每 200m 测 2 点
		极值	≥94		≥92		
2	弯沉值(0.01mm)		满足设计要求		满足设计要求		按照规范附录 J 检查
3	平整度/mm		≤8	≤12	≤12	≤15	3m 直尺:每 200m 测 2 处×5 尺
4	纵断高程/mm		+5,−10	+5,−15	+5,−15	+5,−20	水准仪:每 200m 测 2 个断面
5	宽度/mm		满足设计要求		满足设计要求		尺量:每 200m 测 4 个点
6	厚度/mm	代表值	−8	−10	−10	−12	按照规范附录 H 检查,每 200m 测 2 点
		合格值	−10	−20	−25	−30	
7	横坡/%		±0.3	±0.5	±0.3	±0.5	水准仪:每 200m 测 2 个断面

3.2.3　填隙碎石基层施工

（1）准备下承层　同级配碎石基层施工要求。

（2）施工放样

① 恢复中线，每 10m 设标桩，桩上划出基层设计高度和基层松铺的厚度。其中，松铺厚度＝压实厚度×松铺系数。

② 中心线两侧按路面设计图设计标桩，推测出基层设计后，在标桩上划出基层设计高度和松铺厚度。这样做是为了使基层的高度、厚度和平整度达到质量标准。

（3）备料

① 根据基层、底基层的宽度、厚度及松铺系数（1.20～1.30），碎石最大粒径与压实厚度之比为 0.5 左右时，系数取 1.30，比值较大时，系数接近 1.20。计算各段需要的粗碎石数量，并按施工平面图堆放。

② 填隙料的用量约为粗碎石重量的 30%～40%。

（4）铺筑试验段　填隙碎石基层正式施工前应铺筑试验段。

（5）运输和摊铺粗碎石

① 在摊铺段两侧先培土，以控制基层的宽度和厚度，再每隔一定距离铺筑盲沟，考虑雨后排出基层积水。

② 碎石装车时，应控制每车料的数量基本相等。

③ 卸料时，通常有专人指挥，严格控制卸料距离，避免铺料过多或不够。

④ 用平地机或其他合适的机具，将粗碎石均匀地摊铺在预定的宽度上，可辅以人工配合。表面应力求平整，并有规定的横坡。

⑤ 检验松铺材料层的厚度是否符合预计要求，必要时应进行减料或补料工作。

（6）撒铺填隙料和碾压（分干湿法，此处介绍干法施工）

① 初压。用8t两轮压路机碾压3～4遍，使粗碎石稳定就位，碾压时，由边向中、由低向高进行。在第一遍碾压后，应再次找平。初压结束，表面应平整，并具有要求的纵、横坡度。

② 撒铺填隙料。用石屑撒布机或类似的设备将干燥的填隙料均匀地摊铺在已压稳的粗碎石层上，松铺厚度为2.5～3.0cm；也可用自卸汽车运送石屑至粗碎石层上，由人工摊铺，用人工进行扫匀。

③ 用振动压路机慢速碾压，将全部填隙料振入粗碎石的孔隙中。

④ 再次撒布填隙料。松铺厚度为2.0～2.5cm，人工或机械扫匀。

⑤ 再次碾压。用振动压路机碾压，对局部填隙料不足之处，人工进行找补，并将多余的填隙料用扫帚扫到不足之处。

⑥ 碾压后，如表面仍有未填满的孔隙，则还需要补撒填隙料，并用振动压路机继续碾压，直到全部孔隙被填满为止。宜在表面先洒少量水，洒水量在3kg/m² 以上，再用12t以上三轮压路机碾压1～2遍。在碾压过程中，不应有任何蠕动现象。同时应将局部多余的填隙料铲除或扫除。填隙料不应在粗碎石表面自成一层。表面必须能看得见粗碎石。

根据《公路工程质量检验评定标准　第一册　土建工程》（JTG F80/1—2017）的有关规定，填隙碎石（矿渣）基层和底基层实测项目见表3-15。

表 3-15　填隙碎石（矿渣）基层和底基层实测项目

序号	检查项目		规定值或允许偏差				检查方法和频率
			基层		底基层		
			高速公路、一级公路	其他公路	高速公路、一级公路	其他公路	
1	固体体积率/%	代表值	—	≥98	≥96		密度法：每200m测2点
		极值	—	≥82	≥80		
2	弯沉值(0.01mm)		满足设计要求		满足设计要求		按照规范附录J检查
3	平整度/mm		—	≤12	≤12	≤15	3m直尺：每200m测2处×5尺
4	纵断面高程/mm		—	+5，−15	+5，−15	+5，−20	水准仪：每200m测2个断面
5	宽度/mm		满足设计要求		满足设计要求		尺量：每200m测4个断面
6	厚度/mm	代表值	—	−10	−10	−12	按照规范附录H检查，每200m测2点
		合格值	—	−20	−25	−30	
7	横坡/%		—	±0.5	±0.3	±0.5	水准仪：每200m测2个断面

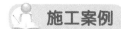

 施工案例

道路基层施工方案——水泥稳定碎石下基层试验段施工方案

一、工程概况

路面工程，起止桩号 LK0＋997.987（RK0＋997.987）～K17＋850，主线长 16.863km，设计车速 100km/h。本合同段路面下基层设计为两层各 17cm 厚的水泥稳定碎石结构，采用厂拌法拌和，自卸车运输，摊铺机摊铺。

二、编制依据

《公路路面基层施工技术细则》（JTG/T F20—2015）；《公路工程质量检验评定标准　第一册　土建工程》（JTG F80/1—2017）；《公路工程国内招标文件范本》（2018 年版）。

三、适用范围及施工目的

水泥稳定碎石下基层试验段初步定在 K15＋340～K15＋520（右幅）铺设，共 180m，需生产混合料约 2200t。

通过试验段施工，以验证施工方案的可行性并取得有关数据，指导接下来的水泥稳定碎石下基层的大面积施工。

① 用于指导大面积施工的生产配合比；

② 得出混合料的松铺系数；

③ 检验拌和、运输、摊铺、碾压机械的性能、需求数量及相互间的协调和配合情况；

④ 确定合理的碾压组合、碾压顺序、速度和遍数；

⑤ 在严密组织拌和、运输、摊铺、碾压、养生等工序的基础上，确定出实际工作效率，为安排施工计划提供依据。

四、施工准备

① 已对下承层工作面的中线、高程、宽度、平整度、横坡等进行认真的检查，经检验各项指标满足规范要求，可以进行水泥稳定碎石下基层的施工。

② 已做好控制桩位的复核测量，并根据需要按规范要求进行加密桩和保护桩的布设。控制点复测报告已经总监批准，测量放样已结束。

③ 水泥稳定碎石下基层施工人员已到位，实行定岗、定员并制定出明确的岗位责任制，施工技术人员均进行了岗位培训，熟悉图纸及施工技术规范，使每个人都明确自己的职责和质量目标。

④ 用于水泥稳定碎石下基层施工的水泥、碎石等原材料已经监理工程师检测，其各项指标均符合规范要求；原材料试验报告及混合料配合比设计均已完成，各项试验结果均满足规范要求。

⑤ 稳定土拌和机已调试完毕，各种机械设备均进行了检修，确保所用机械在良好的状况下投入施工。

⑥ 试验室各试验仪器及测量仪器已准备好；各种仪器设备已按规范要求进行标定，能够保证使用期的有效性。基层配合比设计已完成。

五、施工方法和工作程序

（1）主要施工工序

准备下承层→施工测量放样→挂线→厂拌料（试验室取样）→运输→第一层摊铺（17cm）→第一层压实→质检组检测→第二层摊铺（17cm）→第二层压实→施工接缝处理→检测→养生

（2）各工序质量控制

1）准备下承层。

施工前仔细对下承层（底基层）进行检查，要求其表面平整、坚实、无浮土，没有松散和软弱处，其各项指标均达到规范要求并经监理工程师检测合格。把底基层上的覆盖物清扫干净，并适当洒水，保持湿润，以利于层间联结。

2）施工测量放样。

由测量组进行中线复核，并根据水泥稳定碎石下基层设计宽度放出边桩，以中桩（PH点）与边桩作为挂线基准点（主线每 10m 一个断面）。分别测定出中桩（PH 点）与边桩的实际高程，计算出每个点的高差，以备挂线使用。

为防止碾压时造成水泥稳定碎石下基层边部"塌肩"，提前在摊铺范围内的路面两侧固定方木并培土，作为路肩的挡料。

3）挂线。

挂线组根据底基层测量成果、水泥稳定碎石下基层设计总厚度及松铺系数挂出两层基层路面两侧的摊铺基准线（钢丝），并使基准线达到规定拉力以保证高程准确，然后根据第一层基层松铺厚度调节摊铺机熨平板高度，进行第一层基层摊铺。松铺系数根据以往施工经验暂定为 1.26。

4）拌和及试验控制。

水泥稳定土拌和设备已调试完毕，经测试所生产的混合料符合规范要求。拌和中需经常检查输送带送料情况、水泥螺旋推进器工作情况、用水输送情况，确保拌和机正常运转，使混合料符合规范要求；同时把握时间、天气的变化，适当调整供水量，使混合料含水量大于最佳含水量 0.5%～1.0%，并结合当天天气情况进行适当调整，以使混合料运到现场至碾压结束时，其含水量接近最佳值。试验室按照规范规定的频率及时取样，对含水量、水泥剂量及无侧限抗压强度等进行检验。

5）运输。

拌和好的混合料应尽快运送到铺筑现场。混合料运输由 20t 以上的自卸车进行，自卸车备有篷布，以防在运输过程中混合料水分散失或遭到雨淋。运输车数量根据生产能力和运距确定，并有适当的余量，以满足施工要求。为保证连续摊铺，摊铺机前要保持不少于 3～5辆的料车等候。根据拌和机拌和能力（500t/h）和摊铺机摊铺速度（1～1.5m/min），再考虑到两层基层同时进行摊铺的因素，估计需投入的运输车不能少于 30 辆。

6）摊铺。

采用两台摊铺机一前一后组成梯队进行摊铺，每一层均为一次铺筑成型，一起进行碾压。当第一层基层全幅摊铺并碾压完成一定长度后（根据水泥终凝时间要求，一般摊铺长度不超过 100m），立即将摊铺机退回起点进行第二层基层的摊铺，两层基层进行循环摊铺及碾压。同时两台摊铺机摊铺宽度调整为不等宽，并在摊铺第二层时将其位置对调，以使两台摊铺机的纵向搭接缝在两层基层中错开。

摊铺开始前，将下承层表面杂物清除干净，洒水湿润。

摊铺机位于摊铺起点，按松铺厚度调试好熨平板高度，熨平板下两边垫宽 20cm、长 60cm 的硬质木板，高度与松铺高度一致。摊铺开始前，摊铺机前有 3 辆以上的运料车等候，且控制摊铺机的摊铺速度与拌和能力相适应，以保证摊铺过程连续进行。运料车在摊铺机前 10～30cm 处停下，空档等候，靠摊铺机推动前进。在摊铺过程中，运料车倒向摊铺机受料斗卸料，边摊铺边卸料，卸料过程需缓慢进行。

摊铺时混合料的含水量高于最佳含水量 0.5%～1.0%，以补偿摊铺及碾压过程中的水分损失。在摊铺过程中由专人处理两侧边缘，使之平整、平顺。

7）压实。

① 碾压机械。试验段施工计划投入 YL20 轮胎压路机 1 台、YZ18 和 YZ20 振动压路机各 1 台。

② 碾压程序如下。对于第一层，首先采用 YZ18 振动压路机静压一遍，然后分别用 YZ20 及 YZ18 振动压路机紧随静压之后进行重振，各自振压一遍，此时进行压实度检测，根据压实度检测情况再决定增加重振的遍数；对于第二层，采用 YZ18 振动压路机静压一遍，然后分别用 YZ20 及 YZ18 振动压路机紧随静压之后进行重振，各自振压一遍，此时根据压实度检测情况再决定增加重振的遍数，最后再用 YL20 胶轮压路机静压，直至消除轮迹。对于压路机不便碾压的边部采用振动夯进行人工压实，确保边部压实效果。

③ 碾压过程中的注意要点。两台振动压路机紧跟摊铺机进行碾压，碾压段落一般不超过 40m。碾压过程中，要慢起步缓刹车，由低处向高处开始并重叠 1/2 轮宽进行碾压，不得在未压实的路面转向、调头，而是后退至起点后再开始下一轮碾压。施工中严格控制操作时间，从加水拌和到碾压终了的延迟时间不超过水泥初凝时间。

④ 压实度的检测。当用 YZ20 及 YZ18 振动压路机各重振一遍后，现场试验人员迅速检测其压实度，若没有达到规范要求，则加振一遍后再测其压实度，直至达到要求，以确定压实遍数。

8）施工接缝的处理。

在摊铺过程中遇到异常情况（如机械故障等）造成施工中断，如超过水泥延迟时间，应设置横向接缝，将摊铺机附近及其下面未经压实的混合料铲除，并将已碾压密实且高程和平整度符合要求的末端挖成与路中心线垂直的断面，然后在该斜面上刷一层水泥净浆，再接此断面摊铺新的混合料。

9）检测。

第二层碾压完毕，质检组立即对压实度、厚度、宽度、平整度、横坡、纵断高程等各项指标进行检测，7～10d 后再钻芯以检验其整体性。

10）养生。

碾压结束后，对已成型的路段封闭交通并洒布透层油进行养生，下基层至少养生 7d，养生期间禁止一切车辆在已成型的路段上行驶。

六、机构组织及工料机安排

（1）施工材料

① 水泥：采用××××水泥厂生产的 32.5 级普通硅酸盐水泥，经检验符合技术规范要求。

② 碎石：从××××××石料场取用，经检验符合技术规范要求。

③ 石粉：从××××××石料场取用，经检验符合技术规范要求。

以上材料均检验合格并经监理工程师认可。

（2）施工设备

用于水泥稳定碎石下基层试验段施工的主要机械设备有：500t/h 的稳定土拌和机 1 台，稳定土摊铺机 2 台，压路机 3 台，自卸车 30 辆。

七、质量保证措施

① 根据多年的施工经验和本项目的具体情况，建立完善的质量保证体系，明确项目经理为第一质量责任人，以确保质量体系有效运行和各项措施落实到位。

② 投入本项目的主要负责人及各部门负责人均有多年管理高速公路路面、桥面及类似工程的经验，确保本项目管理完善、到位、全面，施工质量可靠，工程进度均衡。

③ 试验和质检仪器配备齐全、计量准确、精度高，能保证试验成果的有效性。

④ 实行岗位目标责任制。各分项工程的每道工序先由具体操作者进行工序自检，然后由技术人员进行专检，最后报请监理工程师验收。采取分步逐级的质量控制措施，以确保工程达到优质工程的标准。

八、安全保证措施

① 开工前，对全体参战人员进行安全生产教育，并设专职安全员进行施工安全检查。

二维码 3.4

② 机械操作手要严格执行操作规程，确保各种设备、车辆安全运行。

③ 机械加燃料油与润滑油时要熄火进行。

④ 做好劳保工作，配齐劳保用品，确保职工的人身安全。

⑤ 及时进行检查，消除隐患，防患于未然。

九、环保措施

① 施工现场要注意文明施工，不准乱扔杂物，机械加油时，应尽量避免油料污染路面。

② 废料应选择适当地点倒弃，不得污染环境。

③ 采取适时洒水等措施控制扬尘污染。

任务 3.3 道路基层质量控制与验收

 知识目标

熟悉道路基层施工的质量标准；掌握道路基层施工质量的控制方法；熟悉道路基层质量验收的标准；了解道路基层质量验收的方法。

 能力目标

能够参与并组织道路基层的施工，结合施工规范和验收规范进行施工质量的控制；能够参与并组织道路基层的质量验收，并按要求填写相关表格；能够读懂道路基层施工质量验收报告。

二维码 3.5

 任务实施要求

本次任务是道路施工现场施工和管理人员所必须具备的专业能力，涉及道路工程施工图识读、道路工程材料与检测、道路工程施工验收等专业知识，通过任务实施使读者初步了解道路基层施工质量控制点及验收程序和方法，熟悉质量验收的标准和指标，课程教学可引入现场施工视频、图片等直观教学资源，以激发学习兴趣。

基层或底基层的质量控制可分为原材料标准试验、不同类型基层或底基层施工过程质量控制和外形尺寸管理三个方面；检查验收的目的是判定完成的路面结构层是否满足设计文件与施工规范的要求。

严格控制路面基层的施工质量，是保证路面面层施工质量及其顺利进行的前提条件。在路面基层的施工中必须对各种原材料进行检验，以评定材料质量是否符合要求。施工过程中要严格控制施工工序及施工质量，同时做好基层施工的检查验收工作。

3.3.1　道路基层质量控制

（1）原材料标准试验　在组织现场施工以前以及在原材料或混合料发生变化时，必须对拟采用的材料进行规定的基本性质试验，以评定材料质量是否符合要求，以及某种土是否适宜用水泥或石灰稳定。一般地，对用做基层或底基层的原材料，应按表 3-16 所列的试验项目及方法进行检验。对初步确定使用的基层或底基层混合料，包括掺配后不用结合料稳定的材料，应按表 3-17 所列的试验项目及方法进行检验。

表 3-16　基层或底基层原材料的试验项目与方法

试验项目	材料名称	目的	频度	仪器和试验方法
含水量	土、砂砾、碎石等集料	确定原始含水量	每天使用前测 2 个样品	烘干法或使用含水量快速测定仪，酒精法
颗粒分析	砂砾、碎石等集料	确定级配是否符合要求，确定材料配合比	每种土使用前测 2 个样品，使用过程中每 2000m³ 测 2 个样品	筛分法（含土材料用湿筛分）
液限、塑限	土、级配砾石或级配碎石，0.5mm 以下的细土	求塑性指数，审定是否符合要求	每种土使用前测 2 个样品，使用过程中每 2000m³ 测 2 个样品	100g 平衡锥测液限，搓条法测塑限
相对密度、吸水率	砂砾、碎石等集料	评定粒料质量，计算固定体率率	每种土使用前测 2 个样品，使用过程中每 2000m³ 测 2 个样品，碎石种类变化重做 2 个样品	压碎值仪
压碎值	砂砾、碎石等集料	评定石料的抗压碎值能力是否符合要求	每种土使用前测 2 个样品，使用过程中每 2000m³ 测 2 个样品，碎石种类变化重做 2 个样品	
有机质、硫酸盐含量	土	确定土是否适宜用石灰或水泥稳定	对土有怀疑时做此试验	
有效钙、氧化钙	石灰	确定石灰质量	做材料组成设计和生产使用时分别测 2 个样品，以后每月测 2 个样品	
水泥标号、终凝时间	水泥	确定水泥质量是否适宜应用	做材料组成设计时测 1 个样品，料源或标号变化时重测	
烧失量	粉煤灰	确定粉煤灰是否适用	做材料组成设计时测 2 个样品	

表 3-17　基层或底基层混合料的试验项目与方法

试验项目	目的	仪器和试验方法
重型击实试验	求最佳含水量和最大干密度，以规定工地碾压时的合适含水量和应该达到的最小干密度，确定制备强度试验和耐久性试件所应采用的含水量和干密度，确定制备承载比试件的材料含水量	重型击实试验（手动或电动）
承载比	求工地预期干密度下的承载比，确定材料是否适宜做基层或底基层	路面材料测试仪或其他合适的仪器
抗压强度	进行材料组成设计，选定最适宜用水泥或石灰稳定的土（包括粒料），规定施工中所有的集合料剂量，为工地提供评定质量的标准	路面材料测试仪或其他合适的压力仪

（2）施工过程质量控制　施工过程质量控制的主要项目有含水量、集料级配、石料压碎值、结合料剂量、拌和均匀性、压实度、弯沉值等。表 3-18～表 3-21 中列出了主要测定频度和质量标准。

表 3-18 无机结合料底基层质量控制项目和质量标准

工程类别	项目	频 度	质 量 标 准	达不到要求的参考处理措施	备 注
无机结合料底基层	含水量	据观察,异常时随时试验	最佳含水量-1%～+2%	含水量多时晒干,过干时补充洒水	开始碾压时及碾压过程中进行
	级配	据观察,异常时随时试验	在规定范围内	调查原材料,按需要修正现场级配	在料场和施工现场进行。含土集料应用湿筛分法
	均匀性	随时观察	无粗、细集料离析现象	局部添加所缺集料补充拌和或填换新料	在摊铺、拌和整平中进行
	压实度	每一作业段或不大于 2000m² 检查 6 次以上	96%以上。填隙碎石以固体体积率表示,不小于83%	继续碾压,局部含水量过大或材料不良地点,挖除并填换好材料	以灌砂法为准,每个点受压路机的作用次数力求相等
	塑性指数	每 1000m² 一次,异常时随时试验	小于规定值	塑性指数高时,掺加砂或石屑,或用石灰、水泥处置	在料场和施工现场进行。塑限用搓条法试验
	承载比	每 3000m² 一次,异常时随时试验	不小于规定值	废除、换合格的材料或采用其他措施	在料场和施工现场进行,取样进行室内试验
	弯沉值	每一评定段(不超过 1km)每车道 40～50 个测点	95% 或 97.7% 概率上波动界限不大于计算得到的容许值	继续碾压,局部处理	碾压完成后检验

表 3-19 无机结合料基层质量控制项目和质量标准

工程类别	项目	频 度	质 量 标 准	达不到要求的参考处理措施	备 注
无机结合料基层	含水量	据观察,异常时随时试验	最佳含水量-1%～+2%	含水量多时晒干,过干时补充洒水	开始碾压时及碾压过程中进行
	级配	每 2000m² 一次	在规定范围内	调查原材料,按需要修正现场级配	在料场和施工现场进行。含土集料应用湿筛分法
	均匀性	随时观察	无粗、细集料离析现象	局部添加所缺集料补充拌和或填换新料	在摊铺、拌和、整平中进行
	压实度	每一作业段或不大于 2000m² 检查 6 次以上	级配集料基层和中间层98%。填隙碎石固体体积率85%	继续碾压,局部含水量过大或材料不良地点,挖除并填换好材料	以灌砂法为准,每个点受压路机的作用次数力求相等
	塑性指数	每 1000m² 一次,异常时随时试验	小于规定值	限制 0.5mm 以下细土用量;用石灰、水泥处治	在料场和施工现场进行;塑限用搓条法试验
	压碎值	据观察,异常时随时试验	不超过规定值	废除、换合格的材料;采用其他措施	在料场和施工现场进行,取样进行室内试验
	承载比	每 3000m² 一次,异常时增加试验	不小于规定值	废除、换合格的材料;采用其他措施	在料场和施工现场进行,取样进行室内试验
	弯沉值	每一评定段(不超过 1km)每车道 40～50 个测点	95% 或 97.7% 概率上波动界限不大于计算得到的容许值	继续碾压,局部处理	碾压完成后检验

表 3-20 水泥或石灰稳定土基层、底基层质量控制项目和质量标准

工程类别	项 目		频 度	质量标准	达不到要求的参考处理措施	备 注
水泥或石灰稳定土基层、底基层	级配		每 2000m² 检查一次	在规定范围内	调查原材料，按需要修正现场配合比	指定中粒土和粗粒土，在现场摊铺整平过程中取样
	压碎值		据观察，异常时随时试验	不超过规定值	废除，换合格的材料；采用其他措施	在现场摊铺整平过程中取样
	水泥或石灰剂量		每一作业段或不大于 2000m² 检查 6 次以上。用滴定法或者直读式测钙仪试验，并与实际水泥用量校核	−1.0%	检查原因，进行校核	在现场摊铺整平过程中取样
	含水量	水泥稳定土	据观察，异常时随时试验	最佳含水量 −1%～+2%	含水量多时晒干，过干时补充洒水	拌和过程中、开始碾压时及碾压过程中检验。注意水泥稳定土规定的延迟时间
		石灰稳定土		最佳含水量 ±1%		
	拌和均匀性		随时观察	无灰条、灰团，色泽均匀，无离析现象	补充拌和，处理粗集料窝和粗集料带	
	压实度	稳定细粒土	每一作业段或不大于 2000m² 检查 6 次以上	高速公路和一级公路 95% 以上，其他公路 93% 以上	继续碾压。局部含水量过大或者材料不良地点，挖出并填换好料	以灌砂法为准。每个点受压路机作用次数力求相等
		稳定中粒土和粗粒土		高速公路和一级公路的底基层 96%，基层 98%；其他公路底基层 95%，基层 97%		
	抗压强度		稳定细粒土，2000m² 取 6 个试件；稳定中粒土和粗粒土 2000m² 分别为 9 个和 13 个试件	符合规定要求	调查原材料，按需要增加结合料剂量，改善材料颗粒组成或采用其他措施	整平过程中随机取样，一处一个样品不应混合，制作时不再拌和，试件密度与现场密度相同
	延迟时间		每一作业段一次	不超过规定值	适当处理，改进施工方法	仅指水泥和综合稳定土，记录从加水拌和到碾压结束的时间

表 3-21 石灰工业废渣基层、底基层质量控制项目和质量标准

工程类别	项 目	频 度	质量标准	达不到要求的参考处理措施	备 注
石灰工业废渣基层、底基层	配合比	每 2000m² 一次	石灰 −1%（石灰剂量少于 4% 时，为 −0.5%）		按用量控制
	级配	每 2000m² 一次	在规定范围内		整平过程中取样，指定级配集料
	含水量	据观察，异常时随时试验	最佳含水量 ±1%（二灰土为 ±2%）		

工程类别	项 目		频 度	质 量 标 准	达不到要求的参考处理措施	备 注
石灰工业废渣基层、底基层	拌和均匀性		随时观察	无灰条、灰团,色泽均匀,无离析现象	补充拌和,处理粗集料窝和粗集料带	
	压实度	二灰土	每一作业段或不大于2000m²检查6次以上	高速公路和一级公路95%以上,其他公路93%以上	继续碾压。局部含水量过大或材料不良地点,挖出并换填好料	以灌砂法为准。每个点受压路机作用次数力求相等
		其他含粒料的石灰工业废渣		高速公路和一级公路的底基层96%,基层98%;其他公路底基层95%,基层97%		
	抗压强度		稳定细粒土,2000m²取6个试件;稳定中粒土和粗粒土2000m²分别为9个和13个试件	符合规定要求	调查原材料,按照需要增加结合料剂量,改善材料颗粒组成或采用其他措施	试件密度与现场密度相同

（3）外形尺寸管理 外形尺寸主要靠日常管理。外形管理的测量频度和质量标准列于表3-22 中。

表 3-22 外形管理的测量频度和质量标准

工程种类	项目		频度	质量标准	
				高速、一级公路	其他公路
底基层	纵断面高程/mm		高速、一级公路每20m一个断面,每个断面3~5个点,其他公路每20m一个点	+5,-15	+5,-20
	厚度/mm	均值	每1500~2000m²测6个点	-10	-12
		单个值		-25	-30
	宽度/mm		尺量:每200m测4个断面	满足设计要求	满足设计要求
	横坡/%		水准仪:每200m测两个断面	±0.3	±0.5
	平整度/mm		3m直尺:每200m测2处×5尺	15	20
基层	纵断高程/mm		高速、一级公路每20m一个断面,每个断面3~5个点,其他公路每20m一个点	+5,-10	+5,-15
	厚度/mm	均值	每1500~2000m²测6个点	-8	-10
		单个值		-20	-25
	宽度/mm		尺量:每200m测4个点	满足设计要求	满足设计要求
	横坡/%		水准仪:每200m测两个断面	±0.3	±0.5
	平整度/mm		每200延米2处,每处连续10尺(3m直尺)	10	15

3.3.2 道路基层质量检查验收

基层或底基层检查内容包括竣工后的外形、质量，通常以千米长的路段为评定单位，采用大流水作业法施工时也可以每天完成的段落为评定单位。抽样检查必须是随机的，不能带有任何倾向性（表 3-23）。

表 3-23 竣工外形的检查数量和合格标准

工程种类	项目		检查频度	质量标准	
				高速、一级公路	其他公路
路基	高程/mm		每 200m 测 2 点	+10，−20	+10，−30
	宽度/mm		每 200m 测 4 处	满足设计要求	满足设计要求
	横坡/%		每 200m 测 2 个断面	±0.5	±0.5
	平整度/mm		3m 直尺；每 200m 测 2 处×5 尺	≤20	≤30
底基层	高程/mm		每 200m 测 2 点	+5，−15	+5，−20
	厚度/mm	均值	每 200m² 每车道测 1 点	−10	−12
		单个值		−15	−30
	横坡/%		每 200m 测 2 个断面	±0.3	±0.5
	宽度/mm		每 200m 测 4 处	满足设计要求	满足设计要求
	平整度/mm		3m 直尺；每 200m 测 2 处×5 尺	15	20
基层	高程/mm		每 200m 测 2 点	+5，−10	+5，−15
	厚度/mm	均值	每 200m² 每车道测 1 点	−8	−10
		单个值		−15	−20
	宽度/%		每 200m 测 4 处	满足设计要求	满足设计要求
	横坡/%		每 200m 测 2 个断面	±0.3	±0.5
	平整度/mm		3m 直尺；每 200m 测 2 处×5 尺	10	15

厚度和宽度检查后，计算其平均值 $\overline{X}$ 和标准差 S，由此计算算术平均值的下置信限 $\overline{X}_1$。

$$\overline{X} = \frac{X_1 + X_2 + \cdots + X_n}{n} \tag{3-1}$$

$$S = \sqrt{\frac{(X_1 - \overline{X})^2 + (X_2 - \overline{X})^2 + \cdots + (X_n - \overline{X})^2}{n-1}} \tag{3-2}$$

$$\overline{X}_1 = \overline{X} - t_n \times \frac{S}{\sqrt{n}} \tag{3-3}$$

式中 X_1，X_2，$\cdots$，X_n——每次检查得的值；

$\quad\quad\quad n$——检查数量；

$\quad\quad\quad t_n$——分布表中随自由度和保证率而变的系数，对高速公路和一级公路应取保证率 95%，对其他公路可取 90%；

$\quad\quad\quad \overline{X}_1$——算术平均值的下置信限，应不小于设计厚度或宽度。

质量合格的标准值见表 3-24。

表 3-24 质量合格的标准值

工程种类	项目	检查数量	标准值	极限低值
路基	压实度	每200m 测4处(灌砂法)	重型压实标准,高速和一级公路不小于95%,其他公路93%以上	90%
	碾压检验	全面,随时	无"弹簧"现象	
	弯沉值检验	满足设计要求	满足设计要求	
集料底基层	压实度	每200m 测2点处	96%	91%
	弯沉值	满足设计要求	满足设计要求	计算得到的容许值
级配碎石(或砾石)	压实度	每200m 测2点处	基层98%	
			底基层96%	
	颗粒组成	每200m 测2～3处	规定级配范围	
	弯沉值	满足设计要求	满足设计要求	计算得到的容许值
填隙碎石	压实度(固体体积率)	每200m 测2点处	基层98%	82%
			底基层96%	80%
	弯沉值	满足设计要求	满足设计要求	计算得到的容许值
水泥土、石灰土、二灰、二灰土	压实度	每200m 测2点处	93%(95%)	89%(90%)
	水泥或石灰剂量/%	每200m 测3～6处	设计值	水泥—1.0% 石灰—2.0%
水泥稳定粒料(土)、石灰稳定粒料(土)、石灰工业废渣(粒料)	压实度	每200m 测2点处	基层98%(97%)	94%(93%)
			底基层96%(95%)	92%(91%)
	颗粒组成	每200m 测2～3处	规定级配范围	
	水泥或石灰剂量/%	每200m 测3～6处		—1.0%

弯沉值测量后,考虑一定保证率或概率的上波动界限应不大于计算所得的要求弯沉值。测量值的上波动界限用下式计算:

$$l_u = \bar{l} + z_\alpha S \tag{3-4}$$

式中 l_u——测量值的上波动界限(即代表弯沉值);

$\bar{l}$——测得弯沉值的平均值;

z_α——与要求保证率有关的系数。高速公路和一级公路,可取 $z_\alpha = 2.0$;二级公路, 取 $z_\alpha = 1.645$;二级以下公路,取 $z_\alpha = 1.50$。

在计算观测值的平均值和标准差时,可将超出 $[\bar{l} \pm (2 \sim 3)S]$ 的弯沉特异值舍弃,舍弃后计算得的代表弯沉值应不大于要求的弯沉值。对舍弃的弯沉值过大的点,应找出其周围界限,并进行局部处理。

压实度检查后,其下置信限应不小于标准值。水泥或石灰剂量测定后,其下置信限应不小于设计剂量。个别超出极限值的点,应找出其范围并进行局部处理。

能力训练

第一部分 知识点考核
（说明：测试时间 45 分钟）

一、单选题（每题 1 分，共 10 题，共 10 分）

1. 级配碎石适用于各级公路的（ ）。

A. 基层和底基层　　　　　　　B. 面层和基层

C. 上面层和下面层　　　　　　D. 基层和土基

2. 符合级配、塑性指数等技术要求的天然砂砾，可用做（ ）的基层。

A. 一级和一级以下公路　　　　B. 二级和二级以下公路

C. 三级和三级以下公路　　　　D. 四级和四级以下公路

3. 填隙碎石适用于（ ）。

A. 各级公路的底基层　　　　　B. 二级公路基层

C. 二、三、四级公路基层　　　D. 三级公路面层

4. 热拌沥青碎石的配合比设计采用（ ）。

A. 拉伸试验　　　　　　　　　B. 马歇尔试验

C. 弯拉试验　　　　　　　　　D. 劈裂试验

5. 水泥或石灰、粉煤灰稳定细粒土不能用做（ ）的基层。

A. 二级和二级以下公路　　　　B. 高级路面

C. 二级和二级以上公路　　　　D. 三级和三级以上公路

6. 垫层是设置在（ ）之间的结构层。

A. 底基层与基层　　　　　　　B. 底基层与土基

C. 上底基层与下底基层　　　　D. 面层与基层

7. 路堤原地基应在填筑前进行（ ）。

A. 压实　　　　　　　　　　　B. 换填

C. 平整　　　　　　　　　　　D. 爆破

8. 采用水泥稳定碎石土时，宜掺入一定剂量的石灰进行综合稳定，混合料组成设计应按照（ ）进行。

A. 当水泥用量占结合料总质量的 30% 以下时，应按石灰稳定类进行混合料组成设计

B. 当水泥用量占结合料总质量的 50% 以下时，应按石灰稳定类进行混合料组成设计

C. 当石灰用量占结合料总质量的 50% 以上时，应按石灰稳定类进行混合料组成设计

D. 当水泥用量占结合料总质量的 50% 以上时，应按水泥稳定类进行混合料组成设计

9. 反映路基强度主要指标是（ ）。

A. 回弹模量　　　　　　　　　B. 内摩擦角

C. 抗压强度　　　　　　　　　D. 承载力

10. （ ）可用于测定土基的回弹模量。

A. 重型击实试验　　　　　　　B. 三轴压缩试验

C. 压入承载板试验　　　　　　D. 简支小梁试验

二、多选题（每题 2 分，共 10 题，共 20 分）

1. 石灰稳定土层施工对自然气候的基本要求是（ ）。

A. 日最低气温应在 5℃ 以上

    B. 应在第一次重冰冻到来之前，1～1.5个月完成

    C. 稳定土层宜经历半个月以上温暖和热的气候养生

    D. 应避免在雨季进行施工

2. 粒料类基层按照粒料密实程度和受力特点可分为（　　　）。

    A. 嵌锁型　　　　　　　　　　　　B. 胶结型

    C. 级配型　　　　　　　　　　　　D. 密封型

3. 沥青混合料按其强度构成分为（　　　）。

    A. 嵌挤型　　　　　　　　　　　　B. 沥青表处

    C. 级配型　　　　　　　　　　　　D. 沥青混凝土

4. 符合级配、塑性指数等技术要求的天然砂砾，可用做（　　　）的基层。

    A. 一级公路　　　　　　　　　　　B. 二级公路

    C. 三级公路　　　　　　　　　　　D. 四级公路

5. 沥青稳定类基层包括（　　　）。

    A. 热拌沥青碎石　　　　　　　　　B. 沥青贯入碎石

    C. 沥青混凝土　　　　　　　　　　D. 乳化沥青碎石混合料

6. 可用做水泥稳定类结合料的水泥有（　　　）。

    A. 普通硅酸盐水泥　　　　　　　　B. 矿渣硅酸盐水泥

    C. 过期水泥　　　　　　　　　　　D. 火山灰质硅酸盐水泥

7. 级配碎石适用于各级公路的（　　　）。

    A. 基层　　　　　　　　　　　　　B. 面层

    C. 底层　　　　　　　　　　　　　D. 下面层

8. 无机结合料稳定类基层主要有（　　　）。

    A. 石灰稳定土基层　　　　B. 水泥稳定土基层　　　　C. 沥青稳定土基层

    D. 工业废渣稳定土基层　　E. 粒料稳定土基层

9. 影响石灰土强度的主要因素包括（　　　）。

    A. 土质　　　　　　　　　　　　　B. 灰质和剂量

    C. 含水量　　　　　　　　　　　　D. 密实度

    E. 龄期　　　　　　　　　　　　　F. 养生条件和行车碾压作用

10. 防止基层裂缝的反射可采取（　　　）。

    A. 设置联结层　　　　　　　　　　B. 控制压实含水量

    C. 在石灰稳定土中掺加集料　　　　D. 铺筑碎石隔离过渡层

第二部分　综合能力考核

一、案例分析

【案例1】

    背景资料：某公司中标城市主干道路面大修工程，其中包括部分路段的二灰料路基施工。施工项目部为了减少对城市交通的影响，采取夜间运输基层材料，白天分段摊铺碾压。施工中发现基层材料明显离析，压实后的表面有松散现象，局部厚度不均部位采用贴料法补平。负责此段工程的监理工程师发现问题并认定为重大质量事故的隐患，要求项目部采取措施进行纠正。

问题：

（1）从背景材料看，控制基层材料离析应从哪些方面入手？

(2) 试分析压实后的基层表面会产生松散现象的原因。

(3) 厚度不均的基层局部采用补平法是否可行？

(4) 监理工程师为何认定为重大质量事故的隐患？

【案例 2】

背景资料：某项目部中标承建某项道路工程。其中道路基层结构为 150mm 厚石灰土和 400mm 厚水泥稳定碎石，工期为 2017 年 5 月 15 日开工，2018 年 4 月 30 日完工。

① 在石灰土基层施工时，采用Ⅱ级以上的钙质或镁质生、消石灰。发现在消解后的石灰中仍含有较多未消解的生石灰块，便派人用 25mm 的方孔筛将其过筛。

② 石灰土采用路拌法施工，为使拌和均匀，在略大于最佳含水量 1%～2% 时碾压。

③ 将 400mm 厚水泥稳定碎石分两层施工，每层 200mm 厚。为保证压实度，施工员将现有的 3 台 12t 压路机全部调换成 15t 三轮压路机。

④ 受城市交通管制和环境保护要求，水泥稳定碎石基层拌和站设在郊区，采用夜间运输、白天摊铺方式，碾压成型后发现水泥稳定基层局部表面松散。

⑤ 配合完工日期的要求，项目部将石灰土和水泥稳定碎石按流水节拍安排施工。这两项工序定在 2017 年 8 月 10 日～2017 年 12 月 25 日完成。

⑥ 水泥稳定碎石在碾压完成养生期间表面出现了一些收缩裂缝。

问题：

(1) 上述项目部的做法有无不妥之处？请做评论并简述正确处理方法。

(2) 试分析水泥稳定碎石表面松散的原因。

(3) 石灰土应养生几天？水泥稳定碎石的水泥含量应控制在什么范围内？

(4) 试分析从哪些方面降低水泥稳定碎石的收缩裂缝。

【案例 3】

背景资料：某一级公路路基为土方路基，路面基层为水泥稳定土无机结合料基层，根据工程实际情况及施工单位人力、设备条件，施工单位采用了中心站集中拌和法施工工艺，其中某一路段具体施工过程如下。

① 施工放样，恢复中线。

② 对水泥稳定土基层施工所需的土料、集料、水泥等按要求进行备料。

③ 混合料的拌和考虑在中心站用厂拌设备进行集中拌和，未采用专用稳定土集中拌和机械。

④ 混合料的运输采用的是 8t 的翻斗车，为防阳光照射和雨淋，备有覆盖苫布。

⑤ 确定松铺系数后，进行混合料的摊铺。

⑥ 进行碾压，用轻型压路机配合重型振动压路机进行碾压。直线和平曲线段，由两侧路肩向路中心碾压，设超高的平曲线段，由外侧路肩向内侧路肩碾压。

⑦ 接缝处理。

问题：

(1) 无机结合料稳定基层根据使用材料分为哪几类？水泥稳定土无机结合料可用于高速公路的基层吗？

(2) 无机结合料稳定基层根据施工方法分为哪几种？

(3) 本项目中心站集中拌和法施工准备工作是否完备？为什么？

(4) 对水泥稳定土基层施工所需的土料、集料、水泥有何具体要求？

（5）请指出本项目具体施工过程中存在的问题，并进行纠正。

二、项目实施

根据附录中的具体项目，结合所学专业知识，编制专项施工方案。

第三部分　考核评价

考 核 内 容	考核内容及标准		评　分
过程考核 （权重20%）	学习主动性强，按照要求，及时、正确地完成相关任务。主动承担项目小组相应工作，提出问题、解决问题意识强（小组互评＋个人自评＋教师评价）		
知识点考核 （权重30%）	在规定的时间内，独立完成知识点测试（可采取小组同学互评的方式）		
	单选题（10分）		
	多选题（20分）		
综合技能考核 （权重50%）	案例分析题（权重30%）	问题分析要点正确，知识点应用准确	
	项目实施（权重70%）：道路基层专项施工方案，考核点及要求如下		
	1.工程概况	内容全面，表达清楚，数据准确（5分）	
	2.编制依据	内容全面，规范标准引用正确（5分）	
	3.施工进度计划	进度计划安排合理（5分）	
	4.施工工艺	施工工艺选用正确，工艺流程清晰，工艺要求和操作要点明确（20分）	
	5.施工质量验收制度及评定标准	质量验收参照标准规范正确，验收流程符合规范要求（10分）	
	6.质量目标及保证措施	质量目标明确，保证措施到位（10分）	
	7.安全生产保证措施	安全生产措施到位（10分）	
	8.文明施工措施	文明施工措施到位（10分）	
	9.环境保护措施	环境保护措施到位（10分）	
	10.主要施工机械计划表	按工程要求拟定施工机械计划表（10分）	
	11.文本格式	文本格式符合专业要求（5分）	
总分			
总结与思考	（本次任务实施中主要存在的问题，需要教师帮助解决的问题） 　　　　　　　　　　　　　　　　　年　　　月　　　日		

项目四　沥青路面施工

　　爱岗敬业，吃苦耐劳，协作能力强；善于语言表达，能够很好地与项目组内的人员、业主、设计单位、监理单位进行沟通与交流；遵守规范标准要求，加强质量意识、法律意识、安全意识；善于发现问题、解决问题，具备良好的继续学习能力。

二维码 4.1

　　沥青路面是在矿质材料中掺入路用沥青材料铺筑的各种类型的路面，是道路建设中一种被最广泛采用的高级路面（包括次高级路面），因其路面呈黑色，又称黑色路面。沥青结合料提高了铺路用粒料抵抗行车和自然因素对路面损害的能力，使路面平整，少尘，不透水，经久耐用，行车舒适，施工期短，养护维修简便，易于分期修建。沥青路面广泛应用于公路干线和城市道路路面面层结构，成为目前我国铺筑面积最多的一种路面形式。

任务 4.1　沥青路面施工准备

知识目标

　　了解沥青路面的类型和用途；熟悉沥青混合料配合比设计的步骤；掌握马歇尔试验的概念和试验步骤；掌握最佳沥青用量选定的方法。

能力目标

　　具备从事沥青混合料配合比设计的初步能力；具备参与马歇尔试验，分析马歇尔指标，选定最佳沥青用量的能力。

任务实施要求

　　本任务是沥青路面施工的前导知识，重点是最佳沥青用量的选定。由于知识体系非常复杂，为了达到教学目的，课程教学中应以任务驱动的方式，让学生动手、动脑，在做中学。整个教学过程可以从学生参与马歇尔试验开始，然后得到马歇尔参数，最后让学生自己找出最佳沥青用量。如果没有相应的设备，教师也可以通过组织参观沥青搅拌站的马歇尔试验或者观看视频资料，让学生增加感性认识，再给出虚拟的任务，让学生解决问题。

4.1.1 概述

（1）沥青路面的特点　沥青路面由于使用了黏结力较强的沥青材料，使经嵌挤压实的矿料之间的黏结力大大加强，路面的使用质量和耐久性都大为提高。表面平整，坚实，无接缝，行车平稳舒适，噪声小。路面强度可根据矿料的粒径、颗粒级配和沥青用量的不同进行调节，以适应不同的需要。面层透水小，特别是密实沥青混凝土面层透水更小，能大大防止地表水进入路面基层和路基，从而使路面强度稳定。但同时土基和基层内水分也难以排出，在潮湿路段，若路面结构处理不当，易发生土基和基层变软的现象，导致路面破坏。沥青混合料的生产可工厂化，质量易于得到保证。面层适宜于机械化施工，且施工进度快，摊铺完成后就可开放交通，分期建设和后期修补也较方便。但沥青路面抗弯强度低，温度稳定性差，夏季高温暴晒，路面易变形而破坏；冬季低温时，沥青材料变脆而开裂。另外，履带式车辆不能在沥青路面上行驶。

（2）沥青路面的分类　沥青路面分沥青混凝土路面、沥青碎石路面、沥青贯入式路面、沥青表面处治路面四类。

（3）沥青路面的施工　施工工艺分三类。①层铺法：用分层洒布沥青，采用分层铺撒矿料和碾压的方法修筑，按这种方法重复几次，做成一定厚度的面层。优点是施工工艺和设备简便，工效高，进度快，造价低；缺点是路面成型期长，沥青洒布不匀容易泛油。沥青表面处治和贯入式路面按此法修筑。②路拌法：在施工现场以不同的方式（人工或机械）将冷料热油或冷油拌和，摊铺和碾压，通过拌和，沥青分布比层铺法均匀，可缩短路面成型期。路拌沥青碎石混合料与拌和式沥青表面处治即按此法修筑，由于污染较大，城市中很少使用，道路维修有部分使用。③厂拌法：集中设置拌和基地，采用专用设备，将具有一定级配的矿料和沥青加热拌和，然后将混合料运至工地热铺或冷铺，碾压成型。此法需黏稠的沥青和精选的矿料，混合料质量越高，使用寿命越长，但一次造价高。

4.1.2 沥青路面类型选择

4.1.2.1 沥青混凝土路面

沥青混合料，是由矿料与沥青结合料拌和而成的混合料的总称。沥青混合料路面即由沥青混合料作为面层材料铺筑而成的路面。

沥青混合料按制造工艺又分为热拌沥青混合料、冷拌沥青混合料、再生沥青混合料等。

热拌沥青混合料路面是沥青结合料加热到软化流动状态与矿料在一定温度下拌和而成的混合料，并且在热态下进行摊铺和压实而成的路面类型。相对于其他几种沥青路面，热拌沥青混合料的综合路用性能最好，因此适用于各种等级道路的路面面层结构，是目前沥青路面中使用最广泛的一大类，特别是高等级道路的面层，都采用热拌沥青混合料铺筑而成。

冷拌沥青混合料路面是采用乳化沥青或液体沥青在常温状态下拌制而成的混合料，在常温下摊铺和压实而成的路面类型。适用于三级及三级以下的公路沥青面层或道路维修，二级公路的罩面层施工以及各级公路沥青路面的基层、联结层或整平层。

再生沥青混合料，是指将旧沥青路面经过翻挖、回收、破碎、筛分后，与再生剂、新沥青材料、新集料等按一定比例重新拌和成的混合料。按照再生方式可以分为厂拌热再生、就地热再生、厂拌冷再生和就地冷再生。沥青路面的再生利用，能够节约大量的沥青、砂石等原材料，节省工程投资，同时有利于处理废料、保护环境，因而具有显著的经济效益和社会环境效益。

4.1.2.2　沥青碎石路面

用沥青碎石做面层的路面，其高温稳定性好，路面不易产生波浪，冬季不易产生冻缩裂缝，行车荷载作用下裂缝少；路面较易保持粗糙，有利于高速行车；对石料级配和沥青规格要求较宽，材料组成设计比较容易满足要求；沥青用量少，且不用矿粉，造价低。但其孔隙较大，路面容易渗水和老化。热拌沥青碎石适宜用于三、四级公路。中粒式、粗粒式沥青碎石宜用做沥青混凝土面层下层、联结层或整平层。

4.1.2.3　沥青贯入式路面

沥青贯入式路面指的是用沥青贯入碎（砾）石做基层、联结层、面层的路面。即在初步压实的碎石（或破碎砾石）上，分层浇洒沥青、撒布嵌缝料，或再在上部铺筑热拌沥青混合料封层，经压实而成的沥青面层。

沥青贯入式路面适用于三级及三级以下的公路，城市道路的次干道及支路，也可以作为沥青混凝土路面的联结层。

目前在我国沥青贯入式路面使用已经越来越少。它的优点是当缺乏沥青拌和机及摊铺机等设备时，仍可以施工沥青路面。而且沥青贯入式路面充分利用粗集料之间的嵌挤，所以它的抗车辙能力较强。但是与热拌沥青混合料相比，它的渗水性较大，且沥青用量也大，尤其是施工质量管理较困难，所以国外一般作为简易路面看待。我国各地的经济条件相差比较大，尤其是在经济相对不够发达的西部地区，简易公路、乡村道路使用沥青贯入式路面仍然是可行的。

4.1.2.4　沥青表面处治路面

沥青表面处治路面是用沥青和集料按层铺或拌和法施工，其厚度不大于 3cm 的一种薄层面层。表面处治按浇洒沥青和撒布集料的遍数不同，分为单层式、双层式、三层式。表面处治路面的使用寿命不及贯入式路面，设计时一般不考虑其承载强度，其作用主要是对非沥青承重层起保护和防磨耗作用，而对旧沥青路面，则是一种日常维护的常用措施。一般用于三、四级公路，也可用做沥青路面的磨耗层、防滑层。

沥青表面处治路面是我国早期沥青路面的主要类型，广泛使用于砂石路面中以提高等级，或为解决晴雨通车而做简易式的沥青路面。现在除了三级公路以下的地方性公路上仍然继续使用外，已逐渐被更高等级的沥青路面类型所代替。

4.1.3　沥青路面配合比设计

沥青路面配合比设计是沥青路面施工过程中一件十分重要的工作，配合比设计的结果直接影响沥青路面的施工质量和使用寿命。一个好的配合比设计应该具有良好的使用性能，施工操作性好、变异性小、容易压实等特点，尤其是经得起实践考验，确保沥青路面不产生损坏。

4.1.3.1　沥青路面配合比设计方法和步骤

（1）配合比设计方法　目前我国沥青路面配合比设计的基本方法为：马歇尔试验配合比设计方法。热拌沥青混合料的配合比设计通过三个阶段开展：目标配合比设计，生产配合比设计及生产配合比验证。配合比设计的目的是：确定沥青混合料的材料品种及配比，矿料级配，最佳沥青用量。

（2）沥青路面配合比设计步骤 沥青混合料的配合比设计应在调查以往类同材料的配合比设计经验和使用效果的基础上，按以下步骤进行。

① 目标配合比设计阶段。确定优选材料、矿料级配、最佳沥青用量 OAC，确定供拌和机冷料仓的供货比例、进料速度及试拌使用。

② 生产配合比设计阶段。确定各热料仓的配合比，供拌和机控制室使用。

③ 生产配合比验证阶段。通过试拌试铺，确定施工温度、机械组合、施工工艺、虚铺系数、生产用标准配合比和最佳油石比，建立钻芯法与核子仪的检测密度的相关性。

以下仅针对目标配合比设计展开详细介绍。

4.1.3.2 目标配合比设计

（1）步骤 热拌沥青混合料的目标配合比设计宜按图 4-1 的框图的步骤进行。

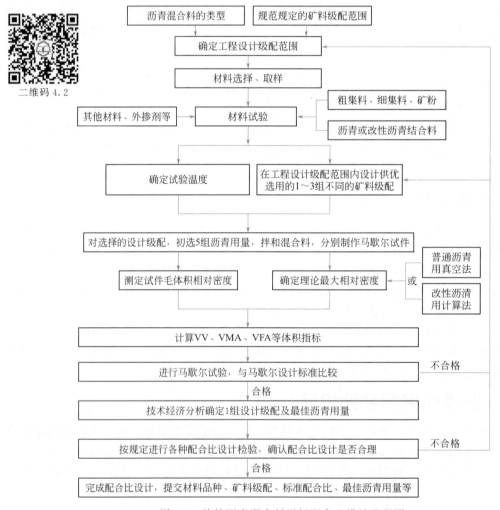

图 4-1 热拌沥青混合料目标配合比设计流程图

（2）矿料级配设计 对高速公路和一级公路，宜在工程设计级配范围内计算 1～3 组粗细不同的配比，绘制设计级配曲线，分别位于工程设计级配范围的上方、中间值及下方。设计合成级配不得有太多的锯齿形交错，且在 0.3～0.6mm 范围内不出现"驼峰"。

矿料级配曲线见图 4-2。图中"设计级配曲线"为碎石材料通过筛分析试验后绘制；"工程级配设计范围"两根线条可根据表 4-1 中的数据绘制。

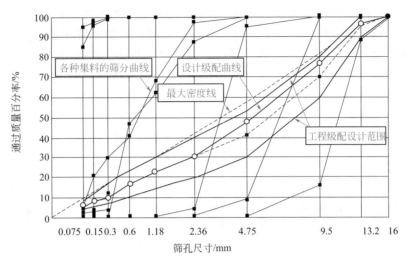

图 4-2　矿料级配曲线示例

表 4-1　热拌沥青混凝土混合料矿料级配范围

级配类型		通过下列筛孔(mm)的质量百分率/%												
		31.5	26.5	19	16	13.2	9.5	4.75	2.36	1.18	0.6	0.3	0.15	0.075
粗粒式	AC-25	100	90～100	75～90	65～83	57～76	45～65	24～52	16～42	12～33	8～24	5～17	4～13	3～7
中粒式	AC-20		100	90～100	78～92	62～80	50～72	26～56	16～44	12～33	8～24	5～17	4～13	3～7
	AC-16			100	90～100	76～92	60～80	34～62	20～48	13～36	9～26	7～18	5～14	4～8
细粒式	AC-13				100	90～100	68～85	38～68	24～50	15～38	10～28	7～20	5～15	4～8
	AC-10					100	90～100	45～75	30～58	20～44	13～32	9～23	6～16	4～8
砂粒式	AC-5						100	90～100	55～75	35～55	20～40	12～28	7～18	5～10

（3）马歇尔试验

① 概念。马歇尔试验是确定沥青混合料最佳沥青用量（油石比）的试验。其试验过程是使标准击实的沥青混合料试件在规定的温度和湿度等条件下受压，测定沥青混合料的稳定度和流值等指标，经一系列计算后，分别绘制出油石比与稳定度、流值、密度、空隙率、饱和度的关系曲线，最后确定出沥青混合料的最佳沥青用量（最佳油石比）。

② 初选 5 组油石比。以预估的油石比为中值，按一定间隔（对密级配沥青混合料通常为 0.5%，对沥青碎石混合料可适当缩小间隔为 0.3%～0.4%），取 5 个不同的油石比分别制作成马歇尔试件。

③ 测定马歇尔试验指标。按要求进行马歇尔试验，测定马歇尔试验指标，包括：马歇尔稳定度、流值、毛体积密度、空隙率、集料间隙率 VMA、沥青饱和度 VFA。

④ 分析最佳沥青用量（最佳油石比）。按图 4-3 的方法，以油石比为横坐标，以马歇尔试验的各项指标为纵坐标，将试验结果点绘入图中，连成圆滑的曲线。

在图上求取相应于密度最大值、稳定度最大值、目标空隙率（或中值）、沥青饱和度范围 VFA 的中值的沥青用量 a_1、a_2、a_3、a_4。按式（4-1）取平均值作为 OAC_1。

$$OAC_1 = (a_1 + a_2 + a_3 + a_4)/4 \qquad (4-1)$$

如果在所选择的沥青用量范围未能涵盖沥青饱和度的要求范围，按式（4-2）求取三者的平均值作为 OAC_1。

$$OAC_1 = (a_1 + a_2 + a_3)/3 \tag{4-2}$$

对所选择试验的沥青用量范围、密度或稳定度没有出现峰值（最大值经常在曲线的两端）时，可直接以目标空隙率（空隙率中值或 4%）所对应的沥青用量 a_3 作为 OAC_1，但 OAC_1 必须介于 $OAC_{min} \sim OAC_{max}$ 的范围内。否则应重新进行配合比设计。

以各项指标均符合技术标准（不含 VMA）的沥青用量范围 $OAC_{min} \sim OAC_{max}$ 的中值作为 OAC_2。

$$OAC_2 = (OAC_{min} + OAC_{max})/2 \tag{4-3}$$

取 OAC_1 及 OAC_2 的中值作为计算的最佳沥青用量 OAC。

$$OAC = (OAC_1 + OAC_2)/2 \tag{4-4}$$

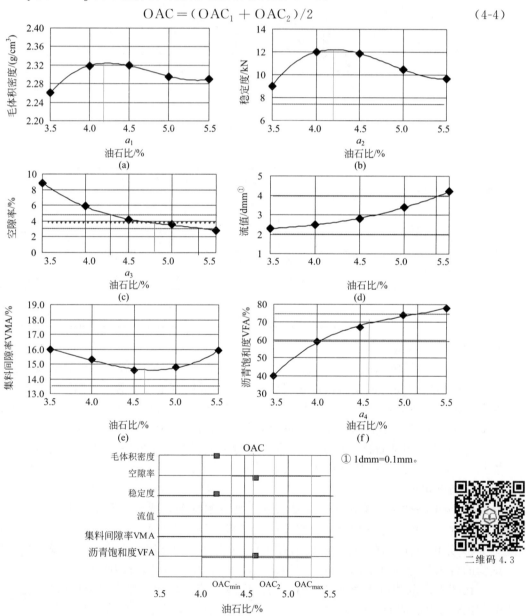

① 1dmm=0.1mm。

图 4-3 马歇尔试验结果示例

图 4-3 中 a_1＝4.2％，a_2＝4.25％，a_3＝4.8％，a_4＝4.7％，OAC_1＝4.49％［由式（4-1）确定］；OAC_{min}＝4.3％，OAC_{max}＝5.3％，OAC_2＝4.8％［由式（4-3）确定］；OAC＝4.64％［由式（4-4）确定］。因此得出结论，最佳油石比取 4.64％。

任务 4.2　沥青路面施工

 知识目标

　　熟悉沥青混合料的常见分类、性能差异、适用情况；掌握各种沥青混合料的符号表达方式；熟悉沥青表面处治路面、沥青贯入式路面、SMA 路面的施工工艺和技术细节；掌握透层、黏层、封层的功能和区别；掌握热拌沥青混合料路面的施工工艺和技术细节，熟悉沥青路面冬、雨季施工的处理措施；掌握沥青路面质量检验的关键项目，熟悉常规检验项目，了解检验方法。

 能力目标

二维码 4.4

　　具备参与编制沥青路面施工方案，撰写施工方法的初步能力；具备参与沥青路面施工现场质量管理的初步能力；具备参与沥青路面质量检验的初步能力。

 任务实施要求

　　本任务是道路施工中的核心知识体系，知识内容多，教学难度大。为了达到教学目标，教师应该通过各种渠道让学生增加沥青路面施工的感性认识，包括：参观施工现场，观看多媒体课件、视频、图片等手段。同时，本任务中规范标准的记忆也非常重要，是一个技术员的基本功，因此常规理论教学在本任务中显得很重要。当然教师也要充分利用任务驱动的方式，让学生动手、动脑，在做中学。本任务可以通过编制沥青路面专项施工方案的手段，让学生在完成任务的同时，学习知识，掌握技能。

4.2.1　沥青混合料选择

　　沥青混合料由矿料（包含粗、细集料，矿粉）和沥青组成，有时还掺加其他外掺料。

　　由于行业标准不断更新，沥青混合料分类一直处于不断微调中，很难给出一个严谨的、统一的分类。从粗线条上面来说，沥青混合料可分为沥青混凝土及沥青碎石，分别用 AC 及 AM 表示。沥青混凝土与沥青碎石的区别在于是否加矿粉填料及矿料级配比例是否严格，其实质是混合料的空隙率不同。沥青混凝土是空隙率在 3％～6％的密级配沥青混合料，沥青碎石是空隙率在 6％～12％的半开级配沥青混合料。

4.2.1.1　沥青混合料分类

　　（1）按技术品质和使用情况分　包括沥青混凝土、沥青碎石、沥青贯入式、沥青表面处治。

　　（2）按组成结构分　包括密实-悬浮结构（如 AC-Ⅰ）、骨架-空隙结构（如沥青碎石 AM、排水沥青混合料 OGFC）、密实-骨架结构（如沥青玛琋脂混合料 SNA）。

（3）按矿料级配分类分　包括密级配沥青混凝土混合料(如沥青混凝土、沥青稳定碎石)、半开级配沥青混合料(如改性沥青稳定碎石 AM)、开级配沥青混合料(如排水式沥青磨耗层混合料 OGFC、排水式沥青稳定碎石基层 ATPCZB)、间断级配沥青混合料(如沥青玛琋脂 SMA)。

（4）按公称最大粒径的大小分　包括特粗式（公称最大粒径大于或等于 31.5mm）、粗粒式（公称最大粒径 26.5mm）、中粒式（公称最大粒径 16mm 或 19mm）、细粒式（公称最大粒径 9.5mm 或 13.2mm）、砂粒式（公称最大粒径小于 9.5mm）沥青混合料。

（5）按施工温度分　包括热拌热铺沥青混合料：沥青与矿料经加热后拌和，并在一定的温度下完成摊铺和碾压施工过程的混合料；常温沥青混合料：采用乳化沥青或稀释沥青在常温下（或者加热温度很低）与矿料拌和，并在常温下完成摊铺和碾压过程的混合料。

热拌沥青混合料种类见表 4-2。

表 4-2　热拌沥青混合料种类

混合料类型	密级配		开级配			半开级配	公称最大粒径/mm	最大粒径/mm
	连续级配		间断级配	间断级配		沥青稳定碎石		
	沥青混凝土	沥青稳定碎石	沥青玛琋脂碎石	排水式沥青磨耗层	排水式沥青碎石基层			
特粗式	—	ATB-40	—	—	ATPB-40	—	37.5	53.0
粗粒式	—	ATB-30	—	—	ATPB-30	—	31.5	37.5
	AC-25	ATB-25	—	—	ATPB-25	—	26.5	31.5
中粒式	AC-20	—	SMA-20	—	—	AM-20	19.0	26.5
	AC-16	—	SMA-16	OGFC-16	—	AM-16	16.0	19.0
细粒式	AC-13	—	SMA-13	OGFC-13	—	AM-13	13.2	16.0
	AC-10	—	SMA-10	OGFC-10	—	AM-10	9.5	13.2
砂粒式	AC-5	—	—	—	—	AM-5	4.75	9.5
设计空隙率/%	3～5	3～6	3～4	>18	>18	6～12		

注：本表中间部分是相应沥青混合料的代号。代号由沥青混合料的种类缩写和矿料的公称最大粒径组成。如 AC-20 表示集料公称最大粒径为 20mm 的沥青混凝土。

4.2.1.2　沥青混合料的特性和选择

（1）沥青混凝土（AC）　沥青混凝土是由适当比例的粗集料、细集料及填料组成的符合规定级配的矿料与沥青拌和而制成的设计空隙率较小的密实式沥青混合料。沥青混凝土是目前沥青路面中使用最多的一种面层类型。

根据骨料的最大粒径，沥青混凝土可分为四种：粗粒式，最大公称粒径为 25mm 或 30mm 的骨料；中粒式，最大公称粒径为 20mm 或 16mm 的骨料；细粒式，最大公称粒径为 10mm 或 13mm 的骨料；砂粒式，最大公称粒径为 5mm 的天然砂或破碎砂。粗粒式沥青混凝土通常用于面层的下层，中粒式沥青混凝土主要用于面层的中层或上层。

在《公路沥青路面施工技术规范》（JTJ 032—94）中，我国将沥青混凝土按空隙率分为：Ⅰ型和Ⅱ型，Ⅰ型的空隙率为 3%～6%，Ⅱ型的空隙率为 4%～10%。虽然目前这种分法已经废除，但在少量道路工程设计图中还会出现。

在《公路沥青路面施工技术规范》（JTG F40—2004）中，将沥青混凝土分为 C 型和 F 型，叫做粗型和细型，取代原来的Ⅰ型和Ⅱ型。对夏季温度高、高温持续时间长、重载交通多的路段，宜选用粗型(AC-C 型)，并取较高的设计空隙率。对冬季温度低且低温持续时间长的地区，或者重载交通较少的路段，宜选用细型（AC-F 型），并取较低的设计空隙率。

图 4-4 中的道路路面构造，其上面层材料为 AC-13C，含义为公称最大粒径 13mm 的细粒式沥青混凝土；下面层材料为 AC-25C，含义为公称最大粒径 25mm 的粗粒式沥青混凝土。

（2）沥青稳定碎石混合料（简称沥青碎石）　沥青稳定碎石混合料由矿料和沥青组成具

有一定级配要求的混合料,按空隙率、集料最大粒径、添加矿粉数量的多少,分为密级配沥青碎石(ATB)、开级配沥青碎石(OGFC 表面层及 ATPB 基层)、半开级配沥青碎石(AM)。

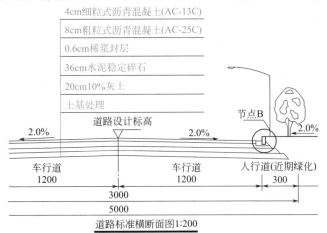

图 4-4　道路路面构造示意图

半开级配沥青碎石(AM),相对于沥青混凝土(AC)填料较少或不加填料,空隙率较大,一般在 10% 左右。沥青碎石由于空隙率大,很少作为上面层材料,常作为高级路面的基层和下面层,或者三级及三级以下公路的面层,此时表面应设置致密的上封层。

(3)沥青玛琋脂碎石混合料(SMA)　沥青玛琋脂碎石混合料(简称 SMA),是由沥青结合料与少量的纤维稳定剂、细集料以及较多量的填料(矿粉)组成的沥青玛琋脂,填充于间断级配的粗集料骨架的间隙,组成一体形成的沥青混合料。

SMA 的结构组成可概括为"三多一少",即:粗集料多、矿粉多、沥青多、细集料少。SMA 是当前国际上公认的一种抗变形能力强,耐久性较好的沥青面层混合料。由于粗集料的良好嵌挤,混合料有非常好的高温抗车辙能力,同时由于沥青玛琋脂的黏结作用,低温变形性能和水稳定性也有较多的改善。添加纤维稳定剂,使沥青结合料保持高黏度,其摊铺和压实效果较好。间断级配在表面形成大孔隙,构造深度大,抗滑性能好。同时混合料的空隙率又很小,耐老化性能及耐久性都很好,从而全面提高了沥青混合料的路面性能。

SMA 路面适用于高速公路、一级公路的抗滑表面层。

(4)大孔隙开级配排水式沥青磨耗层(OGFC)　OGFC 沥青路面的中文直译为开级配抗滑磨耗层,我国规范称为大孔隙开级配排水式沥青磨耗层。其混合料组成具有粗集料用量大、空隙率大的特点,随之带来的是 OGFC 路面具有良好的抗滑、排水、减噪的功能。其适用于降雨量大于 800mm 的地区,可显著提高雨天行车安全性;也适用于城郊、住宅区周边等减少噪声影响的路段。

4.2.2　沥青混合料路面施工

4.2.2.1　热拌沥青混合料路面施工

(1)热拌沥青混合料路面的材料要求

1)沥青

① 沥青的技术要求。道路石油沥青的质量应符合表 4-3 规定的技术要求。各个沥青等级的适用范围应符合表 4-4 的规定。经建设单位同意,沥青的 PI 值、60℃ 动力黏度、10℃ 延度可作为选择性指标。

二维码 4.5

表 4-3　道路石油沥青技术要求

指标	单位	等级	160号④	130号④	110号	90号	70号	50号	30号④	试验方法①
针入度(25℃,5s,100g)	0.1mm	—	140~200	120~140	100~120	80~100	60~80	40~60	20~40	T 0604
适用的气候分区④	—	—	表注④	表注④	2-1　2-2	1-1　1-2　1-3　1-4　2-2　2-3　2-4	1-3　1-4　2-2　2-3　2-4	1-4	表注④	—
针入度指数 PI②	—	A	-1.5~+1.0（适用于全部标号）							T 0604
针入度指数 PI②	—	B	-1.8~+1.0（适用于全部标号）							T 0604
软化点(R&B) 不小于	℃	A	38	40	43	45/44	46/45	49	55	T 0606
软化点(R&B) 不小于	℃	B	36	39	42	43/42	44/43	46	53	T 0606
软化点(R&B) 不小于	℃	C	35	37	41	42	43	45	50	T 0606
60℃动力黏度② 不小于	Pa·s	A	—	60	120	160/140	180/160	200	260	T 0620
10℃延度② 不小于	cm	A	50	50	40	45/30/20	25/20/15	15	10	T 0605
10℃延度② 不小于	cm	B	30	30	30	30/20/15	20/15/10	10	8	T 0605
15℃延度 不小于	cm	A,B	80	80	60	100	100	80	—	T 0605
15℃延度 不小于	cm	C	80	80	60	50	40	30	20	T 0605
蜡含量(蒸馏法) 不大于	%	A	2.2（适用于全部标号）							T 0615
蜡含量(蒸馏法) 不大于	%	B	3.0（适用于全部标号）							T 0615
蜡含量(蒸馏法) 不大于	%	C	4.5（适用于全部标号）							T 0615
闪点 不小于	℃	—	230	230	245	245	260	260	260	T 0611
溶解度 不小于	%	—	99.5（适用于全部标号）							T 0607
密度(15℃)	g/cm³	—	实测记录							T 0603
TFOT(或RTFOT)后⑤										T 0610 或 T 0609
质量变化 不大于	%	—	±0.8（适用于全部标号）							T 0610 或 T 0609
残留针入度比 不小于	%	A	48	54	55	57	61	63	65	T 0604
残留针入度比 不小于	%	B	45	50	52	54	58	60	62	T 0604
残留针入度比 不小于	%	C	40	45	48	50	54	58	60	T 0604
残留延度(10℃) 不小于	cm	A	12	12	10	8	6	4	—	T 0605
残留延度(10℃) 不小于	cm	B	10	10	8	6	4	2	—	T 0605
残留延度(15℃) 不小于	cm	C	40	35	30	20	15	10	—	T 0605

① 试验方法按照现行《公路工程沥青及沥青混合料试验规程》（JTG E20—2011）规定的方法执行。用于仲裁试验求取 PI 值时的 5 个温度的针入度关系的相关系数不得小于 0.997。

② 经建设单位同意，表中 PI 值、60℃动力黏度、10℃延度可作为选择性指标，也可不作为施工质量检验指标。

③ 70号沥青可根据需要要求供应商提供 60~70 或 70~80 的沥青。50号沥青可要求提供针入度范围为 40~50 或 50~60 的沥青。

④ 30号沥青仅适用于沥青稳定基层。130号和160号沥青除寒冷地区可直接在中低级公路上直接应用外，通常用做乳化沥青、稀释沥青、改性沥青的基质沥青。

⑤ 老化试验以 TFOT 为准，也可以 RTFOT 代替。

⑥ 气候分区见《公路沥青路面施工技术规范》（JTG F40—2004）附录 A。

表 4-4　道路石油沥青的适用范围

沥青等级	适用范围
A 级沥青	各个等级的公路,适用于任何场合和层次
B 级沥青	高速公路、一级公路沥青下面层及以下的层次,二级及二级以下公路的各个层次; 用做改性沥青、乳化沥青、改性乳化沥青、稀释沥青的基质沥青
C 级沥青	三级及三级以下公路的各个层次

各类聚合物改性沥青的质量应符合表 4-5 的技术要求,其中 PI 值可作为选择性指标。当使用表列以外的聚合物及复合改性沥青时,可通过试验研究制订相应的技术要求。

表 4-5　聚合物改性沥青技术要求

指　标	单位	SBS 类(Ⅰ类)				SBR 类(Ⅱ类)			EVA、PE(Ⅲ类)				试验方法[①]
		Ⅰ-A	Ⅰ-B	Ⅰ-C	Ⅰ-D	Ⅱ-A	Ⅱ-B	Ⅱ-C	Ⅲ-A	Ⅲ-B	Ⅲ-C	Ⅲ-D	
针入度(25℃,100g,5s)	0.1mm	>100	80~100	60~80	30~60	>100	80~100	60~80	>80	60~80	40~60	30~40	T 0604
针入度指数 PI　不小于		-1.2	-0.8	-0.4	0	-1.0	-0.8	-0.6	-1.0	-0.8	-0.6	-0.4	T 0604
延度(5℃,5cm/min)　不小于	cm	50	40	30	20	60	50	40			—		T 0605
软化点 $T_{R\&B}$　不小于	℃	45	50	55	60	45	48	50	48	52	56	60	T 0606
运动黏度[①](135℃)　不大于	$10^{-6}\text{m}^2/\text{s}$	3											T 0625 T 0619
闪点　不小于	℃	230				230			230				T 0611
溶解度　不小于	%	99				99			—				T 0607
弹性恢复(25℃)　不小于	%	55	60	65	75	—			—				T 0662
黏韧性　不小于	N·m					5							T 0624
韧性　不小于	N·m	—				2.5			—				T 0624
贮存稳定性[②]													
离析(48h 软化点差)　不大于	℃	2.5				—			无改性剂明显析出、凝聚				T 0661
TFOT(或 RTFOT)后残留物													
质量变化　不大于	%	1.0											T 0610 或 T 0609
针入度比(25℃)　不小于	%	50	55	60	65	50	55	60	50	55	58	60	T 0604
延度(5℃)　不小于	cm	30	25	20	15	30	20	10	—				T 0605

① 表中 135℃运动黏度可采用《公路工程沥青及沥青混合料试验规程》(JTG E20—2011)中的"沥青布氏旋转黏度试验方法(布洛克菲尔德黏度计法)"进行测定。若在不改变改性沥青物理力学性质并符合安全条件的温度下易于泵送和拌和,或经证明适当提高泵送和拌和温度时能保证改性沥青的质量,容易施工,可不要求测定。

② 贮存稳定性指标适用于工厂生产的成品改性沥青。现场制作的改性沥青对贮存稳定性指标可不做要求,但必须在制作后,保持不间断的搅拌或泵送循环,保证使用前没有明显的离析。

② 沥青的选用。沥青路面采用的沥青标号,宜按照公路等级、气候条件、交通条件、路面类型、在结构层中的层位及受力特点、施工方法等,结合当地的使用经验,经技术论证后确定。

对高速公路、一级公路，夏季温度高、高温持续时间长、重载交通、山区及丘陵区上坡路段、服务区、停车场等行车速度慢的路段，尤其是汽车荷载剪应力大的层次，宜采用稠度大、60℃黏度大的沥青，也可提高高温气候分区的温度水平选用沥青等级；对冬季寒冷的地区或交通量小的公路、旅游公路宜选用稠度小、低温延度大的沥青；对温度日温差、年温差大的地区宜注意选用针入度指数大的沥青。当高温要求与低温要求发生矛盾时应优先考虑满足高温性能的要求。

③ 改性沥青。

a.改性沥青可单独或复合采用高分子聚合物、天然沥青及其他改性材料制作。

b.各类聚合物改性沥青的质量应符合"聚合物改性沥青技术要求"的规定，其中 PI 值可作为选择性指标。当使用"聚合物改性沥青技术要求"表列以外的聚合物及复合改性沥青时，可通过试验研究制订相应的技术要求。

c.制造改性沥青的基质沥青应与改性剂有良好的配伍性，其质量宜符合表 4-3 中道路石油沥青的技术要求。供应商在提供改性沥青的质量报告时应提供基质沥青的质量检验报告或沥青样品。

d.天然沥青可以单独与石油沥青混合使用或与其他改性沥青混融后使用。沥青的质量要求宜根据其品种参照相关标准和成功的经验执行。

e.用做改性剂的 SBR 胶乳中的固体物含量宜小于 45%，使用中严禁长时间暴晒或遭冰冻。

2) 粗集料　沥青层用粗集料包括碎石、破碎砾石、筛选砾石、钢渣、矿渣等，但高速公路和一级公路不得使用筛选砾石和矿渣。粗集料必须由具有生产许可证的采石场生产或施工单位自行加工。

粗集料应该洁净、干燥、表面粗糙，质量技术要求应符合表 4-6 的规定。当单一规格集料的质量指标达不到表中要求，而按照集料配比计算的质量指标符合要求时，工程上允许使用。对受热易变质的集料，宜采用经拌和机烘干后的集料进行检验。

表 4-6　沥青混合料用粗集料质量技术要求

指　标		单位	高速公路及一级公路		其他等级公路	试验方法
			表面层	其他层		
石料压碎值	不大于	%	26	28	30	T 0316
洛杉矶磨耗损失	不大于	%	28	30	35	T 0317
表观相对密度	不小于	t/m³	2.60	2.50	2.45	T 0304
吸水率	不大于	%	2.0	3.0	3.0	T 0304
坚固性	不大于	%	12	12	—	T 0314
针片状颗粒含量(混合料) 　其中粒径大于 9.5mm 　其中粒径小于 9.5mm	不大于 不大于 不大于	% % %	15 12 18	18 15 20	20 — —	T 0312
水洗法小于 0.075mm 颗粒含量	不大于	%	1	1	1	T 0310
软石含量	不大于	%	3	5	5	T 0320

注：1.坚固性试验可根据需要进行。

2.用于高速公路、一级公路时，多孔玄武岩的视密度可放宽至 2.45t/m³，吸水率可放宽至 3%，但必须得到建设单位的批准，且不得用于 SMA 路面。

3.对 S14 即 3～5mm 规格的粗集料，针片状颗粒含量可不予要求，小于 0.075mm 含量可放宽到 3%。

粗集料的粒径规格应按表 4-7 的规定生产和使用。

表 4-7 沥青混合料用粗集料粒径规格

规格名称	公称粒径/mm	通过下列筛孔(mm)的质量分数/%											
		106	75	63	53	37.5	31.5	26.5	19.0	13.2	9.5	4.75	2.36	0.6
S1	40～75	100	90～100	—	—	0～15	—	0～5						
S2	40～60		100	90～100	—	0～15	—	0～5						
S3	30～60		100	90～100	—	—	0～15	—	0～5					
S4	25～50			100	90～100	—	0～15	—	0～5					
S5	20～40				100	90～100	—	0～15	—	0～5				
S6	15～30					100	90～100	—	0～15	—	0～5			
S7	10～30					100	90～100	—	—	0～15	—	0～5		
S8	10～25						100	90～100	—	0～15	—	0～5		
S9	10～20							100	90～100	—	0～15	—	0～5	
S10	10～15								100	90～100	0～15	—	0～5	
S11	5～15								100	90～100	40～70	0～15	0～5	
S12	5～10									100	90～100	0～15	0～5	
S13	3～10									100	90～100	40～70	0～20	0～5
S14	3～5										100	90～100	0～15	0～3

高速公路、一级公路沥青路面的表面层（或磨耗层）的粗集料的磨光值应符合表 4-8 的要求。除 SMA、OGFC 路面外，允许在硬质粗集料中掺加部分较小粒径的磨光值达不到要求的粗集料，其最大掺加比例由磨光值试验确定。

粗集料与沥青的黏附性、磨光值应符合表 4-8 的要求，当使用不符合要求的粗集料时，宜掺加消石灰、水泥或用饱和石灰水处理后使用，必要时可同时在沥青中掺加耐热、耐水、长期性能好的抗剥落剂，也可采用改性沥青的措施，使沥青混合料的水稳定性检验达到要求。掺加外加剂的剂量由沥青混合料的水稳定性检验确定。

表 4-8 粗集料与沥青的黏附性、磨光值的技术要求

雨量气候区		1(潮湿区)	2(湿润区)	3(半干区)	4(干旱区)	试验方法
年降雨量/mm		＞1000	1000～500	500～250	＜250	气候分区[①]
粗集料的磨光值 PSV 不小于 高速公路、一级公路表面层		42	40	38	36	T 0321
粗集料与沥青的黏附性 不小于 高速公路、一级公路表面层 高速公路、一级公路的其他层次及其他等级公路的各个层次		5 4	4 4	4 3	3 3	T 0616 T 0663

① 气候分区见《公路沥青路面施工技术规范》（JTG F40—2004）附录 A。

3）细集料　沥青路面的细集料包括天然砂、机制砂、石屑。细集料必须由具有生产许可证的采石场、采砂场生产。

细集料应洁净、干燥、无风化、无杂质，并有适当的颗粒级配，其质量应符合表 4-9 的规定。细集料的洁净程度，天然砂以小于 0.075mm 含量的百分数表示，石屑和机制砂以砂

当量（适用于 0～4.75mm）或亚甲蓝值（适用于 0～2.36mm 或 0～0.15mm）表示。

表 4-9　沥青混合料用细集料质量要求

项　　目		单位	高速公路、一级公路	其他等级公路	试 验 方 法
表观相对密度	不小于	t/m³	2.50	2.45	T 0328
坚固性(大于 0.3mm 部分)	不小于	%	12	—	T 0340
含泥量(小于 0.075mm 的含量)	不大于	%	3	5	T 0333
砂当量	不小于	%	60	50	T 0334
亚甲蓝值	不大于	g/kg	25	—	T 0346
棱角性(流动时间)	不小于	s	30		T 0345

注：坚固性试验可根据需要进行。

天然砂可采用河砂或海砂，通常宜采用粗砂、中砂，其规格应符合表 4-10 的规定，砂的含泥量超过规定时应水洗后使用，海砂中的贝壳类材料必须筛除。热拌密级配沥青混合料中天然砂的用量通常不宜超过集料总量的 20%，SMA 和 OGFC 混合料不宜使用天然砂。

表 4-10　沥青混合料用天然砂规格

筛孔尺寸/mm	通过各孔筛的质量分数/%		
	粗　砂	中　砂	细　砂
9.5	100	100	100
4.75	90～100	90～100	90～100
2.36	65～95	75～90	85～100
1.18	35～65	50～90	75～100
0.6	15～30	30～60	60～84
0.3	5～20	8～30	15～45
0.15	0～10	0～10	0～10
0.075	0～5	0～5	0～5

石屑是采石场破碎石料时通过 4.75mm 或 2.36mm 筛的筛下部分，其规格应符合表 4-11 的要求。采石场在生产石屑的过程中应具备抽吸设备，高速公路和一级公路的沥青混合料，宜将 S14 与 S16 组合使用，S15 可在沥青稳定碎石基层或其他等级公路中使用。

表 4-11　沥青混合料用机制砂或石屑规格

规格	公称粒径/mm	水洗法通过各筛孔(mm)的质量分数/%							
		9.5	4.75	2.36	1.18	0.6	0.3	0.15	0.075
S15	0～5	100	90～100	60～90	40～75	20～55	7～40	2～20	0～10
S16	0～3		100	80～100	50～80	25～60	8～45	0～25	0～15

注：当生产石屑采用喷水抑制扬尘工艺时，应特别注意含粉量不得超过表中要求。

机制砂宜采用专用的制砂机制造，并选用优质石料生产，其级配应符合 S16 的要求。

4）填料　沥青混合料的矿粉必须采用石灰岩或岩浆岩中的强基性岩石等憎水性石料经磨细得到的矿粉，原石料中的泥土杂质应除净。矿粉应干燥、洁净，能自由地从矿粉仓流出，其质量应符合表 4-12 的技术要求。

表 4-12　沥青混合料用矿粉质量要求

项　　目		单位	高速公路、一级公路	其他等级公路	试　验　方　法
表观相对密度	不小于	t/m³	2.50	2.45	T 0352
含水量	不大于	%	1	1	T 0103 烘干法
粒度范围<0.6mm		%	100	100	
<0.15mm		%	90～100	90～100	T 0351
<0.075mm		%	75～100	70～100	
外观			无团粒结块		
亲水系数			<1		T 0353
塑性指数			<4		T 0354
加热安定性			实测记录		T 0355

5）纤维稳定剂　在沥青混合料中掺加的纤维稳定剂宜选用木质素纤维、矿物纤维等，木质素纤维的质量应符合表 4-13 的技术要求。矿物纤维宜采用玄武岩等矿石制造，易影响环境及造成人体伤害的石棉纤维不宜直接使用。

表 4-13　木质素纤维质量技术要求

项　　目		单位	指　　标	试　验　方　法
纤维长度	不大于	mm	6	水溶液用显微镜观测
灰分含量		%	18±5	高温 590～600℃ 燃烧后测定残留物
pH 值			7.5±1.0	水溶液用 pH 试纸或 pH 计测定
吸油率	不小于		纤维质量的 5 倍	用煤油浸泡后放在筛上经振敲后称量
含水率(以质量计)	不大于	%	5	105℃烘箱烘 2h 后冷却称量

纤维应在 250℃的干拌温度下不变质、不发脆，使用纤维必须符合环保要求，不危害身体健康。纤维必须在混合料拌和过程中能充分分散均匀。

纤维稳定剂的掺加比例以沥青混合料总量的质量百分率计算，通常情况下用于 SMA 路面的木质素纤维不宜低于 0.3%，矿物纤维不宜低于 0.4%，必要时可适当增加纤维用量。纤维掺加量的允许误差宜不超过±5%。

（2）热拌沥青混合料路面施工　沥青路面施工，气温不得低于 10℃（高速公路和一级公路）或 5℃（其他等级公路），雨天、路面潮湿的情况下不允许施工。沥青面层宜连续施工，在没有特殊情况下，沥青面层和基层最好在一年内施工完毕。

目前常出现两种错误，其一，由于赶工期的需要，硬性要求在当年完工，便不顾施工气温，在寒冷的气候条件下施工，严重影响了沥青路面的压实；其二，铺筑沥青层下面层后过冬，第二年再铺筑施工中面层，等到快交工验收前再铺筑表面层。这两种情况都是导致沥青路面早期损坏的根源，施工中要尽量避免。

热拌沥青混合料路面施工工艺如图 4-5 所示。

1）施工准备

① 材料准备：做好配合比设计报送监理工程师审批，对各种原材料进行符合性检验。选购经调查试验合格的材料进行备料，矿粉应分类堆放且不得受潮，必要时做好矿粉场地的硬化处理和场地四周排水及搭设库房或储存罐。

② 测量放样：沥青混合料路面施工前，应在下承层上重新恢复道路中线，放样边桩。

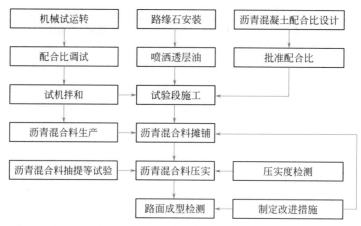

图 4-5　热拌沥青混合料路面施工工艺流程图

根据摊铺机的宽度和摊铺方案控制纵向摊铺条带的划分。

③ 机械准备：检查、调试沥青混合料路面施工机械的工作状态，确保机械性能正常。摊铺机、压路机组合、运料车及其他机械设备各就各位。

④ 下承层准备：铺筑沥青层前，应检查基层或下卧沥青层的质量，检查下承层的高程、路拱、平整度等参数，不符合要求的不得铺筑沥青面层。旧沥青路面或下承层已被污染时，必须清洗或经铣刨处理后方可铺筑沥青混合料。仔细清扫下承层，待干燥后洒布黏层油。

⑤ 试验段：各层开工前在监理工程师批准的现场备齐全部机械设备进行试验段铺筑，以确定松铺系数、施工工艺、机械配备、人员组织、压实遍数，并检查压实度、沥青含量、矿粉级配、沥青混合料马歇尔各项技术指标等。

⑥ 注意气象预报：加强工地现场、沥青拌和厂及气象台站之间的联系，待天气条件合适，其他准备工作均已就绪，就可以开始混合料的摊铺作业。

2）混合料的拌制　沥青混合料必须在沥青拌和厂（场、站）采用拌和机械拌制。

沥青混合料可采用间歇式拌和机或连续式拌和机拌制。高速公路和一级公路宜采用间歇式拌和机拌和。间歇式拌和机总拌和能力满足施工进度要求；除尘设备完好，能达到环保要求；冷料仓的数量满足配合比需要，通常不宜少于 5～6 个；具有添加纤维、消石灰等外掺剂的设备。

沥青混合料拌和时间根据具体情况经试拌确定，以沥青均匀裹覆集料为度。间歇式拌和机每盘的生产周期不宜少于 45s（其中干拌时间不少于 5～10s）。改性沥青和 SMA 混合料的拌和时间应适当延长。

间隙式拌和机宜备有保温性能好的成品储料仓，贮存过程中混合料温降不得大于 10℃ 且不能有沥青滴漏，普通沥青混合料的贮存时间不得超过 72h，改性沥青混合料的贮存时间不宜超过 24h，SMA 混合料只限当天使用，OGFC 混合料宜随拌随用。

沥青混合料出厂时应逐车检测沥青混合料的重量和温度，记录出厂时间，签发运料单。

3）混合料的运输　热拌沥青混合料宜采用较大吨位的运料车运输，但不得超载运输，或急刹车、急弯掉头造成透层、封层损伤。运料车的运力应稍有富余，施工过程中摊铺机前方应有运料车等候。对高速公路、一级公路，宜待等候的运料车多于 5 辆后开始摊铺。

运料车每次使用前后必须清扫干净，在车厢板上涂一薄层防止沥青黏结的隔离剂或防黏剂，但不得有余液积聚在车厢底部。从拌和机向运料车上装料时，应多次挪动汽车位置，平衡装料，以减少混合料离析。运料车运输混合料宜用苫布覆盖保温、防雨、防污染。

运料车进入摊铺现场时，轮胎上不得沾有泥土等可能污染路面的脏物，否则宜设水池洗净轮胎后进入工程现场。沥青混合料在摊铺地点凭运料单接收，若混合料不符合施工温度要求，或已经结成团块、已遭雨淋的不得铺筑。

摊铺过程中运料车应在摊铺机前 100～300mm 处停住，空挡等候，由摊铺机推动前进开始缓缓卸料，避免撞击摊铺机。在有条件时，运料车可将混合料卸入转运车经二次拌和后向摊铺机连续均匀地供料。运料车每次卸料必须倒净，尤其是对改性沥青或 SMA 混合料，如有剩余，应及时清除，防止硬结。

4）沥青混合料施工各阶段的温度要求　石油沥青加工及沥青混合料施工温度应根据沥青标号及黏度、气候条件、铺装层的厚度确定。可参照表 4-14 的范围选择，并根据实际情况确定使用高值或低值。

表 4-14　热拌沥青混合料的施工温度　　　　　　　单位：℃

施工工序		石油沥青的标号			
		50 号	70 号	90 号	110 号
沥青加热温度		160～170	155～165	150～160	145～155
矿料加热温度	间隙式拌和机	集料加热温度比沥青温度高 10～30			
	连续式拌和机	矿料加热温度比沥青温度高 5～10			
沥青混合料出料温度		150～170	145～165	140～160	135～155
混合料贮料仓贮存温度		贮料过程中温度降低不超过 10			
混合料废弃温度	高于	200	195	190	185
运输到现场温度	不低于	150	145	140	135
混合料摊铺温度	正常施工	140	135	130	125
	低温施工	160	150	140	135
开始碾压的混合料内部温度	正常施工	135	130	125	120
	低温施工	150	145	135	130
碾压终了的表面温度	钢轮压路机	80	70	65	60
	轮胎压路机	85	80	75	70
	振动压路机	75	70	60	55
开放交通的路表温度	不高于	50	50	50	45

注：1. 沥青混合料的施工温度采用具有金属探测针的插入式数显温度计测量。表面温度可采用表面接触式温度计测定。当采用红外线温度计测量表面温度时，应进行标定。

2. 表中未列入的 130 号、160 号及 30 号沥青的施工温度由试验确定。

聚合物改性沥青混合料的施工温度根据实践经验并参照表 4-15 选择。通常宜较普通沥青混合料的施工温度提高 10～20℃。

表 4-15　聚合物改性沥青混合料的正常施工温度范围　　　　　单位：℃

工序	聚合物改性沥青品种		
	SBS 类	SBR 胶乳类	EVA、PE 类
沥青加热温度	160～165		
改性沥青现场制作温度	165～170	—	165～170

续表

工 序		聚合物改性沥青品种		
		SBS 类	SBR 胶乳类	EVA、PE 类
成品改性沥青加热温度	不大于	175	—	175
集料加热温度		190～220	200～210	185～195
改性沥青 SMA 混合料出厂温度		170～185	160～180	165～180
混合料最高温度(废弃温度)		195		
混合料贮存温度		拌和出料后降低不超过 10		
摊铺温度	不低于	160		
初压开始温度	不低于	150		
碾压终了的表面温度	不低于	90		
开放交通时的路表温度	不高于	50		

注：当采用表列以外的聚合物或天然沥青改性沥青时，施工温度由试验确定。

5) 混合料的摊铺　热拌沥青混合料应采用沥青摊铺机摊铺，摊铺机的受料斗应涂刷薄层隔离剂或防黏结剂。

铺筑高速公路、一级公路、城市快速路、主干道沥青混合料时，一台摊铺机的铺筑宽度不宜超过 6（双车道）～7.5m（三车道及以上），通常宜采用两台或更多台数的摊铺机前后错开 10～20m 成梯队方式同步摊铺，两幅之间应有 30～60mm 左右宽度的搭接，并躲开车道轮迹带，上下层的搭接位置宜错开 200mm 以上。

摊铺机开工前应提前 0.5～1h 预热，熨平板不低于 100℃。铺筑过程中应选择熨平板的振捣或夯锤压实装置具有适宜的振动频率和振幅，以提高路面的初始压实度。熨平板加宽连接应仔细调节至摊铺的混合料没有明显的离析痕迹。

摊铺机必须缓慢、均匀、连续不间断地摊铺，不得随意变换速度或中途停顿，以提高平整度，减少混合料的离析。摊铺速度宜控制在 2～6m/min 的范围内。当发现混合料出现明显的离析、波浪、裂缝、拖痕时，应分析原因，予以消除。

摊铺机应采用自动找平方式，下面层或基层宜采用钢丝绳或路缘石、平石引导的高程控制方式，上面层宜采用平衡梁或雪橇式摊铺厚度控制方式，中面层根据情况选用找平方式。直接接触式平衡梁的轮子不得黏附沥青。铺筑改性沥青或 SMA 路面时宜采用非接触式平衡梁。

沥青混合料的松铺系数应根据混合料类型施工机械和施工工艺等应通过试验段确定。试验段长不宜小于 100m。摊铺过程中应随时检查摊铺层厚度、路拱及横坡。

摊铺机的螺旋布料器应相应于摊铺速度调整到保持一个稳定的速度均衡地转动，两侧应保持有不少于送料器 2/3 高度的混合料，以减少在摊铺过程中混合料的离析。

用机械摊铺的混合料，不宜用人工反复修整。当不得不由人工做局部找补或更换混合料时，需仔细进行，特别严重的缺陷应整层铲除。

在路面狭窄部分、平曲线半径过小的匝道或加宽部分，以及小规模工程不能采用摊铺机铺筑时可用人工摊铺混合料。人工摊铺沥青混合料应符合下列要求。

① 半幅施工时，路中一侧宜事先设置挡板。

② 沥青混合料宜卸在铁板上，摊铺时应扣锹布料，不得扬锹远甩。铁锹等工具宜沾防黏结剂或加热使用。

③ 边摊铺边用刮板整平，刮平时应轻重一致，控制次数，严防集料离析。

④ 摊铺不得中途停顿，并加快碾压。如因故不能及时碾压时，应立即停止摊铺，并对已卸下的沥青混合料覆盖苫布保温。

⑤ 低温施工时，每次卸下的混合料应覆盖苫布保温。

6）沥青路面的压实及成型　沥青路面的碾压步骤分为：初压、复压、终压。

在这三阶段碾压过程中，应配备足够数量的压路机，选择合理的压路机组合方式，以达到最佳碾压效果。

常用的沥青路面施工压路机种类有：振动压路机和胶轮压路机（图 4-6）。振动压路机可以提供振压和静压两种工作状态；胶轮压路机可以对混合料提供挤碾作用，在不压碎表面粗集料的前提下增加密实度。

(a) 振动压路机　　　　　　　　(b) 胶轮压路机

图 4-6　压路机实物图

高速公路铺筑双车道沥青路面的压路机数量不宜少于 5 台。施工气温低、风大、碾压层薄时，压路机数量应适当增加。

① 初压的基本要求。

a.初压应在紧跟摊铺机后碾压，并保持较短的初压区长度，以尽快使表面压实，减少热量散失。对摊铺后初始压实度较大，经实践证明采用振动压路机或轮胎压路机直接碾压无严重推移而有良好效果时，可免去初压直接进入复压工序。

b.通常宜采用钢轮压路机静压 1～2 遍。碾压时应将压路机的驱动轮面向摊铺机，从外侧向中心碾压，在超高路段则由低向高碾压，在坡道上应将驱动轮从低处向高处碾压。

c.初压后应检查平整度、路拱，有严重缺陷时进行修整乃至返工。

② 复压的基本要求。

a.复压应紧跟在初压后开始，且不得随意停顿。压路机碾压段的总长度应尽量缩短，通常不超过 60～80m。采用不同型号的压路机组合碾压时宜安排每一台压路机做全幅碾压。防止不同部位的压实度不均匀。

b.密级配沥青混凝土的复压宜优先采用重型的轮胎压路机进行搓揉碾压，以增加密水性，其总质量不宜小于 25t，吨位不足时宜附加重物，使每一个轮胎的压力不小于 15kN，冷态时的轮胎充气压力不小于 0.55MPa，轮胎发热后不小于 0.6MPa，且各个轮胎的气压大体相同，相邻碾压带应重叠 1/3～1/2 的碾压轮宽度，碾压至要求的压实度为止。

c.对粗集料为主的较大粒径的混合料，尤其是大粒径沥青稳定碎石基层，宜优先采用振动压路机复压。厚度小于 30mm 的薄沥青层不宜采用振动压路机碾压。振动压路机的振动频率宜为 35～50Hz，振幅宜为 0.3～0.8mm。层厚较大时选用高频率大振幅，以产生较大的激振力，厚度较薄时采用高频率低振幅，以防止集料破碎。相邻碾压带重叠宽度为 100～200mm。振动压路机折返时应先停止振动。

d.当采用三轮钢筒式压路机时，总质量不宜小于 12t，相邻碾压带宜重叠后轮的 1/2 宽度，并不应少于 200mm。

e.对路面边缘、加宽及港湾式停车带、窨井周围、构筑物边缘等大型压路机难于碾压的部位，宜采用小型振动压路机或振动夯板做补充碾压。

③ 复压的基本要求。

a.终压应紧接在复压后进行。

b.终压可选用双轮钢筒式压路机或关闭振动的振动压路机，碾压不宜少于 2 遍，至无明显轮迹为止。

④ 压实及成型的其他要求。沥青混凝土的压实层最大厚度不宜大于 100mm，沥青稳定碎石混合料的压实层厚度不宜大于 120mm，但当采用大功率压路机且经试验证明能达到压实度时允许增大到 150mm。密级配沥青混合料，每层的压实厚度不宜小于集料公称最大粒径的 2.5～3 倍；对 SMA 和 OGFC 等嵌挤型混合料不宜小于公称最大粒径的 2～2.5 倍。

压路机应以慢而均匀的速度碾压，压路机的碾压速度应符合表 4-16 的规定。压路机的碾压路线及碾压方向不应突然改变而导致混合料推移。碾压区的长度应大体稳定，两端的折返位置应随摊铺机前进而推进，横向不得在相同的断面上。

表 4-16　压路机碾压速度　　　　　　　　　　　　　　单位：km/h

压路机类型	初压		复压		终压	
	适宜	最大	适宜	最大	适宜	最大
钢筒式压路机	2～3	4	3～5	6	3～6	6
轮胎压路机	2～3	4	3～5	6	4～6	8
振动压路机	2～3(静压或振动)	3(静压或振动)	3～4.5(振动)	5(振动)	3～6(静压)	6(静压)

压路机的碾压温度应符合表 4-14 的要求，并根据混合料种类、压路机、气温、层厚等情况经试压确定。在不产生严重推移和裂缝的前提下，初压、复压、终压都应在尽可能高的温度下进行。同时不得在低温状况下做反复碾压，使石料棱角磨损、压碎，破坏集料嵌挤。

碾压轮在碾压过程中应保持清洁，有混合料黏附在轮上应立即清除。对钢轮可涂刷隔离剂或防黏结剂，但严禁刷柴油。当采用向碾压轮喷水（可添加少量表面活性剂）的方式时，必须严格控制喷水量且成雾状，不得漫流，以防混合料降温过快。轮胎压路机开始碾压阶段，可适当烘烤、涂刷少量隔离剂或防黏结剂，也可少量喷水，并先到高温区碾压使轮胎尽快升温，之后停止洒水。轮胎压路机轮胎外围宜加设围裙保温。

压路机不得在未碾压成型路段上转向、调头、加水或停留。在当天成型的路面上，不得停放各种机械设备或车辆，不得散落矿料、油料等杂物。

压实成型的沥青路面应符合压实度及平整度的要求。

7) 接缝　沥青路面的施工接缝分为：纵缝和横缝。纵缝是平行于道路中线的接缝，形成于混合料摊铺时的条带衔接；横缝是垂直于道路中线的接缝，形成于施工中断。

沥青路面的施工必须接缝紧密、连接平顺，不得产生明显的接缝离析。上下层的纵缝应错开 150mm（热接缝）或 300～400mm（冷接缝）以上。相邻两幅及上下层的横向接缝均应错位 1m 以上。接缝施工应用 3m 直尺检查，确保平整度符合要求。

① 纵缝的施工要求。

a. 摊铺时采用梯队作业的纵缝应采用热接缝，将已铺部分留下 100～200mm 宽暂不碾压，作为后续部分的基准面，然后做跨缝碾压以消除缝迹。

b. 当半幅施工或因特殊原因而产生纵向冷接缝时，宜加设挡板或加设切刀切齐，也可在混合料尚未完全冷却前用镐刨除边缘留下毛茬的方式，但不宜在冷却后采用切割机做纵向切缝。加铺另半幅前应涂洒少量沥青，重叠在已铺层上 50～100mm，再铲走铺在前半幅上面的混合料，碾压时由边向中碾压留下 100～150mm，再跨缝挤紧压实。或者先在已压实路面上行走碾压新铺层 150mm 左右，然后压实新铺部分。

② 横缝的施工要求。

a. 高速公路和一级公路的表面层横向接缝应采用垂直的平接缝，以下各层可采用自然碾压的斜接缝，沥青层较厚时也可做阶梯形接缝，如图 4-7 所示。其他等级公路的各层均可采用斜接缝。

图 4-7　横向接缝的几种形式

b. 斜接缝的搭接长度与层厚有关，宜为 0.4～0.8m。搭接处应洒少量沥青，混合料中的粗集料颗粒应予剔除，并补上细料，搭接平整，充分压实。阶梯形接缝的台阶经铣刨而成，并洒黏层沥青，搭接长度不宜小于 3m。

c. 平接缝宜趁尚未冷透时用凿岩机或人工垂直刨除端部层厚不足的部分，使工作缝成直角连接。当采用切割机制作平接缝时，宜在铺设当天混合料冷却但尚未结硬时进行。刨除或切割不得损伤下层路面。切割时留下的泥水必须冲洗干净，待干燥后涂刷黏层油。铺筑新混合料接头应使接茬软化，压路机先进行横向碾压，再纵向碾压成为一体，充分压实，连接平顺。

8) 开放交通　热拌沥青混合料路面应待摊铺层完全自然冷却，混合料表面温度低于50℃后，方可开放交通。需要提早开放交通时，可洒水冷却降低混合料温度。

9) 成品保护　沥青混合料面层完成后应加强保护，控制交通，不得在面层上堆土或拌制砂浆。

(3) 热拌沥青混合料路面关键项目的控制　在沥青路面施工工序中，厚度、压实度及平整度是三个最重要的指标，其中厚度、压实度称为关键项目。一定要在确保压实度的前提下努力提高平整度，一些工程由于片面追求平整度，造成压实不足，导致路面早期损坏，其教训是惨痛的。但是平整度又是十分重要的，需要努力提高平整度，问题是不能牺牲压实度。应从以下方面入手提高平整度。

① 从基层做起，逐层提高平整度。

② 保证充分供料，摊铺机均匀、连续地摊铺，避免间隙和停顿。

③ 采用比较长的平衡梁控制方式的自动找平装置，有条件时尽量采用非接触式平衡梁。

④ 控制摊铺宽度，避免全幅摊铺，做好摊铺机接缝。

⑤ 科学地安排压路机，均衡地跟在摊铺机后面及时碾压。碾压时保持直线方向、均衡慢速，折返时关闭振动，渐渐地改变方向，折返点错开不得在同一个断面上。对轮胎压路机和振动压路机要采取合理的组合排序，通常是轮胎压路机在前，压实效果好，平整度通过振动压路机弥补。

⑥ 压路机对桥涵、通道等构造物的接头以及各种特殊部位，特别要注意接缝的平整度。要仔细操作以避免造成跳车。

⑦ 除了迫不得已的情况外，要避免摊铺后人工修正。

⑧ 所有机械不能在未冷却结硬的路面上停留。

4.2.2.2 SMA沥青混合料路面施工

（1）SMA的概念　沥青玛琋脂碎石SMA，是一种以沥青、矿粉及纤维稳定剂组成的沥青玛琋脂结合料，填空于间断级配的矿料骨架中，所形成的沥青混合料具有抗滑耐磨、密实耐久、抗疲劳、抗车辙、减少低温开裂的优点，适用于高速公路、一级公路做抗滑表层使用。

（2）施工工艺　SMA路面施工工艺流程如图4-8所示。

（3）施工方法

1）施工准备

① 技术准备。

a. 复核水准点，必须全线联测。施工放样，采用全站仪准确放出中桩位置，并依据中桩确定各结构层边线位置。

b. 熟悉设计文件和相关规范、标准，编制实施性施工组织设计和SMA沥青路面单项施工技术方案，由项目总工程师向班组长进行书面的一级技术交底和安全交底，施工前由班组长向操作工人进行二级技术交底和安全交底。

② 机具准备。

拌和设备：间歇式沥青混凝土拌和站、纤维稳定剂投放设备。

运输设备：大吨位自卸汽车。

摊铺设备：配备自动找平装置的摊铺机。

碾压设备：双钢轮振动压路机。

其他设备：装载机、推土机、水车、加油车、切割机等。沥青混合料试验站、工程测量仪器及相应的试验检测设备。

③ 材料准备。

a. 原材料：沥青、粗集料、细集料、矿粉、抗剥落剂、纤维稳定剂等由持证材料员和试验员按规定进行试验，确保其质量符合相应标准。

b. 配合比设计：包括目标配合比设计、生产配合比设计以及生产配合比验证三个阶段。

④ 作业条件。

a. 沥青面层施工前，必须对下承层的质量进行检查，下承层质量必须满足相应标准要求，并且提前在下承层上喷洒黏层油。

b. 施工前对施工机具进行全面检查、调试，特别要求对拌和站的计量装置、摊铺机的自动找平装置进行计量标定。

c. 加强工地现场、沥青拌和站与气象站的联系。运料车和工地应备有防雨设施，并做好基层和路基排水。

2）SMA混合料拌制

① 严格按照目标配合比和生产配合比拌制SMA混合料，混合料级配、沥青用量、外掺材料剂量必须符合设计要求。

② SMA混合料应在沥青拌和厂采用拌和机机械拌制，各种集料应分隔堆放，不得混

施工准备

SMA混合料拌制

SMA混合料运输

SMA混合料摊铺

SMA混合料碾压

养护

成品检验与验收

开放交通

图4-8　SMA路面施工工艺流程图

杂。集料（尤其是细集料）、矿粉、纤维稳定剂等不得受潮，需设置防雨顶棚储存。

③ SMA 混合料应采用间歇式拌和机拌和，拌和机应有良好的除尘设备，并有检测拌和温度的装置和自动打印装置。

④ 纤维必须在喷洒沥青前加入拌和锅的热集料中，纤维与粗集料经适当干拌，干拌时间应比普通沥青混合料增加不少于 5 秒，喷入沥青后的混拌时间也应比普通沥青混合料增加 5 秒以上。保证纤维能充分均匀地分散在混合料中，并与沥青结合料充分拌和，做到拌和均匀、色泽一致、无结团成块现象。在实际的施工现场，发现辅助的 SMA 路面表面有油斑现象，油斑往往是玛琋脂部分纤维没有充分分散的结果。

⑤ SMA 混合料施工各阶段的温度通常宜较普通沥青混合料的施工温度提高 10～20℃。沥青加热温度 160～170℃，矿料加热温度 190～200℃。沥青混合料出厂温度 175～185℃，超过 195℃以上的 SMA 混合料不得使用。

⑥ 拌和的 SMA 混合料不立即铺筑时，必须储存在保温的储料仓中，SMA 混合料只限当天使用，贮存期间降温不应超过 10℃，且不得发生结合料老化、滴漏以及粗集料颗粒离析。

⑦ 从原则上讲，SMA 不能使用回收粉尘。所以就要减少原材料粗细集料的含粉量、含泥量。

3）SMA 混合料运输

① SMA 混合料宜采用大吨位自卸车运输。为防止沥青与车厢板黏结，车厢侧面板和底板可涂一薄层隔离剂，但严禁有余液积聚在车厢底部。隔离剂可以使用植物油等，严禁使用汽油、柴油等对沥青有腐蚀作用的隔离剂。由于 SMA 的沥青玛琋脂的黏性较大，所以车辆内涂刷的隔离剂较多。

② 运料车应备有篷布等保温、防雨、防污染的措施。每车到达现场后必须测量混合料温度，低于摊铺温度时混合料做废弃处理。

③ 为了保证连续摊铺的要求，开始摊铺时，现场待卸车辆不得少于 5 辆。

④ 在卸料时运输车在摊铺机前 10～30cm 处停住，空挡等候，由摊铺机推动前进开始缓缓卸料，避免撞击摊铺机。运料车每次卸料必须倒净。如有剩余及时清除，防止硬结。输送到摊铺机上的混合料温度不应低于 160℃。

4）SMA 混合料摊铺

① 摊铺前必须将工作面清扫干净，且工作面必须保持干燥。对于污染的中下面层，清洗干净尤为重要，而且必须喷洒黏层油，这是避免沥青层的各层不能成为一个整体，避免沥青路面早期破坏的一个重要手段。

② SMA 混合料应采用配备有自动找平装置的摊铺机进行摊铺，同时应具有振动熨平板或振动夯锤等初步压实装置。由于摊铺 SMA 时，下层是必须喷洒黏层油的，一般轮胎式摊铺机将会顶不动运料车，产生打滑现象，所以一般需要使用履带式摊铺机。摊铺机提前0.5～1h 预热，烫平板不低于 100℃。铺面要求均匀一致，防止出现离析现象。在喷洒有黏层油的路面上铺筑改性沥青混合料或 SMA 时，宜使用履带式摊铺机，并采用非接触式平衡梁控制摊铺厚度。

③ 摊铺机的摊铺速度应调节至与供料、压实速度相平衡，保证连续不断地均匀摊铺，中间不得停顿。摊铺速度宜放慢至 1～3m/min。对摊铺机驾驶员的操作技术要求很高。由于 SMA 混合料干拌、湿拌的时间适当延长，拌和的生产率会有所降低，摊铺机供料不足的问题较突出，很难保证不间断均匀摊铺，所以摊铺速度要慢一些。由于摊铺机停顿会造成压实厚度、平整度等问题，必须做到"宁可运料车等候摊铺机，也不能摊铺机等候

运料车"。

④ 松铺系数应根据试验路段确定，摊铺过程中必须随时检查摊铺层厚度、路拱及横坡，达不到要求时，立刻进行调整、整改。SMA 混合料的松铺系数要比普通热拌沥青混合料小，根据以往经验，松铺系数在 1.05～1.10 之间。

⑤ 摊铺宜采用两台摊铺机梯队作业。两台摊铺机前后错开 10～20m，两幅之间应有 30～60mm 宽度的搭接。

5）SMA 混合料碾压

① SMA 混合料碾压按初压、复压、终压三个阶段进行，宜采用振动压路机或钢筒式压路机碾压，不宜使用轮胎压路机。碾压应遵循"紧跟、慢压、高频、低幅"的原则。

② 碾压顺序由路面低侧向高侧，排成梯队，半幅全宽度内碾压。碾压段的长度控制在 20～30m 为宜，压路机的碾压遍数及组合方式依据试验段确定，压至无轮迹为止。严禁压路机在未经压完的路面上急转向、调头及停驶。

③ SMA 混合料路面的压实度达到马歇尔试验密度的 98% 以上，或者路面现场空隙率不大于 6%，应立即停止碾压，因为过度碾压可导致沥青玛𤧟脂结合料被挤压到路表面，并影响路面的构造深度。如碾压过程中发现有沥青玛𤧟脂上浮或石料压碎、棱角明显磨损等过碾现象时，碾压应立即停止。

④ 碾压应在 SMA 混合料处在高温时，连续碾压成型，因此碾压速度应较普通沥青混合料施工时提高，具体数据包括碾压遍数应用试验段提供的资料。碾压终了温度应不小于 120℃。

⑤ 碾压过程中，对松铺厚度、碾压顺序、碾压遍数、碾压速度及碾压温度应设专岗检查。终压完成后，设专人检查路面压实度和平整度，局部发现问题应立即进行处理（挖除重铺等）。

6）施工接缝的处理

① 纵向施工缝：摊铺时采用梯队作业的纵缝应采用热接缝，将已铺部分留下 100～200mm 宽暂不碾压，作为后续部分的基准面，然后做跨缝碾压以消除缝迹。上下层的纵缝应错开 150mm。SMA 路面要尽量避免纵向冷接缝。

② 横向施工缝：横向接缝应采用垂直的平接缝。采用挡板或者锯切的办法，使接缝平整，并清除接缝上的灰浆，预热连接面，使连接面的温度升高，涂上黏层沥青；测量路面实际厚度，根据松铺系数，算出摊铺机的松铺厚度；碾压方式可采取横向碾压方式处理接缝，先大部钢轮在原路面上逐步向新铺路面方向碾压；压完后用 3m 直尺检查接缝处平整度，使小于 1.5mm。

7）开放交通　SMA 混合料路面铺完后应待摊铺层完全自然冷却，至表面温度低于 50℃以下，方可开放交通。

4.2.3　沥青表面处治路面施工

沥青表面处治路面是用沥青和集料按层铺或拌和法施工，其厚度不大于 3cm 的一种薄层面层。其作用主要是对非沥青承重层起保护和防磨耗作用，而对旧沥青路面，则是一种日常维护的常用措施。沥青表面处治路面具有路面薄、造价低、施工简便、行车性能好等优点，成为提高农村公路行车质量和通行能力的主要路面类型。沥青表面处治路面施工时，各工序应紧密衔接，当日的作业段宜当日完成。宜在干燥和较热的季节施工，并宜在日最高温度低于 15℃到来以前半个月结束。

沥青表面处治常用的施工方法有层铺法和拌和法两种，以层铺法使用最广泛。层铺法是分层洒布沥青、分层撒布细粒碎石集料，经辗压成型的沥青表面处治施工方法。

4.2.3.1 施工工艺

层铺法施工有单层式、双层式和三层式。层铺法沥青表面处治路面三层式施工工艺流程如图 4-9 所示。

4.2.3.2 施工方法

沥青表面处治宜选择在干燥和较热的季节施工，并在最高温度低于 15℃ 到来以前半个月及雨季前结束。

（1）施工准备 施工准备包括下承层准备、材料准备和机具准备等内容。

① 施工前，应对下承层各项指标进行质量检验，将下承层清扫干净，保持干燥状态。

② 在清扫干净的碎（砾）石路面上铺筑沥青表面处治时，应喷洒透层油。在旧沥青路面、水泥混凝土路面、块石路面上铺筑沥青表面处治路面时，可在第一层沥青用量中增加 10%～20%，不再另洒透层油或黏层油。

③ 沥青表面处治喷洒沥青材料前应对道路人工构造物、路缘石、检查井等外露部分做防污染遮盖。

④ 沥青表面处治可采用道路石油沥青、乳化沥青、煤沥青铺筑。沥青表面处治的集料最大粒径应与处治层的厚度相等，其规格和用量按表 4-17 选用；应在路侧另备 S12（5～10mm）碎石或 S14（3～5mm）石屑、粗砂或小砾石（2～3）$m^3/1000m^2$，作为施工后初期养护用料。

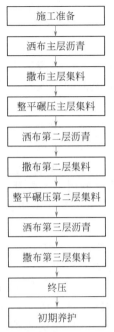

图 4-9 层铺法沥青表面处治路面三层式施工工艺流程图

表 4-17 沥青表面处治材料规格和用量

沥青种类	类型	厚度/mm	集料/(m³/1000m²)			沥青或乳液用量/(kg/m²)			
			第一层规格用量	第二层规格用量	第三层规格用量	第一次	第二次	第三次	合计用量
石油沥青	单层	1.0	S12 7～9			1.0～1.2			1.0～1.2
		1.5	S10 12～14			1.4～1.6			1.4～1.6
	双层	1.5	S10 12～14	S12 7～8		1.4～1.6	1.0～1.2		2.4～2.8
		2.0	S9 16～18	S12 7～8		1.6～1.8	1.0～1.2		2.6～3.0
		2.5	S8 18～20	S12 7～8		1.8～2.0	1.0～1.2		2.8～3.2
	三层	2.5	S8 18～20	S12 12～14	S12 7～8	1.6～1.8	1.2～1.4	1.0～1.2	3.8～4.4
		3.0	S6 20～22	S12 12～14	S12 7～8	1.8～2.0	1.2～1.4	1.0～1.2	4.0～4.6
乳化沥青	单层	0.5	S14 7～9			0.9～1.0			0.9～1.0
	双层	1.0	S12 9～11	S14 4～6		1.8～2.0	1.0～1.2		2.8～3.2
	三层	3.0	S6 20～22	S10 9～11	S12 4～6 S14 3.5～4.5	2.0～22	1.8～2.0	1.0～1.2	4.8～5.4

⑤ 层铺法沥青表面处治路面宜采用沥青洒布车及集料撒布机联合作业，碾压采用 6t 以上的钢筒压路机。施工前应检查各种施工机械，确保机械处于正常状态。

（2）洒布主层沥青 洒布主层沥青是沥青表面处治路面施工的关键工序。洒沥青前首先根据路面的单位用油量、洒布宽度及洒油车的容量、速度等条件确定每一车沥青的浇洒长度，划分好施工路段，然后进行纵向分幅，多采用全宽式或半宽式进行纵向洒油。

沥青的洒布温度根据气温及沥青标号选择，石油沥青宜为130~170℃，煤沥青宜为80~120℃，乳化沥青在常温下洒布，加温洒布的乳液温度不得超过60℃。

沥青洒布车喷洒沥青时应保持稳定速度和喷洒量，并保持整个洒布宽度喷洒均匀。洒布设备的喷嘴应适用于沥青的稠度，确保能成雾状，与洒油管成15°~25°的夹角，洒油管的高度应使同一地点接受2~3个喷油嘴喷洒的沥青，不得出现花白条。

洒油时纵向及横向均应适当重叠，纵向重叠宽度为100~150mm，横向重叠宽度为200~300mm。洒布第二、三层沥青的搭接缝应错开。

（3）撒布主层集料　洒布主层沥青后应立即用集料撒布机或人工撒布第一层主集料。撒布集料后应及时扫匀，达到全面覆盖、厚度一致、集料不重叠、也不露出沥青的要求。局部有缺料时适当找补，积料过多的将多余集料扫出。两幅搭接处，第一幅洒布沥青应暂留100~150mm宽度不撒布石料，待第二幅一起撒布。

（4）碾压　撒布主集料后，不必等全段撒布完，立即用6~8t钢筒双轮压路机进行碾压，从路边向路中心碾压3~4遍，每次轮迹重叠约300mm。碾压速度开始不宜超过2km/h，以后可适当增加。

第二、三层的施工方法和要求与第一层相同，最后一层撒上细石屑后，即用8t以上的压路机进行成型碾压。碾压应特别注意路面的表面平整，外形美观以及横坡的要求。

（5）初期养护　除乳化沥青表面处治应待破乳、水分蒸发并基本成型后方可通车外，沥青表面处治路面碾压成型后即可有组织地开放交通，进行初期养护。初期养护应注意以下几点。

① 为控制行车路线，应设置路障，并由专职人员（或交警）指挥交通，使行车碾压均匀，逐步成型。

② 严格限制行车速度，保持在每小时20公里以内，禁止畜力车、铁轮车通行。

③ 沥青表面处治路面应注意初期养护，当发现有泛油时，应在泛油处补撒与最后一层石料规格相同的嵌缝料并扫匀，过多的浮料应扫出路外。

4.2.4　沥青贯入式路面施工

沥青贯入式路面是用沥青贯入碎（砾）石做基层、联结层、面层的路面。沥青贯入式路面适用于三级及三级以下公路和城市次干道以下道路面层，也可作为沥青路面的联结层或基层。

4.2.4.1　施工工艺

沥青贯入式路面施工工艺流程如图4-10所示。

4.2.4.2　施工方法

沥青贯入式路面宜选择在干燥和较热的季节施工，并宜在日最高温度降低至15℃以前半个月结束，使贯入式结构层通过开放交通碾压成型。

（1）施工准备

① 准备下承层。检查下承层的压实度、平整度、横坡、高程、宽度、弯沉值等，如有表面松散、弹簧、弯沉值不合格等现象必须进行处理。下承层必须清扫干净。当需要安装路缘石时，应在路缘石安装完成后施工，路缘石应予遮盖。乳化沥青贯入式路面必须浇

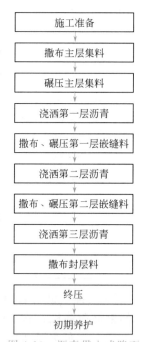

施工准备

↓

撒布主层集料

↓

碾压主层集料

↓

浇洒第一层沥青

↓

撒布、碾压第一层嵌缝料

↓

浇洒第二层沥青

↓

撒布、碾压第二层嵌缝料

↓

浇洒第三层沥青

↓

撒布封层料

↓

终压

↓

初期养护

图 4-10　沥青贯入式路面
施工工艺流程图

洒透层或黏层沥青。沥青贯入式路面厚度小于或等于 5cm 时，也应浇洒透层或黏层沥青。

② 施工放样。恢复道路中线和结构层边线，每 10m 设一中桩，并放出边线外 0.3～0.5m 处指示桩，进行水平测量，按松铺系数准确标出撒布主层集料的高程。

③ 材料准备。选择符合要求的集料生产厂家和符合要求的沥青供应商。碎石、沥青进场时要按规定频率进行检验。沥青和集料的规格、用量按表 4-18 进行选用。

④ 机械准备。沥青贯入式路面应采用机械化施工，施工前应检查各种施工机械，确保机械处于正常状态。

表 4-18　沥青贯入式路面材料规格和用量

沥青品种	石 油 沥 青					
厚度/cm	4		5		6	
规格和用量	规格	用量	规格	用量	规格	用量
封层料	S14	3～5	S14	3～5	S13(S14)	4～6
第三遍沥青		1.0～1.2		1.0～1.2		1.0～1.2
第二遍嵌缝料	S12	6～7	S11(S10)	10～12	S11(S10)	10～12
第二遍沥青		1.6～1.8		1.8～2.0		2.0～2.2
第一遍嵌缝料	S10(S9)	12～14	S8	12～14	S8(S6)	16～18
第一遍沥青		1.8～2.1		1.6～1.8		2.8～3.0
主层石料	S5	45～50	S4	55～60	S3(S4)	66～76
沥青总用量	4.4～5.1		5.2～5.8		5.8～6.4	

沥青品种	石 油 沥 青				乳 化 沥 青			
厚度/cm	7		8		4		5	
规格和用量	规格	用量	规格	用量	规格	用量	规格	用量
封层料	S13(S14)	4～6	S13(S14)	4～6	S13(S14)	4～6	S14	4～6
第五遍沥青								0.8～1.0
第四遍嵌缝料							S14	5～6
第四遍沥青						0.8～1.0		1.2～1.4
第三遍嵌缝料					S14	5～6	S12	7～9
第三遍沥青		1.0～1.2		1.0～1.2		1.4～1.6		1.5～1.7
第二遍嵌缝料	S10(S11)	11～13	S10(S11)	11～13	S12	7～8	S10	9～11
第二遍沥青		2.4～2.6		2.6～2.8		1.6～1.8		1.6～1.8
第一遍嵌缝料	S6(S8)	18～20	S6(S8)	20～22	S9	12～14	S8	10～12
第一遍沥青		3.3～3.5		4.4～4.2		2.2～2.4		2.6～2.8
主层石料	S2	80～90	S1(S2)	95～100	S5	40～45	S4	50～55
沥青总用量	6.7～7.3		7.6～8.2		6.0～6.8		7.4～8.5	

注：用量单位：集料 $m^3/1000m^2$，沥青及沥青乳液 kg/m^2。

（2）撒布主层集料，稳压　按松铺系数用碎石摊铺机撒布主层集料，平地机整平，用 6～8t 钢筒压路机自路两侧向路中心碾压，碾压速度宜为 2km/h，每次轮迹重叠约 30cm，碾压一遍后检验路拱和纵向坡度，当不符合要求时，应调整找平后再碾压。然后用重型的钢轮压路机碾压，每次轮迹重叠 1/2 左右，宜碾压 4～6 遍，直至主层集料嵌挤稳定，无显著轮迹为止。

（3）浇洒第一层沥青　沥青的洒布温度根据气温及沥青标号选择，石油沥青宜为 130～170℃，煤沥青宜为 80～120℃，乳化沥青在常温下洒布，加温洒布的乳液温度不得超过 60℃。前后两车喷洒的接茬处用铁板或建筑纸铺 2～3m，使搭接良好。分几幅浇洒时，纵向搭接宽度宜为 100～150mm。浇洒第二层、第三层沥青的搭接缝应错开。采用乳化沥青贯入时，为防止乳液下漏过多，可在主层集料碾压稳定后，先撒布一部分上一层嵌缝料，再浇洒第一层沥青。

（4）撒布第一层嵌缝料　洒布主层沥青后应立即用集料撒布车或装载机配合人工撒布第一层嵌缝料，撒布集料后应及时扫匀，达到全面覆盖、厚度一致，不足处应及时找补。当使用乳化沥青时，石料撒布必须在乳液破乳前完成。

（5）第一层嵌缝料碾压　撒布第一层嵌缝料时，不必等全段撒完，立即用 8～12t 双钢轮压路碾嵌缝料，轮迹重叠轮宽的 1/2 左右，宜碾压 4～6 遍，然后用 12～16t 胶轮压路机碾压两遍，直至稳定为止。碾压时随压随扫，使嵌缝料均匀嵌入。因气温较高使碾压过程中发生较大推移现象时，应立即停止碾压，待气温稍低时再继续碾压。

按上述方法浇洒第二层沥青、撒布第二层嵌缝料，然后碾压，再浇洒第三层沥青，按上述方法重复。

（6）撒布封层料、终压　封层料按撒布嵌缝料方法进行，封层料撒布完后，采用 6～8t 压路机做最后碾压，宜碾压 2～4 遍，然后开放交通。

（7）初期养护　除乳化沥青表面处治应待破乳、水分蒸发并基本成型后方可通车外，沥青贯入式路面碾压成型后即可有组织地开放交通，进行初期养护，并通过开放交通补充压实，成型稳定。在通车初期应设专人指挥交通或设置障碍物控制行车，限制行车速度不超过 20km/h，严禁畜力车及铁轮车行驶，使路面全部宽度均匀压实。

4.2.5　沥青透层、黏层和封层施工

4.2.5.1　透层、黏层、封层的作用和适用条件

（1）透层　透层是为使沥青面层与非沥青材料基层结合良好，在基层上喷洒液体石油沥青、乳化沥青、煤沥青而形成的透入基层表面一定深度的薄层。

符合下列情况，必须浇洒透层沥青：

① 沥青路面的级配砂砾、级配碎石基层。

② 水泥、石灰、粉煤灰等无机结合料稳定土。

③ 粒料的半刚性基层上必须浇洒透层沥青。

（2）黏层　黏层是为加强路面沥青层与沥青层之间、沥青层与水泥混凝土路面或结构物之间的黏结而洒布的沥青材料薄层。

符合下列情况，必须喷洒黏层油：

① 双层式或三层式热拌热铺沥青混合料路面的沥青层之间，在铺筑上层前，其下面的沥青层已被污染。

② 水泥混凝土路面、沥青稳定碎石基层或旧沥青路面层、桥面铺装前加铺沥青层。

③ 路缘石、雨水口、检查井等构造物与新铺沥青混合料接触的侧面。

（3）封层　封层是为封闭表面空隙、防止水分侵入而在沥青面层或基层上铺筑的有一定厚度的沥青混合料薄层。其主要作用有：一是对某一层起着封闭、保水防水作用；二是起基

层与沥青表面层之间的过渡和有效连接作用；三是对道路的某一层表面破坏离析松散处的加固补强；四是基层在沥青面层铺筑前，要临时开放交通，防止基层因天气或车辆作用出现损毁。

铺筑在沥青面层表面的称为上封层，铺筑在沥青面层下面、基层表面的称为下封层。按施工类型来分，可采用拌和法或层铺法的单层式表面处治，也可采用乳化沥青稀浆封层。

符合下列情况之一时，应铺筑上封层：

① 沥青面层的空隙较大，透水严重。

② 有裂缝或已修补的旧沥青路面。

③ 需加铺磨耗层改善抗滑性能的旧沥青路面。

④ 需铺筑磨耗层或保护层的新建沥青路面。

符合下列情况之一时，应铺筑下封层：

① 多雨潮湿地区的高速公路、一级公路的沥青面层空隙率较大，有严重渗水可能。

② 铺筑基层不能及时铺筑沥青面层而需通行车辆时，宜在喷洒透层油后铺筑下封层。

这三类联结层，非常容易混淆，必须从各自的功能着手，弄清相互之间的区别和作用。其中下封层与透层油处于相似位置，两者的功能区别是：下封层的目的在于封闭表面，不一定要求透下去；透层油要求渗透到一定深度。黏层与透层的位置不同，功能差异也大，黏层常施作于沥青面层的层与层之间，而透层施作于基层之上。

如图 4-11 所示，图中上面层 AC-13C 与下面层 AC-25C 间规范规定必须施作黏层；0.6cm 稀浆封层为下封层；水泥稳定碎石基层与沥青混凝土面层间规范规定必须施作透层，位置为水泥稳定碎石基层之上，稀浆封层之下。

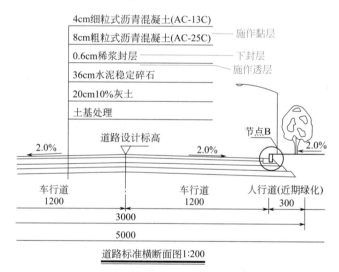

图 4-11 透层、黏层、封层位置示意图

4.2.5.2 透层施工

（1）**材料要求** 根据基层类型选择渗透性好的液体沥青、乳化沥青、煤沥青做透层油，喷洒后通过钻孔或挖掘确认透层油渗透入基层的深度宜不小于 5mm（无机结合料稳定集料基层）～10mm（无结合料基层），并能与基层联结成为一体。

透层油的用量通过试洒确定，不宜超出表 4-19 要求的范围。

表 4-19　沥青路面透层材料的规格和用量表

用途	液体沥青		乳化沥青		煤沥青	
	规格	用量/(L/m²)	规格	用量/(L/m²)	规格	用量/(L/m²)
无结合料粒料基层	AL(M) -1、2 或 3 AL(S) -1、2 或 3	1.0~2.3	PC-2 PA-2	1.0~2.0	T-1 T-2	1.0~1.5
半刚性基层	AL(M) -1 或 2 AL(S) -1 或 2	0.6~1.5	PC-2 PA-2	0.7~1.5	T-1 T-2	0.7~1.0

注：表中用量是指包括稀释剂和水分等在内的液体沥青、乳化沥青的总量。乳化沥青中的残留物含量以 50% 为基准。

（2）施工方法

① 无论对何种基层，都必须喷洒透层沥青（俗称透层油），即使铺设沥青面层下封层的基层，也不能省却喷洒透层沥青。气温低于 10℃ 或大风、即将降雨时不得喷洒透层油。透层油洒布后应不致流淌，不得在表面形成油膜。

② 用于半刚性基层的透层油宜紧接在基层碾压成型后表面稍变干燥、但尚未硬化的情况下喷洒。在无结合料粒料基层上洒布透层油时，宜在铺筑沥青层前 1~2 天洒布。洒布透层油后，应封闭各种交通。

③ 喷洒透层油前应清扫路面，遮挡防护路缘石及人工构造物避免污染。

④ 透层油宜采用沥青洒布车一次喷洒均匀，使用的喷嘴宜根据透层油的种类和黏度选择并保证均匀喷洒，沥青洒布车喷洒不均匀时宜改用手工沥青洒布机喷洒。洒布设备的喷嘴应适用于沥青的稠度，确保能成雾状，与洒油管成 15°~25° 的夹角，洒油管的高度应使同一地点接受 2~3 个喷油嘴喷洒的沥青，不得出现花白条。

⑤ 透层油必须洒布均匀，有花白遗漏应人工补洒，喷洒过量的立即撒布石屑或砂来吸油，必要时做适当碾压。

⑥ 透层油洒布后不得在表面形成能被运料车和摊铺机粘起的油皮，透层油达不到渗透深度要求时，应更换透层油稠度或品种。

⑦ 透层油洒布后的养生时间随透层油的品种和气候条件由试验确定，确保液体沥青中的稀释剂全部挥发，乳化沥青渗透且水分蒸发，然后尽早铺筑沥青面层，防止工程车辆损坏透层。在摊铺沥青前，应将局部尚有多余的未渗入基层的沥青清除。

⑧ 为了保护透层油不被运输车辆破坏，通常是在上面撒一层石屑或粗砂，以保护透层。透层油洒布后应待充分渗透，一般不少于 24h 后才能摊铺上层，但也不能在透层油喷洒后很久不做上层施工，应尽早施工。

4.2.5.3　黏层施工

（1）材料要求　黏层油宜采用快裂或中裂乳化沥青、改性乳化沥青，也可采用快、中凝液体石油沥青，所使用的基质沥青标号宜与主层沥青混合料相同。

黏层油品种和用量，应根据下卧层的类型通过试洒确定，并符合表 4-20 的要求。当黏层油上铺筑薄层大空隙排水路面时，黏层油的用量宜增加到 0.6~1.0L/m²。在沥青层之间兼做封层而喷洒的黏层油宜采用改性沥青或改性乳化沥青，其用量宜不少于 1.0L/m²。

表 4-20　沥青路面黏层材料的规格和用量表

下卧层类型	液体沥青		乳化沥青	
	规格	用量/(L/m²)	规格	用量/(L/m²)
新建沥青层或旧沥青路面	AL(R)-3~AL(R)-6 AL(M)-3~AL(M)-6	0.3~0.5	PC-3 PA-3	0.3~0.6

续表

下卧层类型	液 体 沥 青		乳 化 沥 青	
	规格	用量/(L/m²)	规格	用量/(L/m²)
水泥混凝土	AL(M)-3～AL(M)-6 AL(S)-3～AL(S)-6	0.2～0.4	PC-3 PA-3	0.3～0.5

注：表中用量是指包括稀释剂和水分等在内的液体沥青、乳化沥青的总量。乳化沥青中的残留物含量以50%为基准。

（2）施工方法

① 黏层油宜采用沥青洒布车喷洒，并选择适宜的喷嘴，洒布速度和喷洒量保持稳定。当采用机动或手摇的手工沥青洒布机喷洒时，必须由熟练的技术工人操作，均匀洒布。气温低于10℃时不得喷洒黏层油，寒冷季节施工不得不喷洒时可以分成两次喷洒。路面潮湿时不得喷洒黏层油，用水洗刷后需待表面干燥后喷洒。

② 喷洒的黏层油必须成均匀雾状，在路面全宽度内均匀分布成一薄层，不得有洒花漏空或成条状，也不得有堆积。喷洒不足的要补洒，喷洒过量处应予刮除。喷洒黏层油后，严禁运料车外的其他车辆和行人通过。

③ 黏层油宜在当天洒布，待乳化沥青破乳、水分蒸发完成，或稀释沥青中的稀释剂基本挥发后，紧跟着铺筑沥青层，确保黏层不受污染。

二维码 4.9

4.2.5.4 封层施工

使用层铺法沥青表处铺筑封层时，施工工艺按层铺法工艺施工；采用拌和法施工上、下封层时，应按照热拌沥青混凝土路面施工工艺进行。当为下封层铺筑时，宜采用 AC-5（或 LH-5）砂粒式沥青混凝土，厚度为 1cm。

二维码 4.10

（1）稀浆封层和微表处

1）稀浆封层和微表处的概念和区别　稀浆封层和微表处是近年常用于封层的两种较为常见的预防性养护技术。

稀浆封层是指用适当级配的石屑或砂、填料（水泥、石灰、粉煤灰、石粉等）与乳化沥青、外掺剂和水，按一定比例拌和而成的流动状态的沥青混合料，将其均匀地摊铺在路面上形成的沥青封层。一般用于二级及二级以下公路的预防性养护，也适用于新建道路的下封层。

微表处是一种由聚合物改性乳化沥青、集料、填料、水和外加剂按合理配比拌和并通过专门施工设备摊铺到原路面上，达到迅速开放交通要求的薄层结构。主要用于高速公路及一级公路等道路的预防性养护以及填补轻度车辙，也适用于新建道路的抗滑磨耗层。

稀浆封层和微表处有许多相似之处，但是它们是两种完全不同的类型，必须严格区别。

① 稀浆封层可采用普通乳化沥青或改性乳化沥青；微表处必须采用改性乳化沥青。

② 稀浆封层主要用于二级及二级以下公路的预防性养护，也适用于新建公路的下封层；微表处用于高速公路及一级公路的预防性养护以及填补轻度车辙，也适用于新建公路的抗滑磨耗层。

③ 稀浆封层通过 4.75mm 筛的合成矿料的砂当量不得低于 50%；微表处通过 4.75mm 筛的合成矿料的砂当量不得低于 65%。

微表处混合料从原材料质量要求、混合料设计指标、使用范围等各方面都比稀浆封层要苛刻得多，因此，它的路用性能、使用寿命都明显优于稀浆封层。

2）稀浆封层和微表处的施工　稀浆封层和微表处的施工由专用的稀浆封层机械完成。施工工艺流程是：下承层的清扫→洒透层油或黏层油→放样划线→摊铺作业→初期养护→开放交通。

① 根据铺筑厚度、处治目的、公路等级等条件，按照表 4-21 选用合适的矿料级配。

表 4-21　稀浆封层和微表处的矿料级配

筛孔尺寸/mm	不同类型通过各筛孔的百分率/%				
	微表处		稀浆封层		
	MS-2 型	MS-3 型	ES-1 型	ES-2 型	ES-3 型
9.5	100	100	100	100	100
4.75	95~100	70~90	100	95~100	70~90
2.36	65~90	45~70	90~100	65~90	45~70
1.18	45~70	28~50	60~90	45~70	28~50
0.6	30~50	19~34	40~65	30~50	19~34
0.3	18~30	12~25	25~42	18~30	12~25
0.15	10~21	7~18	15~30	10~21	7~18
0.075	5~15	5~15	10~20	5~15	5~15
每一层的适宜厚度	4~7mm	8~10mm	2.5~3mm	4~7mm	8~10mm

② 稀浆封层和微表处的混合料中乳化沥青及改性乳化沥青的用量应通过配合比设计确定。

③ 稀浆封层和微表处施工前，应彻底清除原路面的泥土、杂物，修补坑槽、凹陷，较宽的裂缝宜清理灌缝。

④ 稀浆封层和微表处的最低施工温度不得低于 10℃，严禁在雨天施工，摊铺后尚未成型混合料遇雨时应予铲除。

⑤ 稀浆封层和微表处两幅纵缝搭接的宽度不宜超过 80mm，横向接缝宜做成对接缝。分两层摊铺时，第一层摊铺后至少应开放交通 24h 后方可进行第二层摊铺。

⑥ 稀浆封层和微表处铺筑后的表面不得有超粒径料拖拉的严重划痕，横向接缝和纵向接缝处不得出现余料堆积或缺料现象，用 3m 直尺测量接缝处的不平整度不得大于 6mm。对微表处不得有横向波浪和深度超过 6mm 的纵向条纹。经养生和初期交通碾压稳定的稀浆封层和微表处，在行车作用下应不飞散且完全密水。

（2）上封层

① 根据情况可选择乳化沥青稀浆封层、微表处、改性沥青集料封层、薄层磨耗层或其他适宜的材料。

② 铺设上封层的下卧层必须彻底清扫干净，对车辙、坑槽、裂缝进行处理或挖补。

③ 上封层的类型根据使用目的、路面的破损程度选用。

④ 裂缝较细、较密的可采用涂洒类密封剂、软化再生剂等涂刷罩面。

⑤ 对二级及二级以下公路的旧沥青路面可以采用普通的乳化沥青稀浆封层，也可在喷洒道路石油沥青后撒布石屑（砂）后碾压做封层。

⑥ 对高速公路、一级公路有轻微损坏的宜铺筑微表处。

⑦ 对用于改善抗滑性能的上封层可采用稀浆封层、微表处或改性沥青集料封层。

（3）下封层

① 多雨潮湿地区的高速公路、一级公路的沥青面层空隙率较大，有严重渗水可能，或铺筑基层不能及时铺筑沥青面层而需通行车辆时，宜在喷洒透层油后铺筑下封层。

② 下封层宜采用层铺法表面处治或稀浆封层法施工。稀浆封层可采用乳化沥青或改性乳化沥青做结合料。下封层的厚度不宜小于 6mm，且做到完全密水。

③ 以层铺法沥青表面处治铺筑下封层时，通常采用单层式，矿料用量宜为（5～8）m³/1000m²，沥青用量可采用要求范围的中高限。

4.2.6　沥青路面季节性施工

沥青路面施工应选择在干燥和较热的季节施工，在进度计划的编制中要保证合理的施工工期，避开冬季和雨季；不得在气温低于10℃（高速公路和一级公路）或5℃（其他等级公路）的低温环境下施工，城镇道路沥青混合料强制禁止低于5℃时施工；不得在雨天、路面潮湿的情况下施工。施工组织设计中应有沥青路面冬、雨季施工技术措施。

4.2.6.1　沥青路面冬季施工措施

由于冬季气温较低，为保证沥青路面施工质量，施工期间做好冬季施工防护，并按以下要求指导施工。黏层、透层、封层严禁冬期施工。贯入式沥青面层与表面处治沥青面层严禁冬期施工。

（1）施工准备阶段注意事项

① 施工单位要认真制定针对性强的沥青路面冬期施工方案，监理单位要制定专项监理方案，施工单位要严格按监理单位审批后的冬期施工方案进行交底和施工。

② 密切关注天气情况，把握好施工时间，大风、雨、雪天气不得进行热拌沥青混合料路面施工。

③ 加强工地现场与沥青拌和站联系，专人指挥，统一调度，做到定量、定时、定车组织供应，及时供料。

④ 沥青面层施工前应对基层进行检查，基层应符合质量要求，并要求摊铺前对下承层进行覆盖保温、防潮，做到其表面干燥、无结冻。

（2）沥青路面施工阶段注意事项

① 沥青混合料施工时，应视沥青品种、标号，比常温适度提高混合料搅拌与施工温度。在不影响沥青混合料性能的前提下，适当提高混合料的出厂温度。运输沥青混合料的车辆应有严密的覆盖保温措施。

② 冬季沥青混合料施工时须在白天气温较高时进行，温度低于5℃时不得进行沥青摊铺作业。

③ 施工、监理单位安排专人负责沥青混合料温度检测，加强各阶段的混合料温度控制。

④ 沥青路面在寒冷季节遇大风降温，不能保证迅速压实时不得铺筑沥青混合料。热拌沥青混合料的最低摊铺温度不得低于表4-22的要求。

表 4-22　热拌沥青混合料的最低摊铺温度

下卧层的表面温度/℃	相应于下列不同摊铺层厚度的最低摊铺温度/℃					
	普通沥青混合料			改性沥青混合料或SMA沥青混合料		
	<50mm	50～80mm	>80mm	<50mm	50～80mm	>80mm
<5	不允许	不允许	140	不允许	不允许	不允许
5～10	不允许	140	135	不允许	不允许	不允许
10～15	145	138	132	165	155	150
15～20	140	135	130	158	150	145
20～25	138	132	128	153	147	143

续表

下卧层的表面温度/℃	相应于下列不同摊铺层厚度的最低摊铺温度/℃					
	普通沥青混合料			改性沥青混合料或 SMA 沥青混合料		
	<50mm	50～80mm	>80mm	<50mm	50～80mm	>80mm
25～30	132	130	126	147	145	141
>30	130	125	124	145	140	139

⑤ 摊铺作业要求多台摊铺机联合作业，保证沥青面层整幅摊铺一次成型，尽量减少接缝。

⑥ 施工时做到"三快一及时"，即"快卸、快铺、快平"和"及时碾压成型"。

4.2.6.2 沥青路面雨季施工措施

沥青面层不允许下雨时或下层潮湿时施工。如果在施工进度计划中无法避开雨季，应编制实施性的雨季施工方案。

① 雨季施工应注意气象预报，加强工地现场、沥青拌和厂及气象台站之间的联系，缩短施工长度，各项工序紧密衔接，及时摊铺、碾压。

② 施工时，首先要做好施工场地排水工作，同时计划好机械的停放和材料的堆放位置；运料车和工地应备有防雨设施，并做好基层及路肩排水。降雨或基层有集水或水膜时，不应施工。

③ 如在施工过程中突然下雨，应立刻停止摊铺作业，坚决不使用被雨水淋湿的材料，已摊铺的沥青层因遇雨未行压实的应予铲除，雨后需等到路面干燥方可继续施工。

④ 铺筑好的沥青层应严格控制交通，做好保护，保持整洁，不得造成污染，严禁在沥青层上堆放施工产生的土或杂物。

4.2.7 沥青路面质量控制与验收

沥青路面施工的质量管理和检查验收应根据全面质量管理的要求，建立健全有效的质量保证体系，加强施工过程质量控制，实行动态质量管理。对施工各工序的质量进行检查评定，达到规定的质量标准，确保施工质量的稳定性。

沥青路面施工全面质量管理，包括：施工过程中的质量管理与检查、竣工验收阶段的工程质量检查与验收。

4.2.7.1 施工过程中的质量管理与检查

施工单位在沥青路面施工过程中应随时对施工质量进行自检。监理应按规定要求自主地进行试验，并对承包商的试验结果进行认定，如实评定质量，计算合格率。当发现有质量低劣等异常情况时，应立即追加检查。施工过程中无论是否已经返工补救，所有数据均必须如实记录，不得丢弃。

（1）材料与设备检查　施工前必须检查各种材料的来源和质量。各种材料都必须在施工前以"批"为单位进行检查，不符合技术要求的材料不得进场。对材料的存放场地、防雨和排水措施进行确认，进场的各种材料的来源、品种、质量应与招标及提供的样品一致，不符合要求的材料严禁使用。

施工前应对沥青拌和楼、摊铺机、压路机等各种施工机械和设备进行调试，对机械设备的配套情况、技术性能、传感器计量精度等进行认真检查、标定，并得到监理的认可。

（2）沥青混合料生产中的质量控制　沥青混合料生产过程中，必须对各种原材料进行抽样试验，其质量应符合技术要求。沥青拌和厂必须严格按规定对沥青混合料生产过程进行质量控制。检测沥青混合料的材料加热温度、混合料出厂温度、取样抽提、筛分检测混合料的矿料级配、油石比。

（3）铺筑试验路段　高速公路和一级公路及城市道路的沥青路面在施工前应铺筑试验段。其他等级公路在缺乏施工经验或初次使用重大设备时，也应铺筑试验段。试验段的长度应根据试验目的确定，通常宜为100～200m，宜选在正线上铺筑。通过试验路段的试验，确定沥青混合料的生产、施工机械的选择、摊铺施工的工艺等技术细节。

（4）沥青路面施工中的质量控制　沥青路面的施工质量控制是影响沥青路面质量的核心因素。沥青路面施工现场通常具有施工环境恶劣、施工进度快、工种配合紧密、机械化程度高等特点，因此施工中质量控制配合施工进度就显得尤为重要。

在施工过程中应随时测定混合料各阶段的温度，做好记录；利用摊铺过程在线控制，不断地用插尺或其他工具插入摊铺层测量松铺厚度，利用高程测量手段检测路面压实后的高程、横坡和路拱；利用拌和厂沥青混合料总生产量与实际铺筑的面积计算平均厚度进行总量检验。沥青路面的压实度采取重点对碾压工艺进行过程控制，适度钻孔抽检压实度的方法。

碾压工艺的控制包括压路机的配置（台数、吨位及机型）、排列和碾压方式、压路机与摊铺机的距离、碾压温度、碾压速度、压路机洒水（雾化）情况、碾压段长度、调头方式等。

施工过程中应随时对路面进行外观（色泽、油膜厚度、表面空隙）评定，尤其特别注意防止粗细集料的离析和混合料温度不均，造成路面局部渗水严重或压实不足，酿成隐患。如果确实该路段严重离析、渗水，且经2次补充钻孔仍不能达到压实度要求，确属施工质量差的，应予铣刨或局部挖补，返工重铺。

施工过程中必须随时用3m直尺检测接缝及与构造物的连接处的平整度，正常路段的平整度采用连续式平整度仪或颠簸累积仪测定。

施工管理人员对所有与沥青路面施工有关的原始记录、试验检测及计算数据、汇总表格，必须如实记录和保存，以备交工验收及工程资料的存档。

4.2.7.2　竣工验收阶段的工程质量检查与验收

沥青路面工程完工后，施工单位应将全线以1～3km作为一个评定路段，对沥青面层进行全线自检，将单个测定值与表中的质量要求或允许偏差进行比较，计算合格率，然后计算一个评定路段的平均值、极差、标准差及变异系数。施工单位应在规定时间内提交全线检测结果及施工总结报告，申请交工验收。

沥青路面交工时应检查验收沥青面层的各项质量指标（表4-23～表4-25），包括路面的厚度、压实度、平整度、渗水系数、构造深度、摩擦系数等项目。其中压实度和厚度是关键项目，必须予以重视。

表4-23　沥青混凝土面层和沥青碎（砾）石面层实测项目

序号	检查项目	规定值或允许偏差		检查方法或频率
		高速公路、一级公路	其他公路	
1△	压实度/%	≥试验室标准密度的96%（*98%） ≥最大理论密度的92%（*94%） ≥试验段密度的98%（*99%）		按《公路工程质量检验评定标准　第一册　土建工程》（JTG F80/1—2017）中的附录B检查，每200m测1点。核子（无核）密度仪每200m测1处，每处5点。

序号	检查项目		规定值或允许偏差		检查方法或频率
			高速公路、一级公路	其他公路	
2	平整度	σ/mm	≤1.2	≤2.5	平整度仪：全线每车道连续检测，按每100m计算IRI或σ
		IRI/(m/km)	≤2.0	≤4.2	
		最大间隙h/mm	—	≤5	3m直尺：每200m测2处×5尺
3	弯沉值(0.01mm)		不大于设计验收弯沉值		按《公路工程质量检验评定标准 第一册 土建工程》(JTG F80/1—2017)中的附录J检查
4	渗水系数/(mL/min)	SMA路面	≤120	—	渗水试验仪：每200m测1处
		其他沥青混凝土路面	≤200		
5	摩擦系数		满足设计要求	—	摆式仪：每200m测1处 横向力系数测定车：全线连续检测，按《公路工程质量检验评定标准 第一册 土建工程》(JTG F80/1—2017)中的附录L评定
6	构造深度		满足设计要求	—	铺砂法：每200m测1处
7	厚度/mm	代表值	总厚度：−5%H 上面层：−10%h	−8%H	按《公路工程质量检验评定标准 第一册 土建工程》(JTG F80/1—2017)中的附录H检查，每200m测1点
		合格值	总厚度：−10%H 上面层：−20%h	−15%H	
8	中线平面偏位/mm		20	30	全站仪：每200m测2点
9	纵断面高程/mm		±15	±20	水准仪：每200m测2个断面
10	宽度/mm	有侧石	±20	±30	尺量：每200m测4个断面
		无侧石	不小于设计值		
11	横坡/%		±0.3	±0.5	水准仪：每200m测2个断面
12△	矿料级配		满足生产配合比要求		T0725，每台班1次
13△	沥青含量		满足生产配合比要求		T0722、T0721、T0735，每台班1次
14	马歇尔稳定度		满足生产配合比要求		T0709，每台班1次

注：1.表内压实度，高速公路、一级公路应选用2个标准评定，以合格率低的作为评定结果；其他公路选用1个标准进行评定。带＊号者是指SMA路面。序号后面带△者表示必须满足的项目。

2.表列沥青层厚度仅规定负允许偏差。H为沥青层总厚度，h为沥青上面层厚度；其他公路的厚度代表值和合格值允许偏差按总厚度计，当H≤60mm时，允许偏差分别为−5mm和−10mm；当H＞60mm时，允许偏差分别为−8%H和−15%H。

表4-24 沥青表面处置面层实测项目

序号	检查项目		规定值或允许偏差	检查方法和频率
1	平整度	σ/mm	≤4.5	平整度仪：全线每车道连续按每100m计算IRI或σ
		IRI/(m/km)	≤7.5	
		最大间隙h/mm	≤10	3m直尺：每200m测2处×5尺
2	弯沉值(0.01mm)		不大于设计验收弯沉值	按《公路工程质量检验评定标准 第一册 土建工程》(JTG F80/1—2017)中的附录J检查
3△	厚度/mm	代表值	−5	按《公路工程质量检验评定标准 第一册 土建工程》(JTG F80/1—2017)中的附录H检查，每200m测2点
		合格值	−10	

续表

序号	检查项目		规定值或允许偏差	检查方法和频率
4	沥青用量		±0.5%	每工作日每层洒布查1次
5	中线平面偏位/mm		30	全站仪:每200m测2点
6	纵断面高程/mm		±20	水准仪:每200m测2个断面
7	宽度/mm	有侧石	±30	尺量:每200m测4处
		无侧石	不小于设计值	
8	横坡/%		±0.5	水准仪:每200m测2个断面

表 4-25 沥青贯入式面层(或上拌下贯式面层)实测项目

序号	检查项目		规定值或允许偏差	检查方法和频率
1	平整度	σ/mm	≤3.5	平整度仪:全线每车道连续按每100m计算 IRI 或 σ
		IRI/(m/km)	≤5.8	
		最大间隙 h/mm	≤8	3m 直尺:每200m测2处×5尺
2	弯沉值(0.01mm)		不大于设计验收弯沉值	按《公路工程质量检验评定标准 第一册 土建工程》(JTG F80/1—2017)中的附录J检查
3△	厚度/mm	代表值	−8%H 或 −5	按《公路工程质量检验评定标准 第一册 土建工程》(JTG F80/1—2017)中的附录 H 检查,每200m测2点
		合格值	−15%H 或 −10	
4	沥青总用量		±0.5%	每台班每层洒布检查1次
5	中线平面偏位/mm		30	全站仪:每200m测2点
6	纵断面高程/mm		±20	水准仪:每200m测2个断面
7	宽度/mm	有侧石	±30	尺量:每200m测4点
		无侧石	不小于设计值	
8	横坡/%		±0.5	水准仪:每200m测2个断面
9△	矿料级配		满足生产配合比要求	T0725,每台班1次
10△	沥青含量		满足生产配合比要求	T0722、T0721、T 0735,每台班1次

注:表中 H 为设计厚度。当 $H ≥ 60mm$ 时,按厚度百分率计算;当 $H < 60mm$ 时,直接选用固定值。

 能力训练

第一部分 知识点考核

(说明:测试时间45分钟)

一、单选题(每题1分,共10题,共10分)

1. 确定再生沥青混合料最佳沥青用量的方法是( )。

　　A. 马歇尔试验法　　B. 针入度试验法　　C. 延度试验法　　D. 水煮试验法

2. EVA、PE 类聚合物改性沥青混合料的废弃温度为( )。

　　A. 165℃　　　　　B. 175℃　　　　　C. 185℃　　　　　D. 195℃

3. 沥青混凝土路面的使用要求之一的承载能力是指:具有足够抗( )和抗塑性变形的能力,以满足设计年限的使用需要。

　　A. 刚性变形　　　　B. 压缩破坏　　　　C. 剪切破坏　　　　D. 疲劳破坏

4.沥青混合料的结构类型可分为两类,即按（　　）原则构成和按密实级配原则构成的结构。

  A.填充   B.黏结   C.嵌挤   D.空隙

5.沥青混合料的力学强度,主要由矿物颗粒之间的内摩阻力和嵌挤力,以及沥青胶结及其与矿料之间的（　　）所构成。

  A.黏结力   B.吸引力   C.附着力   D.摩擦力

6.热拌沥青混合料路面完工后待自然冷却,表面温度低于（　　）后,方可开放交通。

  A.30℃   B.50℃   C.70℃   D.80℃

7.通常改性沥青混合料比普通沥青混合料的施工温度（　　）。

  A.低   B.高   C.相同   D.无要求

8.改性沥青混合料压实成型除执行普通沥青混合料的要求外,还有其他要求,下列选项中错误的是（　　）。

  A.初压温度高 B.初压区段短 C.终压温度低 D.宜采用振动压路机

9.改性沥青混合料面层施工时,压实应在摊铺后（　　）进行,不得等混合料冷却以后碾压。

  A.10min   B.适时   C.紧接着   D.20min

10.道路石油沥青必须按品种和标号分开存放,贮存温度不宜低于（　　）℃,并不得高于170℃,桶装沥青应直立堆放,加盖苫布。

  A.145   B.150   C.130   D.160

二、多选题（每题2分,共10题,共20分)

1.改性沥青混合料的摊铺在满足普通沥青混合料摊铺要求外,还应做到（　　）。

  A.摊铺速度宜放慢

  B.铺筑路面宜采用非接触式平衡梁自动找平

  C.摊铺系数应通过试验段取得,一般为1.15～1.35

  D.在喷洒有黏层油的路面上铺筑时,宜使用履带式摊铺机

  E.SMA混合料摊铺温度应试验确定,一般不低于160℃

2.改性沥青混合料压实作业除执行普通沥青混合料压实要求外,还应做到（　　）。

  A.初压开始温度不低于130℃

  B.初压开始温度不低于150℃

  C.碾压终了的表面温度应不低于90℃

  D.宜采用振动压路机或钢筒式压路机碾压

  E.宜优先采用重型轮胎压路机进行碾压

3.改性沥青SMA路面有非常好的（　　）,且构造深度大,抗滑性能、耐老化性能及耐久性等路面性能都有较大提高。

  A.黏结性   B.高温抗车辙能力 C.低温变形性

  D.安全性   E.水稳定性

4.再生沥青混合料性能试验指标有（　　）。

  A.残留马歇尔稳定度   B.矿料间隙率 C.饱和度

  D.冻融劈裂抗拉强度比   E.流值

5.再生沥青混合料中旧料含量的确定因素有（　　）等。

  A.路面层位   B.旧路面材料的品质 C.再生沥青性能

  D.再生剂的性能   E.交通量

6.沥青混合料中石料要求（　　）。

    A.清洁 　　　　　　B.干燥 　　　　　　C.无风化

    D.无杂质 　　　　　E.针片状

7.在未碾压成型并冷却的沥青路面上，压路机不得进行（　　）。

    A.倒驶 　　　　　　B.转向 　　　　　　C.调头

    D.刹车 　　　　　　E.先低后高碾压

8.改性沥青及改性沥青混合料的生产温度应根据（　　）来确定。

    A.改性沥青品种 　　　　　　　　　　B.改性沥青黏度

    C.碾压机械类型 　　　　　　　　　　D.气候条件

    E.铺装层厚度

9.沥青混凝土面层必须在冬期施工时，应采取（　　）措施。

    A.适当提高沥青混合料拌和出厂温度

    B.运输中应覆盖保温

    C.采取"三快二及时"的操作方法

    D.增加摊铺机台数

    E.增加操作人员数量

第二部分　综合能力考核

一、案例分析

【案例1】

背景资料：某道路改扩建工程位于城乡接合部，道路结构层为：4cm改性沥青混合料 AC-13 表面层；5cm 中粒式沥青混凝土 AC-20I 中面层；6cm 粗粒式沥青混凝土 AC-25I 底面层；36cm 石灰粉煤灰稳定碎石基层；30cm 12％石灰土底基层；结构总厚度为 81m。路线全长 2.98km，主路大部分路基为填方路基。施工红线范围内存在数量较多的拆迁物，如各种树木、高低压电杆、民房等，业主要求工期为当年4月1日至7月30日。

1.由于工期紧迫，施工单位编制的施工组织设计经项目经理部经理签批后开始准备施工，搬移拆迁物，建工地临时设施，导行交通等。

2.道路施工正值雨季，施工单位做了雨季施工准备，购置了防雨物资，要求值班巡逻，发现险情立即排除。

3.对填土路基施工要求按2％～4％以上的横坡整平压实，以防积水。当路基因雨造成翻浆时，应换灰土或砂石重做。

4.施工单位认为改性沥青混合料面层施工，只要比普通沥青混合料多压几遍就可以达到质量要求。

问题：

1.该项目经理部负责人签批的施工组织设计是否有效？准备工作中如何解决矛盾？

2.基层雨季施工方案是否完善？应补充哪些内容？

3.填土路基雨季施工质量控制要求包括什么？

4.工地对改性沥青混合料面层施工特点的认识是否全面？请补充改性沥青混合料施工要点。

【案例 2】

背景资料：某城市道路综合改建工程位于城乡接合部，是城市主干路。该项目包含道路、雨水、污水、热力、电力、电信、燃气以及交通设施等配套工程。其中道路工程全长1.8km，为三幅路形式，其结构为：4cm 改性沥青混合料 AC-13 表面层；5cm 中粒式沥青混凝土 AC-20I 中面层；6cm 粗粒式沥青混凝土 AC-25I 底面层；48cm 石灰粉煤灰稳定碎石基层；15cm 石灰土底基层，工地周围有新建居民区。

1. 施工单位为降低成本，在施工现场就地拌制石灰土底基层，沿线居民意见很大。

2. 由于摊铺、碾压机械出现故障，石灰粉煤灰碎石基层料运到工地 36h 后才摊铺、碾压，经测定，材料 R7 浸水强度为 0.7MPa。

3. 沥青混凝土面层竣工后，施工单位进行了外观检查，表面平整、坚实，没有脱落、裂缝、推挤等现象，各项检测项目合格率达到 97%～99%，施工单位认为工程质量合格。

问题：

1. 施工单位现场拌制石灰土是否符合环保要求？应该怎么做？我国《建设工程施工现场管理规定》中防止施工造成环境污染的主要内容是什么？

2. 石灰粉煤灰碎石基层施工中有何问题？

3. 沥青混凝土面层自检项目是否完全？自评"合格"是否正确？应补充哪些检查项目？

【案例 3】

背景资料：某施工单位承接了一段高速公路沥青混凝土路面施工，根据设计要求，需要在沥青混凝土路面的级配碎石基层上浇洒透层沥青，在中底面层上喷洒黏层沥青。施工中发生了如下事件。

事件 1：施工单位首先针对沥青路面施工编制了施工组织设计。

事件 2：工程准备阶段，项目部根据路面工程量、施工进度计划、施工条件、现有机械的技术状况选择了施工机械。

事件 3：在施工透层沥青时，工地现场连续 3 天下起了大雨，第 4 天上午当雨量变小后，项目部决定开始浇洒透层沥青，并在下午随即摊铺上层。

事件 4：在施工过程中，施工单位为保证施工质量设置了以下质量控制点：基层强度、高程的检查与控制；沥青混凝土材料的检查与试验；集料的级配、沥青混凝土配合比设计和试验；路面施工机械设备配置与组合；沥青混凝土摊铺厚度控制和摊铺中的离析控制；沥青混凝土的接缝施工。

问题：

1. 针对事件 1，沥青混凝土路面施工组织设计的主要内容是什么？

2. 请说明在沥青混凝土路面的级配碎石基层上浇洒透层沥青及中底面层上喷洒黏层沥青的作用。

3. 针对事件 2，补充合理选择施工机械的依据。

4. 事件 3 中，施工是否正确？如不正确，指出问题所在。

5. 针对事件 4，请补充其他的沥青混凝土路面施工质量控制点。

二、项目实施

根据附录中的具体项目，结合所学专业知识，编制专项施工方案。

第三部分 考核评价

考核内容	考核内容及标准		评 分
过程考核 （权重20%）	学习主动性强，按照要求，及时、正确地完成相关任务。主动承担项目小组相应工作，提出问题、解决问题意识强（小组互评＋个人自评＋教师评价）		
知识点考核 （权重30%）	在规定的时间内，独立完成知识点测试（可采取小组同学互评的方式）		
	单选题（10分）		
	多选题（20分）		
综合技能考核 （权重50%）	案例分析题(权重30%)	问题分析要点正确，知识点应用准确	
	项目实施（权重70%）：道路基层专项施工方案，考核点及要求如下		
	1.工程概况	内容全面，表达清楚，数据准确（5分）	
	2.编制依据	内容全面，规范标准引用正确（5分）	
	3.施工进度计划	进度计划安排合理（5分）	
	4.施工工艺	施工工艺选用正确，工艺流程清晰，工艺要求和操作要点明确（20分）	
	5.施工质量验收制度及评定标准	质量验收参照标准规范正确，验收流程符合规范要求（10分）	
	6.质量目标及保证措施	质量目标明确，保证措施到位（10分）	
	7.安全生产保证措施	安全生产措施到位（10分）	
	8.文明施工措施	文明施工措施到位（10分）	
	9.环境保护措施	环境保护措施到位（10分）	
	10.主要施工机械计划表	按工程要求拟定施工机械计划表（10分）	
	11.文本格式	文本格式符合专业要求（5分）	
总分			
总结与思考	（本次任务实施中主要存在的问题，需要教师帮助解决的问题） 年 月 日		

项目五　水泥混凝土路面施工

素质目标

　　培养综合运用技术、技能解决工程实际问题的能力；进行试验并探寻知识的能力；遵守规范标准要求，善于观察和思考，养成发现问题、提出问题、及时解决问题的习惯；培养团队精神和协作能力、口头及书面交流能力，从而塑造良好的个性人格和提高综合素质；培养在现场作业过程中严格遵守操作规程的习惯；培养综合运用理论知识分析问题和解决工程实际问题的能力；培养吃苦耐劳、刻苦钻研的精神,热爱本职工作。

　　普通水泥混凝土是由水泥、细集料（砂）、粗集料（碎石）、水和外加剂组成，必要时掺加掺合料，经拌和、摊铺、振捣（或压实）和养生而成的。水泥混凝土路面根据对材料的要求及组成成分分为素混凝土路面、钢筋混凝土路面、连续配筋混凝土路面、预应力水泥混凝土路面、钢纤维混凝土路面、装配式混凝土路面等。其中素混凝土路面只在接缝处和局部范围配置钢筋，是使用最广泛的一种水泥混凝土路面，本项目提到的水泥混凝土路面即是此种路面。

　　水泥混凝土路面具有刚度大、强度高、稳定性好、养护维修费用低等优点。在荷载重和交通量大的道路上，宜用水泥混凝土路面，特别是在土基软弱时，水泥混凝土路面更显优越性。同时，水泥混凝土的水稳定性和热稳定性均较好。在过水路面、冰冻地区和炎热地区，宜用水泥混凝土路面。此外，水泥混凝土路面粗糙度好、抗滑，适用纵坡大或小半径平曲线道路。致命缺点是受到地震等剧烈影响或地基变形等，路面板块翘曲变形，影响行车，翻建难度较大。另外，水泥混凝土路面还有接缝较多，养生期较长的弱点。

任务 5.1　水泥混凝土配合比设计与施工准备

知识目标

　　了解混凝土路面的原材料；熟悉混凝土配合比设计基本原理；熟练掌握配合比计算及调整方法；掌握水泥混凝土路面施工工艺。

能力目标

　　能够应用混凝土配合比来计算原材料的能力；能够根据混凝土工程要求来进行配合比设

计的能力；能够对实验数据进行处理、统计分析的能力；能够分析配合比设计和材料来计算工作任务、制定工作计划的能力。

任务实施要求

本任务是以水泥混凝土配合比设计为学习重点，通过有关混凝土路面材料、技术性能等诸多因素的学习，掌握混凝土的各组成材料、新拌混凝土的和易性、硬化混凝土的力学性能等基本原理，配制出满足道路工程所要求的混凝土。

任务实施可以由教师与学生共同设置情景，如配制 C30 混凝土路面。请同学以施工现场材料员的身份进行普通混凝土材料检测及评定。可以按以下步骤进行：①学习普通混凝土的配合比设计和材料计算；②编写检测方案；③普通混凝土主要性质检测；④完成检测任务，填写检测报告；⑤根据检测结果进行合格判定；⑥检测结果汇报。

水泥混凝土路面的使用性能很大程度上取决于施工质量，而施工质量又依赖于先进的施工机具。为保证水泥混凝土路面的施工质量，必须在拌和、运输、摊铺、养生的整个工艺过程，采用机械化施工与现代化施工质量检测手段。本任务着重介绍水泥混凝土面层的配合比设计和施工工艺。图 5-1 为水泥混凝土路面施工学习路线图。

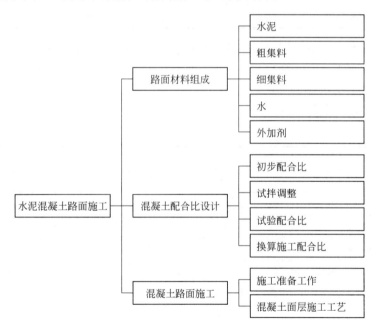

图 5-1　水泥混凝土路面施工学习路线图

5.1.1　混凝土路面材料组成与配合比设计

水泥混凝土面层直接承受着行车荷载和自然因素的反复作用，因此水泥混凝土面板就必须有足够大的强度（特别是抗折强度）和抗磨耗能力。同时还应具有抗滑、表面平整、抗冻性以确保行车能够经济、安全舒适的运行。这些要求能否达到与材料的品质和混合料的组成有着重大关系。

5.1.1.1 材料要求

（1）水泥　极重、特重、重交通荷载等级公路面层水泥混凝土应采用旋窑生产的道路硅酸盐水泥、硅酸盐水泥、普通硅酸盐水泥，中、轻交通荷载等级公路面层水泥混凝土可采用矿渣硅酸盐水泥。高温期施工宜采用普通型水泥，低温期施工宜采用早强型水泥。

水泥应有出厂合格证（含化学成分、物理指标），并经复验合格，方可使用。不同强度等级、厂牌、品种、出场日期的水泥，不得混合堆放，严禁混合使用。出场期超过三个月或受潮的水泥，必须经过试验，按其试验结果决定正常使用或降级使用。已经结块的水泥不得使用。

面层水泥混凝土所用水泥的技术要求除应满足现行《道路硅酸盐水泥》（GB/T 13693—2017）或《通用硅酸盐水泥》（GB 175—2007）的规定外，各龄期的实测抗折强度、抗压强度尚应符合《公路水泥混凝土路面施工技术细则》（JTG/T F30—2014）中的规范，见表5-1。

表5-1　面层水泥混凝土用水泥各龄期的实测强度

混凝土设计弯拉强度标准值/MPa	5.5		5.0		4.5		4.0		试验方法
龄期/d	3	28	3	28	3	28	3	28	—
水泥实测抗折强度/MPa	5.0	8.0	4.5	7.5	4.0	7.0	3.0	6.5	GB/T 17671—1999
水泥实测抗压强度/MPa	23.0	52.5	17.0	42.5	17.0	42.5	10.0	32.5	GB/T 17671—1999

（2）粗集料　粗集料应使用质地坚硬、耐久、干净的碎石、破碎卵石或卵石。应符合《公路水泥混凝土路面施工技术细则》（JTG/T F30—2014）中的规定。极重、特重、重交通荷载等级公路面层混凝土用粗集料质量不应低于表5-2中Ⅱ级的要求；中、轻交通荷载等级公路面层混凝土可使用Ⅲ级粗集料。

表5-2　碎石、破碎卵石和卵石质量标准

序号	项目		技术要求			试验方法
			Ⅰ级	Ⅱ级	Ⅲ级	
1	碎石压碎值/% ≤		18.0	25.0	30.0	JTG E42—2005 T0316
2	卵石压碎值/% ≤		21.0	23.0	26.0	JTG E42—2005 T016
3	坚固性（按质量损失计）/% ≤		5.0	8.0	12.0	JTG E42—2005 T0314
4	针片状颗粒含量（按质量计）/% ≤		8.0	15.0	20.0	JTG E42—2005 T0311
5	含泥量（按质量计）/% ≤		0.5	1.0	2.0	JTG E42—2005 T0310
6	泥块含量（按质量计）/% ≤		0.2	0.5	0.7	JTG E42—2005 T0310
7	吸水率（按质量计）/% ≤		1.0	2.0	3.0	JTG E42—2005 T0307
8	硫化物及硫酸盐含量（按 SO_3 质量计）/% ≤		0.5	1.0	1.0	GB/T 14685—2011
9	洛杉矶磨耗损失/% ≤		28.0	32.0	35.0	JTG E42—2005 T0317
10	有机物含量（比色法）		合格	合格	合格	JTG E42—2005 T0313
11	岩石抗压强度/MPa ≥	岩浆岩	100			JTG E41—2005 T0221
		变质岩	80			
		沉积岩	60			

续表

序号	项目	技术要求			试验方法
		I级	II级	III级	
12	表观密度/(kg/m³) ≥	2500			JTG E42—2005 T0308
13	松散堆积密度/(kg/m³) ≥	1350			JTG E42—2005 T0309
14	空隙率/% ≤	47			JTG E42—2005 T0309
15	磨光值/% ≥	35.0			JTG E42—2005 T0321
16	碱活性反应	不得有碱活性反应或疑似碱活性反应			JTG E42—2005 T0325

　　中、轻交通荷载等级公路面层水泥混凝土可使用再生粗集料,其质量应符合相关规范的规定,各种面层水泥混凝土配合比的不同种类粗集料与再生粗集料最大公称粒径宜符合表5-3的规定。

表5-3　各种面层水泥混凝土配合比不同种类粗集料与再生粗集料最大公称粒径 单位:mm

交通荷载等级		极重、特重、重		中、轻		试验方法
面层类型		水泥混凝土	纤维混凝土、配筋混凝土	水泥混凝土	碾压混凝土、砌块混凝土	
最大公称粒径	碎石	26.5	16.0	31.5	19.0	—
	破碎卵石	19.0	16.0	26.5	19.0	JTG E42—2005 T0302
	卵石	16.0	9.5	19.0	16 0	
	再生粗集料	—	—	26.5	19.0	—

　　(3)砂(细集料)　极重、特重、重交通荷载等级公路面层水泥混凝土用天然砂的质量标准不应低于表5-4规定的II级,中、轻交通荷载等级公路面层水泥混凝土可使用III级天然砂。

表5-4　天然砂的质量标准

序号	项目	技术要求			试验方法
		I级	II级	III级	
1	坚固性(按质量损失计)/% ≤	6.0	8.0	10.0	JTG E42—2005 T0340
2	含泥量(按质量计)/% ≤	1.0	2.0	3.0	JTG E42—2005 T0333
3	泥块含量(按质量计)/% ≤	0	0.5	1.0	JTG E42—2005 T0335
4	氯离子含量(按质量计)/% ≤	0.02	0.03	0.06	GB/T 14684—2011
5	云母含量(按质量计)/% ≤	1.0	1.0	2.0	JTG E42—2005 T0337
6	硫化物及硫酸盐含量(按 SO_3 质量计)/% ≤	0.5	0.5	0.5	JTG E42—2005 T0341
7	海砂中的贝壳类物质含量(按质量计)/% ≤	3.0	5.0	8.0	JGJ 206—2010
8	轻物质含量(按质量计)/% ≤	1.0			JTG E42—2005 T0338
9	吸水率/% ≤	2.0			JTG E42—2005 T0330
10	表观密度/(kg/m³) ≥	2500.0			JTG E42—2005 T0328

续表

序号	项目	技术要求			试验方法
		Ⅰ级	Ⅱ级	Ⅲ级	
11	松散堆积密度/(kg/m^3) ≥	1400.0			JTG E42—2005 T0331
12	空隙率/% ≤	45.0			JTG E42—2005 T0331
13	有机物含量(比色法)	合格			JTG E42—2005 T0336
14	碱活性反应	不得有碱活性反应或疑似碱活性反应			JTG E42—2005 T0325
15	结晶态二氧化硅含量/% ≥	25.0			JTG E42—2005 T0324

混凝土用砂应质地坚硬、耐久、洁净，其技术指标与级配应符合规范要求。

（4）水 符合现行《生活饮用水卫生标准》（GB 5749—2006）的饮用水可直接作为混凝土搅拌与养护用水。用于拌制和养护混凝土的水，不应含有影响水泥正常凝结和硬化的有害杂质、油、酸、盐类等。海水和严重污染的河水和湖水不得作为混凝土拌和用水。当对水质有疑问时，应检验相应指标，合格者方可使用。

（5）外加剂 混凝土外加剂是在拌制混凝土过程中掺入，用以改善混凝土性质的物质，其掺量一般不大于水泥质量的5%。混凝土路面修筑中常用的外加剂有以下几类：减水剂或塑化剂，缓凝剂、速凝剂和早强剂，引气剂，阻锈剂。

无论使用何种外加剂，必须先通过所用水泥与外加剂化学成分的适应性检验，使用与水泥相适应的外加剂品种。当工程所用混凝土中水泥的品种、强度等级、生产厂变动，或混凝土性能出现变化时，应重新检验外加剂的适用性。同时外加剂应符合《混凝土外加剂》（GB 8076—2008）、《混凝土外加剂应用技术规范》（GB 50119—2013）的有关规定，并应有合格证。

（6）纤维 用于路面水泥混凝土的钢纤维质量应满足现行《纤维混凝土应用技术规程》（JGJ/T 221—2010）等标准的要求，钢纤维抗拉强度等级不应低于600级。钢纤维应进行有效的防锈蚀处理。钢纤维的几何参数及形状精度应满足表5-5的要求。钢丝切断型钢纤维或波形、带倒钩的钢纤维不应使用。钢纤维表面不应沾染油污及妨碍水泥黏结和凝结硬化的物质，结团、黏结连片的钢纤维不得使用。

表 5-5　钢纤维几何参数及形状精度要求

钢纤维几何参数及形状精度	长度/mm	长度合格率/%	直径(等效直径)/mm	形状合格率/%	弯折合格率/%	平均根数与标称根数偏差/%	杂质含量/%	试验方法
技术要求	25～50	＞90	0.3～0.9	＞90	＞90	±10	＜1.0	JGJ/T 221—2010

5.1.1.2　混凝土配合比设计

由于混凝土路面板厚设计计算是以混凝土的抗弯拉强度为依据，因此混凝土的配合比应根据设计弯拉强度、耐久性、耐磨性等要求和经济合理的原则选用原材料，通过计算、试验和必要的调整确定混凝土单位体积中各种组成材料的用量而设计配合比。然后根据现场浇筑混凝土的实际条件，如材料供应情况（级配、含水量等）、摊铺方法和机具、气候条件等做适当调查后提出施工配合比。混凝土配合比设计的一般步骤如下。

（1）确定混凝土配合比的设计强度 配合比设计时所采用的强度指标应高于混凝土的设

计弯拉强度：

$$f_c = \frac{f_r}{1 - 1.04C_v} + ts \qquad (5\text{-}1)$$

二维码 5.1

式中　f_c——混凝土配制 28d 弯拉强度的均值，MPa；

　　　f_r——混凝土设计弯拉强度标准值，MPa；

　　　s——弯拉强度试验样本的标准差，MPa，见表 5-6；

　　　t——保证率系数，见表 5-7；

　　　C_v——弯拉强度变异系数，应按统计数据在表 5-8 的规定范围内取值；在无统计数据时，应按设计取值。

表 5-6　各级公路水泥混凝土路面弯拉强度试验样本的标准差 s

公路等级	高速	一级	二级	三级	四级
目标可靠度/%	95	90	85	80	70
目标可靠指标	1.64	1.28	1.04	0.84	0.52
样本的标准差 s /MPa	$0.25 \leqslant s \leqslant 0.50$	$0.45 \leqslant s \leqslant 0.67$		$0.40 \leqslant s \leqslant 0.80$	

表 5-7　保证率系数

公路等级	判别概率 P	样本数 n/组			
		6~8	9~14	15~19	≥20
高速	0.05	0.79	0.61	0.45	0.39
一级	0.10	0.59	0.46	0.35	0.30
二级	0.15	0.46	0.37	0.28	0.24
三、四级	0.20	0.37	0.29	0.22	0.19

表 5-8　各级公路混凝土路面弯拉强度变异系数

公路等级	高速	一级		二级	三、四级	
混凝土弯拉强度变异水平等级	低	低	中	中	中	高
弯拉强度变异系数允许变化范围	0.15~0.20	0.15~0.20	0.15~0.20	0.15~0.20	0.15~0.20	0.15~0.20

　　如果施工配制弯拉强度超出设计给定的弯拉强度变异系数上限，则必须改进机械装备，并拉高施工控制水平。

　　（2）计算水灰比（W/C）　根据大量试验结果回归获得的弯拉强度 f_c 与水灰比 W/C 的经验关系计算。

　　碎石（或砾石）混凝土：

$$W/C = 1.5684/(f_c + 1.0097 - 0.3595 f_s) \qquad (5\text{-}2)$$

　　卵石混凝土：

$$W/C = 1.2618/(f_c + 1.5492 - 0.4709 f_s) \qquad (5\text{-}3)$$

式中　W/C——水灰比；

　　　f_s——水泥实测 28d 抗折强度，MPa。

掺用粉煤灰时应计入超量取代法中代替水泥的那一部分粉煤灰用量（代替砂的超量部分

不计入），用水胶比 $\dfrac{W}{C+F}$（$C+F$ 为胶凝材料的总量）代替水灰比 W/C。

同时应在满足弯拉强度计算值和耐久性（表 5-4）两者要求的水灰（胶）比中取小值。砂率应根据砂的细度模数和粗集料种类，查表 5-3 取值。在软做抗滑槽时，砂率在表 5-3 基础上可增大 $1\%\sim2\%$。

为满足耐久性的要求，高速公路、一级公路水灰比不大于 0.44；二级公路不大于 0.46；三、四级公路不大于 0.48。

（3）计算用水量 W　在水灰比已定的条件下确定用水量也就是确定混凝土中的水泥浆用量。水泥浆用量取决于和易性的要求（以坍落度为准）和组成材料的性质。每立方米混凝土的用水量 W（kg/m^3）可按下列经验关系式确定。

碎石混凝土：
$$W_0 = 104.97 + 0.309S_L + 11.27C/W + 0.61S_P \tag{5-4}$$

砾石混凝土：
$$W_0 = 86.89 + 0.370S_L + 11.24C/W + 1.00S_P \tag{5-5}$$

式中　W_0——不掺外加剂与掺合料混凝土的单位用水量，kg/m^3；

　　　　S_L——坍落度，mm；

　　　　S_P——砂率，%，应根据细度模数和粗集料种类查表确定，见表 5-9；

　　　C/W——灰水比。

表 5-9　砂的细度模数和最优砂率关系

砂细度模数		$2.2\sim2.5$	$2.5\sim2.8$	$2.8\sim3.1$	$3.1\sim3.4$	$3.4\sim3.7$
砂率 S_P /%	碎石	$30\sim40$	$32\sim36$	$34\sim38$	$36\sim40$	$38\sim42$
	砾石	$28\sim32$	$30\sim40$	$32\sim36$	$34\sim38$	$36\sim40$

如果掺外加剂，混凝土单位用水量就应按下式计算：
$$W_{0w} = W_0(1 - \beta/100) \tag{5-6}$$

式中　W_{0w}——掺外加剂混凝土的单位用水量，kg/m^3；

　　　　β——所用外加剂剂量的实测减水率，%。

（4）计算水泥用量（表 5-10）　每立方米混凝土的水泥用水量按下式计算，并取计算值与表给定值的较大值。
$$C_0 = W_0(C/W) \tag{5-7}$$

式中　C_0——单位水泥用量。

表 5-10　混凝土满足耐久性要求的最大水灰比和最小水泥用量

公路技术等级		高速、一级公路	二级公路	三、四级公路
最大水灰比		0.44	0.46	0.48
抗冰冻要求最大水灰比		0.42	0.44	0.46
抗盐冻要求最大水灰比		0.40	0.42	0.44
最小单位水泥用量/(kg/m^3)	52.5 级	300	300	290
	42.5 级	310	310	300
	32.5 级	—	—	315

续表

公路技术等级		高速、一级公路	二级公路	三、四级公路
抗冰(盐)冻要求最小单位水泥用量/(kg/m³)	52.5级	310	310	300
	42.5级	320	320	315
	32.5级	—	—	325
掺粉煤灰时最小单位水泥用量/(kg/m³)	52.5级	250	250	245
	42.5级	260	260	255
	32.5级	—	—	265
抗冰(盐)冻掺粉煤灰时最小单位水泥用量/(kg/m³)	52.5级	265	260	255
	42.5级	280	270	265

（5）计算粗、细集料的单位用量　在已知砂率、单位用水量和水泥用量的情况下，可以采用假定表观密度法或绝对体积法确定粗、细集料的单位用量。

这里采用绝对体积法计算集料用量，计算式如下。

$$\frac{C_0}{\rho_C} + \frac{W_0}{\rho_W} + \frac{S_0}{\rho_S} + \frac{G_0}{\rho_G} + 10\alpha = 1000 \tag{5-8}$$

$$\frac{S_0}{S_0 + G_0} \times 100\% = S_P \tag{5-9}$$

式中　ρ_C、ρ_W——分别为水泥和水的密度，可分别取为 $2.9 \sim 3.1 \text{g/cm}^3$、$1.0\text{g/cm}^3$；

ρ_S、ρ_G——分别为细集料和粗集料的表观密度，g/cm^3；

α——混凝土的含气量百分率，在不使用引气型外加剂时，α 可取为 1%。

（6）配合比的调整　通过以上的计算得到的配合比是根据以前的经验和资料、参数确定的材料初步用量，它同材料实际情况有一定的差异。为此，上述计算配合比需要通过试验加以验证，通过试验检验其强度及和易性是否满足要求，若不满足应对配合比加以调整，直至检验通过即可确定实验配合比。在施工现场，还需视集料的实际含水量、气候、运距等情况，对实验室配合比做适当的调整，由此得到施工配合比。

【案例】　加减水剂混凝土配合比设计

设计某地区重交通等级一级公路轨道摊铺机施工的路面水泥混凝土配合比。水泥为42.5级普通硅酸盐水泥，密度 $\rho_C = 3.1 \times 10^3 \text{ kg/m}^3$。细集料为中砂，表观密度 $\rho'_S = 2.70 \times 10^3 \text{ kg/m}^3$。粗集粒为石灰岩碎石，最大粒径 $d_{max} = 31.5\text{mm}$，表观密度 $\rho'_S = 2.75 \times 10^3 \text{ kg/m}^3$，水泥实测28d抗折强度为8.00MPa。

掺加高效减水剂 UNF-5，掺加量为 0.75%，减水率 $\beta = 15\%$。

要求混凝土设计弯拉强度为5.0MPa，拌和物坍落度为20～40mm。

解　第一步　计算初步配合比

（1）计算试配强度　已知设计弯拉强度为5.0MPa，取保证率系数 $t = 0.46$，变异系数 $C_v = 0.10$，试配强度为：

$$f_c = \frac{5.0}{1 - 1.04 \times 0.10} + 0.46 \times 0.48 = 5.80(\text{MPa})$$

（2）计算和确定水灰比　按混凝土的试配强度 f_c(MPa)、水泥实测28d抗折强度 f_s(MPa)和粗集料类型，计算水灰比 W/C。

$$\frac{W}{C} = \frac{1.5684}{f_c + 1.0097 - 0.3595 f_s} = \frac{1.5684}{5.80 + 1.0097 - 0.3595 \times 8.00} = 0.3987$$

混凝土水灰比应按满足弯拉强度计算值和耐久性两者要求的水灰比中取较小值,因此取 0.4。

(3) 计算单位用水量　砂为中砂,由内插法选取砂率为 $S_P = 31\%$。根据摊铺方式,取坍落度 $S_L = 30\text{mm}$。

按公式确定混凝土拌合物在砂石料自然风干状态的单位用水量 W_0 为:

$$W_0 = 104.97 + 0.309 S_L + 11.27 \frac{C}{W} + 0.61 S_P \times 100$$

$$= 104.97 + 0.309 \times 30 + 11.27 \times \frac{1}{0.4} + 0.61 \times 31$$

$$= 161(\text{kg/m}^3)$$

掺加减水剂后,计算每立方米水泥混凝土的用水量:

$$W_{0w} = W_0(1 - \beta) = 161 \times (1 - 0.15) = 137(\text{kg/m}^3)$$

单位用水量应取计算值和按施工方式所要求的规定值两者中的较小值,因此取为 $137\,\text{kg/m}^3$。

(4) 计算单位水泥用量　已知计算单位用水量 $W_{0W} = 137\,\text{kg/m}^3$,水灰比 $W/C = 0.40$。由公式计算单位水泥用量

$$C_0 = W_{0w} \times \left(\frac{C}{W}\right) = 137/0.40 = 343(\text{kg/m}^3)$$

该计算值与规定值比较,取两者中的较大值,即 $343\,\text{kg/m}^3$。

(5) 计算砂石用量　已知水泥用量 $m_{C0} = 343\,\text{kg/m}^3$,用水量 $m_{W0} = 137\,\text{kg/m}^3$,水泥密度 $\rho_C = 3.1 \times 10^3\,\text{kg/m}^3$,水密度 $\rho_W = 1.0 \times 10^3\,\text{kg/m}^3$,砂表观密度 $\rho'_S = 2.70 \times 10^3\,\text{kg/m}^3$,碎石表观密度 $\rho'_G = 2.75 \times 10^3\,\text{kg/m}^3$,砂率 $\beta_S = 31\%$。根据绝对体积法,可得:

$$\frac{343}{3.1} + \frac{137}{1.0} + \frac{S_0}{2.70} + \frac{G_0}{2.75} = 1000$$

$$\frac{S_0}{S_0 + G_0} \times 100\% = 31\%$$

解得: $S_0 = 638(\text{kg/m}^3)$, $G_0 = 1419(\text{kg/m}^3)$。

由此得到初步配合比为 $C_0 : W_0 : S_0 : G_0 = 343 : 137 : 638 : 1419$。

第二步　试拌调整

按上述初步定出的配合比,拌制 0.03m^3 混凝土拌合物,材料组成包括水泥、水、砂和碎石,分别为 10.29kg、4.11kg、19.14kg、42.57kg。测得坍落度为 30mm,符合工作性要求。

但从黏聚性和饱水性要求来观察,砂率偏小。提高砂率 32%,重新计算得到 $C_0 = 343\text{kg/m}^3$、$W_0 = 137\text{kg/m}^3$、$S_0 = 658\text{kg/m}^3$、$G_0 = 1399\text{kg/m}^3$。混凝土计算湿表观密度 $\rho'_{CP} = 2537\,\text{kg/m}^3$。再次拌和 0.03m^3 混凝土拌合物,材料组成包括水泥、水、砂和碎石,分别为 10.29kg、4.11kg、19.74kg、41.97kg。测得坍落度为 27mm,工作性符合要求,黏聚性和饱水性良好。

因此,得出基准试验室配合比为 $C_{0a} : W_{0a} : S_{0a} : G_{0a} = 343 : 137 : 658 : 1399$。

第三步　测定强度,确定试验室配合比

按基准配合比的水灰比 $W/C=0.40$，增加和减少 0.02 计算另两组混凝土配合比，即取 A 组为 0.42、B 组为 0.40、C 组为 0.38。制作三组梁试件，标准养生 28d 测其弯拉强度，A、B、C 三组结果分别为 6.28MPa、5.85MPa、5.54MPa。

根据试验结果，选取 B 组配合比，其弯拉强度及工作性均符合要求，而且水泥用量最少。

按上述配比基准配合比，实测拌合物湿表观密度 $\rho_{CP}=2512\,\mathrm{kg/m^3}$。因此，校正系数 $\delta=\dfrac{2512}{2537}=0.99$，以此系数乘以各项组分的单位含量，得到配合比为：

$$C_{0a}=343\times0.99=339.6(\mathrm{kg/m^3})$$
$$W_{0a}=137\times0.99=135.6(\mathrm{kg/m^3})$$
$$S_{0a}=658\times0.99=651.4(\mathrm{kg/m^3})$$
$$G_{0a}=1399\times0.99=1385.0(\mathrm{kg/m^3})$$

因此，最终确定的试验室配合比为 $C_{0b}:W_{0b}:S_{0b}:G_{0b}=340:136:651:1385$。

第四步　换算施工配合比

根据工地实测，砂的含水率 $\omega_S=3\%$，碎石含水率 $\omega_G=1\%$。各种材料的用量为：

水泥用量：$C=340(\mathrm{kg/m^3})$

砂用量：$S=651\times(1+3\%)=671(\mathrm{kg/m^3})$

碎石用量：$G=1385\times(1+1\%)=1399(\mathrm{kg/m^3})$

水用量：$W=136-(651\times3\%+1385\times1\%)=103(\mathrm{kg/m^3})$

因此，工地配合比为 $C:S:G:W=1:1.97:4.11:0.30$。

5.1.2　水泥混凝土面层施工工艺

这里主要介绍就地浇筑的水泥混凝土路面。

5.1.2.1　施工准备

施工的准备工作主要包括施工机械选择、材料要求、技术准备、任务条件等方面。

（1）施工机械选择　常见的水泥混凝土路面的摊铺机械有滑模摊铺机、轨道摊铺机、三辊轴机组、小型机具和碾压混凝土摊铺机等，各种摊铺机械的选用宜符合表 5-11 的要求。

表 5-11　摊铺机械使用范围

摊铺机械装备	高速	一级	二级	三级	四级
滑模摊铺机	★	★	★	▲	○
轨道摊铺机	▲	★	★	★	○
三辊轴机组	○	▲	★	★	★
小型机具	×	○	▲	★	★
碾压混凝土摊铺机	×	○	★	★	★

注：符号含义　★——应使用；▲——有条件使用；○——不宜使用；×——不得使用。

（2）材料要求

① 水泥混凝土宜使用商品混凝土，水泥、粗集料、细集料、外加剂、水、钢筋、钢纤维、传力杆（拉杆）、滑动套、胀缝板、填缝料等原材料要求见《公路水泥混凝土路面施工技术细则》（JTG/TF30—2014）3.1～3.11 节。

② 混凝土配合比应保证混凝土的设计强度、耐磨、耐久和混凝土拌合物和易性的要求，

在冰冻地区还应符合抗冻性要求。混凝土配合比设计的具体要求见《公路水泥混凝土路面施工技术细则》(JTG/TF30—2014) 4.1 节。

(3) 施工机具与设备　包括混凝土运输机具(混凝土运输车、翻斗车、手推车、洒水车等)、振捣机具(平板振动器、插入式振动器、振动梁等)、其他机具(地面磨光机、真空吸水装置、混凝土切割机等)。

(4) 技术准备

① 当采用自拌混凝土时，应选择合适的拌和场地，要求运送混合料的运距尽量短，水、电等方便，有足够面积的场地，能合理布置拌和机和砂、石堆放点，并能搭建水泥库房等。

② 有碍施工的建筑物、灌溉渠道和地下管线等，均应在施工前拆迁完毕。

③ 混凝土摊铺前，对基层进行整修，检测基层的宽度、路拱、标高、平整度、强度和压实度等各项指标达到设计和规范要求，并经监理工程师同意后进行。混凝土摊铺前，基层表面应洒水润湿，以免混凝土底部水分被干燥基层吸去。

(5) 作业条件

① 施工前应按设计规定划分混凝土板块，板块划分应从路口开始，避免出现锐角。曲线段分块，应使横向分块线与该点法线方向一致。直线段分块线应与面层涨缩缝结合，分块距离均匀。分块线距检查井盖的边缘，宜大于 1m。同时根据设计文件及施工条件，确定施工方案，编制施工组织设计。

② 施工前必须对混凝土路面原材料进行试验分析，并应提供混凝土配合比试验数据。

③ 施工前根据设计文件，复测平面和高程控制桩，并据此定出路面中线、宽度、纵横高程等样桩。

5.1.2.2　混凝土面层的施工工艺

(1) 工艺流程　模板安装→钢筋设置→混凝土摊铺→接缝处理→抹面拉毛→养护→拆模

二维码 5.2

(2) 操作工艺

1) 模板安装　根据设计图纸放出路线中心线及路面边线；在路线两旁布设临时水准点，以便施工时就近对路面进行标高复核。在处理好的基层或做好的调平层上，清扫杂物及浮土，然后再支立模板，模板高度与路面高度相齐平。模板宜采用钢模板，模板的制作与立模应符合下列规定。

① 模板应与混凝土的摊铺机械相匹配，模板的高度与混凝土板厚度一致；钢模板应平直、平整，每 1m 设置 1 处支撑装置。木模板应选用质地坚实、变形小，无腐朽、扭曲、裂纹的木料。木模板直线部分板厚不宜小于 5cm，每 0.8～1m 设 1 处支撑设置。弯道部分板厚宜为1.5～3cm，每 0.5～0.8m 设 1 处支撑装置，模板与混凝土接触面及模板顶面应刨光。其高度应与混凝土板厚一致。模板内侧面、顶面要刨光，拼缝紧密牢固，边角平整无缺。

② 模板制作允许偏差应符合表 5-12 规定。

表 5-12　模板制作允许偏差

施工方式检测项目	三辊轴机组	轨道摊铺机	小型机具
高度/mm	±1	±1	±2
局部变形/mm	±2	±2	±3
两垂直边夹角/(°)	90±2	90±1	90±3
顶面平整度/mm	±1	±1	±2
侧面平整度/mm	±2	±2	±3

施工方式检测项目	三辊轴机组	轨道摊铺机	小型机具
纵向直顺度/mm	±2	±1	±3

注：本表摘自《城镇道路工程施工与质量验收规范》（CJJ 1—2008）。

③ 立模的平面位置与高程，应符合设计要求。模板按预定位置安放在基层上，两侧用铁钎打入基层以固定位置，模板顶面用水准仪核查其标高，不符合时予以调整，施工时应经常校验，严格控制模板标高和平面位置。模板接头紧密平顺，不得有离缝、前后错茬高低不平等现象。模板接头和模板与基层接触处均不得漏浆。模板与混凝土接触的表面应涂隔离剂。

④ 混凝土拌合物摊铺前，应对模板进行检验，合格后方可使用。模板安装质量应符合表 5-13 的规定。

表 5-13　模板安装允许偏差

施工方式 检测项目	允许偏差			检测频率		检验方法
	三辊轴机组	轨道摊铺机	小型机具	范围	点数	
中线偏位/mm	≤10	≤5	≤15	100m	2	用经纬仪、钢尺量
宽度/mm	≤10	≤5	≤15	20m	1	用钢尺量
顶面高程/mm	±5	±5	±10	20m	1	用水准仪测量
横坡/%	±0.10	±0.10	±0.20	20m	1	用钢尺量
相邻板高差/mm	≤1	≤1	≤2	每缝	1	用水平尺、塞尺量
模板接缝宽度/mm	≤3	≤2	≤3	每缝	1	用钢尺量
侧面垂直度/mm	≤3	≤3	≤4	20m	1	用水平尺、卡尺量
纵向顺直度/mm	≤3	≤2	≤4	40m	1	用20m线盒钢尺量
顶面平整度/mm	≤1.5	≤1	≤2	每两缝间	1	用3m直尺、塞尺量

注：本表摘自《城镇道路工程施工与质量验收规范》（CJJ 1—2008）。

2）钢筋设置　钢筋混凝土板钢筋网片的安放应符合下列规定。

① 不得踩踏钢筋网片。

② 安放单层钢筋网片时，应在底部先摊铺一层混凝土拌合物，摊铺高度应在钢筋网片设计位置预加一定的沉落度。待钢筋网片安放就位后，再继续浇筑混凝土。

③ 安放双层钢筋网片时，对厚度不大于 25cm 的板，上下两层钢筋网片可事先用架立筋扎成骨架后一次安放就位。厚度大于 25cm 的，上下两层钢筋网片应分两次安放。安放角隅钢筋时，应先在安放钢筋的角隅处摊铺一层混凝土拌合物。摊铺高度应高于设计高度，以抵消一定的沉落度。角隅钢筋就位后，用混凝土拌合物压住。安放边缘钢筋时，应先沿边缘铺筑一条混凝土拌合物，拍实至钢筋设置高度，然后安放边缘钢筋，在两端弯起处，用混凝土拌合物压住。

④ 传力杆安装应牢固、位置准确。胀缝传力杆应在胀缝板、提缝板以前安装。

⑤ 钢筋加工允许偏差应符合表 5-14 的规定。

表 5-14　钢筋加工允许偏差

项　目	焊接钢筋网及 骨架允许偏差/mm	绑扎钢筋网及 骨架允许偏差/mm	检验频率		检验方法
			范围	点数	
钢筋网的长度与宽度	±10	±10			用钢尺量
钢筋网眼尺寸	±10	±20	每检验批	抽查10%	用钢尺量
钢筋骨架宽度与高度	±5	±5			用钢尺量
钢筋骨架的长度	±10	±10			用钢尺量

注：本表摘自《城镇道路工程施工与质量验收规范》（CJJ 1—2008）。

⑥ 钢筋安装允许偏差应符合表 5-15 的规定。

表 5-15　钢筋安装允许偏差

项　目		允许偏差/mm	检验频率		检验方法
			范围	点数	
受力钢筋	排距	±5	每检验批	抽查 10%	用钢尺量
	间距	±10			用钢尺量
钢筋弯起点位置		20			用钢尺量
箍筋、横向钢筋间距	绑扎钢筋网及钢筋骨架	±20			用钢尺量
	焊接钢筋网及钢筋骨架	±10			用钢尺量
钢筋预埋位置	中心线位置	±5			用钢尺量
	水平高差	±3			用钢尺量
钢筋保护层	距表面	±3			用钢尺量
	距底面	±5			用钢尺量

注：本表摘自《城镇道路工程施工与质量验收规范》(CJJ 1—2008)。

⑦ 混凝土抗压强度达到 8.0MPa 及以上方可拆模。当缺乏强度实测数据时，侧模允许最早拆模时间宜符合表 5-16 的规定。

表 5-16　混凝土侧模的允许最早拆模时间　　　　　单位：h

昼夜平均气温	−5℃	0℃	5℃	10℃	15℃	20℃	25℃	≥30℃
硅酸盐水泥、R 型水泥	240	120	60	36	34	28	24	18
道路、普通硅酸盐水泥	360	168	72	48	36	30	24	18
矿渣硅酸盐水泥	—	—	120	60	50	45	36	24

注：1. 允许最早拆模时间从混凝土面板精整成形后开始计算。
2. 本表摘自《城镇道路工程施工与质量验收规范》(CJJ 1—2008)。

3）混凝土摊铺、搅拌与运输　混凝土铺筑前应检查基层或砂垫层表面、模板位置、高程等符合设计要求。模板支撑接缝严密、模内洁净、隔离剂涂刷均匀。钢筋、预埋胀缝板的位置正确，传力杆等安装符合要求。运输、搅拌、摊铺设备状况良好。

① 人工小型机具施工水泥混凝土路面层，应符合下列规定。

a. 混凝土松铺系数宜控制在 1.10～1.25 之间。

b. 摊铺厚度达到混凝土板厚度的 2/3 时，应拔出模内钢钎，并填实钎洞。

c. 混凝土面层分两次摊铺时，上层混凝土的摊铺应在次下层混凝土初凝前完成，且下层厚度宜为总厚度的 3/5。

d. 混凝土摊铺应与钢筋网、传力杆及边缘角隅钢筋的安放相配合。

e. 一块混凝土板应一次连续浇筑完毕。

f. 混凝土采用插入式振捣器振捣时，不应过振，且振动时间不宜少于 30s，移动间距不宜大于 50cm。使用平板振捣器振捣时应重叠 10～20cm，振捣器行进速度应均匀一致。

② 三辊轴机组铺筑应符合下列规定。

a. 三辊轴机组铺筑混凝土面层时，辊轴直径应与摊铺层厚度匹配，且必须同时配备一安装插入式振捣器组的排式振捣机，振捣器的直径宜为 50～100mm，间距不应大于其有效作用半径的 1.5 倍，且不得大于 50cm。

b. 当面层铺装厚度小于 15cm 时，可采用振捣梁。其振捣频率宜为 50～100Hz，振捣加速度宜为 4g～5g（g 为重力加速度）。

c.当一次摊铺双车道面层时，应配备纵缝拉杆插入机，并配有插入深度控制和拉杆间距调整装置。

d.铺筑作业应符合下列要求。

（a）卸料应均匀，布料应与摊铺速度相适应。

（b）设有接缝拉杆的混凝土面层，应在面层施工中及时安设拉杆。

（c）三辊轴整平机分段整平的作业单元长度宜为20～30m，振捣机振实与三辊轴整平工序之间的时间间隔不宜超过15min。

（d）在一个作业单元长度内，应采用前进振动、后退静滚方式作业，最佳滚压遍数应经过试铺确定。

③ 采用轨道摊铺机铺筑时，最小摊铺宽度不宜小于3.75m，并应符合下列规定。

a.应根据设计车道按表5-17技术参数选择摊铺机。

表 5-17　轨道摊铺机基本技术参数表

项目	发动机功率/kW	最大摊铺宽度/m	摊铺厚度/m	摊铺速度/（m/min）	整机质量/t
三车道轨道摊铺机	33～45	11.75～18.3	250～600	1～3	13～38
双车道轨道摊铺机	15～33	7.5～9.0	250～600	1～3	7～13
单车道轨道摊铺机	8～22	3.5～4.5	250～450	1～4	≤7

注：本表摘自《城镇道路施工与质量验收规范》（CJJ 1—2008）。

b.坍落度宜控制在20～40mm。不同坍落度时的松铺系数 K 可参考表5-17、表5-18确定，并按此计算出松铺高度。

表 5-18　松铺系数 K 与坍落度 S_L 的关系

坍落度 S_L/mm	5	10	20	30	40	50	60
松铺系数 K	1.30	1.25	1.22	1.19	1.17	1.15	1.12

注：本表摘自《城镇道路施工与质量验收规范》（CJJ 1—2008）。

c.当施工钢筋混凝土面层时，宜选用两台箱型轨道摊铺机分两层两次布料。下层混凝土的布料长度应根据钢筋网片长度和混凝土凝结时间确定，且不宜超过20m。

d.轨道摊铺机振实作业应符合下列要求。

（a）轨道摊铺机应配备振捣器组，当面板厚度超过15cm、坍落度小于30mm时，必须插入振捣。

（b）轨道摊铺机应配备振动梁或振动板对混凝土表面进行振捣和修整。使用振动板振动提浆饰面时，提浆厚度宜控制在（4±1）mm。面层表面整平时，应及时清除余料，用抹平板完成表面修整。

4）接缝处理

① 胀缝的设置视情况而定，普通混凝土路面、钢筋混凝土路面和钢纤维混凝土路面的胀缝间距视集料的温度膨胀性大小、当地年温差和施工季节综合确定。高温施工，可不设胀缝；常温施工，集料稳缩系数和年温差较小时，可不设胀缝；集料稳缩系数或年温差较大，路面两端构造物间距大于等于500m时，宜设一道中间胀缝；低温施工，路面两端构造物间距大于等于350m时，宜设一道胀缝。邻近构造物、平曲线或与其他道路相交的胀缝应按《公路水泥混凝土路面设计规范》（JTG D40—2011）的规定设置。胀缝施工，应符合下列规定。

二维码 5.3

a.胀缝应与路面中心线垂直，缝壁必须垂直，缝隙宽度必须一致；缝中不得连浆。缝隙上部应浇灌填缝料，下部应设置胀缝板。

b.胀缝传力杆的活动端，可设在缝的一边或交错布置，固定后的传力杆必须平行于板面及路面中心线，其误差不得人于 5mm，传力杆的固定，可采用顶头模板固定或支架固定安装的方法。

②缩缝的施工，应采用切缝法。当受条件限制时，可采用压缝法。

当混凝土达到设计强度 25%~30% 时，应采用切缝机进行切割。切缝用水冷却时，应防止切缝水渗入基层和土基。切缝深度当设传力杆时，不应小于面层厚的 1/3，且不小于70mm；当不设传力杆时，不应小于面层厚的 1/4，且不小于 60mm。

当混凝土拌合物成活后，立即用振动压缝刀压缝。当压至规定深度时，应提出压缝刀，用原浆修平缝槽，严禁另外调浆。然后放入铁制或木制嵌条，再次修平缝槽，待混凝土拌合物初凝前泌水后，取出嵌条，形成缝槽。

③施工缝的位置应与缩缝设计位置吻合。施工缝应与路面中心线垂直；多车道路面及民航机场道面的施工缝应避免设在同一横断面上。施工缝传力杆长度的一半锚固于混凝土中，另一半应涂沥青，允许滑动。传力杆必须与缝壁垂直。

④当一次铺筑宽度小于路面和硬路肩总宽度时，应设纵向施工缝，位置应避开轮迹，并重合或靠近车道线。纵缝施工方法，应按纵缝设计要求确定，并应符合下列规定。

a.对于平缝纵缝，对已浇混凝土板的缝隙应涂刷沥青，并应避免涂在拉杆上。浇筑邻板时，缝的上部应压成规定深度的缝槽。

b.对于企口缝纵缝，宜先浇筑混凝土板凹榫的一边；缝壁应涂刷沥青。浇筑邻板时应靠缝壁浇筑。

c.整幅浇筑纵缝的切缝或压缝，应符合前面缩缝的施工方法。

纵缝设置拉杆时，拉杆应采用螺纹钢筋，并应设置在板厚中间。设置拉杆的纵缝模板，应预先根据拉杆的设计位置放样打眼。

⑤混凝土板养护期满后，缝槽应及时填缝，在填缝前必须保持缝内清洁，防止砂石等杂物掉入。

⑥填缝采用灌入式填缝的施工，应符合下列规定。

a.灌注填缝料必须在缝槽干燥状态下进行，填缝料应与混凝土缝壁黏附紧密不渗水。

b.填缝料的灌注深度宜为 3~4cm。当缝槽大于 3~4cm 时，可填入多孔柔性衬底材料。填缝料的灌注高度，夏天宜与板面相平；冬天稍低于板面。

c.热灌填缝料加热时，应不断搅拌均匀，直至规定温度。当气温较低时，应用喷灯加热缝壁。施工完毕，应仔细检查填缝料与缝壁黏结情况，有开脱处，应用喷灯小火烘烤，使其黏结紧密。

⑦填缝采用预制嵌缝条的施工，应符合下列规定。

a.预制胀缝板嵌入前，缝壁应干燥，并清除缝内杂物，使嵌缝条与缝壁紧密结合。

b.缩缝、纵缝、施工缝的预制嵌条缝，可在缝槽形成时嵌入。嵌缝条应顺直整齐。

5）抹面拉毛、整平饰面及抗滑构造

①水泥混凝土路面抹面及拉毛操作的好坏，可直接影响到平整度、粗糙度和抗磨性能，混凝土终凝前必须收水抹面。抹面前，先清边整缝，清除黏浆，修饰掉边、缺角。抹面一般用小型电动磨面机，先装上圆盘进行粗光，再装上细抹叶片精光。操作时来回抹平，操作人员来回抹面重叠一部分，初步抹面需在混凝土整平 10min 后进行，冬季施工还应延长时间。抹面机抹平后，有时再用拖光带横向轻轻拖拉几次。抹面后，当用食指稍微加压按下能出现2mm 左右深度的凹痕时，即为最佳拉毛时间，拉毛深度 1~2mm。

② 拉毛时，拉纹器靠住模板，顺横坡方向进行，一次进行中，中途不得停留，这样拉毛纹理顺畅美观且形成沟通的沟槽而利于排水。也可采用压痕机械进行压痕。特重和重交通混凝土路面宜采用硬刻痕，凡使用圆盘、叶片式抹面机精平后的混凝土路面、钢纤维混凝土路面必须采用硬刻痕方式制作抗滑沟槽。

6）养护 当混凝土表面有相当硬度时，一般用手指轻压无痕迹，就可用湿草垫或湿麻袋覆盖，洒水养护时应注意水不能直接浇在混凝土表面上，当遇到大雨或大风时，要及时覆盖润湿草垫。每天用洒水车勤洒水养护，保持草垫或麻袋湿润。加入减水剂的混凝土强度5d可达80%以上，此时可撤掉草垫或湿麻袋，放行通车后，仍需洒水养护2～3d。机械摊铺的各种混凝土路面、桥面及搭板宜采用喷洒养护剂同时保湿覆盖的方式养护。不宜采用围水养护的方式。

混凝土养护时间根据混凝土弯拉强度增长情况而定，不宜小于设计弯拉强度的80%，应特别注重前7天的保湿（温）养护。一般养护天数宜为14～21d，高温不宜小于14d，低温不宜小于21d。掺粉煤灰的混凝土路面，最短养护时间不宜少于28d，低温适当延长。混凝土在养护期间和填缝前，应禁止车辆通行，在达到设计强度的40%后，方可允许上人。在面层混凝土弯拉强度达到设计强度，且填缝完成前不得开放交通。

7）拆模 拆模时先取下模板支撑、铁钎等，然后用扁头铁撬棍棒插入模板与混凝土之间，慢慢向外撬动，切勿损伤混凝土板边，拆下的模板应及时清理保养并放平堆好，防止变形，以便转移他处使用。

任务 5.2 滑模式摊铺机施工

知识目标

熟悉滑模摊铺机械施工工艺流程；熟悉基准线的设置；掌握滑模摊铺水泥混凝土路面施工过程的控制方法。

能力目标

能够初步参与滑模摊铺施工准备工作；具有滑模摊铺施工工艺流程的审查能力；具有一定的现场解决摊铺机操作技术的能力。

任务实施要求

本任务是道路施工现场施工和管理人员必须具备的专业能力，通过本任务实施目的是了解滑模摊铺施工的工艺流程和滑模摊铺技术。课程教学可引入施工现场的视频、图片等教学资源，以激发学习兴趣。任务实施可以在教学中应辅以参观实习，并充分借助工程照片、录像、多媒体教学，并以报告的形式提交学习成果。

滑模摊铺技术具有施工质量最高、施工速度最快、装备现代化的高新成熟技术的特点。目前，我国已经将滑模摊铺技术规定为高速、一级公路水泥混凝土路面施工的必须采用的装备和工艺技术。如图5-2所示为滑模式摊铺机施工学习路线图。

5.2.1 滑模摊铺机械施工工艺流程

滑模摊铺机械化程度较高,其施工工艺较为复杂,每一个流程都要求做到充分、精确,整个施工工艺大致可分为:施工前准备、混凝土拌和、混凝土运输、滑模摊铺、整修养护、灌填缝料、验收及开放交通。滑模摊铺水泥混凝土施工工艺流程如图 5-3 所示。

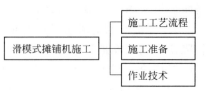

图 5-2 滑模式摊铺机施工学习路线图

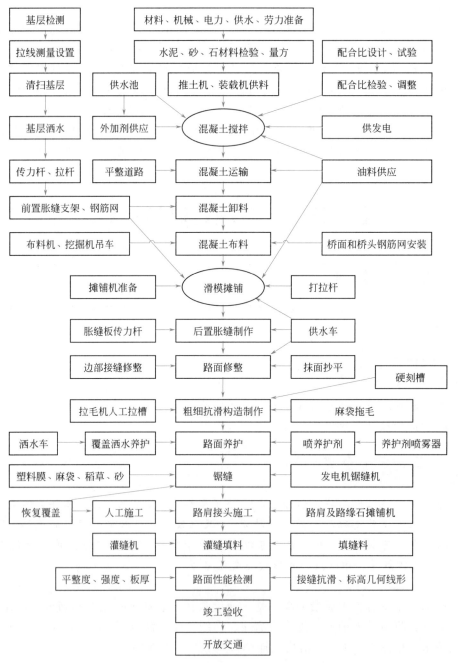

图 5-3 滑模摊铺水泥混凝土施工工艺流程

5.2.2　滑模摊铺施工准备

5.2.2.1　基准线设置

滑模摊铺混凝土路面的拉线设置与沥青路面非常接近，可以有几种摊铺基准设置方式：拉线、滑模靴、铝方管和多轮支架等，一般多使用拉线方式。沥青路面摊铺上面层和摊铺中面层不同的是：若上基层的平整度达不到路面的严格要求，可采用除拉线以外的方式。有条件的，基层必须经过精整机洗刨过3mm。基层施工，一是用精整机，二是基层规范规定的平整度为8mm。在这种条件下，要保证滑模水泥混凝土路面的高平整度，原则上不得采用其他简易设置方式。

（1）基准线的组成与分类　滑模摊铺混凝土路面的施工应设置基准线。基准线由铁立杆、钢丝绳、测力计、张紧器等组成。

基准线设置形式有单向坡双线式、单向坡单线式和双向坡双线式三种。

①单向坡双线式。所摊铺的混凝土面板横向坡度为单向坡，而拉线位于摊铺机两侧（双线），这种拉线形式称为单向坡双线式。拉线间距反映路面横坡。顺直段平面上拉线相等并平行。

②单向坡单线式。所摊铺的混凝土面板横向坡度为单向坡，拉线仅位于摊铺机其中一侧（单线），筑好的一侧不拉线，这种拉线形式称为单向坡单线式。这种拉线形式在路面分多幅（或两幅）摊铺的情况下，于后幅摊铺时采用。这时修筑好的路面、边沟或路缘石可作为摊铺机的不拉线一侧的平面参考系。

③双向坡双线式。所摊铺的混凝土面板横坡为双向坡，而拉线位于摊铺机两侧（双线），这种拉线形式为双向坡双线式。顺直段上拉线完全平行，并对应高层相等，拉线上没有横坡。

（2）基准线宽度　基准线宽度除应保证摊铺宽度外，尚应满足两侧650～1000mm横向间距的要求。

直线段基准线桩纵向间距不应大于10m，竖、平曲线路段视曲线半径大小应加密布置，最小间距为2.5m。

（3）线桩的固定　线桩固定时，基层顶面到夹线臂高度宜为450～750mm。基准线桩夹线臂夹口到桩的水平距离宜为300mm，基准线桩必须钉设牢固。

（4）基准线长度　单根基准线的最大长度不宜大于450m，架设长度不宜大于300m。

（5）基准线拉力　基准线拉力不应小于1000N。

（6）基准线精度　基准线的设置精确度应符合表5-19规定。

表5-19　基准线设置精确度要求

项目	中线平面偏位/mm	路面宽度偏差/mm	面板厚度/mm		纵断高程偏差/mm	横坡偏差/%	连续纵缝高差/mm
			代表值	极值			
规定值	≤10	≤±15	≥-3	≥-8	±5	±0.10	±1.5

注：在基准线上单车道一个横断面测3点、双车道测5点测定板厚，其平均值为该断面平均板厚。断面平均板厚不应薄于其代表值；极小值不应薄于极值。每200m测10个断面，其值为该路段平均板厚，路段平均板厚不应小于设计板厚。不满足上述要求，不得摊铺面板。

（7）基准线保护　基准线是为摊铺机上的四个水平传感器、两个方向传感器提供一具精确的与路面平行的水平（横坡）和直线（转弯）方向平面参考系。基准线设置后，严禁扰动、碰撞和振动。一旦碰撞变位，应立即重新测量纠正。多风季节施工，应缩小基准线桩间距。

路面摊铺的几何精度和平整度很大程度上取决于基准线的测设精度。水平参考系的精度一般是由测桩水平面与基准线之间保持相同的距离来控制和保证。所以，基准线是滑模施工混凝土路面的"生命线"。准确安装设置基准线对于滑模摊铺极其重要。

5.2.2.2 摊铺现场准备

（1）机具设备 所有施工机具应处于良好状态，试运转正常并全部就位。

（2）表面清理 基层、封层表面及履带行走部位应清扫干净。摊铺面板位置应洒水湿润，但不得积水。热天高温条件下，在旧有沥青或老路面加铺时，可喷洒白色石灰膏降温。基层上的降温和保温措施是为了使面板硬化，提供设计所需要的弯拉强度。

（3）纵缝处理 横向连接摊铺时，前次摊铺路面纵缝溜肩胀宽部位应切割顺直。侧边拉杆应校直，缺少的拉杆应钻孔锚固植入。纵向施工缝的上半部缝壁应满涂沥青，这些是保证纵缝顺直及防止水进入的密封措施。

（4）板厚检查 板厚控制必须在摊铺前的拉线上进行，并要求场站监督，否则摊铺后不合格很难弥补。施工中要随时注意并检查和控制板厚。当板厚偏薄时洗刨基层方法效果并不好，一是基层表面损伤有缝且基层厚度不足；二是基层部位与平整基层对面板的摩阻力相差过大，会造成路面运行的前内断板大大增加。因此，必须严格控制基层标高；同时，在面板标高误差范围内，可适当调整面板高程，但应在 30m 以上长度内调整。

5.2.2.3 施工参数设定

摊铺开始前，应对摊铺机进行全面性能检查和正确的施工部件位置参数设定。摊铺机各工作机构施工位置的正确设定是滑模摊铺技术的环节之一，也是摊铺机中的主要工作内容。实际上，若工作参数设置不正确，无论如何也摊铺不出高质量的路面来，所以必须透彻了解振动黏度理论并严格遵循设计师所使用的摊铺机工艺设计原理，使下述每项工作参数都设定在正确摊铺的位置。

（1）振捣棒位置 振捣棒的位置应在压板最低点以上，振捣棒的横向间距宜为 300～450mm，均匀排列；两侧最边缘振捣棒与摊铺边缘距离不宜大于 200mm。

振捣棒位置是保证面板不产生纵向收缩裂缝的关键，振捣棒随滑模摊铺机拖行时，将粗集料推开，会形成无粗集料的砂浆暗沟，这是由砂浆的干缩量是混凝土的 20 倍所导致的。所以如果主要振捣棒掉下来，摊铺后的路面留有发亮的砂浆条带，路面必纵向开裂。在所有公路路面摊铺时，振捣棒的最低点位置必须设置在路表面以上。对于很深的厚面板，如广州新白云机场道路面板达 42cm 厚度，除了缩窄一倍加密振捣棒的横向间距外，一半振捣棒安装在表面，另一半隔条振是插入板中的。对于没有这么厚的面板，均必须设置在路表面以上，以防止开裂。

（2）前倾斜角 挤压底板前倾斜角宜设置为 30℃ 左右，提浆夯板位置宜在挤压底板前缘以下 5～10mm 之间，这是横向拉裂与否的关键要素。

（3）超铺角及搓平梁 两边缘超铺角宜在 3～8mm 间。搓平梁前宜调整到与挤压板后沿同高，搓平梁的后沿比挤压底板后沿低 1～2mm，并与路面同高。

（4）位置校准 滑模摊铺机首次摊铺路面，应对挂线及其铺筑位置、几何参数和机架水平度进行校准，正确无误后，方可开始摊铺。

（5）复核测量 在开始摊铺的 5min 内，应在铺筑行进中对摊铺出的路面标高、边缘厚度、中线、横坡等参数进行复核测量。所摊铺的路面精确度应控制在规范的规定值范围内。

5.2.3 滑模摊铺作业技术

摊铺机在进行混凝土试摊铺时，应制定消除误差的方法、程序和保证措施，必须对所摊出的路面标高、厚度、宽度、中线、横坡等技术参数进行测量。摊铺机机手应根据测量结果及时微调摊铺机上传感器、挤压板、拉杆打入夯力、抹平板的压力及侧模边缘位置。侧模边缘位置是用钢尺测量其到拉线距离来确定的。摊铺中线误差的消除，是通过在行进中调整方向传感器横杆距离来实现的，所有这些都必须是在摊铺行进中进行调整。为防止路面因剧烈调整而出现影响平整度的棱槽，必定要丢弃部分路面重做。从摊铺机起步到调整，再到正常摊铺，应在 10m 内完成。摊铺效果达到要求的摊铺机参数应固定并保护起来，不允许非操作手更改。

5.2.3.1 铺筑机作业技术要领

摊铺过程中的操作要领，来源于振动黏度理论和摊铺机工艺设计原理。滑模摊铺机与其他工艺的区别是不能倒车重铺，必须一遍铺成，达到振动密实、排气充分、挤压平整、外观规整之目的。摊铺时既不能漏振、欠振，造成麻面或拉裂；也不得过振、提浆过厚，形成塌边或溜肩现象。为此，振捣频率必须达到与速度和料稠度之间的最优匹配。挤压前仰角相当于手工抹面的抹刀仰角，随着稠度和粗糙度的不同，推力差别较大，必须有一个与混合料工作性质匹配的最适宜的角度。每台摊铺机都有其最佳参数设定位置，需要摸索出初始设定位置和最优参数。

二维码 5.4

（1）摊铺速度 操作滑模摊铺机应缓慢、匀速、连续不间断地作业。停机次数越多，摊铺机挤压底板静止压力造成影响平整度的横向槽越多。严禁料多追赶，然后随意停机等待致使间歇摊铺。摊铺速度应根据混凝土的稠度、供料多少和设备性能控制在 0.75～2.5m/min 之间，一般宜控制在 1m/min 左右。混凝土稠度发生变化时，应先调振捣频率，后改变摊铺速度。

摊铺宽度大于 7.5m 时，若左右两侧拌合物稠度不一致，摊铺速度应按偏干一侧设置。并应将偏稀一侧的振捣频率迅速调小。保证施工路面密实、不塌边溜肩，保持基本相同的表面砂浆。注意，此项规定在某些振捣频率单一且采用一个旋钮调整的摊铺机上实现不了，只有在每个振捣棒的频率可单独（单侧）设置的摊铺机上可以实现。

（2）混凝土的振捣 正常摊铺时，振捣频率可在 6000～11000r/min 之间调整，宜采用 9000r/min 左右的频率。为防止混凝土过振、欠振或漏振，应根据混凝土的稠度大小，随时调整摊铺的振捣速度。摊铺机起步时，先开启振捣棒振捣 2～3min，再缓慢平移推进。摊铺机脱离混凝土后，应立即关闭振捣棒组。

摊铺中应经常检查振捣棒的工作情况和位置。路面出现麻面或拉裂现象时，必须停机检查或更换振捣棒。为防止路面出现麻面或开裂，摊铺后，路面上出现发亮的砂浆条带时，必须调高振捣棒位置，使其底缘在挤压底板的后缘高度以上。

（3）故障排除 当混凝土供应不上或拌和楼出现机械故障等情况，停机等待时间不得超过平均气温下混凝土初凝时间的 4/5，超过此时间，应将滑模摊铺机开出摊铺工作面，并做施工缝。当滑模摊铺机出现机械故障，应紧急通知后方拌和楼停止生产，在故障停机时间内，若摊铺机内混凝土尚未初凝，则允许继续摊铺。否则，就将滑模摊铺机拖出摊铺工作面，清洗、调试和检查并确认正常后重新起步摊铺。

5.2.3.2 摊铺现场作业技术要领

(1) 布料作业

① 布料高度　无论采用哪种布料方式，滑模摊铺机前的料线高度应控制在螺旋布料片最高点以下，并不得缺料。卸料、布料应与摊铺速度相协调。混凝土运到路面铺筑处卸下时，可以采用直接卸在基层上和用卸料机械卸到摊铺机内两种方法。直接卸到基层上时，为防止混凝土离析和便于刮板摊铺，应尽可能卸成 2～3 堆。

② 松铺控制　滑模摊铺机摊铺过程中，要随时调整松方高度板控制进料位置，开始时宜设得高些，正常摊铺时应保持振捣仓内料位高于振捣棒 100mm 左右，料位高低上下波动宜控制在 ±30mm 之内。为了防止挤压力忽大忽小而影响平整度，挤压底板的料与振动仓内的混凝土之间，始终应维持相互间压力的均衡。以往的滑模摊铺机松方控制板均需要机手操纵，现在新型的滑模摊铺机，松方控制板是通过振动仓设置的超声传感器反馈自动控制其平整度。当坍落度在 10～50mm 时，布料松铺系数宜控制在 1.08～1.15 之间。布料机与滑模摊铺机之间施工距离宜控制在 5～10m。

③ 钢筋保护　当摊铺钢筋混凝土路面、桥面或拱板时，严禁任何机械开上钢筋网、胀缝支架，防止将钢筋网压变形、变位或贴地。

(2) 拉杆插入　摊铺单车道路面，应视路面的设计要求配置一侧或双侧打入纵缝拉杆的机械装置。侧向拉杆打入装置的正确插入位置应在挤压底板的下中间或偏后部。拉杆打入方式分手推、液压、气压几种方式，应力应满足一次打（推）到位的要求，不允许多次打入或人工后打。滑模摊铺是没有固定模板的快速施工方式，在毫无支撑的软混凝土路面边侧或中间打拉杆，容易造成塌边和破坏，要采取措施补救。

同时摊铺两个以上车道时，除侧向打拉杆的装置外，还应在假纵缝位置中间配置 1 个以上中间拉杆自动插入装置，该装置有前插和后插两种配置。前插时，应保证拉杆的设置位置；后插时要消除插入上部混凝土的破损缺陷，应有振动搓平梁或局部振动板来保证修复插入缺陷，保证其插入部混凝土的密实度。带振动搓平梁和振动修复板的滑模摊铺机应选择机后插入方式，其他滑模摊铺机可使用机前插入方式。打入的拉杆必须处在路面板厚中间。中间和侧向拉杆打入的高低，均不得大于 ±2cm，前后误差不得大于 ±3cm。

(3) 拉裂控制　路面一旦出现横向拉裂现象，应从如下几方面进行检查。首先，检查混凝土拌合物是否出现局部或整体过于干硬、离析、骨料粒径过大现象，如发生上述现象，则不适宜滑模摊铺；其次，检查在该部位是否出现因摊铺速度过快、振捣频率不够、混凝土未振动液化而出现拉裂现象，若有拉裂现象，要降低摊铺速度，提高振捣频率；再次，如果压底板的位置和前仰角设置不当，前倒角时必定拉裂，前仰角过大，也可能拉裂，应在行进中调整前两个水平传感器，即改变挤压底板为适宜的前仰角以消除拉裂现象。拌合物较干硬或等料停机时间较长，起步摊铺速度过快，都可能拉裂路面。等料停机时间较长时，应间隔一刻钟开启振棒振动 2～3min。起步摊铺时，宜先振捣 2～3min，再缓慢推进。

应通过调整拌合物稠度、停机时间、挤压底板前仰角、起步及摊铺速度等措施来控制消除拉裂现象。从料的稠度、操作、前仰角和起始速度几方面来防止拉裂现象，最重要的是料不得过干，另外对于坍落度较小的混凝土，会产生拉裂现象。因此要注意控制坍落度。

水泥混凝土路面滑模摊铺拉裂与否，取决于内聚强度、内摩阻角和内在剪切位移。按试验结果，当滑模摊铺机摊铺新拌和混凝土坍落度在 0～70mm 范围内变化时，内聚强度在 2.0～34.6kPa 范围内变化；内摩擦阻角在 370°～600°之间；剪切位移在 70～180mm 之间。由于可调整的范围较宽，可以使用增加水胶比、降低砂胶比、增大粉煤灰或减水剂掺量等措施改善拌合物工作性来防止拉裂。试验研究表明，混凝土振实后金属板挤压滑移拉裂的可能性将大大降低。同等条件下，未振捣密实的混凝土更容易被拉裂。

在施工中，采取加强较干硬混凝土的振捣、调整挤压底板适宜的前仰角、缓慢起步摊铺等措施，可有效地防止滑模摊铺中路面的拉裂现象。

（4）浆厚控制　表面砂浆厚度要合理控制。机手应随时观测摊铺的路面效果，注意调整和控制摊铺速度、振捣频率、夯实杆和振动搓平梁以及抹平板的位置、速度和频率。抗滑构造表面砂浆层厚度控制在 4mm 左右为宜，硬刻槽路面的砂浆层厚度控制在 2mm 左右为宜。

（5）交通管制　施工中要严格控制履带上已铺路面的时间。连接摊铺时，滑模摊铺机一侧履带在前次水泥混凝土路面上的行走时间，应控制在 7d 以上，最短不得小于 5d。同时，钢履带底部应铺橡胶垫或使用挂胶履带的滑模摊铺机。为防止履带碾压已经成型的路面，纵向连接摊铺路面时，应对连接纵缝部位进行人工修整，连接纵缝的横向平整度应符合不同公路等级的要求。连接摊铺路面时，连接摊铺后注意相邻两幅路面的纵缝平整度：高速公路、一级公路平均不应大于 2mm，极值不应大于 3mm。二、三级公路平均不应大于 3mm，极值不应大于 5mm。

路面修筑完毕，当强度达到预定的 70％时，用钢丝刷刷干净黏附在前幅路面上的砂浆，应刷出粗细抗滑构造。

5.2.3.3　特殊路段施工技术要领

（1）叉口匝道施工　遇到平面交叉口、收费站广场或匝道变宽段路面时，可采用滑模摊铺机跨一侧或两侧模板施工方式，模板顶面应粘橡胶垫，模板顶面高于路面高程 3mm，滑模摊铺机的振捣仓在模板上部应加隔板。滑模摊铺水泥路面施工遇到平面交叉口附近的变宽段和匝道、弯道路面时，当变宽段宽度小于滑模摊铺机安装宽度时，可采取适当的方式以滑模摊铺机摊铺。例如，可采取支侧模板跨模连续摊铺，并进行必要的滑模底板保护，或者采取将滑模摊铺机的振动仓加隔板，关闭隔板外侧的振捣棒的方法。

（2）纵坡路段施工　滑模摊铺机可铺筑的路面最大纵坡为：上坡 5％，下坡 6％。上坡时，挤压底板前仰角宜适当调小，减小抹平板压力；坡度较大时，为了防止摊铺机过载而难以推动，宜适当调整挤压底板前仰角。下坡时，前仰角宜适当调大，并适当增加抹平板压力。当板底以不小于 3/4 的长度接触路表面时，抹平板压力较为适宜。

（3）弯道路段施工　滑模摊铺机施工的最小弯道半径不应小于 50m；最大超高横坡不宜大于 7％。滑模摊铺渐变段路面时，对于单向横坡，应使滑模摊铺机跟线摊铺，应随时调整抹平板内外侧的抹面距离，防止压垮边缘。摊铺中央路拱时，向计算机输入弯道和渐变段边缘及路拱的几何参数，计算机自动形成路拱。当用手控时，机手应在给定路段范围内分级逐渐消除和调成路拱。进出渐变段时，应保证路拱的生成和消失，保证弯道和渐变段路面几何尺寸的正确性。

5.2.3.4　路面修整

滑模摊铺过程中应采用自动抹平板装置进行抹面。对少量局部麻面和明显缺料部位，应在挤压板后或梁前补充拌合物，由搓平梁或抹平板机械修整。

滑模摊铺的混凝土面板在下列三种情况下，可用人工进行局部修整。

① 用人工操作抹面抄平，精整摊铺后表面存在小缺陷，但不得在整个表面加薄层修补路面标高。

② 对纵缝边缘出现的倒边、塌边、溜肩现象，应顶侧模或在上部支方铝管进行边缘处

补料修整。

③ 对起步和纵向施工接头处，应使用水准仪抄平并采用大于 3m 的靠尺边测边修整。

滑模摊铺结束后，必须及时做好下述工作。

① 要清洗滑模摊铺机，进行当日保养、加油、加水、打润滑油等，并宜在第二天硬切横向施工缝，也可在当天软做施工横缝。

② 应丢弃端部的混凝土和摊铺机振动仓内遗留下的纯砂浆。

③ 设置施工缝端模，并用水准仪测量面板高程和横坡。为使下次摊铺能紧接着施工缝开始，两侧模板应向内各收进 20~40mm，收口长度宜比滑模摊铺机侧模板略长。

④ 施工缝部位应设置传力杆，并应满足路面平整度、高程、模坡和板长要求。

⑤ 在开始摊铺和施工接头时，应做好端头和结合部位的平整度，防止工作缝结合部低洼跳车。接头部位要宁高勿低。

任务 5.3　其他水泥混凝土路面施工

知识目标

了解碾压混凝土、钢纤维混凝土路面的优势；熟悉碾压混凝土、钢纤维混凝土的施工工序；掌握碾压混凝土的检测内容。

能力目标

具有碾压混凝土施工工艺流程的审查能力；具有钢纤维混凝土施工工艺流程的审查能力。

任务实施要求

本任务是以碾压混凝土、钢纤维混凝土的施工工艺流程为学习重点，通过本任务实施目的是了解碾压混凝土、钢纤维混凝土的施工工艺流程。课程教学可引入施工现场的视频、图片等教学资源，以激发学习兴趣。任务实施可以在教学中辅以参观实习、工程照片、录像、多媒体教学，掌握碾压混凝土、钢纤维混凝土施工应用技术和施工方法、施工要点等相关知识，并以报告的形式提交学习成果。

碾压水泥混凝土路面简称 RCCP，是采用沥青混凝土路面施工工艺，将干硬性水泥混凝土摊铺、压实成型的一种新型水泥混凝土路面。RCCP 路面既具有普通水泥混凝土路面高强度、稳定、耐久的特点，又兼有沥青混凝土路面的施工周期短、施工方便和快速开放交通等优点。如图 5-4 所示为其他水泥混凝土路面学习路线图。

图 5-4　其他水泥混凝土路面学习路线图

5.3.1　碾压混凝土路面施工

RCCP 碾压水泥混凝土是一种坍落度低的干硬性混凝土，与普通混凝土相比能显著减少单位用水量，水胶比小，水泥用量少，工序简单，路面强度高，造价低。

碾压混凝土的最大优点是节约。它具有如下特点：一是施工工艺的设备简单，在劳动力方面占用少，施工速度快，每小时可达 200～350t 混凝土；二是对骨料的要求不严格，可大量节约水泥，使工程投资费用节省 15%～35%，若用它修筑水泥混凝土堤坝，可节省 60% 以上投资费用，经济效益好；三是水胶比小，养生时间短，只需 7d 即可开放交通，社会效益好；四是强度高，寿命长，同时具有很强的抗冻融能力，能经受燃油、油脂等化学物质的侵蚀，承载力高。

碾压混凝土在施工中应注意以下问题。

5.3.1.1　拌和问题

拌制碾压混凝土宜用强制式搅拌设备，也可采用自落式等其他类型搅拌设备。设备的称重系统应灵敏、准确、可靠，并定期检定，保证混凝土生产过程的精度。搅拌设备配备细骨料的含水率快速测定装置，并应有相应拌和水量自动调整功能。碾压混凝土的拌和时间、投料顺序、拌和量，都应通过现场混凝土拌和均匀性检验确定。

运输碾压混凝土宜采用自卸汽车、皮带输送机等设备。采用自卸汽车运输混凝土时，车辆行走的道路应平整，应有遮阳、防雨设施，应采取措施减少骨料分离和灰浆损失。

5.3.1.2　摊铺质量问题

碾压混凝土的摊铺是由摊铺机来完成的，铺层厚度可为 15～35cm，若用较简单的设备摊铺可获得表面平整度与纹理合格的路面，若用高级摊铺机，如沥青混合料摊铺机，可把铺层摊得更均匀，并提高表面平整度。所以，通常应使用带有双振捣板熨平装置的沥青混凝土摊铺机。在摊铺过程中应注意以下几点。

① 导向线要经常检查，传感器也要经常检查。以保证摊铺机平稳地、均匀地工作。

② 机器应连续工作，停开次数尽量减少。

③ 振动板前的料量应保持一致。

④ 摊铺螺杆至少要工作 80% 的时间。

⑤ 避免运料机撞动摊铺机。

⑥ 路面的冷接缝尽可能做得最少。在相邻路带摊铺时最好是用两台摊铺机依次排开或梯队形式，后边一台与前一台时间不超过 1 小时。在摊铺过程中，摊铺机的振动板已进行了预压实，但一般留 10%～15% 的预留压实高度。

碾压混凝土混合料的摊铺最好是单层摊铺，路面厚度超过 30cm 时，则应采用两层摊铺为宜。因为超过 30cm 后不易压实。当采用两层摊铺时需有一定的顺序要求。一般上下层摊铺的相隔时间不宜太长。通常上午摊铺下层，下午摊铺上层。一般情况下不需要对下层表面进行任何处理。但有的国家和地区采用平地机上的齿耙将下层拉出纹槽，使其与上层更好地黏结。

两层摊铺时，若对平整度要求不高，允许下层用平地机摊铺，由压路机压实到预定的密实度，上层则必须用高级摊铺机铺筑。

5.3.1.3 压实问题

混凝土摊铺后应立即进行碾压。一般采用低频率、高振幅的重型钢轮振动压路机碾压。这与沥青路面所用振动压路机压实要求正好相反。振动压路机压实的遍数应以不致产生有害作用为止。通常压实 3～4 遍,以达到预定的密实度要求,碾压遍数过多往往会引起表面细裂纹。碾压工作速度不超过 3.2km/h 时的压实效果最佳。

振动压路机碾压后,需检查现场的密实度是否符合要求,若达到了要求的密实度,然后用重型 20t 轮胎压路机或轻型静力钢轮压路机做表面封层的碾压工作,通常 1～2 遍即可。

在最后的几遍压实作业中,在钢轮表面加足量的水,可以使路面产生足够的浆液去密合路表面的孔隙和裂纹。但注意水量一定要加够,以防止路表面干料粘到轮上。

压实作业完成后,压路机应驶离压实现场。在相邻路带摊铺时,沿着边缘应留下 30～45cm 的材料先不进行压实,待相邻路带铺好后再与其一起压实,从而保证与相邻的摊铺路带有一致的平整度和压实度。同时也允许路带之间的接缝被压实,以便形成平整密实的接缝。为改善支撑边外缘的密实度,将约 45cm 的外缘压实推迟 10min,若路面宽度 8m 或 9m,采用一台或多台沥青摊铺机时,压实的顺序应从外缘到中心。这种压实程序可保证整个路面宽度的密实度。建筑物周边等无法靠近的部位,采用小型振动碾压实,其允许压实厚度和碾压遍数,应经试验确定。

混凝土路面压实后,要进行密实度检测,因为高密实度意味着高抗弯拉强度。目前碾压混凝土路面密实度仍用核子密实仪来测量。用这种方法测得的密实度的精度没有太大的把握,但世界各国的工程施工中至今仍采用这种方法测量现场的密实度。核子密度仪应在使用前用与工程一致的原材料配制碾压混凝土进行标定。仪器应由受过专门培训的人员使用、维护、保养,严禁拆装仪器内放射源,严格按操作规程作业,并进行仪器登记备案,存放在符合安全规定的地方。

5.3.1.4 平整度

路面平整度是评价路面质量的关键指标之一。测量平整度一般用 3m 尺靠到路表面上,测量路表面到尺下沿的最大垂直距离,通常平整度的最大允许误差为 3～5mm。影响碾压混凝土平整度的因素很多,除与最大骨料尺寸、含水量有关外,还与压路机压实技术、摊铺人员素质及施工方法有关。

首先,从人员技术水平上解决平整度问题。碾压混凝土路面压实设备对操作人员的技术要求比对沥青路面压实人员的技术要求要高,因为压路机的操作人员对路面平整度起重要的作用,较厚的碾压混凝土路面在平整度上比较薄的沥青路面层容易增大偏差,因此,应做好技术人员的培训工作,使其能熟练地、良好地操作机械设备。

其次,从施工方法上解决平整度问题。目前总的情况是在高等级公路上,碾压混凝土只做路面基层。单层式施工方法一般只适用于城市道路和停车场等。所以,在公路施工中大多采用两层式施工方法,即下层为碾压混凝土,上层为低塑混凝土(或沥青混凝土)。实践表明,用两层式施工方法解决平整度问题是一种较为理想的办法,但应注意以下几点。

(1) 上层混凝土水泥含量比下层增大 5%～7%,以改变路面的强度和耐久性。

(2) 上层厚度应不小于板厚的 1/3,最好为 1/2。

(3) 上下两层摊铺的时间间隔最好不超过 2h,以保证上下层的黏结。

(4) 板厚大于 30cm 时,只有用两层式方法施工,才能保证混凝土路面的密实度和平整度。

5.3.1.5　接缝处理

（1）横向缩缝　横向缩缝间距为 10～15m，使用锯切法设置，缝深 8～9cm。应根据工程具体情况采用"先碾先切"或"先切后碾"的方式。采用"先碾后切"时应对缝口进行补碾。

（2）纵向缩缝　施工宽度在 5m 以上时，宜设置纵向接缝，纵缝间距 6～8m，缝深度 8～9cm，使用锯切法成缝。如纵缝需设拉筋时，按设计要求施工。

（3）胀缝　胀缝按设计要求施工。

5.3.1.6　养生、切缝

混凝土碾压完成后，养护时间不少于 7d。当强度达到 6～9MPa 时，即可切缝。

5.3.1.7　碾压混凝土的检测

① 振动碾压混凝土并未改变混凝土的基本特性，因此国家标准《混凝土结构工程施工质量验收规范》（GB 50204—2015）对于碾压混凝土仍然适用。

② 施工时，随时测定调整 V_c 值确保碾压混凝土的强度。

③ 通过检查压实度来控制碾压混凝土的质量时，按重型击实最佳含水量计算，现场压实度应达到 95% 以上。

④ 制作试块与现场钻孔取圆柱芯试件相结合，测定其抗折强度和抗压强度。钻孔取样是评定碾压混凝土质量的综合方法，可在碾压混凝土达到设计龄期后进行。钻孔的部位和数量应根据需要确定。钻孔取样评定内容如下。

芯样获得率：评价碾压混凝土的均质性。压水试验：评价碾压混凝土抗渗性。芯样的物理力学性能试验：评价碾压混凝土的均质性和力学性能。芯样断口位置及形态描述：描述断口形态，分别统计芯样断口在不同类型碾压层层间结合处的数量，并计算占总断口数的比例，评价层间结合是否符合设计要求。芯样外观描述：评定碾压混凝土的均质性和密实性。

测定抗压强度的芯样直径以 150～200mm 为宜。混凝土的最大骨料粒径大于 80mm 的部位，宜采用直径 200mm 或更大直径的芯样。以高径比为 2.0 的芯样试件为标准试件，不同高径比的芯样试件的抗压强度与高径比为 2.0 的标准试件抗压强度比值换算。

⑤ 在碾压混凝土施工 28d 后对其进行弯沉值检测，路堤强度和稳定性要完全满足路床或路面施工以及规范要求。

⑥ 碾压混凝土抗冻、抗渗检验的合格率不应低于 80%。

5.3.1.8　碾压混凝土路面的湿处治

碾压混凝土与其他水泥混凝土路面一样，需要用湿处治来获得其潜在的强度，特别是前 24 小时的湿处治是非常重要的。湿处治可通过铺湿麻片、湿砂层、湿草垫，用洒水车或喷雾装置喷水等方法来实现，但采用喷洒水的方法时，必须谨防流水冲走已压实表面的细颗粒，同时，洒水车不能太重，否则会使尚未达到承受重载的强度的混凝土路面受到损坏。

在处治时应注意，由于碾压混凝土的含水量极低，表面极易干燥，因此应及时喷洒水，不能出现干透现象，否则将会变成一个低质量的工程。因为如果在处治期内干透，将会产生易渗透易受霜冻或其他损坏现象。处治过程中，路面湿度保持或低于饱和状态的 8% 为宜。这也是防止过多开裂的一种有效方法。

5.3.2 钢纤维混凝土路面施工

钢纤维混凝土路面是在素混凝土基体中掺入乱向、不连续的钢纤维的一种面层结构形式。这种面层具有优良的抗拉、抗弯拉、抗疲劳性能以及较好的韧性。

钢纤维混凝土路面的应用可以明显减小混凝土板厚，延长缩缝间距，减少接缝数量，改善路用性能，进而减少工作量，缩短工期，减少唧泥、错台等病害，既延长使用寿命又保证行车舒适性。

钢纤维混凝土路面一般应用于公路路面、机场道面、桥面、停车场和收费站广场等场所，也可用于高程受限制地段路面和旧水泥混凝土路面加铺层。

钢纤维混凝土路面施工除了满足普通混凝土路面的施工要求之外，还应结合钢纤维的特点。

5.3.2.1 搅拌和运输

由于钢纤维一次性直接投入搅拌机容易出现结团现象。为充分分散钢纤维，应在搅拌机上安装振动式钢纤维分散机，也可使用双锥反转出料强制式搅拌机。钢纤维混凝土严禁用人工搅拌。钢纤维混凝土的投料次序、方法和搅拌时间，应以搅拌过程中钢纤维不产生结团和满足使用要求为前提，通过试拌确定。搅拌时，要先在搅拌机里干拌 $1\sim2min$，再加水湿拌 $2min$ 左右。总拌和时间控制在 $6min$ 之内，且每次搅拌量控制在搅拌机容量的 $1/3$ 以下。当钢纤维体积率较高，搅拌物较干时，搅拌设备一次搅拌量不宜大于其额定搅拌量的 80%。

施工中应根据运距、混凝土搅拌能力、摊铺能力确定运输车辆的数量与配置。钢纤维混凝土拌合物从出料到运输、浇筑至摊铺完毕的允许时间不宜超过表 5-20 的规定。在浇筑和摊铺过程中严禁因拌合物干涩而加水，但可喷雾防止表面水分蒸发。

表 5-20 钢纤维混凝土拌合物运输和铺筑完毕时间

施工气温/℃	运输允许最长时间/h		铺筑完毕允许最长时间/h	
	滑模、轨道	三辊轴机组	滑模、轨道	三辊轴机组
$5\sim9$	1.25	1.0	1.5	1.25
$10\sim19$	0.75	0.5	1.0	0.75
$20\sim29$	0.50	0.35	0.75	0.50
$30\sim35$	0.35	0.25	0.50	0.35

5.3.2.2 布料与摊铺

钢纤维混凝土路面所采用的各种机械布料与摊铺方式，应保证钢纤维在混凝土路面板中的均匀性、一致性及结构的连续性。在保证振实前提下，应使用较低坍落度的拌合物，具体见表 5-21。

表 5-21 不同施工方式钢纤维混凝土拌合物坍落度　　　　　　　单位：cm

摊铺方式	滑模摊铺机	轨道摊铺机	三辊轴机组	小型机具
出机坍落度	$30\sim35$	$20\sim40$	$20\sim30$	$10\sim30$
摊铺坍落度	$10\sim30$	$5\sim25$	$5\sim15$	$0\sim15$

注：适宜摊铺的现场坍落度不应变化，出机坍落度可根据气温、运距等适度调整。

钢纤维混凝土路面布料的松铺厚度应通过机械试铺确定。拌合物坍落度和施工方式相同时，钢纤维混凝土路面的松铺厚度应比普通混凝土的高 1～2cm。

5.3.2.3　振捣与整平

　　钢纤维混凝土路面所采用的振捣机械和振捣方式不仅应保证混凝土密实，而且还应保证钢纤维在混凝土中的均匀分布。在已振实的面层板中，不得遗留振捣棒，插振后局部无钢纤维的空洞、坑穴或沟槽。为保证边角混凝土密实，将振捣棒顺路线方向插入，使钢纤维成纵向条状集束，有利于抵抗面层内的收缩应力和温度应力以及荷载传递。振动持续时间以混凝土停止下沉，不再冒气泡，并泛出水泥浆为准。

　　采用滑模摊铺机或轨道摊铺机摊铺时，面层板振捣应采用高频或超高频振捣棒组，且振捣棒底缘应严格控制在面层板表面位置。采用三辊轴机组摊铺钢纤维混凝土面层，可采用平板式振捣器振捣密实。上述振捣方式中，不得采用振捣棒组插入路面钢纤维混凝土拌合物内部振捣，也不得使用人工插捣。

　　钢纤维混凝土路面的整平除应满足各级公路路面平整度要求外，整平后的面层板表面 1～2cm 内还应保证钢纤维不直立和不翘头。

5.3.2.4　抗滑构造制作

　　钢纤维混凝土路面必须使用硬刻槽方式制作抗滑构造，不得使用粗麻袋、刷子和扫帚制作细观抗滑构造。

5.3.2.5　切缝

　　当钢纤维混凝土强度达到设计强度约 50% 时，开始切缝。钢纤维混凝土路面的横向缩缝间距应在 5～10m，钢纤维掺量较大时取高值，否则取低值。

任务 5.4　水泥混凝土路面季节性施工

　知识目标

　　掌握混凝土板冬期施工的规定；掌握雨季施工的注意事项；掌握夏季施工的注意事项；掌握大风施工的注意事项。

　能力目标

　　具有初步指导冬期施工技术、安全措施的能力；具有初步指导雨季施工技术、安全措施的能力；具有初步指导夏季施工技术、安全措施的能力；具有初步指导大风施工技术、安全措施的能力。

　任务实施要求

　　本任务实施目的是了解水泥混凝土路面季节性施工的注意事项。课程教学可引入施工现场的视频、图片等教学资源，以激发学习兴趣。任务实施可以在教学中充分借助工程照片、录像等。掌握季节性施工对工程进度和质量、安全等方面的影响，并以报告的形式提交学习成果。

要做好水泥混凝土路面，不仅要对材料质量、配合比、各工序的施工技术和工艺要求严格掌握和控制，而且施工时气温高低和气候情况也都应注意。例如雨季施工要比夏季施工困难，冬夏施工要比春秋季施工不便，因此在不同的季节施工就应分别采取不同措施以确保工程质量。如图5-5所示为水泥混凝土路面季节性施工学习路线图。

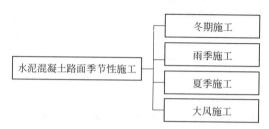

图5-5　水泥混凝土路面季节性施工学习路线图

5.4.1　冬期施工

混凝土强度的增长主要依靠水泥的水化作用。温度高，混凝土水化作用迅速完成，强度增长快；温度低，则水化作用缓慢，强度增长慢。若在日平均温度低于5℃或最低气温低于0℃时施工，必须采取冬季施工措施。若日平均气温低于0℃，一般应停止施工，《城镇道路工程施工与质量验收规范》（CJJ 1—2008）规定：当连续5昼夜平均气温低于-5℃，或最低气温低于-15℃时，宜停止施工。

混凝土板在抗折强度尚未达到1.0MPa或抗压强度尚未达到50MPa时，不得遭受冰冻。

当温度降到0℃以下时（一般混凝土冻结温度为-3℃），具有和易性的混凝土即产生冰冻，表面则产生冰晶，混凝土解冻后，这种印迹仍然存在。早期受冻的混凝土强度可降低40%~50%，强度大幅度降低的原因为：结冰时混凝土中水的体积增加9%，解冻后则不再恢复；集料周围有层水膜或水泥浆膜，在结冰后其黏结力被破坏。

混凝土路面应尽可能在气温高于5℃时进行施工，当昼夜平均气温在-5~5℃之间时，为保证混凝土受冻前至少能到设计强度的70%左右，应采取下列措施。

① 原材料加热法：采用加热水或砂石料拌制混凝土，应根据混凝土出料温度要求，经热工计算，确定水与粗细集料加热温度。水温不得高于80℃，砂石温度不宜高于50℃，搅拌机出料温度不得低于10℃，摊铺混凝土温度不应低于5℃。

② 外加混凝土早强剂、防冻剂等应经优选确定。

③ 保温电热法。

④ 水泥应选用水化总热量大的R型水泥或单位水泥用量较多的32.5级水泥，不宜掺粉煤灰。

⑤ 养护期应加强保温、保湿覆盖。混凝土面层最低温度不应低于5℃。养护期间应经常保温、保湿，从而保持其完好，并应按规定检测气温与混凝土面层温度。

⑥ 当面层混凝土弯拉强度未达到1MPa或抗压强度未达到5MPa时，必须采取防止混凝土受冻的措施，严禁混凝土受冻。

5.4.2　雨季施工

我国的江南地区，每年有一定时间的雨季，尤其在路面当天浇筑的中途，突然下雨将会给施工带来很多的不便，特别对混凝土的质量，由于水分增大而无法控制，造成强度降低；表面磨耗层砂浆会被雨水冲洗，日后可能出现露砂露石。因此必须做好以下各点。

① 经常与当地气象台取得联系，了解近期的天气形势预报，抓紧在不下雨时间施工。尤其是对当天的晴雨情况要及时掌握，一般有雨不施工。

② 根据天气变化情况及时测定砂石含水量，准确控制混合料的水灰比。

③ 雨天运输混凝土时，车辆必须采取防雨设施。

④ 预先搭设一定数量的工作雨棚。建议采用 $\phi 25 \sim 40mm$ 的水管制成晴雨棚，其铁管节点处用螺栓固定，这样使用拆装方便，反复使用时间长，棚上覆盖塑料布或油布。

⑤ 对刚铺筑的路面，遇下雨时，即将工作雨棚放上，也可以利用它继续铺筑。一般在下雨时，应铺筑完未浇完的一块板，并停工做好工作缝，不要再另行铺筑另一块。

⑥ 如局部面层砂浆已被雨水冲掉，可另拌少量同级配砂浆及时加以修补，如表面被雨水冲刷严重，面积较大，并且石子已经显露，将工作雨棚放好后，立即拌制 $1 : 1.5 \sim 1 : 2.0$ 水泥砂浆加以粉面，厚度不超过 4mm，水胶比为 0.4，不可用纯干水泥或干拌水泥黄砂材料（正常情况是禁止另加水泥砂浆抹面的）。

5.4.3　夏季施工

夏季气温高，混凝土中水分容易蒸发，特别是在高温烈日下可能会带来以下几个问题。

① 高温情况下可能出现坍落度严重降低，失去原有施工和易性，给混凝土操作、振捣密实等带来困难。

② 水分过快地蒸发，混凝土表面很难振出足够的砂浆磨耗层（约 3mm 厚），并对表面整平和收水抹面带来困难。

③ 高温烈日下可能会使混凝土表面产生严重收缩裂缝。缩缝形状一般为直线形，缝长为 $20 \sim 100cm$，裂缝深度可达 $3 \sim 5cm$。这种情况的出现，主要是混凝土内水分蒸发量超过混凝土出现裂缝前的每小时容许蒸发 $1 \sim 1.5 L/m^2$。

夏季施工为防止水分过早大量蒸发，一般应采取以下措施。

① 预先估计到混凝土在运输、摊铺过程中水分过快蒸发所造成的坍落度的降低，事先调整好配合比，适当增加用水量。至于用水量增加多少，应根据运距、气候、日照和风力大小来决定，一般在 30℃ 气温下，要保持气温 20℃ 时的坍落度，就要增加单位用水量 $4 \sim 7kg$。

② 混凝土在运输时要遮盖，及时运送至工地，中途不许耽搁过久。

③ 摊铺、振捣、收水抹面与养护各道工序应衔接紧凑，尽可能缩短施工时间。

④ 在已摊铺好的路面上，可搭设凉棚（可用雨季施工的雨棚代替），以避免混凝土表面遭到烈日暴晒。

⑤ 建设建筑防风墙，以减弱吹到混凝土表面的风速，减少水分蒸发。

⑥ 遇到高温烈日和大风时，在已振捣的混凝土面层，可适当喷洒少量水加以湿润，这样能防止混凝土内水分过量蒸发，同样，在收水抹面时，因表面过分干燥而又无法操作的情况下容许喷洒少量水于表面进行收水扫毛或滚槽。

5.4.4　大风施工

对于持续刮 $4 \sim 5$ 级大风的天气时，水泥混凝土路面施工应采取下列防裂措施。

① 尽快喷洒足量养护剂，喷洒机宜具有相对密闭的低矮喷洒空间，保证养护剂喷洒效果。

② 当覆盖材料不压出折印时，应尽早覆盖节水保湿养生材料等保湿养生。养护膜表面

宜罩绳网或土工格栅并压牢，防止养护膜被大风吹破或掀起。

③ 养生过程中，应有专人负责巡视和检查覆盖养生情况，被大风掀起或吹破的养生膜材应重新洒水，及时恢复覆盖。

任务 5.5　水泥混凝土路面质量控制

知识目标

掌握原材料质量控制与验收；掌握施工过程质量控制与验收；掌握竣工验收的内容。

能力目标

具有原材料质量控制与验收的能力；具有施工过程质量控制与验收的能力。

任务实施要求

本任务是以水泥混凝土路面的质量控制为学习重点，通过本任务实施目的是学习水泥混凝土原材料的质量控制、施工过程和竣工验收的质量控制，并引入施工现场的视频、图片等教学资源，以激发学习兴趣。任务实施可以在教学中充分借助工程照片、录像、多媒体教学，掌握水泥混凝土路面的质量控制相关知识，并以报告的形式提交学习成果。

图 5-6 为水泥混凝土路面质量控制学习线路图。

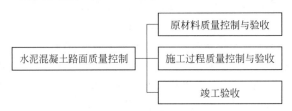

图 5-6　水泥混凝土路面质量控制学习线路图

5.5.1　原材料质量控制与验收

混凝土路面施工质量应符合设计和施工规范要求，为此应加强施工前的原材料质量检验，施工过程中应对每一道工序进行严格的质量检查和控制。对已完成的混凝土路面进行外观检查，测量其几何尺寸，并根据设计文件进行校核。此外，还要查阅施工记录，包括原材料试验和试件强度资料、配合比及隐蔽构造等，以检查结果作为评定工程质量的依据。

施工前应对各种原材料进行质量检验，以检验结果作为判定材料质量是否符合要求的依据。在施工过程中，当材料规格和来源发生变化时应及时对材料进行质量检验。材料质量检验的内容包括材料质量是否满足设计和规范要求，数量供应能否满足工程进度，材料来源是否稳定可靠，材料堆放和储存是否满足要求，等。质量检查时以"批"为单位进行，通常将同一料源、同一次购进的同品种材料作为一批，取样方法按试验规程进行。混凝土所用的水泥、粗细集料、水、外加剂、钢材、接缝材料等原材料的质量检查项目和标准应符合有关规范的要求。

5.5.2　施工过程质量控制与验收

在混凝土路面施工过程中，应检查混凝土拌合物的配合比是否符合设计要求，对拌和、摊铺和振捣的质量等进行检查，并做好记录。混凝土的抗折强度以养护 28d 龄期的 150mm×150mm×550mm 的小梁试件测定，以试验结果计算的抗折强度作为评定混凝土质量的依据。强度试验应按下列规定进行。

① 用正在摊铺的混凝土拌合物制作试件；若施工时采用真空脱水工艺，则试件亦采用真空脱水工艺成型。

② 每台班或每铺筑 200m² 混凝土，应同时制作两组试件，龄期分别采用标准养护 7d 和 28d，每铺筑 1000~2000m² 混凝土拌合物需增制一组试件，用于检查后期强度，龄期不少于 90d。

③ 当普通硅酸盐水泥混凝土在标准养护条件下养护 7d 的强度达不到 28d 强度的 60%，应分析原因，并对混凝土的配合比做适当调整。

④ 铺筑完毕的混凝土路面，应抽检实际强度、厚度。可采用现场钻取圆柱试件测定，并进行圆柱劈裂强度试验，以此推算小梁抗折强度。

5.5.3　竣工验收

混凝土路面施工完毕，施工单位应将全线以 1km 作为一个检查段，按随机取样的方法选择对每一检查段的测点，按混凝土面层质量验收和允许偏差的规定进行自检，并向监理部门和建设单位提供全线检测结果及施工总结报告。施工质量监理单位应会同施工单位一起按随机抽样的办法选择一定数量的检查段进行抽样检查，抽样总长度不宜少于全程的 30%，检查的内容和频度应符合规范规定。检查指标的评定标准为：对于高速公路和一级公路，可考虑 $a_1=95\%$ 的保证率；对于其他等级公路，可考虑 $a_2=90\%$ 的保证率。检查段应不少于 3 个，每段长度为 1km。

混凝土路面完工后，应根据设计文件、交工资料和施工单位提出的交工验收报告，按国家建设工程竣工验收办法组织验收。验收时应提交设计文件、交工资料、交工验收报告、混凝土强度试验报告、材料检查及材料试验记录、基层检查记录、工程重大问题处理文件、施工总结报告、工程监理总结报告等。水泥混凝土面层施工质量检验实测项目见表 5-22～表 5-24。路面外观应无露石、蜂窝、麻面、裂缝、啃边、掉角、翘起和轮迹等现象。

表 5-22　水泥混凝土路面铺筑质量标准、检查项目、频率和方法

序号	检查项目	质量标准		检查频率		检查方法
		高速公路、一级公路	其他公路	高速公路、一级公路	其他公路	
1	弯拉强度	标准小梁弯拉强度 /MPa	在合格标准之内		每班留 2~4 组试件，日进度<500m 留 2 组；≥500m 留 3 组；≥1000m 留 4 组，测算 f_{cu}、f_{min}、C_v^b	每班留 1~3 组试件，日进度<500m 留 1 组；≥500m 留 2 组；≥1000m 留 3 组，测算 f_{cu}、f_{min}、C_v^b	JTG E30—2005 T0552、T0558
		路面钻芯劈裂强度换算弯拉强度 /MPa			每车道 3km 钻取 1 个芯样；单独施工、硬路肩为 1 个车道，测算 f_{cu}、f_{min}、C_v^b	每车道每 2km 钻取 1 个芯样；单独施工、硬路肩为 1 个车道，测算 f_{cu}、f_{min}、C_v^b	JTG E30—2005 T0552、T0561

续表

序号	检查项目		质量标准		检查频率		检查方法
			高速公路、一级公路	其他公路	高速公路、一级公路	其他公路	
2	板厚度/mm		平均值≥−5;极值≥−15,C_V值符合设计规定		路面摊铺宽度内每100m左右各2处,连接摊铺每100m单边1处	路面摊铺宽度内每100m左右各1处,连接摊铺每100m单边1处	板边与岩芯尺测,岩芯最终判定
3	纵向平整度	σ/mm	≤1.32	≤2.00	所有车道连续检测		车载平整度检测仪
		IRI/(m/km)	≤2.20	≤3.30			
		3m直尺最大间隙 Δh/mm（合格率应≥90%）	≤3	≤5	每半幅车道100m测2处,每处10尺	每半幅车道200m测2处,每处10尺	3m直尺
	抗滑构造深度 TD /mm	一般路段	0.70～1.10	0.50～0.90	每车道及硬路肩每200m测2处	每车道每200m测1处	铺砂法
		特殊路段	0.80～1.20	0.60～1.00			
4	摩擦系数 SFC	一般路段	≥50	—	行车道、超车道全长连续检测,每车道每20m连线检测1个测点	一般路段免检,仅检特殊路段,每车道每20m连续检测1个测点,不足20m测1个测点	JTG 3450—2019 T0965
		特殊路段	≥55	≥50			
5	取芯法测定抗冻等级	严寒地区	≥250	≥200	每车道每3km钻取1个芯样	每车道每5km钻取1个芯样	JTG E30—2005 T0552
		寒冷地区	≥200	≥150			

表 5-23　水泥混凝土面层铺筑几何尺寸质量标准、检查项目、频率和方法

序号	检查项目		质量标准		检查频率		检查方法
			高速公路、一级公路	其他公路	高速公路、一级公路	其他公路	
1	相邻板高差/mm ≤		2	3	每200m纵横缝2条,每条3处	每200m纵横缝2条,每条2处	尺测
2	连接摊铺纵缝高差/mm ≤	平均值	3	5	每200m纵向工作缝,每条3处,每处间隔2m,测3尺,共9尺	每200m纵向工作缝,每条2处,每处间隔2m,测3尺,共6尺	尺测
		极值	5	7			
3	接缝顺直度/mm ≤		10		每200m测6条	每200m测4条	20m拉线测
4	中线平面偏位/mm ≤		20		每200m测6点	每200m测4点	经纬仪测
5	路面宽度/mm ≤		±20		每200m测6处	每200m测4处	尺测
6	纵断面高程/mm		平均值±5;极值±10	平均值±10;极值±15	每200m测6点	每200m测4点	水准仪测
7	横坡/%		±0.15	±0.25	每200m测6个断面	每200m测4个断面	
8	路缘石顺直度和高度/mm ≤		20	20	每200m测4处	每200m测2处	20m拉线测
9	灌缝饱满度/mm ≤		2	3	每200m接缝测6处	每200m接缝测4处	测针加尺测
10	最浅切缝深度/mm ≥	缝中有拉杆、传力杆	80	80	每200m测6处	每200m测4处	尺测
		缝中无拉杆、传力杆	60	60			

表 5-24 水泥混凝土面层铺筑的质量缺陷检验项目、标准、频率和方法

序号	检查项目	检查标准		检查频率		检查方法
		高速公路、一级公路	其他公路	高速公路、一级公路	其他公路	
1	断板率/% ≤	0.2	0.4	数断板面板块数占总块数比例	数断板面板块数占总块数比例	数断板
2	断角率/% ≤	0.1	0.2	数断角板块数占总块数比例	数断角板块数占总块数比例	数断角
3	破损率/% ≤	0.2	0.3	计算破损面积与板块面积百分率	计算破损面积与板块面积百分率	尺测面积
4	路表面和接缝缺陷	不应有	不应有	每块面板坑穴、鼓包和每条接缝啃边、掉角及填缝料缺失、开裂	每块面板坑穴、鼓包和每条接缝啃边、掉角及填缝料缺失、开裂	眼睛观察
5	胀缝板倾斜/mm ≤	20	25	每块胀缝板两侧	每块胀缝板两侧	垂线加尺测
6	胀缝板弯曲和位移/mm ≤	10	15	每块胀缝板3处	每块胀缝板3处	拉线加尺测
7	胀缝板连浆/mm	不允许	不允许	每块胀缝板	每块胀缝板	安装前检查
8	传力杆偏斜/mm ≤	10	13	每车道每公里测4条缩缝,每条测1根	测设传力杆缩缝1条,每条测3根	钢筋保护层测定仪

碾压混凝土面层除应该符合前述其他各种质量要求外,尚应符合表 5-25 的补充质量标准、检查项目、频率和方法的规定。

表 5-25 碾压混凝土面层的补充质量标准、检查项目、频率和方法

序号	检查项目	质量标准		检查频率	检查方法
		高速公路、一级公路面层	其他公路面层		
1	压实度平均值/% 最小值/%	≥97.0 ≥95.0		每台班检测3次	钻芯检测
2	纵向平整度最大间隙平均值/mm	≤4.0 合格率应≥85%	≤5.0 合格率应≥85%	每车道200m,2处10尺	3m 直尺
3	横向平整度平均值/mm	≤5.0 合格率应≥85%	≤6.0 合格率应≥85%	每车道200m,2处5尺	3m 直尺
4	接缝缺边掉角/(mm²/m)	≤20		每200m随机测4m接缝	尺测

能力训练

第一部分　知识点考核

(说明:测试时间 45 分钟)

一、单选题(每题1分,共10题,共10分)

1. 城市道路的水泥混凝土路面应严格控制水胶比,最大水胶比不应大于(　　)。

A. 0.48　　　　　　B. 0.50　　　　　　C. 0.52　　　　　　D. 0.54

2. 水泥混凝土路面施工中，水泥混凝土面板达到设计强度（　　）以后，方可允许行人通过。

    A. 20％   B. 30％   C. 40％   D. 50％

3. 水泥混凝土路面施工中，当昼夜平均气温 20℃ 时，普通水泥混凝土路面允许拆模时间为（　　）。

    A. 15h   B. 20h   C. 25h   D. 30h

4. 水泥混凝土路面缩缝设传力杆时的切缝深度，不宜小于板厚的（　　），且不得小于 70mm。

    A. 1/5   B. 1/4   C. 1/3   D. 1/2

5. 水泥混凝土路面施工摊铺混凝土时，板厚大于 22cm 的混凝土应分二次摊铺，下部摊铺厚度宜为总厚的（　　）。

    A. 2/5   B. 1/2   C. 3/5   D. 3/4

6. 水泥混凝土使用插入式振捣器振捣时，其移动间距不宜大于其作用半径的（　　）倍。

    A. 3.0   B. 2.5   C. 2.0   D. 1.5

7. 水泥混凝土面板拌合物浇筑后的拆模时间应根据水泥品种、气温和（　　）确定。

    A. 模板坚固程度   B. 养护时间   C. 混凝土强度增长情况   D. 养护方法

8. 水泥混凝土路面板的弯拉强度以标准直角棱柱体小梁试验测得，尺寸是（　　）。

    A. 200mm×200mm×600mm   B. 150mm×150mm×550mm

    C. 100mm×100mm×500mm   D. 80mm×80mm×450mm

9. 当水泥混凝土强度达到设计强度（　　）时可采用切缝机切割缩缝。

    A. 15％～20％   B. 20％～25％   C. 25％～30％   D. 30％～35％

10. 对厚度不大于 220mm 的水泥混凝土路面板，边角先用插入式振动器，再用平板振动器纵横交错全面振动，并应重叠（　　）mm，然后用振动梁振动拖平。

    A. 250～300   B. 200～250   C. 100～200   D. 50～100

二、多选题（每题 2 分，共 10 题，共 20 分）

1. 水泥混凝土道路的结构组成包括（　　）。

    A. 路基   B. 垫层   C. 整平层   D. 基层   E. 面层

2. 不能用做城市道路路床填料的土是（　　）。

    A. 高液限黏土   B. 石灰稳定土   C. 高液限粉土

    D. 水泥稳定土   E. 含有机质细粒土

3. 在温度和湿度状况不良的城市道路上，应设置垫层，以改善路面结构的使用性能。垫层分为（　　）。

    A. 防冻垫层   B. 隔水垫层   C. 排水垫层

    D. 半刚性垫层   E. 刚性垫层

4. 基层应具有（　　）、坚实、平整、整体性好。

    A. 足够的抗冲刷能力   B. 排水能力强   C. 较大的刚度

    D. 抗冻能力   E. 抗变形能力强

5. 面层混凝土板常分为普通（素）混凝土板、（　　）和钢筋混凝土板等。

    A. 碾压混凝土板   B. 高强混凝土板   C. 连续配筋混凝土板

    D. 高性能混凝土板   E. 预应力混凝土板

6. 水泥混凝土路面施工，混凝土拌合物从出料到运输完毕的允许最长时间，根据（　　）确定。

A. 混凝土路面厚度   B. 摊铺工艺   C. 水泥初凝时间

D. 混凝土坍落度   E. 施工气温

7. 常用的水泥混凝土路面的现场养护方法有（   ）等。

A. 湿法养护   B. 恒温养护   C. 干法养护

D. 薄膜养护   E. 高温养护

8. 水泥混凝土路面施工时，混凝土浇筑的部分工序是支搭模板、（   ）等。

A. 选择材料   B. 钢筋设置   C. 摊铺

D. 振动、抹平   E. 接缝

9. 水泥混凝土路面施工时模板的支搭应达到（   ）等要求，模板内侧面应涂隔离剂。

A. 模板错台小于 10mm   B. 搭接准确   C. 稳固

D. 紧密平顺   E. 接头及模板与基层接触处不得漏浆

10. 设置水泥混凝土路面的伸缝很重要，它应满足（   ）等要求。

A. 与路面中心线垂直   B. 缝宽必须一致   C. 缝中不得连浆

D. 缝壁必须垂直   E. 缝内满灌填缝料

第二部分 综合能力考核

一、案例分析

【案例 1】

背景资料：某市政道路管理工程长 2.24km、宽 30m，其中，路面宽 18m，两侧人行各 6m，雨、污水管道位于道路中线两边各 7m。路面为厚 220mm 的 C30 水泥混凝土；基层为厚 200mm 石灰粉煤灰碎石；底基层为厚 300mm、剂量为 10% 的石灰土。工程从当年 3 月 5 日开始，工期共 300 天。中标价为 2534.12 万元（包括项目措施费）。

招标时，设计文件明确：地面以下 2.4～4.1m 会出现地下水，雨、污水管道埋深在 4～5m。施工组织设计中，明确石灰土雨期施工措施为：①石灰土集中拌和，拌合料遇雨另铺苫布；②按日进度摊铺，进入现场石灰土，随到随摊铺；③未碾压的料层受雨淋后，应进行测试分析，决定处理方案。

对水泥混凝土面层冬期施工措施为：①连续 5 天平均气温低于 −5℃ 或最低温度低于 −15℃ 时，应停工；②使用水泥混凝土掺入 10% 粉煤灰；③对拌合物中掺加优选确定的早强剂、防冻剂；④养护期应加强保温、保湿覆盖。

施工组织设计经项目经理签字后开工。当开挖沟槽时，出现地下水，项目部采用单排井点降水后，管理施工才得继续。项目经理将降水费用上报，要求建设单位赔偿。

问题：

1. 补充底基层石灰土雨期施工措施。

2. 水泥混凝土面层冬期施工采取措施中有不妥之处，并且不全面，请改正错误并补充。

3. 施工组织设计项目经理批准后就施工，是否可行？应如何履行手续才是有效的？

4. 项目经理要求建设单位赔偿降水费用的做法是否合理？请说明理由。

【案例 2】

背景资料：某高等级公路第四合同段，按高速公路标准设计，设计车速 120km/h，路基宽度 26m，路面为双向四车道沥青混凝土路面。路线通过地段为一古河道，地表为砾石类土，部分路段为采砂场废料堆。砾石层覆盖厚度一般在 1～5m 不等，砾石层下为粉质性低液限黏土，地下水位在埋深 2m 以下，路线两侧为农业区。K20+450～K20+950 路堤填筑高度 22m，为防治高填路堤沉降，在采取相应的设计处理措施基础上，设计方对施工提出以下要求：

① 加强对地基的压实。

② 严格分层填筑并充分压实。

③ 填挖交界处挖台阶。

施工方严格按照设计要求进行施工，在施工过程中遇到一处软基，在对软基处理之后，以硬质石料填筑地面上 2m 高度范围并分层压实。由于填筑过程中突遇大雨停工数天，天晴后排除积水继续施工，为赶工期，工班长提出加班加点填筑，按时完成后可立即进入下一道路面基层施工工序。

问题：

1. 施工方对软基处理后填筑路堤的方式是否合理？如果不合理，请提出合理措施。

2. 因大雨误工后工班长提出的建议可否采纳？为什么？

【案例3】

背景材料：某二级公路全长 28km，路面结构形式为：底基层采用级配碎石、基层采用水泥稳定碎石、面层采用 C30 水泥混凝土。该公路通车三年左右，全线较多路段的水泥混凝土路面均出现裂缝，裂缝以横向裂缝为主，部分水泥混凝土面板发生了断板现象。建设单位注意到，挖方路段比填方路段的裂缝及断板现象更加严重。建设单位立即成立了调查小组，对该项目设计图纸、施工过程、试验记录、监理日志等进行全面分析。经过分析总结，认为产生裂缝及断板的原因如下。

① 全线超载比较严重，尤其是运输煤矿的货车较多。

② 由于挖方多为石质挖方，路基多为坚硬的砂岩。根据设计图纸，为了节约造价，位于挖方路段的路面基层采用 15cm 厚的水泥稳定碎石，比填方路段的基层减薄了 10cm。基层的厚度及强度不足是造成断板及裂缝的原因之一。

③ 挖方路段地下水较丰富，且地下水的毛细现象严重。

④ 石质挖方路段多采用放炮施工，路基顶面没有形成平整的横坡。

⑤ 根据施工记录，夏季施工时温度较高，加上施工单位切缝设备不足，导致切缝不及时。

⑥ 切缝深度过深，导致断板。

⑦ 由于该路段附近水源紧张，混凝土面层施工时，没有在基层上洒水，或洒水不够。

⑧ 进行混凝土面板灌缝处理的沥青热稳定性差、易流淌。

⑨ 基层标高控制不严，部分标高超过基层设计标高 1cm。

⑩ 不同路段的集料的含水量不一致，施工时没有根据集料的含水量调整配合比。

⑪ 填方路段填料为土夹石，不容易控制压实度。

⑫ 夏季施工没有进行覆盖养生。

问题：

1. 以上关于水泥混凝土面板开裂和断板的原因分析正确吗？如果有不正确的，请改正过来。

2. 请从混凝土强度、路面排水的角度进一步分析和阐述上面原因中第⑦、⑧、⑨、⑩条为什么是产生混凝土开裂或断板的原因。

二、项目实施

根据附录中的具体项目，结合所学专业知识，编制专项施工方案。

第三部分　考核评价

考核内容	考核内容及标准		评　分
过程考核（权重20%）	学习主动性强，按照要求、及时、正确地完成相关任务。主动承担项目小组相应工作，提出问题、解决问题意识强（小组互评＋个人自评＋教师评价）		
知识点考核（权重30%）	在规定的时间内，独立完成知识点测试（可采取小组同学互评的方式）		
	单选题（10分）		
	多选题（20分）		
综合技能考核（权重50%）	案例分析题（权重30%）	问题分析要点正确，知识点应用准确	
	项目实施（权重70%）：道路基层专项施工方案，考核点及要求如下		
	1.工程概况	内容全面，表达清楚，数据准确（5分）	
	2.编制依据	内容全面，规范标准引用正确（5分）	
	3.施工进度计划	进度计划安排合理（5分）	
	4.施工工艺	施工工艺选用正确，工艺流程清晰，工艺要求和操作要点明确（20分）	
	5.施工质量验收制度及评定标准	质量验收参照标准规范正确，验收流程符合规范要求（10分）	
	6.质量目标及保证措施	质量目标明确，保证措施到位（10分）	
	7.安全生产保证措施	安全生产措施到位（10分）	
	8.文明施工措施	文明施工措施到位（10分）	
	9.环境保护措施	环境保护措施到位（10分）	
	10.主要施工机械计划表	按工程要求拟定施工机械计划表（10分）	
	11.文本格式	文本格式符合专业要求（5分）	
总分			
总结与思考	（本次任务实施中主要存在的问题，需要教师帮助解决的问题） 年　　月　　日		

项目六 路基防护与支挡工程施工

知识目标

了解挡土墙分类知识；熟悉挡土墙构造做法；掌握挡土墙施工工艺；掌握挡土墙质量控制与验收。

能力目标

能够初步应用挡土墙构造做法，熟悉其特点；能够初步参与挡土墙施工；能够初步参与挡土墙质量控制与验收。

素质目标

培养学生施工全局观，并能很好完成挡土墙施工工作；遵守规范标准要求，培养学生养成发现问题、提出问题、及时解决问题的良好学习和工作习惯。

概　　述

路基防护工程主要是防治路基病害、保证路基稳定、改善环境景观、保护生态平衡的重要设施。主要包括坡面防护（植物防护、骨架植物防护、圬工防护、土工织物防护）、沿河路基防护等。

路基支挡工程起到支撑天然边坡或人工边坡以保持土体稳定或加强路基强度和稳定性，以及防护边坡在水温变化条件免遭破坏的作用。挡土墙是其中常用的一种形式。

Ⅰ.路基防护工程分类

（1）坡面防护

1）植物防护

① 种草防护：适用于坡面稳定，坡面受雨水冲刷轻微，边坡土易于草类生长的情况。播种方法有撒播法、喷播法、行播法及目前推广适用的新型方法（包括湿式喷播技术和客土喷播技术等）。

二维码 6.1

湿式喷播技术是把优选出来的草坪种子、黏着剂、肥料、保水剂、纤维覆盖物、着色剂等与水按照一定比例混合成喷浆。通过液压喷播机直接喷射到待播的坪床土壤上的一种新的植草方法。

客土喷播技术是将客土（生育基础材料）、纤维（生育基础材料）、侵蚀防腐剂、缓释性肥料和种子等按照一定比例混合。经过机械充分搅拌均匀后，利用柱塞泵和空气压缩机提供的动力喷射到坡面上形成植物生长土壤层，种子发芽、生长成坪后，可以对边坡的稳定起到有效的保护，从而达到快速修复生态系统和护坡的目的。

②铺草皮：适用于需要快速绿化的土质边坡。

③植树、植灌木：与种草和铺草皮配合使用，适用于坡度较缓的土质边坡（可用于膨胀土边坡）和堤岸边的河滩上（可以降低流速，促使泥沙淤积）。

2）骨架植物防护

①浆砌片石或混凝土骨架植草。

②预制混凝土空心块植草：适用于石料缺乏的地区，预制块强度不低于 C15，严寒地区不低于 C20。

③锚杆混凝土框架植草：适用于土质或风化岩石边坡。

3）圬工防护

①喷浆或喷射混凝土防护：适用于较完整，但易于风化、坡面不平整的石质挖方边坡。

②锚杆、钢丝网喷浆或喷射混凝土防护：适用于表面较破碎的硬岩、层状结构的不连续地层或坡面岩石与基岩分离并有可能下滑的石质挖方边坡。

③干砌片石护坡：适用于易受水流侵蚀的土质边坡、严重剥落的软质岩边坡及受水流冲刷较小或周期性冲刷的岸坡。

④浆砌片石护坡：适用于水流冲刷较大的边坡。

⑤护面墙：适用于封闭各种软质岩石边坡、较破碎的石质挖方边坡及坡面易受侵蚀的土质边坡。挖方边坡采用护面墙防护时，不宜陡于 1∶0.5。

⑥抹面：适用于较完整，但易于风化的软质岩石挖方边坡。

⑦捶面：适用于易受雨水冲刷的土质边坡和易于风化的石质边坡。

4）土工织物防护

二维码 6.2

①挂网式坡面防护：适用于风化碎落较严重的石质边坡，当落石直径较大或边坡倾角大于 40°时不宜使用。

②土工织物复合植被防护：即三维土工网植草防护，适用于边坡坡度缓于 1∶1，高度小于 3m 的土质边坡。

③草坪植生带。

④锚杆挂高强塑料网格喷浆或喷射混凝土：适用于破碎或易风化破碎的石质挖方边坡。

⑤土工织物作为反滤层的边坡。

（2）沿河路基防护

1）直接防护

①抛石：适用于经常浸水或水深较大的路基边坡、坡脚或挡土墙基础的防护，多用于抢修工程。

②石笼：适用于受水流冲刷的路基边坡、坡脚或挡土墙基础的防护。钢丝石笼多用于抢修或临时工程，不能用于急流或滚石河段，必要时可以对钢丝笼灌注小石子混凝土。钢筋混凝土框架石笼可以用于急流和滚石河段。

2）间接防护

①护坝：具有保滩和挑流作用的护岸构筑物。

②丁坝：挑流或降低流速，减轻水流对河岸或路基的冲刷。

③顺坝：调整流水曲线和改善流态。

④ 改移河道：适用于流水冲刷严重、防护工程艰巨、路线多次跨越弯曲河道时。对于主河槽改动频繁的变迁性河流或支流较多的河段不宜采用。

Ⅱ.加固工程

（1）分类　按照路基加固的部位不同分为坡面防护加固、边坡支挡、湿弱地基加固。

（2）重力式挡土墙　依靠墙体的重力抵抗墙后土体的侧向推力，多采用浆砌片石结构。缺点是墙身的界面大、圬工数量大，在软弱地基上修建时受到承载力的限制，墙高不宜过高。可分为以下几类。

1）仰斜式　墙背承受的土压力较小，适用于路堑墙和墙趾处地面平坦的路肩墙或路堤墙。

2）俯斜式　墙背承受的土压力较大，适用于地面横坡陡峻时，墙背可采用折线形，以加强墙背与填土的摩擦力。

3）垂直式　介于仰斜式和俯斜式之间。

4）凸折式　上部俯斜，下部仰斜，由仰斜式发展而来，可以减小上部截面尺寸，多用于路堑墙。

5）衡重式　利用衡重台上的填土重量使全墙的重心后移，增加了墙身的稳定。多用于山区地形陡峻处的路肩墙或路堤墙。由于衡重台上有较大的空间，上墙墙背加缓冲墙后，可作为拦截崩坠石之用。

施工要求如下：

① 基坑开挖前要做好截排水措施。

② 墙身应分层错缝砌筑，砌筑出地面后应及时回填基坑并夯实，完善排水。

③ 伸缩缝与沉降缝两侧壁应垂直、平齐、无搭叠，缝中按照要求填塞防水材料。

④ 墙身应设置泄水孔，确保排水通畅。泄水孔后设置反滤层，并设置黏土隔水层防止渗水。

⑤ 墙身强度达到设计的75%时，方可回填。在距墙背0.5~1m的范围内不得用重型压路机碾压。

（3）加筋土挡土墙　由填料、分布在填料中的拉筋、墙面板组成。适用于地形平坦且宽敞的填方路段，挖方地段或地形陡峭的山坡，由于不利于拉筋的布置，一般不宜采用。

1）受力特点　利用拉筋与土的摩擦作用，改善土体的变形条件和提高土体的工程特性，从而达到稳定土体的目的。

2）优点　施工简便、快速、节省劳动力、节约占地、缩短工期、造价低、具有良好的抗震性能。

3）施工工序　基槽开挖→地基处理→排水设施→基础浇筑→（墙面板预制与安装→拉筋铺设→填料填筑与压实）→墙顶封闭。括号中的部分交替循环进行。

（4）锚杆挡土墙　它是依靠锚杆与地层之间的锚固力来平衡土的侧压力保持平衡。具有结构自重轻，节省大量圬工，节约投资；装配化施工，劳动生产率高；基坑开挖量少，克服不良地基开挖的困难，有利于施工安全优点。适用于岩石路堑或其他具有锚固条件的路堑，也可用于陡坡路堤。其可分以下两类。

1）柱板式锚杆挡土墙　由挡土板、肋柱和锚杆组成。传力途径为土的侧压力→挡土板→肋柱→锚杆→锚杆与地层之间的锚固力。

2）壁板式锚杆挡土墙　由墙面板、锚杆组成，多用于岩石边坡的防护。传力途径为土的侧压力→墙面板→锚杆→锚杆与地层之间的锚固力。

锚杆挡土墙的施工工序为：基槽开挖→基础浇筑→锚杆制作→钻孔→锚杆安装→注浆→

肋柱和挡土板预制及安装→墙后填料填筑与压实。

任务 6.1　挡土墙施工

　　本任务是挡土墙现场施工和管理人员必须具备的专业能力，涉及挡土墙施工及质量控制与验收等专业知识，通过任务实施目的是使学生初步了解挡土墙施工的具体工作内容、需要的专业技术知识和职业能力，课程教学可引入现场施工准备视频、图片等直观教学资源，以激发学习兴趣。任务实施可以由教师与学生共同设置情景，进行角色定位，虚拟挡土墙施工准备过程；同时也可布置任务，进行相应的工地现场调研，使学生进入道路工程施工现场，了解现场挡土墙施工的准备工作和工作内容，以报告的形式提交学习成果。

　　挡土墙是一种能够抵抗侧向土压力，防止墙后土体坍塌和增加其稳定性的构筑物。在道路工程中，可用于支撑路堤或路堑边坡、隧道洞口，防止水流冲刷路基，同时也常被用于处理路基边坡滑坡崩塌等路基病害，尤其在山区公路中挡土墙的应用更为广泛。常用的挡土墙主要为重力式挡土墙、加筋土挡土墙等。挡土墙施工技术路线图如图 6-1 所示。

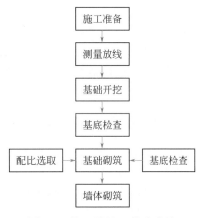

图 6-1　挡土墙施工技术路线

6.1.1　挡土墙施工准备

　　道路常用的挡土墙按其设置位置可分为路堑挡土墙、路堤挡土墙、路肩挡土墙和山坡挡土墙等类型。

　　挡土墙各部分名称如图 6-2(a) 所示。靠回填土或山体的一侧面称为墙背；外露的一侧面称为墙面，也称墙胸；墙的顶面部分称为墙顶；墙的底面部分称为基底或墙底；墙面与墙底的交线称为墙趾；墙背与墙底的变线称为墙踵；墙背与铅垂线的夹角称为墙背倾角 α。

　　挡土墙设置位置不同，其用途也不相同。

　　路堑墙设置在路堑边坡底部，主要用于支撑开挖后不能自行稳定的山坡，同时可减少挖方数量，降低挖方边坡的高度 [图 6-2(a)]。

　　路堤墙设置在高填土路堤或陡坡路堤的下方，可以防止路堤边坡或路堤沿基底滑动，同时可以收缩路堤坡脚，减少填方数量，减少拆迁和占地面积 [图 6-2(b)]。

　　路肩墙设置在路肩部位，墙顶是路肩的组成部分，其用途与路堤墙相同。它还可以保护临近路线的既有的重要建筑物 [图 6-2(c)]。沿河路堤，在傍水的一侧设置挡土墙，可以防止水流对路基的冲刷和侵蚀，也是减少压缩河床的有效措施 [图 6-2(d)]。

　　山坡墙设置在路堑或路堤上方，用于支撑山坡上可能坍滑的覆盖层、破碎岩层或山体滑坡 [图 6-2(e)、(f)]。

　　按挡土墙的墙体材料可分为石砌挡土墙、混凝土挡土墙、钢筋混凝土挡土墙、钢板挡土墙等。

　　按挡土墙的结构可分为重力式、衡重式、薄壁式（悬臂式和扶壁式）、锚定式（锚杆式

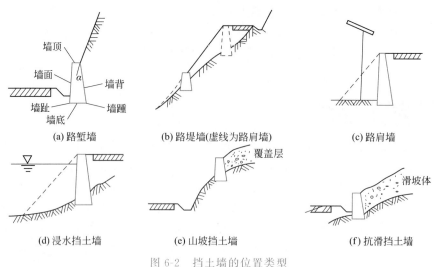

图 6-2 挡土墙的位置类型

和锚定板式)、加筋土式、柱板式等。

挡土墙类型的选择应根据与所支挡土体的稳定平衡条件,考虑荷载的大小和方向、地形、地质状况、冲刷深度、基础的埋置深度、基底的承载力设计值和不均匀沉降、可能的地震作用、与其他构造物的衔接、墙面的外观美感、施工难度、造价高低、环境特点等因素,综合比较后确定。

6.1.1.1 重力式挡土墙构造

常用的重力式挡土墙,依靠墙体的自重抵抗墙后土体的侧向推力(土压力),以维持稳定,多用料石或混凝土砌块砌筑,或用混凝土浇筑,是目前我国道路常用的一种挡土墙形式。一般由墙身、基础、排水设施和沉降缝、伸缩缝等几部分组成。

(1) 墙身

1) 墙背 根据墙背倾斜方向的不同,墙身断面形式可分为仰斜式、垂直式、俯斜式、凸形折线式和衡重式等几种,如图 6-3 所示。以仰斜式、垂直式和俯斜式三种不同的墙背所受的土压力分析,在墙高和墙后填料等条件相同时,仰斜式墙背所受的土压力最小,垂直式墙背次之,俯斜式墙背较大。

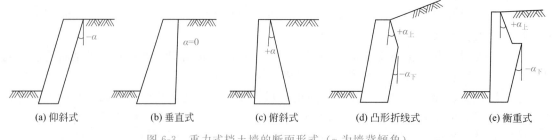

图 6-3 重力式挡土墙的断面形式（α 为墙背倾角）

① 仰斜式的墙身断面较经济,用于路堑墙时,墙背与开挖的临时边坡较贴合,开挖量与回填量均较小。但当墙趾处地面横坡较陡时,采用仰斜式墙背会增加墙高,增大断面。故仰斜式墙背适用于路堑墙及墙趾处地面平坦的路肩或路堤。仰斜式墙背的坡度愈缓,所受的土压力愈小,但施工愈困难,故仰斜式墙背的坡度不宜缓于 1:0.3。而且墙后填土不

宜压实，不便施工。

② 俯斜式墙背所受的土压力较大，相对而言，俯斜式墙背的断面比仰斜式要大。但当地面横坡较陡时，俯斜式挡土墙可采用陡直的墙面，从而减小墙高。俯斜式墙背的坡度缓些固然对施工有利，但所受的土压力亦随之增加，致使断面增大，因此墙背坡度不宜过缓，通常控制 $\alpha < 21°48'$（即 1∶0.4）。还可以做成台阶形，以增加墙背与填土间的摩擦力。

③ 垂直式墙背的特点介于仰斜式和俯斜式墙背之间。

④ 凸形折线式墙背系将仰斜式挡土墙的上部墙背改为俯斜式，以减小上部断面尺寸，故其断面较为经济，多用于路堑墙，也可用于路肩墙。

⑤ 衡重式墙背可视为在凸形折线式的上下墙之间设一衡重台，并采用陡直的墙面。利用衡重台上的填土的重量使全墙重心后移，增加了墙身的稳定性。应采用陡直的墙面，且下墙采用仰斜墙背，因而可以减小墙身高度，减少开挖量。上墙俯斜墙背的坡度通常为 1∶0.25～1∶0.45，下墙仰斜墙背的坡度一般在 1∶0.25 左右，上下墙的墙高比一般为 2∶3。适用于山区地形陡峻处的路肩墙和路堤墙，也可用于路堑墙。由于衡重台以上有较大的容纳空间，上墙墙背加缓冲墙后，可作为拦截崩坠石之用。

2）墙面　墙面一般为平面，墙面坡度除应与墙背的坡度相协调外，还应考虑到墙趾处地面的横坡（影响挡土墙的高度）。当地面横坡较陡时，墙面可直立或外斜 1∶0.05～1∶0.20，以减少墙高；当地面横坡平缓时，采用 1∶0.20～1∶0.35 较为经济。

3）墙顶　重力式挡土墙可采用浆砌或干砌圬工。墙顶最小宽度，浆砌时不小于 50cm；干砌时应不小于 60cm。干砌挡土墙的高度一般不宜大于 6m。浆砌挡土墙墙顶应用 5 号砂浆抹平，或用较大石块砌筑，并勾缝。浆砌路肩墙墙顶宜采用粗料石或混凝土做成顶帽，厚度取 40cm。干砌挡土墙顶部 50cm 厚度内，宜用 5 号砂浆砌筑，以求稳定。

4）护栏　为增加驾驶员心理上的安全感，保证行车安全，在地形险峻地段的路肩墙，或墙顶高出地面 6m 以上且连续长度大于 20m 的路肩墙，或弯道处的路肩墙的墙顶应设置护栏等防护设施。护栏分墙式和柱式两种，所采用的材料，护栏高度、宽度，视实际需要而定。护栏内侧边缘距路面边缘的距离，应满足路肩最小宽度的要求。

（2）基础　地基不良和基础处理不当，往往引起挡土墙的破坏，因此，应重视挡土墙的基础设计。基础设计的程序是：首先应对地基的地质条件做详细调查，必要时须做挖探或钻探，然后再来确定基础类型与埋置深度。

1）基础类型　当地基承载力不足且墙趾处地形平坦时，挡土墙大多数都是直接砌筑在天然地基上的浅基础。为减少基底应力和增加抗倾覆稳定性，常常采用扩大基础，如图 6-4(a) 所示，将墙趾部分加宽成台阶，或墙趾、墙踵同时加宽，以加大承压面积。加宽宽度视基底应力需要减少的程度和加宽后的合力偏心距的大小而定，一般不小于 20cm。台阶高度按基础材料的刚性角的要求确定，对于砖、片石、块石、粗料石砌体，当用低于 5 号的砂浆砌筑时，刚性角应不大于 35°；对混凝土砌体，应大于 40°。

当地基压应力超过地基承载力过高时，可采用钢筋混凝土底板基础，如图 6-4(b) 所示，其厚度由剪力和主拉应力控制。当挡土墙修筑在陡坡上，而地基又为稳定、坚硬的岩石时，为节省圬工和基坑开挖数量，可采用台阶形基础，如图 6-4(c) 所示。台阶的高宽比应不大于 2∶1，台阶宽度不宜小于 50cm。最下一个台阶的宽度应满足偏心距的有关规定，并不宜小于 1.5～2.0m。如地基有短段缺口（如深沟等）或挖基困难（如局部地段地基软弱等），可采用拱形基础，如图 6-4(d) 所示，以石砌拱圈跨过，再在其上砌筑墙身，但应注意土压力不宜过大，以免横向推力导致拱圈开裂。设计时应对拱圈予以验算。

当地基为软弱土层，如淤泥、软黏土等，可采用砂砾、碎石、矿渣或石灰土等材料予以

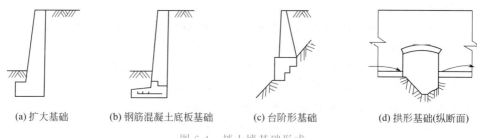

(a) 扩大基础　　(b) 钢筋混凝土底板基础　　(c) 台阶形基础　　(d) 拱形基础(纵断面)

图 6-4　挡土墙基础形式

换填,以扩散基底压应力,使之均匀地传递到下卧软弱土层中。

2) 基础埋置深度　挡土墙基础,应视地形、地质条件将其埋置足够的深度,以保证挡土墙的稳定性。设置在土质地基上的挡土墙,基底埋置深度应符合下列要求。

① 无冲刷时,一般应在天然地面下不小于 1.0m;

② 有冲刷时,应在冲刷线下不小于 1.0m;

③ 受冻胀影响时,应在冰冻线以下不小于 0.25m。非冰胀土层中的基础,例如岩石、卵石、砾石、中砂或粗砂等,埋置深度可不受冻深的限制。

挡土墙基础设置在岩石上时,应清除表面风化层;当风化层较厚难以全部清除时,可根据地基的风化程度及其相应的容许承载力将基底埋在风化层中。当墙趾前地面横坡较大时,基础埋置深度 h 用墙趾前的安全襟边宽度 l 来控制,以防地基剪切破坏。挡土墙安全襟边宽度见表 6-1。

表 6-1　挡土墙安全襟边宽度

地 质 情 况	安全襟边宽 l/m	基础埋深 h/m	示　意　图
轻风化的硬质岩石	0.25~0.6	0.25	
风化岩石或软质岩石	0.6~1.0	0.6	
坚实的粗粒土	1.0~2.0	1.0	

(3) 排水设施　挡土墙的排水处理是否得当,直接影响到挡土墙的安全及使用效果。因此,挡土墙应设置排水设施,以疏干墙后坡料中的水分,防止地表水下渗造成墙后积水,从而使墙身免受额外的静水压力,消除黏性土填料因含水量增加产生的膨胀压力,减少季节性冰冻地区填料的冻胀压力。

挡土墙的排水设施通常由地面排水和墙身排水两部分组成。

地面排水可设置地面排水沟,引排地面水;夯实回填土顶面和地面松土,防止雨水和地面水下渗,必要时可加设铺砌;对路堑挡土墙墙趾前的边沟应予以铺砌加固,以防止边沟水渗入基础。

墙身排水主要是为了迅速排除墙后积水。浆砌挡土墙应根据渗水量在墙身的适当高度处布置泄水孔,如图 6-5 所示。泄水孔尺寸可视泄水量大小分别采用 5cm×10cm、10cm×10cm、15cm×20cm 的方孔,或直径 5~10cm 的圆孔。泄水孔间距一般为 2~3m,上下交错设置。最下排泄水孔的底部应高出墙趾前地面 0.3m;当为路堑墙时,出水口应高出边沟水位 0.3m;若为浸水挡土墙,则应高出常水位 0.3m 以上,以避免墙外水流倒灌。为防止水分渗入地基,在最下一排泄水孔的底部应设置 30cm 厚的黏土隔水层。在泄水孔进口处应设置粗粒料反滤层，以避免堵塞孔道。当墙背填土透水性不良或有冻胀可能时，应在墙后最低一排泄水孔到墙顶 0.5m 之间设置厚度不小于 0.3m 的砂、卵石排水层或采用土工布。

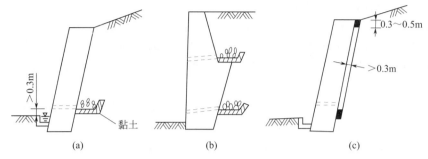

图 6-5　泄水孔及排水层

干砌挡土墙围墙墙身透水可不设泄水孔。

挡土墙的排水孔就是排除墙后积水。因为土壤的稳定性与土体的含水量关系密切，一旦土体含水量过大，影响土壤内部的黏结强度，因此设置挡土墙的排水孔用于排除墙后土体的积水，降低土壤含水量，以确保土体的土压力不致增大而破坏墙体。排水孔设置如图 6-6 所示。

图 6-6　挡土墙排水孔

（4）沉降缝和伸缩缝　为了防止因地基不均匀沉陷而引起墙身开裂，应根据地基的地质条件及墙高、墙身断面的变化情况设置沉降缝；为了防止圬工砌体因砂浆硬化收缩和温度变化而产生裂缝，须设置伸缩缝。通常把沉降缝与伸缩缝合并在一起，统称为沉降伸缩缝或变形缝，如图 6-7 所示。沉降伸缩缝的间距按实际情况面定，对于非岩石地基，宜每隔 10～15m 设置一道沉降伸缩缝；对于岩石地基，其沉降伸缩缝间距可适当增大。沉降伸缩缝的缝宽一般为 2～3cm。浆砌挡土墙的沉降伸缩缝内可用胶泥填塞，但在渗水

图 6-7　沉降伸缩缝

量大、冻害严重的地区，宜用沥青麻筋或沥青木板等材料，沿墙内、外、顶三边填塞，填深不宜小于 15m；当墙背为填石且冻害不严重时，可仅留空隙，不嵌填料。

对于干砌挡土墙，沉降伸缩缝两侧应选平整石料砌筑，使其形成垂直通缝。

6.1.1.2　重力式挡土墙布置

挡土墙的布置是挡土墙设计的一个重要内容，通常是在路基横断面图和墙趾纵断面图上

进行，个别复杂的挡土墙还应做平面布置。

（1）横向布置　横向布置主要是在路基横断面图上进行，其内容有选择挡土墙的位置、确定断面形式、绘制挡土墙横断面图等。

① 挡土墙的位置选择。路堑挡土墙，大多设置在边沟的外侧。路肩墙应保证路基宽度布设。路堤墙应与路肩墙进行技术经济比较，以确定墙的合理位置。当路堤墙与路肩墙的墙高或圬工数量相近，其基础情况亦相仿时，宜做路肩，因为采用路肩墙可减少填方和占地；但当路堤墙的墙高或圬工数量比路肩墙显著降低，且基础可靠时，则宜做路堤墙。浸水挡土墙应结合河流情况布置，以保持水流顺畅，不致挤压河道而引起局部冲刷。山坡挡土墙应考虑设在基础可靠处，墙的高度应保证墙后墙顶以上边坡的稳定性。

② 确定断面形式，绘制挡土墙横断面图。不论是路堤墙，还是路肩墙，当地形陡峻时，可采用俯斜式或衡重式；地形平坦时，则可采用仰斜式。对路堑墙来说，宜采用仰斜式或折线式。

挡土墙横断面图的绘制，选择在起讫点、墙高最大处、墙身断面或基础形式变异处，以及其他必须桩号处的横断面图上进行。根据墙身形式、墙高和地基与填料的物理力学指标等设计资料，进行设计或套用标准图，确定墙身断面尺寸、基础形式和埋置深度，布置排水设施，指定墙背填料的类型等。

（2）纵向布置　纵向布置主要在墙趾纵断面图上进行，布置后绘制挡土墙正面图，如图6-8所示。

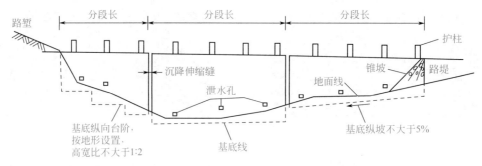

图 6-8　挡土墙正面图

① 确定挡土墙的起讫点和墙长，选择挡土墙与路基或其他结构物的连接方式。

路肩墙与路堑连接应嵌入路堑中 2～3m；与路堤连接采用锥坡和路堤衔接；与桥台连接时，为了防止墙后回填土从桥台尾端与挡土墙连接处的空隙中溜出，应在台尾与挡土墙之间设置隔墙及接头墙。

路堑挡土墙在隧道洞口应结合隧道洞门、翼墙的设置情况平顺衔接；与路堑边坡衔接时，一般将墙顶逐渐降低到2m以下，使边坡坡脚不至于伸入边沟内，有时也可用横向端墙连接。

② 按地基及地形情况进行分段，布置沉降伸缩缝的位置。

③ 布置各段挡土墙的基础。沿挡土墙长度方向有纵坡时，挡土墙的纵向基底宜做成不大于5％的纵坡。当墙趾地面纵坡不超过5％时，基底可按此纵坡布置；若大于5％时，应在纵向挖成台阶，台阶的尺寸随地形而变化，但其高宽比不宜大于1：2。地基为岩石时，纵坡虽不大于5％，为减少开挖，也可在纵向做成台阶。

④ 布置泄水孔和护栏（护桩或护墙）的位置，包括数量、尺寸和间距。

⑤ 标注各特征断面的桩号，以及墙顶、基础、基底、冲刷线、冰冻线及设计洪水位的

标高等。

（3）平面布置　对于个别复杂的挡土墙，如高的、长的沿河挡土墙和曲线路段的挡土墙，除了横、纵向布置外，还应做平面布置，并绘制平面布置图。

在平面图上，应标示挡土墙与路线平面位置的关系，与挡土墙有关的地物、地貌等情况，沿河挡土墙还应标示河道及水流方向，以及其他防护、加固工程等。

在挡土墙设计图纸上，应附有简要说明，说明选用挡土墙设计参数的依据、主要工程数量、对材料和施工的要求及注意事项等，以利于指导施工。重力式挡土墙布置步骤如下。

① 根据具体情况，通过技术和经济比较，确定墙趾位置；

② 测绘墙趾处的纵向地面线，核对路基横断面图，收集墙趾处的地质和水文等资料；

③ 选择墙后填料，确定填料的物理力学计算参数和地基计算参数；

④ 进行挡土墙断面形式、构造和材料设计，确定有关计算参数；

⑤ 进行挡土墙的纵向布置；

⑥ 用计算法或套用标准图确定挡土墙的断面尺寸；

⑦ 绘制挡土墙立面、横断面和平面图。

6.1.1.3　加筋土挡土墙特点

加筋土挡土墙自 20 世纪 60 年代初问世以来，以其显著的技术经济效益，被广泛地应用于土木工程中，同时加筋土技术本身也逐渐地完善成熟。加筋土挡土墙的基本构造如图 6-9 所示。实例图片见图 6-10。

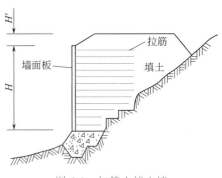

图 6-9　加筋土挡土墙

图 6-10　加筋土挡土墙实例图片

加筋土挡土墙有以下特点。

① 可以做成很高的垂直填土，从而减少占地面积，这对不利于开挖的地区、城市道路以及土地珍贵地区而言，有着很大的经济效益。

② 面板、筋带可以在工厂中定形制造、加工，在现场可以用机械分层施工。这种装配式施工方法简便快速，并且节省劳动力和缩短工期。

③ 加筋土是柔性结构物，能够适应地基较大的变形，因而可用于较软的地基上。同时，由于加筋土结构所特有的柔性能够很好地吸收地震的能量，故其抗震性好。

④ 造价低廉，据国内部分工程资料统计，加筋土挡土墙的造价一般为钢筋混凝土挡墙的 50%，重力式挡土墙的 60%～80%。

⑤ 一般应用于地形较为平坦且宽敞的填方路段上，在挖方路段或地形陡峭的山坡，由

于不利于布置拉筋，一般不宜使用。

加筋土的基本原理是在土中加入拉筋，借助于拉筋与填土间的摩擦力来提高填土的抗剪强度，从而保证土体平衡。

加筋土体工作时，土和拉筋一起承受外部和内部的荷载，由于土与拉筋之间的摩擦作用，将土中的应力传递给拉筋，而拉筋所产生的拉应力抵抗了土体的水平位移，就好像在土体中增加了一个内聚力，从而改进了土体的力学特性。因此，土与拉筋间的摩擦作用是加筋土体能否稳定的一个重要因素。

6.1.1.4 加筋土挡土墙材料

加筋土挡土墙由填料、在填料中布置的筋带以及面板三部分组成。

（1）填料 填料是加筋土工程的主体材料，对填料的一般要求如下：易压实；能与拉筋产生足够的摩擦力；满足化学和电化学标准；水稳定性好（浸水工程）。

有一定级配的砾类土、砂类土，与拉筋之间的摩擦力大，其透水性能好，应优先选用；碎石土、中低液限黏质土和稳定土也可采用；腐质土、冻结土等影响拉筋和面板使用寿命的应禁止采用。

填料的设计参数包括容重 γ、计算内摩擦角 ϕ 和摩擦系数 f 等，应由试验或当地经验数据确定。当无上述条件时，可参照标准《公路路基施工技术规范》（JTG/T 3610—2019）中相关表选用。

（2）筋带 筋带的主要作用是与填料产生摩擦力，并承受结构内部的拉力。因此，筋带必须具有以下特性：具有较高的强度，受力后变形小；较好的柔性与韧性；表面粗糙，能与填料产生足够的摩擦力；抗腐蚀性和耐久性好；加工、接长和与面板的连接简单。

筋带可以分为扁钢带、钢筋混凝土带和聚丙烯土工带三种。高速公路和一级公路上的加筋土工程应采用扁钢带或钢筋混凝土带。

① 扁钢带。扁钢带一般用软钢（3号钢）轧制而成，按其外形又可分为光面带和有肋带两种，断面为扁矩形，宽度不应小于 30mm，厚度不应小于 3mm。扁钢带埋在土中容易锈蚀，因此，扁钢带表面一般应镀锌或采取其他措施进行防锈处理。

② 钢筋混凝土带。钢筋混凝土带的平面为长条形或楔形，断面为扁矩形，宽 10～25cm，厚 6～10cm。为了施工方便，钢筋混凝土带应分节顶制，分节长度一般宜小于 300cm。为防止混凝土断裂可在混凝土内布设钢丝网。顶制件所用混凝土的强度等级不宜低于 C18（即轴心受压应力、主拉应力和弯曲拉应力分别不小于 7.0MPa、0.45MPa 和 0.70MPa），钢筋直径不得小于 8mm。预制件的接长或与面板连接，可采用焊接或螺栓结合，结点处应做防锈处理。

筋带设计拉力由钢筋承担，钢筋截面应考虑锈蚀影响。

③ 聚丙烯土工带。聚丙烯土工带的宽度应大于 18mm，厚度应大于 0.8mm。为提高土工带与填土之间的摩擦力，其表面应压有粗糙花纹。

填料中有尖锐棱角的粗粒料会刺穿或割断土工带，因此，在含有尖锐棱角的粗粒料中不得使用聚丙烯土工带作为拉筋。

（3）面板 面板的主要作用是防止端部土体从拉筋间挤出。

1）一般规定

① 面板设计应满足坚固、美观、运输方便和易于安装等要求。

② 面板一般采用混凝土预制件，其强度等级不应低于 C18，厚度不应小于 8cm。

③ 面板上的筋带结点，可采用预埋钢拉环、钢板锚头或顶留穿筋孔等形式。钢拉环应

采用直径不小于 10mm 的Ⅰ级钢筋；钢板锚头应采用厚度不小于 3mm 的钢板。露于混凝土外部的钢拉环、钢板锚头应做防锈处理，聚丙烯土工带与钢拉环的接触面应做隔离处理。

④ 面板四周应设企口和相互连接的装置。当采用插销连接装置时，插销直径不应小于 10mm。

2) 混凝土面板的外形　混凝土面板的外形可选用十字形、槽形、六角形、L 形和矩形等，一般尺寸见表 6-2。墙顶和角隅处可采用异形面板和角隅面板。

表 6-2　面板尺寸表　　　　　　　　　　　　　　　　　单位：cm

类　型	简　图	高　度	长　度	厚　度
十字形		50～150	50～150	8～22
槽形		30～75	100～120	14～20
六角形		60～120	70～180	8～22
L 形		30～50	100～200	8～12
矩形		50～100	100～200	8～22

注：1. L 形面板下缘宽度一般采用 20～25cm，厚度 8～12cm；
2. 槽形面板的底板和翼板厚度不应小于 5cm。

6.1.1.5　加筋土挡土墙构造

加筋土挡土墙一般由加筋体、基础、排水设施和沉降伸缩缝等几部分构成。

(1) 加筋体　加筋体墙面的平面线形可采用直线、折线和曲线。相邻墙面的内夹角不宜小于 70°。加筋体筋带一般应水平布设并垂直于面板，当一个结点有两条以上筋带时，应扇状分开。当相邻墙面的夹角小于 90°时，宜将不能垂直布设的筋带逐渐斜放，必要时在角隅处增设加强筋带。当双面加筋土挡土墙的筋带相互插入时，应错开铺设避免重叠。在拱涵顶部的双面加筋土挡土墙，其下部宜增加筋带用量或采用防止拱两端墙面变位的其他措施。

加筋体的横断面形式一般应采用矩形。当地形、地质条件限制时也可采用上宽下窄或上窄下宽的阶梯形。断面尺寸由计算确定，底部筋带长度不应小于 3m，同时不小于 $0.4H$。

加筋土挡土墙顶部一般应按路线要求设置纵坡；路堤式挡土墙，也可调整两端与路线水平距离，变更墙高，将墙顶设计成平坡。设置纵坡的加筋土挡土墙顶部可按纵坡要求设置异形面板，也可将需设异形面板的缺口用浆砌片石或现浇混凝土补齐。

加筋体填料的压实度是保证加筋体稳定性的重要因素之一，应按相关规范的要求采用。浸水地区的加筋体应采用渗水性良好的土做填料。在面板内侧应设置反滤层或铺设透水土工织物。季节性冰冻地区的加筋体宜采用非冻胀性土填料，否则应在墙面板内侧设置不小于 0.5m 的砂砾防冻层。

加筋土挡土墙高度大于 12m 时，填料应慎重选择。墙高的中部宜设宽度不小于 1m 的错台。墙高大于 20m 时，应进行特殊设计。

(2) 基础　加筋体墙面下部应设置宽度不小于 0.3m，厚度不小于 0.2m 的混凝土基础，

但属下列情况之一者可不设:

① 面板筑于石砌圬工或混凝土之上;

② 地基为基岩。

加筋体面板基础底面的埋置深度,对于一般土质地基不应小于0.6m,当设置在岩石上时应清除表面风化层。当风化层很厚难以全部清除时,可采用土质地基的埋置深度。浸水地区和冰冻地区的基础埋置深度要求同重力式挡土墙。

对于软弱地基上的加筋土挡土墙,当地基承载力不能满足要求时,应进行地基处理。加筋土挡土墙的基底可做成水平或结合地形做成台阶形。

(3) 排水设施 对可能危害加筋体的地面水和地下水,应采取适当的排水或防水措施。当加筋体背后有地下水渗入时,应设置通向加筋体的排水层。排水层采用砂砾,其厚度不小于0.5m。当加筋体顶面有渗水可能时,应采用防渗封闭措施,如图6-11所示。

(4) 沉降缝、伸缩缝 加筋土挡土墙应根据地形、地质和墙高等条件设置沉降缝,土质地基沉降缝间距为10~30m,岩石地基可适当增大。当设置整体式路檐板时,应酌情设置伸缩缝,其间距一般与沉降缝一致。沉降缝、伸缩缝宽度一般为1~2cm,可采用沥青板、软木板或沥青麻絮等填塞。

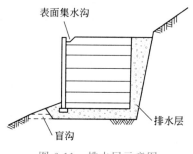

图 6-11 排水层示意图

加筋土挡土墙一般包括下列工序:基槽(坑)开挖、地基处理、排水设施、基础浇(砌)筑、构件预制与安装、筋带铺设、填料填筑与压实、墙顶封闭等,其中现场墙面板拼装、筋带铺设、填料填筑与压实等工序是交叉进行的。

6.1.1.6 薄壁式挡土墙

薄壁式挡土墙属于钢筋混凝土结构,可以分为悬臂式和扶壁式两种。悬臂式挡土墙由立壁、墙趾板和墙踵板三个部分组成,如图6-12(a)所示。当墙身较高时,沿墙长每隔一定距离加设扶壁式挡土墙,如图6-12(b)所示。薄壁式挡土墙结构的稳定不是依靠本身的重量,主要是依靠墙踵板上的填土重量来保证。它具有断面尺寸较小,自重轻,能修建在较弱的地基上等优点,适用于城市或缺乏石料的地区。其缺点是需耗用一定数量的水泥和钢筋,施工工艺较为复杂。

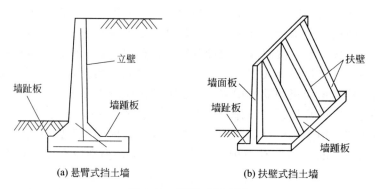

(a) 悬臂式挡土墙　　　　　　　(b) 扶壁式挡土墙

图 6-12 薄壁式挡土墙

6.1.1.7 锚定式挡土墙

锚定式挡土墙可分为锚杆式和锚定板式两种。锚杆式挡土墙是由预制的钢筋混凝土立柱、挡土板构成墙面，与水平或倾斜的钢锚杆联合组成，如图 6-13(a) 所示。锚杆的一端与立柱连接，另一端通过钻孔、插入锚杆、灌浆、养护等工序被锚固在山坡深处的稳定岩层或土层中。墙后侧向土压力由挡土板传给立柱，由锚杆与稳定岩层或上层之间的锚固力，使墙获得稳定。它适用于墙高较大，缺乏石料或挖基坑困难地区的地段，一般用于岩质路堑路段，但其他具有锚固条件的路堑挡土墙也可使用，还可应用于陡坡路堤。薄壁板式锚杆挡土墙多用于岩石边坡防护。它的优点是结构重量轻，节约大量的圬工和节省工程投资；利用挡土墙的机械化、装配化施工，提高劳动生产率；少量开挖基坑，克服不良地基开挖的困难，并利于施工安全。缺点是施工工艺要求较高，要求配置钻孔、灌浆等配套的专用机械设备，且要耗用一定的钢材。

锚定板式挡土墙是由钢筋混凝土墙面、钢拉杆、锚定块板以及其间的填土共同形成的一种组合挡土结构，如图 6-13(b)所示。它借助于埋在填土内的锚定板的抗拔力抵抗侧向土压力，保持墙的稳定。锚定式挡土墙的特点在于构件断面小，工程量省，不受地基承载力的限制，构件可预制，有利于实现结构轻型化和施工机械化。它适用于缺乏石料地区的路肩墙或路堤墙。施工工序包括：基坑开挖、基础浇（砌）筑、锚杆制作、钻孔、锚杆（块）安放与注浆锚固、肋柱和挡土板预制安装、墙后填料填筑与压实等。

二维码 6.3

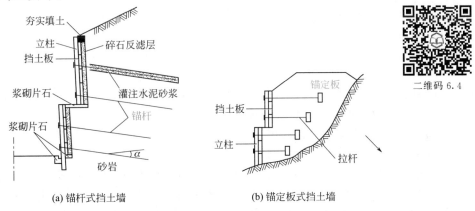

二维码 6.4

(a) 锚杆式挡土墙 (b) 锚定板式挡土墙

图 6-13 锚定式挡土墙

6.1.2 挡土墙施工

各种类型的挡土墙由于结构原因，施工方法也不尽相同，此处以常用的混凝土挡土墙的施工为例介绍。

6.1.2.1 预制安装钢筋混凝土挡土墙

预制安装钢筋混凝土挡土墙，有悬臂式和扶臂式两种形式，悬臂式在挡墙板高度小于 1.5m 的矮挡墙上采用。但这种形式存在易倾倒的缺点，近年来在设计上被现浇悬臂式所取代。这种形式的挡墙板多采用在城市立交引道的两侧，对城市道路红线内土地的充分利用，加大使用空间和美化城市环境，起着十分重要的作用。

（1）施工准备

1）测量放线　开工前应严格按道路、桥梁施工中线及高程点来控制挡墙基础的平面位置和安装预埋钢板的纵横向高程和尺寸。

2）预制混凝土挡墙板

① 挡墙板的原材料、配合比、强度应符合设计要求。

② 墙体预埋钢板位置符合设计要求。

③ 墙板外露面应平顺、光洁、色泽一致，无蜂窝、露筋、缺边、掉角、扭曲现象。

④ 有硬伤、裂缝时，经设计及有关部门鉴定后，方可用在适当位置。

（2）挡墙板的基槽

① 测量人员应严格按道路或桥梁施工中线、高程准确控制挡墙板的平面位置和纵断高程，来放线开挖基槽。

② 基槽底要保持原状土，如有超挖或非原状土，必须进行基础处理，按道路击实标准进行夯实。

③ 做好排降水工作，保证干槽施工。

（3）基础及现浇矮挡墙模板

① 基础模板，必须在混凝土找平层(垫层)上面支搭。支搭要牢固，不得松动、跑模、下沉。

② 现浇矮挡墙模板的支撑，与预制安装的挡墙板要接顺，支搭牢固，不得出现跑模、胀模现象。

③ 模板拼装严密不翻浆，模内清洁。

④ 涂刷隔离剂不得污染钢筋。

（4）挡墙基础钢筋

① 钢筋原材料必须合格，并经进场复试检验。

② 绑扎成型，绑丝必须扎紧，不得有松动、折断、位移等情况。

③ 焊接成型，焊前不得有水锈、油渍，焊缝处不得有咬肉、裂缝、夹清，焊药皮应敲净。

④ 成型网片或骨架，要牢固不变形。

⑤ 钢筋加工、成型与安装质量标准与桥梁的"钢筋骨架加工制作"相同。

⑥ 现浇矮挡墙要按规定布设垫块，以保证保护层厚度。

（5）浇筑混凝土基础及挡墙板

① 混凝土强度要符合设计要求。

② 混凝土要振捣密实，尤其是现浇矮挡墙部分要加细振捣，防止出现露筋和蜂窝孔洞。

③ 预埋件要按设计高程、平面位置、数量与相关钢筋焊牢，在振捣混凝土时，要严密控制埋件的平面位置和高程，特别是与挡墙板连接的预埋钢板，不得发生变形和位移。

（6）预制挡墙板的安装

① 对符合质量标准的挡墙板方可使用。

② 测量人员要弹上挡墙板安装控制线，用经纬仪或垂线控制垂直度。并将挡墙板预埋件与基础预埋件焊牢（要求焊缝长、宽符合设计及施工规范要求，焊缝饱满）后，再浇筑上层固结混凝土。

③ 墙板间的灌缝混凝土一定要捣实，两侧夹板夹牢，不得漏浆和污染墙面。

④ 板间勾缝要密实、平整、光洁、美观。

⑤ 挡墙背后填土密实度要求按道路击实标准执行。另外，严禁破坏排水孔周围砂砾反滤层的结构。

（7）浇筑墙顶三角混凝土

① 测量人员按桥头引道纵断高程控制模板高程。

② 模板与墙板相接处，用泡沫塑料条压紧，严禁跑浆。

③ 浇筑前，将墙顶凿毛刷素浆，以利于上下混凝土结合。

（8）地袱（挂板）安装

预制挡墙板顶一般是安装轻型护栏（人行道上）或重型防撞护栏（机动车道上），地袱一方面起挡墙与护栏连接作用，应按设计要求做好钢筋的焊接和混凝土浇筑；另一方面起装饰作用，要求安装线型平直、圆顺美观。

6.1.2.2　现浇钢筋混凝土挡土墙

① 模板支搭安装牢固，底脚加扫地方木，两侧设对拉螺栓和水平撑、斜撑，并加方木内撑，以防模板在浇筑混凝土时松动、跑模、下沉。

② 钢木模板拼缝严密不漏浆，模内不得存有木屑等杂物。

③ 模板隔离剂涂刷均匀，不得污染钢筋，不得出现黏模现象。

④ 对于高挡墙模板，应事先准备好模板松动、跑模、下沉变形等应急补救措施。设专人盯住，并随时准备实施措施。

⑤ 外露面模板应使用大型钢模板，以减少接缝数量，模板面应平整光洁，以保证外露面光平美观。模板缝要衔接平顺，无错台，封闭严密不漏浆。

⑥ 钢筋、模板经有关人员验收后，方可浇筑。

⑦ 混凝土按规范规定，应分层浇筑，插捣密实，不得出现蜂窝、麻面、露筋、空洞。

⑧ 其他相关工序与预制安装挡土墙相同。

任务 6.2　挡土墙质量控制与验收

以浆砌块石重力式挡土墙为例，绘制如图 6-14 所示的挡土墙施工质量验收与控制技术路线图。

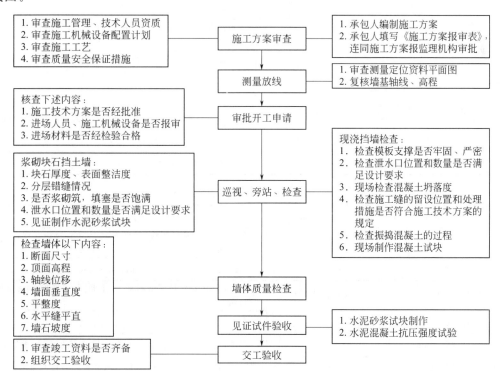

图 6-14　挡土墙施工质量验收与控制技术路线图

6.2.1 挡土墙的质量标准

有关挡土墙施工质量控制与验收，可参照相关规范要求，详见《公路工程质量检验评定标准　第一册　土建工程》(JTG F80/1—2017)和《公路路基施工技术规范》(JTG/T 3610—2019)。

6.2.1.1 砌体、片石混凝土挡土墙的质量标准

(1) 砌体、片石混凝土挡土墙外观质量应符合下列规定。

① 浆砌缝开裂、勾缝不密实和脱落的累计换算面积不得超过该面面积的 1.5%，且单个最大换算面积不应大于 $0.08m^2$。换算面积应按缺陷缝长度乘以 0.1m 计算。

② 混凝土表面不应存在《公路工程质量检验评定标准　第一册　土建工程》(JTG F80/1—2017) 附录 P 所列限制缺陷。

③ 墙体不得出现外鼓变形。

④ 泄水孔应无反坡、堵塞。

(2) 砌体、片石混凝土挡土墙的施工质量标准如表 6-3～表 6-8 所示。

表 6-3　浆砌挡土墙施工质量标准

序号	检查项目		规定值或允许偏差	检查方法和频率
1	砂浆强度/MPa		在合格标准内	按《公路工程质量检验评定标准 第一册 土建工程》(JTG F80/1—2017)附录 F 检查
2	平面位置/mm		≤50	全站仪：测墙顶外边线，长度不大于 30m 时测 5 点，每增加 10m 增加一点
3	墙面坡度/%		≤0.5	铅锤法：长度不大于 30m 时测 5 处，每增加 10m 增加一处
4	断面尺寸/mm		≥设计值	尺量：长度不大于 50m 时测 10 个断面，每增加 10m 增加一个断面
5	顶面高程/mm		±20	水准仪：长度不大于 30m 时测 5 点，每增加 10m 增加 1 点
6	底面高程/mm		±50	水准仪：长度不大于 30m 时测 5 点，每增加 10m 增加 1 点
7	表面平整度/mm	混凝土预制块、料石	≤10	2m 直尺：每 20m 测 3 处，每处测竖直和墙长两个方向
		块石	≤20	
		片石	≤30	
8	泄水孔间距/mm		≤设计值	尺量：每 20m 测 4 点

表 6-4　干砌挡土墙施工质量标准

序号	检查项目	规定值或允许偏差	检查方法和频率
1	平面位置/mm	≤50	全站仪：测墙顶外边线，长度不大于 30m 时测 5 点，每增加 10m 增加一点
2	墙面坡度/%	≤0.5	铅锤法：长度不大于 30m 时测 5 处，每增加 10m 增加一处
3	断面尺寸/mm	≥设计值	尺量：长度不大于 50m 时测 10 个断面，每增加 10m 增加一个断面
4	顶面高程/mm	±20	水准仪：长度不大于 30m 时测 5 点，每增加 10m 增加 1 点
5	底面高程/mm	±50	水准仪：长度不大于 30m 时测 5 点，每增加 10m 增加 1 点
6	表面平整度/mm	≤50	2m 直尺：每 20m 测 3 处，每处测竖直和墙长两个方向

表 6-5　浆砌挡土墙实测项目

序号	检查项目		规定值或允许偏差	检查方法和频率
1△	砂浆强度/MPa		在合格标准内	按 JTG F80/1—2017 附录 F 检查
2	平面位置/mm		≤50	全站仪：测墙顶外边线，长度不大于30m时测5点，每增加10m增加1点
3	墙面坡度/%		≤0.5	铅锤法：长度不大于30m时测5处，每增加10m增加1处
4△	断面尺寸/mm		≥设计值	尺量：长度不大于50m时测10个断面，每增加10m增加1个断面
5	顶面高程/mm		±20	水准仪：长度不大于30m时测5点，每增加10m增加1点
6	表面平整度/mm	块石	≤20	2m 直尺：每20m测3处，每处测竖直、墙长两个方向
		片石	≤30	
		混凝土预制块、料石	≤10	

表 6-6　干砌挡土墙实测项目

序号	检查项目	规定值或允许偏差	检查方法和频率
1	平面位置/mm	≤50	全站仪：测墙顶外边线，长度不大于30m时测5点，每增加10m增加1点
2	墙面坡度/%	≤0.5	铅锤法：长度不大于30m时测5处，每增加10m增加1处
3△	断面尺寸/mm	≥设计值	尺量：长度不大于50m时测10个断面，每增加10m增加1个断面
4	顶面高程/mm	±50	水准仪：长度不大于30m时测5点，每增加10m增加1点
5	表面平整度/mm	≤50	2m 直尺：每20m测3处，每处测竖直、墙长两个方向

表 6-7　片石混凝土挡土墙实测项目

序号	检查项目	规定值或允许偏差	检查方法和频率
1△	混凝土强度/MPa	在合格标准内	按 JTG F80/1—2017 附录 D 检查
2	平面位置/mm	≤50	全站仪：测墙顶外边线，长度不大于30m时测5点，每增加10m增加1点
3	墙面坡度/%	≤0.3	铅锤法：长度不大于30m时测5处，每增加10m增加1处
4△	断面尺寸/mm	≥设计值	尺量：长度不大于50m时测10个断面，每增加10m增加1个断面
5	顶面高程/mm	±20	水准仪：长度不大于30m时测5点，每增加10m增加1点
6	表面平整度/mm	≤8	2m 直尺：每20m测3处，每处测竖直、墙长两个方向

表 6-8　混凝土挡土墙施工质量标准

序号	检查项目	规定值或允许偏差	检查方法和频率
1	混凝土强度/MPa	在合格标准内	按 JTG F80/1—2017 附录 D 检查
2	平面位置/mm	≤50	全站仪：测墙顶外边线，长度不大于30m时测5点，每增加10m增加一点
3	墙面坡度/%	≤0.3	铅锤法：长度不大于30m时测5处，每增加10m增加一处

续表

序号	检查项目	规定值或允许偏差	检查方法和频率
4	顶面高程/mm	±20	尺量:长度不大于50m时测10个断面,每增加10m增加一个断面
5	底面高程/mm	±50	水准仪:长度不大于30m时测5点,每增加10m增加1点
6	断面尺寸/mm	≥设计值	2m直尺:每20m测3处,每处测竖直和墙长两个方向
7	表面平整度/mm	≤8	全站仪:测墙顶外边线,长度不大于30m时测5点,每增加5m增加一点
8	泄水孔间距/mm	≤设计值	尺量:每20m测4点

6.2.1.2 悬臂式和扶壁式挡土墙的质量标准

(1)悬臂式和扶壁式挡土墙应符合下列基本要求。

① 地基承载力应满足设计要求。

② 沉降缝、伸缩缝、泄水孔的位置、尺寸和数量应满足设计要求;沉降缝及伸缩缝应竖直、贯通,采用弹性材料填充密实,填充深度满足设计要求。

(2)悬臂式和扶壁式挡土墙施工质量标准如表6-9所示。

表6-9 悬臂式和扶壁式挡土墙施工质量标准

序号	检查项目	规定值或允许偏差	检查方法和频率
1△	混凝土强度/MPa	在合格标准内	按JTG F80/1—2017附录D检查
2	平面位置/mm	≤30	全站仪:长度不大于30m时测5点,每增加10m增加1点
3	墙面坡度/%	≤0.3	铅锤法:长度不大于30m时测5处,每增加10m增加1处
4△	断面尺寸/mm	≥设计值	尺量:长度不大于50m时测10个断面及10个扶壁,每增加10m增加1个断面及1个扶壁
5	顶面高程/mm	±20	水准仪:长度不大于30m时测5点,每增加10m增加1点
6	表面平整度/mm	≤8	2m直尺:每20m测3处,每处测竖直、纵向两个方向

(3)悬臂式和扶壁式挡土墙外观质量应符合下列规定。

① 混凝土表面不应存在《公路工程质量检验评定标准 第一册 土建工程》(JTG F80/1—2017)附录P所列限制缺陷。

② 墙体不得出现外鼓变形。

③ 泄水孔应无反坡、堵塞。

6.2.1.3 锚杆、锚定板、加筋土挡土墙的质量标准

锚杆、锚定板、加筋土挡土墙的总体施工质量标准如表6-10所示。

表6-10 锚杆、锚定板、加筋土挡土墙总体施工质量标准

序号	检查项目		规定值或允许偏差	检查方法和频率
1	墙顶和肋柱平面位置/mm	路堤式	+50,−100	全站仪:长度不大于30m时测5点,每增加5m增加1点
		路肩式	±50	
2	墙顶和柱顶高程/mm	路堤式	±50	水准仪:长度不大于30m时测5点,每增加5m增加1点
		路肩式	±30	

续表

序号	检查项目	规定值或允许偏差	检查方法和频率
3	肋柱间距/mm	±15	尺量:每柱间
4	墙面倾斜度/mm	+0.5%且不大于+50; −1%且不小于−100	铅锤法或坡度板:长度不大于30m时测5点,每增加5m增加1点
5	面板缝宽/mm	≤10	尺量:每20m至少测5条
6	墙面平整度/mm	≤15	2m直尺:每20m测3处,每处测竖直和墙长两个方向
7	距面板1m范围内墙背填土的压实度/%	≥90	每50m压实层测1处,且不得少于1处
8	反滤层厚度/mm	≥设计厚度	尺量:大于50m时测5处,每增加10m增加1处

6.2.2　预制安装钢筋混凝土墙的质量通病及防治

自20世纪80年代以来,北京地区大量采用了两种预制安装钢筋混凝土挡墙板,即扶壁式和悬臂式,现在高度在1.5m以上的悬臂式挡墙板被扶壁式挡墙板所代替,1.5m以下的悬臂式挡墙板改成了现浇。在以往长期实践中预制安装挡墙板工程存在着不少质量通病。

（1）板面扭曲和凹凸

① 现象

a. 板面四角不在一个水平面上,出现扭曲。

b. 板面出现中心鼓肚或局部凹凸现象。

② 原因分析

a. 凹凸现象主要是模板刚度不够,当混凝土浇筑荷重加大模板变形,或浇筑前模板已有变形。

b. 扭曲,有可能是模板刚度不够,或混凝土浇筑时模板四角有不均匀沉降。

③ 危害

a. 造成安装的困难,难以找平相邻板面,妨碍了墙面直顺度、平整度、板间错台的质量指标。

b. 扭曲板块,使挡墙上沿纵向出现较大弯曲,极大影响外观质量。

④ 治理方法

a. 向厂家订制构件要提出明确的质量指标。在构件进场前,要在预制厂做好质量验收,不合格者不能运输。

b. 模板要有足够的刚度,变形的模板不能使用;浇筑中要观测模板四角的变化,如有不均匀沉降,应及时进行调正。

（2）基础预埋件或墙板位置偏离

① 现象　扶壁式和悬臂式在现浇水泥混凝土基础上或墙板上预埋拉结钢板,其纵、横轴线常有偏移,不能与构件上墙板上的预埋件吻合做直接焊接,常常要另加设拉结钢板或拉结钢筋。

② 原因分析

a. 预埋件在平面或高程位置上未安放准确。

b. 安放时位置虽准确,但固定不牢固,在混凝土浇筑和振捣时,被挤而发生移动。

c. 预制挡墙板预埋件位置偏移或不周正。

③ 危害　预埋件偏移,须另加间接连接钢件,增加了焊接难度;这种间接焊接有的很

难保证设计的焊缝长度会降低拉结强度，有造成挡墙板不均匀外闪的可能。

④ 治理方法

a.预埋件的平面位置和高程位置要侧设准确，并设法固定在基础主筋上或用混凝土预先固定。

b.对预制厂的首件检查验收当中，应特别注意和强调预埋件位置的准确性和固定的牢固性。

（3）基础二次混凝土底层不凿毛

① 现象　扶壁式挡墙基础在浇筑二次混凝土时，底层上有土、柴草等杂物，不凿毛或稀疏凿坑以示凿毛。

② 原因分析　操作不按规范要求做，管理上要求不严格。

③ 危害　二次混凝土要求与一次混凝土结合成一体受力，如果两次混凝土中间夹有土和杂物，又不凿毛，将形成两层皮，降低挡墙板的抗倾覆能力。

④ 治理方法　施工管理者要做清楚的交底，严格要求，严格检查。二次混凝土的钢筋安装前对底层要做好清理并彻底凿毛；在浇筑混凝土前还要将底层再清理一次，并洒水湿润，以利结合。

（4）基础杯口跑模

① 现象　预制安装悬臂式挡墙板，现浇混凝土基础"跑模"，杯口中线两侧宽窄不一致，不得不凿除胀出的混凝土，有的甚至杯口钢筋跑进挡墙板位置，又不得不将钢筋打出，严重时不断筋不足以放入挡墙板。

② 原因分析

a.主要是模板支搭不牢，或尺寸不对，未进行检查验收或检查验收不严。

b.浇筑方法不当，混凝土集中砸入模内，使模板局部集中受力变形。

③ 危害　有的凿除混凝土以后，减小了杯口壁厚。如果钢筋打弯，甚至断筋，都会降低或严重降低基础设计强度，留下永久性缺陷。

④ 治理方法

a.认真做好模板轴线位置的测量放线，并加以两级复核。

b.要按模板设计支搭牢固。

c.管理人员对模板的几何尺寸、支搭牢固程度要切实做好检查验收工作。

d.分层浇筑，使模板均匀受力。

e.在浇筑中应具备对模板变位进行应急维修加固措施。

（5）垂直度不符合标准

① 现象　挡墙板的内外倾斜度超过质量标准，特别是 3m 以上的高挡墙板，量全高偏差超过 15mm（挡墙板安装垂直度应不大于 15mm）。

② 原因分析

a.挡墙基础预埋件偏移或挡墙板预埋件偏移，造成焊接困难，加大了挡墙板安装时对垂直度控制的难度。

b.挡墙板背后超厚回填土，受侧向土压力过大，挡墙板弹性变形过大造成倾斜度增大。

③ 危害　外倾度过大，会造成挡墙板与基础拉结部分破坏失效；弹性变形过大，会造成挡墙板折裂，留下倾覆的隐患。

④ 治理方法

a.保证基础预埋件和预制构件预埋件位置的准确度。保证按设计和规范要求焊接牢固。

b.根据实践经验，挡墙板的安装可以预留一定内倾度，即预留出挡墙板在受侧向推力的弹性变形量。

　　c.挡墙板内路基的回填一定要严格按照分层回填压实的规定，绝不能超厚回填增大侧向土压力。

6.2.3　现浇钢筋混凝土挡土墙的质量通病及预防

　　（1）墙体全部倾斜或局部倾斜

　　① 现象

　　a.拆模后，墙体全部或局部段倾斜，垂直度严重超过标准规定。

　　b.局部出现洼兜和鼓肚，造成平整度严重超出标准要求。

　　② 原因分析

　　a.支撑模板的斜撑或对拉螺栓紧固力不均匀，局部支撑力或紧固力过大，局部松弛，当浇筑时，混凝土自重和振捣向外的推挤力作用，模板松弛部分混凝土表面便会出现鼓肚，支撑力、紧固力过大的，通过振捣设备的振动有可能向内移动或不动，便出现相对洼兜和鼓肚。

　　b.支撑模板的斜撑，全部或局部出现强度或刚度不足，经受不住混凝土自重加振捣冲击力，出现整体或局部向外移动。

　　③ 危害　这种情况，修不得，补不了，造成外观质量上的永久性缺陷，严重的会大大降低整体工程的质量状况。

　　④ 预防措施

　　a.模板和支撑杆件要具备足够的强度和刚度，能够承受施工所带来的人、机械、混凝土及振捣的施工荷载。模板的联结要紧固，立柱、横肋、斜撑、拉索、地锚相互间的联结要紧密。地锚要牢固，不能因受力而移动和松动。垫板、楔块与支撑杆之间要严实。

　　b.混凝土浇筑前，施工单位要仔细检查每个支撑点，每个支撑杆件的支撑效果，并经监理工程师检查验收后方可浇筑。

　　c.混凝土的浇筑，尽量减少对模板的冲击，混凝土应在一定厚度、顺序和方向分层下灰，分层振捣，分层厚度一般不应超过30cm。

　　d.在浇筑过程中，要设专人、专项设备，随时进行检查，如有松动和跑模、胀模现象，应及时采取有效的加固措施和补救措施。

　　（2）模板接缝处起砂、麻面和接缝处局部错台

　　① 现象

　　a.模板接缝处和墙身根部出现起砂、麻面。

　　b.拆模时，模板与墙面黏结，拉掉墙面表层光面。

　　c.模板接缝处局部出现5mm以上错台。

　　② 原因分析

　　a.模板接缝和模板底面与挡墙基础顶面因漏浆造成封闭不严。

　　b.因黏模造成旧模板上的锈迹或黏结的砂浆未清除干净，或脱模剂涂刷不匀，局部缺失。

　　c.由于模板扭曲变形，或本就有错台导致模板块与块接缝处，联结模板的 U 形卡子未卡牢，而其中一块模板又未与横肋或立柱贴紧，经浇筑混凝土受力后错动。

　　③ 危害　挡土墙混凝土上述缺陷，虽然不影响结构质量，但十分影响外观，面积超过1%会使这个检查项目不合格，修理后也难以达到好的效果。

　　④ 预防措施

a. 重要工程应尽量使用新制钢模板。如使用旧模板，必须做认真筛选，可用的要进行调正调平的修理工作。模板面不能扭曲，不能有明显坑洼，模板边框应平整直顺，两块模板连接面应夹紧对严，并应除锈、除脏，打磨光洁。

b. 支搭模板时，应将联结模板的 U 形卡子卡牢。并应将立柱或横肋贴紧模板，遇有空隙应用木楔塞严。

c. 所有模板缝应一律应用橡胶带或海绵条挤紧封严。

d. 在浇筑混凝土时，同样应有专人负责巡视检查。遇有漏水泥浆应及时补救。

能力训练

第一部分　知识点考核

（说明：测试时间 45 分钟）

一、单选题（每题 1 分，共 10 题，共 10 分）

1. 挡土墙的主要力系中，墙前土体对挡土墙的压力为（　　）。

    A. 主动土压力　　　　B. 静止土压力　　　　C. 被动土压力　　　　D. 不确定

2. 仅依据墙体自重抵抗挡土墙压力作用的挡土墙，属于（　　）挡土墙。

    A. 恒重式　　　　　　B. 重力式　　　　　　C. 自立式　　　　　　D. 悬臂式

3. 什么位置的挡土墙需要设护栏？（　　）

    A. 路堤墙　　　　　　B. 路肩墙　　　　　　C. 路堑墙　　　　　　D. 山坡墙

4. 抗滑挡土墙墙背土压力的大小应按（　　）确定。

    A. 主动土压力　　　　B. 剩余下滑力　　　　C. A 和 B 中较大者　　D. 静止土压力

5. 挡土墙基底计算最小应力 $\sigma < 0$ 时，说明（　　）。

    A. 基底承受压应力　　　　　　　　　　B. 偏心距过大

    C. 墙身基础尺寸不足　　　　　　　　　D. 地基承载力不够

6. 重力式挡土墙墙身应力和偏心距验算位置一般选在（　　）。

    A. 墙顶及墙底面　　　　　　　　　　　B. 1/2 墙高及墙底面

    C. 墙底及 1/3 墙高处　　　　　　　　　D. 1/2 墙高及断面急剧变化处

7. 为了减少拆迁和占地面积，一般可采用（　　）。

    A. 路堑墙　　　　　　　　　　　　　　B. 路堤墙

    C. 山坡挡土墙　　　　　　　　　　　　D. 路肩墙

8. 挡土墙土压力计算，宜按（　　）计算。

    A. 主动土压力　　　　　　　　　　　　B. 静止土压力

    C. 被动土压力　　　　　　　　　　　　D. 土抗力

9. 按朗金土压力理论计算挡土墙背面的主动土压力时，墙背是何种应力平面？（　　）

    A. 大主应力平面　　　　　　　　　　　B. 小主应力平面

    C. 滑动面　　　　　　　　　　　　　　D. 剪切面

10. 挡土墙后的填土应该密实好还是疏松好？（　　）

    A. 填土应该疏松些好，因为松土的密度小，土压力就小

    B. 填土应该密实些好，因为土的内摩擦角 ϕ 大，土压力就小

    C. 填土密度与土压力的大小无关

    D. 填土应该疏松些好，因为松土的密度大，土压力就大

二、多选题（每题 2 分，共 10 题，共 20 分）

1. 适宜做路肩挡土墙的墙型有（　　）。

A. 重力式挡土墙
B. 衡重式挡土墙
C. 加筋土挡土墙
D. 锚杆挡土墙
E. 锚定板挡土墙

2. 增加挡土墙抗滑稳定性的措施有（　　）。

A. 展宽墙趾
B. 采用倾斜基底
C. 采用扩大基础
D. 采用凸榫基础
E. 采用人工基础

3. 适宜做路堑挡土墙的墙型有（　　）。

A. 仰斜式重力挡土墙
B. 俯斜式重力挡土墙
C. 锚杆挡土墙
D. 加筋土挡土墙
E. 土钉挡土墙

4. 填筑沿河浸水路堤较适合的填料有（　　）。

A. 砂砾石土
B. 亚砂土
C. 亚黏土
D. 碎（砾）石土
E. 粉性土

5. 挡土墙的类型有（　　）。

A. 重力式挡土墙
B. 锚定式挡土墙
C. 薄壁式挡土墙
D. 加筋土挡土墙
E. 轻型挡土墙

6. 增强挡土墙抗倾覆稳定性的方法有（　　）。

A. 设置倾斜基底
B. 改变墙身断面类型
C. 展宽墙趾
D. 改变墙背及墙面坡度
E. 增加挡土墙结构混凝土强度等级

7. 一般地区的路堤和路堑都可采用的挡土墙类型包括（　　）。

A. 重力式挡土墙
B. 土钉墙
C. 桩板式挡土墙
D. 锚杆挡土墙
E. 加筋挡土墙

8. 增加挡土墙抗滑稳定性的措施有（　　）。

A. 展宽墙趾
B. 采用倾斜基底
C. 采用扩大基础
D. 采用凸榫基础
E. 采用人工基础

9. 下列关于加筋土挡土墙工程技术有哪些是正确的？（　　）

A. 加筋土挡土墙是在土中加入拉筋，利用拉筋与土之间的摩擦作用，改善土体的变形条件和提高土体的工程特性，从而达到稳定土体的目的
B. 加筋土挡土墙一般应用于挖方路段或地形陡峭的山坡
C. 加筋土是刚性结构物，能够适应地基轻微的变形，填土引起的地基变形对加筋土挡土墙的稳定性影响比对其他结构物小
D. 地基的处理也较简便，它是一种很好的抗震结构物
E. 节约占地，造型美观，造价比较低，具有良好的经济效益

10. 下列关于锚杆挡土墙工程的特点有哪些是正确的？（　　）

A. 结构重量适中，节约大量的圬工和节省工程投资
B. 利于挡土墙的机械化、装配化施工，提高劳动生产率

C. 土方开挖量大，克服不良地基开挖的困难，并利于施工安全

D. 施工工艺要求较高，要有钻孔、灌浆等配套的专用机械设备，且要耗用一定的钢材

E. 锚杆挡土墙适用于缺乏石料的地区和挖基困难的地段，一般用于岩质路堑路段，但其他具有锚固条件的路堑墙也可使用，还可应用于陡坡路堤

第二部分　综合能力考核

一、案例分析

【案例】

背景资料：某挡土墙高 $H=6m$，墙顶宽度 $B=0.7m$，墙底宽度 $B=2.5m$；墙背直立（$\alpha=0$），填土表面水平（$\beta=0$），墙背光滑（$\delta=0$），用毛石和水泥砂浆砌筑；砌体重度为 $22kN/m^3$；填土内摩擦角 $\phi=40°$，填土黏聚力 $c=0$，填土重度为 $19kN/m^3$，基底摩擦系数为 0.5，地基承载力抗力值为 $f=180kPa$。

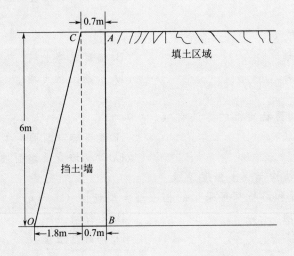

问题：

1. 挡土墙的布置包括哪几个方面？

2. 当挡土墙的抗倾覆稳定系数 $K≤1.5$ 时，可采用哪些有效措施？

3. 试述公路常用挡土墙的类型及适用条件。

4. 试验算该挡土墙抗滑稳定性、抗倾覆稳定性和地基承载力。

二、项目实施

根据附录中的具体项目，结合所学专业知识，编制专项施工方案。

第三部分　考核评价

考 核 内 容	考核内容及标准		评　　分
过程考核 （权重20%）	学习主动性强，按照要求，及时、正确地完成相关任务。主动承担项目小组相应工作，提出问题、解决问题意识强（小组互评＋个人自评＋教师评价）		
知识点考核 （权重30%）	在规定的时间内，独立完成知识点测试（可采取小组同学互评的方式）		
	单选题（10分）		
	多选题（20分）		
综合技能考核 （权重50%）	案例分析题（权重30%）	问题分析要点正确，知识点应用准确	
	项目实施（权重70%）：挡土墙专项施工方案，考核点及要求如下		
	1. 工程概况	内容全面，表达清楚，数据准确（5分）	
	2. 编制依据	内容全面，规范标准引用正确（5分）	
	3. 施工进度计划	进度计划安排合理（5分）	
	4. 施工工艺	施工工艺选用正确，工艺流程清晰，工艺要求和操作要点明确（20分）	
	5. 施工质量验收制度及评定标准	质量验收参照标准规范正确，验收流程符合规范要求（10分）	
	6. 质量目标及保证措施	质量目标明确，保证措施到位（10分）	
	7. 安全生产保证措施	安全生产措施到位（10分）	
	8. 文明施工措施	文明施工措施到位（10分）	
	9. 环境保护措施	环境保护措施到位（10分）	
	10. 主要施工机械计划表	按工程要求拟定施工机械计划表（10分）	
	11. 文本格式	文本格式符合专业要求（5分）	
总分			
总结与思考	（本次任务实施中主要存在的问题，需要教师帮助解决的问题） 　　　　　　　　　　　　　　　　年　　　月　　　日		

项目七　附属工程施工

素质目标

培养综合运用技术、技能解决工程实际问题的能力；进行试验并探寻知识的能力；遵守规范标准要求，善于观察和思考，养成发现问题、提出问题、及时解决问题的好习惯；培养团队精神和协作能力、口头及书面交流能力，从而塑造良好的个性人格和综合素质的提高。

任务 7.1　路缘石施工

知识目标

了解路缘石的种类；了解预制路缘石的注意事项；熟练掌握路缘石的施工步骤。

能力目标

能够根据路况编制侧石的施工方案；能够根据路况编制平石的施工方案。

任务实施要求

本任务是以路缘石的施工为学习重点，通过有关路缘石种类的选择、预制注意事项、施工步骤等诸多因素的学习，掌握路缘石的种类、预制路缘石注意事项、路缘石施工等基本施工考虑因素，编制出相应的路缘石施工方案。

任务实施可以由教师与学生共同设置情景，如为附录中的道路某一路段编制路缘石施工方案。请学生以现场施工员的身份进行施工方案编制。可以按以下步骤进行：①确定路缘石种类；②确定施工机具；③编制各组相应路段的路缘石施工方案；④施工方案汇报。

路缘石是路面边缘与横断面内其他组成部分的相连接处的边缘石，由侧石（立缘石）和平石（缘石、平缘石）两种组成，其形式有立式、斜式和曲线式三种。

侧石是指位于道路两侧或分隔带、中心岛四周，高出路面，分隔车行道与人行道、车行道与分隔带、车行道与中心岛、车行道与安全岛等，以维护交通安全的设施。侧石主要有直线形与弧形两种，直线形主要用于直线段和大半径曲线上，弧形主要用于小半径曲线上。

缘石是指位于道路车行道与路肩之间、高级路面与低级路面之间、预留路口与沥青路面接头处，顶面与路面齐平，以维护路面边部不被损坏的设施。如图 7-1 所示为路缘石施工学习路线图。

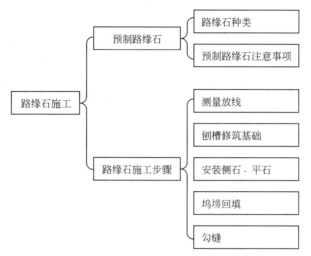

图 7-1 路缘石施工学习路线图

7.1.1 预制路缘石

7.1.1.1 路缘石种类

路缘石可根据使用要求和条件选用水泥混凝土预制块、条石、砖等材料，最常用的是工厂化生产的水泥预制块。水泥预制块平石为矩形，长 30～100cm，宽 7～15cm；侧石大多为矩形，长 30～100cm，高 30～35cm，厚 8～13cm，如图 7-2 所示，只有小半径曲线用特制弧形块。城市道路边缘石采用立式，缘石宜高出路面边缘 10～20cm。隧道内、重要桥梁、道路线形弯曲路段或陡峭路段等处的缘石可高出 25～40cm，并应有足够的埋深，以保证稳定和行车安全。斜式缘石便于儿童车、轮椅及残疾人通行。而在分隔带端头或交叉口的小半径处，缘石宜做成曲线式。

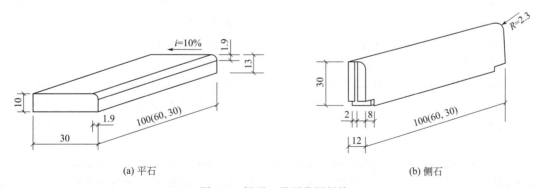

(a) 平石　　　　　　　　　　　(b) 侧石

图 7-2 侧石、平石常用规格

另外，考虑无障碍设计时，道路上人行道出入口多采用牛腿式出入口，平石沿人行道边向前延伸，侧石向下降至 1～2cm，或侧石向出入口转弯（图 7-3）。总之，要使人行道的路面连续无障碍，无高低，便于老、幼行走和儿童车滚动。

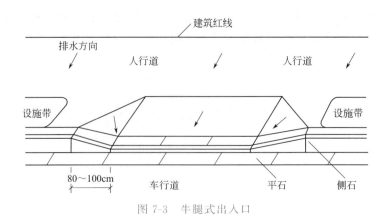

图 7-3　牛腿式出入口

在道路宽度日益增加、车速加快的情况下，国外常将沿街建筑的门牌号码写在道路侧石上，使开车人极易识别，减少了许多车辆追尾事故。

7.1.1.2　预制路缘石注意事项

路缘石是路面边缘与其他构造物分界处的标石，不仅具有拦截汇集路面雨水和美化路容的作用，同时对路面边缘起到良好的保护作用。由于路缘石是附属工程，在其预制和安装时的质量，常常被人们所忽视，得不到有效控制。水泥混凝土路缘石容易出现断裂、破损等病害；特别是在北方地区，部分公路的水泥混凝土路缘石在经受一两年的冬春冻融后，表皮出现不同程度的脱皮，发生早期破损，部分发生断裂，严重地影响了路面工程的整体外观形象和附属工程的使用质量。因此，严格控制水泥混凝土路缘石的预制和砌筑施工质量具有重要的意义。

（1）严格控制水灰比　根据规定，搅拌站应采取相应措施，保持砂石骨料具有稳定的含水率，每工作班至少测定一次含水率，遇到雨季天气应增加测定次数，并及时调整用水量，确保水胶比准确恒定，满足混凝土强度等级和施工和易性的要求。

（2）采用适当的水泥　根据各种水泥的使用特性，应优先选用具有快硬、早强、抗冻性好、耐磨、不透水等优点的水泥，实践证明普通硅酸盐水泥比较适合北方的气候条件与路缘石工作环境的性能。

（3）选择合适的骨料级配和骨料种类　为了获得密实、高强度的混凝土，并能节约水泥，要求粗、细集料组成的矿料具有良好的级配。而矿料的级配首先取决于粗集料的级配。粗集料的级配采用连续级配较好，连续级配矿料混合料的优点是所配制的混凝土较为密实，具有优良的工作性，不易产生离析现象，是经常采用的级配。

骨料的选取应首选表面粗糙多棱角的碎石，颗粒形状接近正立方体者为最佳，目前水泥混凝土路缘石一般要求设计强度标号为 $30^{\#}$，对混凝土用粗集料的针片状颗粒含量要求不能大于 15%，骨料类型应避免选用含有活性二氧化硅成分的岩石，以防止发生"碱-集料反应"。

（4）采用正确的振捣方式与时间　路缘石的预制采用振捣平台振捣比较适宜，不具备条件而采用振捣棒时，应注意掌握恰当的振捣方式与时间，当混凝土不再有显著的沉落，没有大量的气泡溢出，混凝土表面均匀、平整并已泛浆时即可。一般振捣 20～30s 比较适宜。

（5）严格确保养护质量　在较湿润（湿度≥60%）的条件下，覆盖洒水养护必须达到 7d 以上，干燥条件下（湿度＜60%），覆盖洒水养护必须达到 14d 以上。

现市场产品多样化，有些是混凝土压力机压制品，还有是在加入一定添加剂的仿石材的混凝土制品。这些产品不论成分如何，均需满足规范要求。石质路缘石应采用质地坚硬的石料加工，强度应符合设计要求，宜选用花岗岩。

7.1.2　路缘石施工方法

柔性路面侧石、平石应在基层完成后，未铺筑满沥青混凝土前施工，特殊地段也可在沥青路面完成后采取切割路面后施工；水泥混凝土路面，应在路面完成后施工。侧石、平石的步骤如下。

（1）测量放线　校核道路中线并重新钉立边桩，在直线部分桩距为 $10\sim15m$，曲线部分为 $5\sim10m$，路口圆弧为 $1\sim5m$，并标出侧石、平石顶面标高。

（2）刨槽修筑基础　若路面基层加宽部分可设置路缘石，只需将基层平整即可，否则需另外刨槽修筑基础。基础宜与相应的基层同步施工，具体见设计图纸。

（3）安装侧石、平石　钉桩挂线后，现用干硬性砂浆铺底调平，砂浆应饱满、厚度均匀，砂浆配合比按设计确定，然后按挂线依次安装侧石、平石，直线段要直顺，曲线段要圆顺，顶面要平整。安装侧石时，用水泥石灰浆铺底，按顶面标高码砌侧石，直线段采用长 $100cm$ 的侧石，曲线段用 $30\sim60cm$ 长的侧石，小半径时用特制的弧形侧石。

侧石、平石安装完后，路缘石后背宜浇筑水泥混凝土支撑（具体见设计），并还土夯实。还土夯实宽度不宜小于 $50cm$，高度不宜小于 $15cm$，压实度不得小于 90%。

（4）坞膀回填　回填料应具体根据设计图纸要求施工，路缘石两侧必须回填密实，以保证其稳固。可用二渣混合料或低标号混凝土坞膀，侧石背后，坞膀高度不小于侧石的一半高，宽度不小于 $30cm$。平石里侧与路面基层接平，如不平则用 $2:8$ 回填夯实。

（5）勾缝　完工后，对侧石进行勾缝，勾缝前先修整侧石、缘石，使其位置及标高符合设计要求。

将侧石缝内的土及杂物清理干净，并用水湿润，宜用 M10 水泥砂浆灌缝、填实、勾平，用弯面压子或圆钢压成凹形；砂浆初凝后，将多余砂浆清理干净，并洒水养护，养护时间不少于 $3d$。

任务 7.2　人行道面层施工

　知识目标

了解人行道面层材料的种类；了解人行道施工需要额外注意的事项；掌握人行道施工步骤；掌握人行道后期养护、修理的注意点。

　能力目标

人行道铺装施工工艺流程的审查能力；人行道养护工艺流程的审查能力。

本任务是以人行道的施工工艺流程为学习重点，通过本任务实施目的是了解人行道路面材料的种类、人行道的施工步骤以及人行道后期养护的注意点。课程教学可引入施工现场的视频、图片等教学资源，以激发学习兴趣。任务实施可以在教学中应辅以参观实习、工

程照片、录像、多媒体教学，掌握人行道铺装施工应用技术和施工方法、施工要点等相关知识，并以施工方案的形式提交学习成果。

人行道为道路两侧、公园等地供人行走的设施，如有机动车横过地段或机动车停放地段，应加固处理。道路两侧人行道为道路的组成部分，人行道与绿化带或土路肩相邻时应按设计要求埋设缘石、水泥步砖或大理石砖等。

人行道按材料分为沥青混凝土、水泥混凝土和料石与预制砌块等品种，其中水泥混凝土人行道以一般预制块、连锁砌块和现场浇筑三种为主，工业废渣压制的锚口步砖、地砖现已基本上取代了混凝土预制块。建筑材料贴面有大理石贴面、瓷砖陶土地面砖（古代所谓的"金砖铺地"，就是指陶土地砖）贴面等。图 7-4 为人行道施工学习路线图。

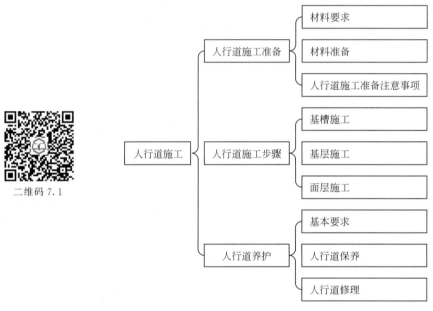

二维码 7.1

图 7-4　人行道施工学习路线图

7.2.1　人行道施工准备

7.2.1.1　材料要求

① 沥青混凝土人行道应采用细粒或微粒式沥青混凝土。沥青混凝土铺装层厚不应小于 3cm，沥青石屑、沥青砂铺装层厚不应小于 2cm。压实度不应小于 95％。表面应平整，无明显轮迹。

② 现浇混凝土人行道，混凝土的抗折强度应不低于设计要求，如设计未规定时，不宜低于 3.5MPa。粗骨料尺寸不得大于厚度的二分之一。

③ 一般的水泥抗折强度应不低于 3.5MPa，同时抗压强度不低于规范规定，无设计时，不宜低于 30MPa。表面制花纹分格，以利排水和防滑，其规格、尺寸按设计要求确定，步砖要求大小均匀、颜色一致，无蜂窝、露石、脱皮、裂缝等现象，无缺边掉角，顶面均匀细密，其尺寸允许偏差要符合检验规范要求。现在的水泥步砖，多用细粒干硬混凝土压制，表面为有色水泥砂浆。

④ 水泥混凝土预制砌块必须整齐统一，抗压强度应符合设计规定，设计未规定时，不

宜低于 30MPa，要求各面平整，无缺边掉角，表面光泽一致，无蜂窝麻面；利用多种异形砌块铺面时，必须符合连锁块的嵌挤和稳定要求。

⑤ 建筑材料贴面、尺寸形状按设计要求确定，要求表面平整、色泽一致，无缺边掉角。料石、预制砌块宜由预制厂生产，并提供强度、耐磨性能试验报告及产品合格证。进场后，检验合格后方可使用。料石应表面平整、粗糙、色泽、规格、尺寸应符合设计要求，其抗压强度不宜小于 80MPa。

7.2.1.2 材料准备

① 施工地段应设置行人及车辆的通行与绕行的标志。

② 应设置现场安全措施。

③ 对所有材料进行检验，合格后方可进场。

④ 路面砖码放时应轻拿轻放，码放整齐，并按批量、颜色、块形、厚度、抗压强度分别堆放。

⑤ 所有砂石材料应分别堆放，并应采取防雨、防人为损耗措施。

7.2.1.3 人行道施工准备注意事项

① 地下管线的保护。在基槽开挖之前，应全面掌握人行道下的管线种类、结构、水平位置、埋深等情况。在地下管线埋深较浅处，采用人工开挖基槽，人工或小机具夯实，以免损伤地下管线。

② 相邻构筑物的协调。人行道上常有树穴、绿带、各种检查井、电杆穴等构筑物，因此，在人行道施工时，必须与有关部门互相协作和配合，避免在工序上发生冲突，并应保护好测量标志，以保证人行道的标高和横坡。

③ 环境保护。在喷洒乳化沥青或涂沥青漆和摊铺沥青混凝土时，侧石及相邻构筑物应用旧报纸、牛皮纸等加以覆盖，以防止污染。

④ 盲道设置。设置规范，按设计及规范规定设置；行进盲道砌块与提示盲道砌块不得混用；盲道避开树穴、检查井、杆线等障碍物；路口处盲道应设为无障碍。

⑤ 铺砌面层完成后，必须封闭交通，并应湿润养护，当水泥砂浆达到设计强度后，方可开放交通。

7.2.2 人行道施工步骤

7.2.2.1 基槽施工

基槽施工要点如下。

① 按设计图样实地测高程桩与放线，人行道直线段，一般 10m 一桩，曲线段适当加密，并在桩上标出面层设计标高，或放在建筑物上划线表明设计标高。若人行道外侧已按标高安装有站石时，则以站石顶面标高为准，按设计横坡放样。

② 新建道路，可将土路床施工至人行道基槽标高，不必反开挖；路垫开挖接近基槽标高时，适当停留厚度，找平碾压达到设计压实度后再进行检查平整。草地软土应换填或用石灰稳定处理。

③ 开挖基槽前要对地下管网进行全面检查，并采取相应的保护措施。

④ 雨、冬期施工，必须做好相应的排水、防冻措施。

7.2.2.2 基层施工

人行道基层有石灰土基层、石灰水泥稳定石屑基层、水泥稳定碎石基层、素混凝土基层等。

沥青混凝土面层人行道一般采用石灰水泥稳定石屑、水泥稳定碎石等半刚性基层材料以减少反射裂缝；水泥混凝土人行道多采用石灰土基层、石灰水泥稳定石屑、水泥稳定碎石等基层材料；建筑材料贴面的人行道一般采用素混凝土基层。

人行道基层的施工与道路基层的施工相同。

7.2.2.3 面层施工

（1）施工准备

① 施工请根据设计图定位放线及测设高程。

② 对基层表面进行复查，不符合要求的应进行修整。

③ 检查进场材料的质量及规格，不符合要求的禁止使用。

（2）路缘石的施工

① 已经安装有路缘石的道路，复核其高程是否达到设计要求，不符合要求的进行调整。

② 未安装路缘石的道路，根据设计图样，设路缘石基准点，测设路缘石基准线。根据路缘石基准点及基准线安装路缘石。路缘石基准点与基准线的设置如图 7-5 所示。

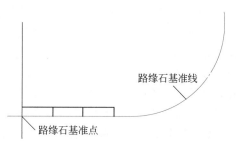

图 7-5　路缘石基准点与基准线设置

（3）料石和预制砌块面层施工

① 根据平面设计图，在路缘石边沿设置人行道步砖基准点，通过基准点，应设两条相互垂直的基准线，其中一条基准线与路缘石基准线的夹角宜为 0°或 45°，如图 7-6 所示。

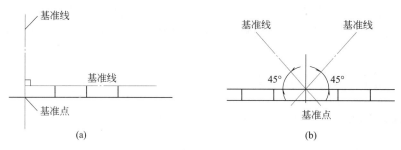

(a) 　　　　　　　　　　(b)

图 7-6　路面砖基准点与基准线的设置

② 在两个或两个以上步砖基准点之间铺筑步砖时，宜设间距为 5～10m 的纵横平行步砖基准线。

③ 根据基准点及基准线，用经纬仪定出包括缝宽的方格，并在角桩上标明该点面层设计标高，用对角线控制步砖铺砌的表面质量。

④ 先修整基层，对小于 2m^2 的凹凸不平处，当凹陷深度小于等于 1cm 时，可用砂浆填补，大于 1cm 时，应将基层刨松 5cm，用基层材料填平拍实，或用细石混凝土填补，填补前应把坑槽清理干净，表面适当湿润；基层的凸处要铲平，如铲平后人行道基层厚度（据土基顶部验收高程测算）小于设计厚度的 90％时，则返工重新铺筑基层。

⑤ 基层修整合格，验收后再清理干净并洒水湿润，用干硬性水泥砂浆，在人行道基层上坐浆铺砌步砖。

⑥ 铺砖时，按控制桩高程，在方格内由第一行砖纵横挂线，根据标线按标准缝宽平铺筑第一行样砖，然后纵线不动，横线平移，依次按照样砖铺砌。

⑦ 铺步砖，缝的直线要通，曲线要顺。扇形平面上铺步砖，要用电锯切割异形步砖，也可按直线顺延铺筑，然后用与预制步砖颜色相同的水泥砂浆补齐并刻缝。

⑧ 砌筑时，步砖要轻拿轻放，用木锤或橡胶锤轻锤击实砌稳，如砌不平，应将步砖拿起，用砂调整重新铺筑，不准在砖底塞灰或用硬料支垫，必须使步砖平铺在密实的砂浆上并稳定无动摇、无空隙。

⑨ 灌缝一般采用1∶3水泥细砂干浆，先在步砖表面均匀撒铺一层砂浆，然后用扫帚或板刷将砂浆扫入缝中，然后可用小型振动碾压机振实或浇水灌实，灌缝要反复进行几道，直到缝隙饱满为止。施工完毕后，面上的砂浆要清扫干净，用扫帚扫出步砖本色。

⑩ 灌缝完毕后应及时洒水养护。

⑪ 在铺砌过程中，质检员应跟踪检查，发现不符合检验规范要求的部位，及时督促修整。

（4）沥青混凝土和混凝土人行道施工　其工艺与相应道路面施工相仿，方法可参见相应道路面层施工。

（5）建筑材料贴面施工

① 建筑材料贴面施工准备和砂浆铺筑可参见水泥步砖铺筑方法。

② 贴面材料在铺砌时，先将贴面材料在砂浆上铺平，调整到位，凭手感判定底面确实贴合，再将贴面材料拿起，在材料底面用水泥净浆抹匀后重新就位，用塑胶锤敲击稳定，用直尺检查确定表面合格后，再续铺下一块贴面板。

③ 用大理石贴面时，每隔20m应设伸缩缝。

④ 铺砌完整后要用1∶1水泥砂浆勾缝，并洒水养护。

⑤ 铺砌过程中，要保持表面清洁，以免砂浆或水泥浆污染。

（6）特殊部位施工

1）各种井的周边施工

① 按设计标高、纵坡、横坡，调整井圈高程。

② 对已破坏或跳动的井盖、井圈进行更换。

③ 检查井周围，不得使用锯割的步砖砌嵌，步砖和井周空缺应及时使用细石混凝土填补好，建筑材料贴面可使用切割后材料与检查井接顺。

2）树穴施工

① 按设计要求间隔和尺寸留出树穴。

② 树穴与路缘石或站石要方正衔接。

③ 树穴边缘按设计要求用水泥混凝土预制件、水泥混凝土缘石或大理石等围成，尺寸、高程按设计要求确定。

④ 人行横道线、公共汽车站处不设树穴。

3）无路缘石部位施工　对人行道、广场等无路缘石人行道边缘，应采用混凝土止挡法或步砖砂浆黏结法固定，如图7-7所示。

4）曲线部分施工

① 平曲线路段的人行道施工，可采用调整路面砖接缝宽度的方法，但弯道外周接缝宽度应不大于6mm，内周接缝宽度应不小于2mm。

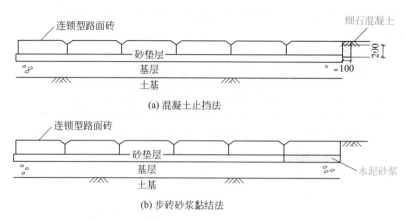

图 7-7　混凝土止挡法和步砖砂浆黏结法

② 竖曲线路段，应将人行道基层及浆砌面层照竖曲线形状过渡，其接缝宽度为 2～6mm。

5) 与建筑物衔接处施工

① 人行道面层高于建筑物地面时，应调整人行道横坡接平，或将建筑通行范围降低接顺。

② 当建筑物地面与人行道高差较大时，应设置踏步或挡土墙。

7.2.3　人行道养护

7.2.3.1　基本要求

① 人行道面层分块料铺装及整体铺装两类，又有多色及单色之分。人行道路面如有破损，应用同种结构同样颜色的材料修复。

② 人行道上的出入口，应按照道路结构标准铺设。

③ 规划在人行道下的地下管线尚未铺设齐全者，宜采用块料铺装面层。

④ 道路车行道、人行道和绿化带的侧石应保证车流和人流的通行，其外露尺寸应符合设计要求，直线部位最少不应小于 10cm。

⑤ 平石应保护路面的完整，并应与侧石组成偏沟，使雨水顺畅流入雨水井。

⑥ 缘石宜采用立式，出入口应采用斜式或平式。要考虑有利于儿童车、轮椅及残疾人通行。

⑦ 缘石材料宜采用坚硬石料或水泥混凝土，要具有耐磨损、抗撞击的性能。水泥混凝土的抗压强度为 25～30MPa，城市主要街道的路缘石不宜采用砖或大卵石。

⑧ 树穴（或树池）应位置适当，方便行人，其最小尺寸为 1cm×1cm。

⑨ 预制块人行道的质量应符合表 7-1 规定。

表 7-1　预制块人行道的质量要求

项　目	允 许 偏 差	项　目	允 许 偏 差
抗折强度/MPa	不低于设计要求	边长/mm	大方砖±3，小方砖±2
对角线长度/mm	大方砖±5，小方砖±2	缺边掉角长/mm	大方砖不大于 10，小方砖不大于 5
厚度/mm	大方砖±5，小方砖±2	其他	颜色一致，无蜂窝、露石、脱皮、裂缝等现象

7.2.3.2　人行道保养

① 应经常保持人行道的整洁，及时清除人行道上的尘土污泥和杂物。

② 两侧建筑物的管道排水，不得浸流于人行道上。

③ 禁止机动车辆在人行道上行驶或停放。

④ 经常保持块料铺装人行道块体的稳定，发现松动及时补充嵌缝材料，填充稳固。若垫层不平引起人行道砌块松动，应将砌块挖出，整修垫层重新铺筑。

⑤ 应保养好整体铺装人行道的伸缩缝和施工缝及人行道同检查井口的接缝，发现损坏应及时修补。

⑥ 侧石及平石的接缝要定期清缝及勾缝。

⑦ 对损坏及歪斜的侧石及平石，应及时调整或更换。

⑧ 因树根挤坏人行道及侧石而影响行人及排水时，应同有关部门联系解决。

7.2.3.3　人行道修理

（1）修复因接修管线挖掘沟槽而破损的人行道，应按挖掘沟槽的土基回填规定要求进行，并应执行以下规定。

① 整体铺筑的人行道，要采用机械或人工裁边，按线行开挖。铺砌式的人行道，应按线形，结合预制块料接缝开挖。

② 现场要保持整洁，方便行人，便利交通。

（2）人行道的修理，应针对破损原因（如排水不良、路面树根部的发育、集中堆放重型物资或机动车辆驶入等）采取相应措施进行修补。修复时应符合下列规定。

① 处理部分要比损坏边缘扩大 10cm 以上，开挖前应清理尘土、杂物。

② 要按照修理时画出的轮廓开挖，边缘应垂直整齐。如果修理砌块面层，则应按砌块接缝线前 10cm 进行划线开挖。

③ 人行道路面损坏需要修整并更换侧石和平石，必须在更换侧石和平石后再修整路面。

④ 结构组合应按原人行道结构恢复，回填土及基层压实度应符合规定要求。

⑤ 修理部分要将四周边缘结合至密实平整，检查井的周围要细致地修复。黑色混合料铺筑的人行道结构，槽壁要涂黏结剂浇沥青，水泥混凝土人行道按原规格、原花纹恢复。

⑥ 侧石和平石移位，应刨起重新卧浆铺设，产生的空隙要用水泥砂浆灌填，接缝要填充饱满、平整。侧石背要填土筑紧，稳固。侧石、平石表面若有风化剥落，或有少数缺损，可将其表面凿毛，洗刷干净，刷水泥浆底层后，再用水泥砂浆罩面抹干，使其粘贴牢固，表面平整美观。

⑦ 新开人行道根据道路口宽度、侧石设置、转弯半径等采用不同形式，并要考虑行人行走方便。

任务 7.3　其他附属工程施工

 知识目标

掌握雨水口、雨水井施工的步骤；掌握标志与标线的种类与施工步骤；掌握护栏的种类与施工步骤。

能力目标

　　具备雨水口、雨水井施工工艺流程的审查能力；具备标志、标线、护栏施工工艺流程的审查能力。

 任务实施要求

　　本任务实施目的是了解道路其他常用的附属工程的施工情况。 课程教学可引入施工现场的视频、图片等教学资源，以激发学习兴趣。 任务实施可以在教学中充分借助工程照片、录像等。 掌握雨水井、雨水口、标志与标线、护栏等其他附属工程的施工情况，并以施工方案的形式提交学习成果。

　　各种道路的情况不同，相应的配套附属设施也有所不同，因而也需要掌握其他的附属设施，例如雨水口、雨水井的施工，道路标志与标线的设置与施工，护栏的设置与施工，道路绿化等。图 7-8 为其他附属工程施工学习路线图。

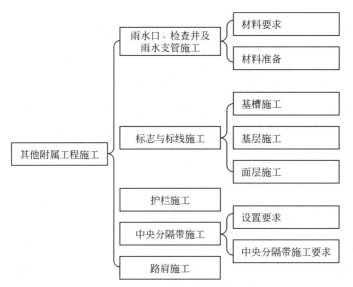

图 7-8　其他附属工程施工学习路线图

7.3.1　雨水口、检查井及雨水支管的施工

7.3.1.1　雨水口的施工

雨水口施工步骤如下。

① 根据设计图样，放出雨水口井位，打定位桩，并标定高程。

② 按照定位线开挖基槽，井周每侧留出 30cm 的余量，控制设计标高，清理槽底，进行夯实。

③ 浇筑底板，底板按设计图施工养护达到一定强度时再砌筑井体。

④ 砌筑井体前要按墙身位置挂线，先在底板上铺上一层砂浆后，再开始砌筑墙身，要保证墙身垂直，井底应采用水泥砂浆抹出雨水口泛水坡。

⑤ 墙身砌筑到一定高度时，将内墙用砂浆抹面，随砌随抹，抹面要光滑平整、不起鼓、不开裂；井外用水泥砂浆搓缝，使外墙严密。

⑥ 墙身每砌起 30cm 及时回填外槽，一般采用碎砖灌水泥砂浆回填，也可用 C10 水泥混凝土回填，回填必须密实，防止井周路面产生局部沉陷。

⑦ 砌至支管顶时，应将井内管头与井壁口相平，将管口与井壁用水泥砂浆勾抹严密。雨水管端面应露出井壁，其露出长度不应大于 2cm。雨水管穿井墙处，管顶应砌砖券。

⑧ 墙身砌至设计标高时，用水泥砂浆坐底安装井框、井箅，安装必须平稳、牢固。

⑨ 立式雨水口在墙身设计标高时，安装立式井箅，并将井身上口加盖盖板。

⑩ 雨水口井身砌筑完毕后，应及时将井内碎砖、砂浆等杂物清理干净，将井口临时覆盖。

7.3.1.2　检查井施工

检查井施工要点如下。

① 施工前先熟悉图样，确定检查井的尺寸、样式。

② 砌筑检查井，应在管道安装后立即进行。

③ 砌井前检查基础尺寸和高程。

④ 基础清理干净后，先铺一层砂浆，再进行墙体砌筑，砌砖时每砌完一层，每灌一次砂浆，使缝隙内砂浆饱满，上下两层砖间竖向要错缝。所用砂浆与砖的强度要求由设计确定。

⑤ 井壁与混凝土管相接的部分，必须用砂浆坐满，在混凝土管上砌砖，以防止漏水，管外壁接头处要提前洗刷干净。

⑥ 井身上部收口按设计图集所要求坡度砌筑，砌井也应边砌边完成井内砂浆抹面。

⑦ 支管或预埋管按设计要求标高、位置、坡度安装好，做法同主管。

⑧ 护底、流槽、爬梯应与井壁同时砌筑。

⑨ 一般污水检查井要求内外抹面，雨水检查井只要求内部抹面，外壁要用砂浆搓缝。应边砌边进行抹面。

⑩ 检查井完成后要将井内杂物清理干净，如还不能立即安装井座、井盖，应设防护或警示标志，防止发生杂物落入等安全事故。

7.3.1.3　雨水支管施工

雨水支管（即连接管）施工步骤如下。

① 根据设计图样，定出雨水支管位置，并设控制桩，标记设计标高。然后根据开槽宽度放灰线，槽底宽度最少为管基边沿每侧加宽 3cm（用于装基础模板）。

② 挖方路基应在土路床上开槽施工雨水支管，以免影响基层整体强度。填方路基应该在填到管基标高时做支管再继续路基回填。

③ 挖至槽底基础底板设计标高后，检查宽度和高程，对槽底基础进行修整后可按底板宽度和深度，继续开挖做成基础土模，清理合格后便可按设计施工，可浇筑基础混凝土底板，支管并不全部用混凝土，有一部分管道采取碎石或中粗砂。

④ 管材不同，方法不一。建议改为雨水支管敷设应直顺，不应错口、反坡、凹兜。检查井、雨水口内的外露管端面应完好，不应将断管端置入雨水口。

⑤ 当基础底板达到一定强度时，对支管沟槽进行两侧对称回填，管顶 40cm 范围内，用人工夯实，回填压实度要与道路结构层相同。处于道路基层内的雨水支管应做 360° 混凝土

包封，且在包封混凝土达到设计强度 75% 前不得放行交通。

7.3.2 标志、标线

道路交通标志是指使用文字和符号对交通进行导向、警告、限制或指示的一种交通管理设施。它可以分为主标志和辅助标志两类。主标志又可以分为警告标志、禁令标志、指示标志和指路标志四类。警告标志是警告驾驶员及行人注意前方为影响行车安全危险地点的标志，它是黄底、黑边、黑图案、顶角朝上的等边三角形。禁令标志为禁止或限制车辆及行人交通行为的标志，有圆形、三角形（顶角向下）两种形状，除个别外，为白底、红圈、红杠、黑图案，图案压红杠。指示标志是指示车辆和行人行进的标志，其形状有圆形、长方形、正方形三种，通常为蓝底白图案。指路标志为传递道路方向、到达地点、距离等信息的标志，除里程碑（桩）、公路界碑之外，一般道路为蓝底白图案，高速公路为绿底白图案。辅助标志设在主标志下面，对主标志的内容进行补充说明，例如禁令适用的车辆种类、时间起讫、区间范围等，它为长方形白底黑字、黑边框。为了满足夜间行车的需要，标志牌一般用反光材料敷面，在特别重要路段采用照明或发光的方式显示标志内容。

标志牌的构造有路侧式、悬臂式和框式三种，牌面和牌柱均为工厂生产，小型标志牌直接埋入，并用低标号混凝土坞塝（即回填捣实），大、中标志牌需修筑钢筋混凝土承台。

道路交通标志线是由路面标线、箭头、文字、立面标记、突起路标和路边线轮廓等构成的交通安全设施，它的作用是管制和引导交通设施。道路纵向路面标线有车行道中心线、分界线、边缘线、导向车道线、车道宽度渐变段标线与道路面障碍物标线；横向的有停止线、减速让行线、人行横道线；其他还有导流线、停止位线、港湾式停靠站标线、出入口标线和导向箭头。

交通标线主要采用涂料喷涂或涂敷而成。根据施工温度，涂料分为常温型、加热型和热熔型三类。常温型是以合成树脂、颜料、充填料加溶剂和稀释剂拌和而成流体油漆，可在常温下喷涂，其干燥或固化时间较长，适用于可封闭交通的路段和新建道路；加热型为不加稀释剂的黏稠体，需加热到 60~70℃ 方可喷涂，它的干燥或固化时间较常温型的短，不受气温影响，可夜间施工，第二天早晨开放交通；热熔型涂料是用化学方法将颜料、充填料和合成树脂调成粉状或块状混合物，加热至 180~250℃ 后即为流体，用专门热熔机械进行涂覆，它涂覆后 2~3min 即可通车，适用于交通繁忙道路。

涂料喷涂施工的步骤和要点如下。

① 清扫路面、除尽灰尘杂物，干燥路表面，以免影响涂料与路面的附着力。

② 划标准线，以保证所涂标线美观、规整。

③ 配置涂料，施工机械检查、调整，精确计算所需稀释剂和固化剂用量，加入后充分搅拌均匀。检查施工机械的完整性，根据施工现场条件调整泵压、喷射量等参数，加热涂料。

④ 喷涂涂料对于热熔型涂料需先涂下涂剂再涂敷涂料。

⑤ 干燥，在干燥进程中严禁车辆通行。

为了保证标线的夜间识别，可将微型玻璃珠搅拌在常温型和加热型涂料内同时喷涂，或者在热熔型涂料涂敷后在其表面喷洒一层玻璃微珠压入，使标线具有良好的反光性能。

在涂料喷涂过程中必须很好地落实安全措施，施工现场严禁吸烟，注意防火，设置好各种安全标志、护栏，以免车辆误入施工区而发生意外事故和碾压未干燥的标线。

除涂料之外，交通标线尚有粘铺式和视线诱导器等。粘铺式为在合成橡胶或合成树脂中加上颜料、反光剂制成的薄膜，在其背面涂上黏结剂，粘铺在清洁干燥的路面上。视线诱导器用黄铜、铝合金、高强塑料等材料制成具有反光性能的器具，它镶嵌在路面上，以诱导驾驶员的视线。

7.3.3　护栏

道路护栏有隔离护栏和防撞护栏两大类。隔离护栏按其所设位置和作用可分为人行护栏、机非隔离护栏、中央分隔带护栏和隔离网。人行护栏设于人行道外侧，以防止行人横穿车行道；机非隔离护栏设置于机非分车道边缘以分隔机动车和非机动车；中央分隔带护栏是为分隔对向行驶车辆而设置的；隔离网设置在高速公路的公路用地外缘，以阻止人畜进入公路或侵占公路用地。

隔离护栏一般用水泥混凝土预制块、型钢、混凝土与型钢组合拼装而成，金属隔栅工厂化生产。现场安装施工时，应注意做到以下几点。

① 定位正确，线形曲直，曲线部分圆顺。顶高一致，无高低起伏。

② 立柱与地面垂直，锚固螺栓拧固。若是埋入式立柱，埋入长度必须足够，坞墚牢固。

③ 立柱与隔栅连续紧密无松动，隔栅与隔栅之间的边框线应保持平行、竖直、高低一致。

④ 钢管现场焊接，焊接处不得焊裂、搭焊、烧穿及错位。焊接处的焊渣、毛刺应予清除。

⑤ 油漆必须均匀，无漏漆、结块、脱皮和皱纹等现象出现。

防撞护栏的作用是为了防止失控车辆越出路外或驶入对向行驶车道，它设置于路侧、中央分隔带和桥梁上。防撞护栏有刚性、半刚性和柔性护栏三种结构方式。刚性护栏常见为以一定情况的混凝土块相互连接而组成的墙式结构，它利用失控车辆碰撞后爬高转向来吸收碰撞能量。柔性护栏为具有较大缓冲能力的韧性护栏结构，其代表为缆索护栏，缆索护栏是数根施加一定初张力的绳索固定于立柱上的结构，它主要依靠绳索的拉应力来抵抗车辆的碰撞能量。半刚性护栏是一种连续的梁柱式护栏结构，具有一定的刚度和柔性。波形梁护栏是半刚性护栏的主要代表形式，它是一种以波纹状钢护栏板相互拼凑并有立柱支撑而组成的连续结构，它利用土基、立柱、波形梁的变形来吸收碰撞能量，并迫使失控车辆改变方向。在这三种结构形式防撞护栏中，半刚性的波形梁护栏应用最广，应用长度占总量的90%以上。

波形梁护栏的所有构件——波形梁、立柱、横隔梁、端头梁、防阻块及连接螺旋栓均为钢制（常为普通碳素结构钢），一般采用热浸锌做防腐处理。波形梁护栏的护栏面不得侵入车道界限以内，立柱埋入深度为 1.1m（在有路缘石时为 1.25m），若埋入混凝土（C15 以上）则埋入深度可减至 40cm，立柱间距 4m（普通型）和 2m（加强型），波形梁中心距路面（或路缘石）距离为 60cm，如图 7-9 所示。

护栏的安装一般在路面完成后进行，但设置于桥梁、通道上的护栏，其基础应预先施工，在护栏安装施工时，应注意不得破坏已铺好的路面及其埋设的电缆、管道等设施，其施工步骤和要求如下。

（1）立柱的放样定位　其方法是测距定位，合理分配间距的零头数，查明立柱位置的地基状态；如遇地下管线、涵洞顶部埋土深度不足的，应调整某些立柱的位置，或改变立柱固定的方法。

（2）立柱的施工　一般路段，立柱采用打入法施工，打入位置应精确，打入深度必须保证。当打入过深时，不得将立柱部分拔出加以矫正，必须全部拔出，经重新分层回填夯实，再次定位打入。打入法施工有困难时，可采用开挖埋设法或钻孔法进行安装，立柱定位后用良好材料回填，并分层夯实。

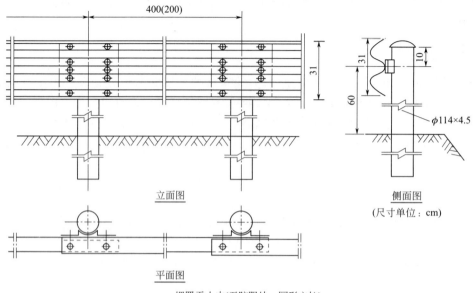

立面图

侧面图
(尺寸单位：cm)

平面图

埋置于土中(无防阻块、圆形立柱)

图 7-9　波形梁护栏的构造

（3）波形梁的安装　波形梁通过拼接螺栓相互拼接，并由连接螺栓固定于立柱或横梁上，拼接方向应与行车方向一致，波形梁顶面应与道路竖曲线相互协调。

（4）横隔梁、防阻块的安装　设有横隔梁的中央分隔带护栏，在立柱准确定位后安装横隔梁。在波形梁准确就位后，拧紧螺栓。防阻块通过连接螺栓固定于波形梁与立柱之间。中央分隔带开口处的端头梁应与分隔带标准段的护栏连接，路侧护栏开口处应安装端头梁进行锚固。

7.3.4　中央分隔带

7.3.4.1　中间带的作用

为保证高速公路和一级公路的行车安全和应有的功能，应设置中间带。其作用如下。

① 分隔往返车流，以避免快速车辆驶入对向行车道导致交通事故；防止未分隔的多车道公路上车辆因认错对向车道而引起的事故；减少中线附近的交通阻力。

② 避免车辆中途调头，消灭紊乱车流，减少交通事故。

③ 中间带有一定宽度时，或利用植树或设防眩设施，可起到夜间防眩作用。

④ 在不妨碍建筑限界前提下，可作为设置交通标志牌及其他交通管理设施的场地。

⑤ 具有一定宽度的中间带，可用以埋设管线等设施。

7.3.4.2　中间带的组成

中间带由中央分隔带和路缘带组成。中央分隔带以路缘石线等设施分界，在构造上起到分隔往返交通的作用。在中央分隔带的两侧设置路缘带，既引导驾驶员的视线，促进行车安全，还能保证行车所必需的余宽，提高行车道的使用效率。

7.3.4.3　中间带的宽度

中间带宽度规定有一般值和最小值，正常情况下采用一般值，当遇有特殊情况时可采用最小值。中间带的宽度一般情况下应保持等宽度，并不得频繁变更宽度。当中间带宽度因地形条件或其他特殊情况限制而减窄或增宽时，应设置过渡段。过渡段以设在回旋线范围内为宜，其长度与回旋线长度相等。宽度大于规定或大于 4.5m 的中间带的过渡段，以设置在半径较大的平曲线路段为宜。

整体式断面分离为分离式断面后和分离式断面汇合为整体式断面前的一段距离内，当分离式断面两相邻路基边缘之间的中间距离小于中间带宽度时，应设置不同宽度的中间带。

7.3.4.4 中央分隔带形式

中央分隔带可以设计成凹型或凸型，凹型用于宽度大于 4.5m 的中间带，凸型用于小于或等于 4.5m 的中间带。对于分离式路基横断面的中间带宽度宜大于 4.5m。分隔带缘石的形式分为平齐式和斜式两种，中间带宽度大于等于 4.5m 时用平齐式，小于 4.5m 时用斜式。中央分隔带不应设凸起的缘石，由于排水或其他原因而需设置时，应采用具有低而圆滑外形，并且不会引起车辆弹起的斜式缘石。不得在高速公路、一级公路中央分隔带上采用栏式缘石。

7.3.4.5 中央分隔带的开口

中间带应保证足够的长度，不要设置过多的短段。中央分隔带开口，一般情况下以每 2km 设一处为宜，选择在通视良好的路段；若开口位于曲线段，其平曲线半径宜大于 700m。

互通立交、隧道、特大桥、服务区等设施前后，必须设置中央分隔带开口。

中央分隔带开口不得用做车辆调头转弯。

7.3.4.6 中央分隔带施工

（1）埋设横向塑料排水管

① 路基施工完成后即可进行施工。

② 沟槽开挖：开挖的位置、深度、宽度应符合设计要求。沟槽应保持直线并与线路中线垂直，沟槽底部坡度与路面横坡一致。可采用开沟机或人工开挖。

③ 铺设垫层：采用粒径小的石料铺设，厚度保持均匀，并具有与路面相同的横坡。

④ 埋设塑料排水管：一端插入中央分隔带纵向盲沟范围内，另一端伸出路基边坡外。进出口用土工布包裹，防止被碎石堵塞。塑料排水管采用套接时，管口要对齐并靠紧，用短套管套紧两根管，并在套管两端用不透水材料扎紧。

（2）中央分隔带开挖

① 路面基层施工完成后即可施工。

② 先挖集水槽，再挖纵向盲沟，一般采用人工开挖。挖开的土不得堆在施工完成的基层上，防止污染基层。沟槽的深度、宽度及沟底纵坡应符合设计要求。沟底必须平整密实，不得有杂物。

（3）防水层施工

① 喷涂双层防渗沥青时，要求喷涂厚度均匀，无漏喷，喷涂范围为中央分隔带范围内的路基和路面结构层。

② 采用 PVC 防水板时，防水板的两端应拉紧，无褶皱，防水板纵横向搭接，并用铁钉固定。

（4）纵向碎石盲沟

① 碎石盲沟要填充密实，表面平整，并在顶面设置反滤层。

② 反滤层可以采用砂石材料或土工合成材料，目前高等级公路中多采用土工布。

③ 土工布的铺设应平整、无折皱、无重叠，并且要避免过量拉伸而发生破坏。施工现场若发现土工布破损，应进行修补，并且必须能够达到原性能时方可使用。土工布采用平行搭接，搭接长度不小于 30cm。

（5）缘石安装

① 缘石安装应在路面面层铺设前安装完成。可以现场浇筑或预制安装。

② 采用预制安装时应铺设在不小于 2cm 厚的砂垫层上，砌筑的砂浆的水泥与砂的体积比应为 1：2。

③ 缘石的安装要稳固、线条直顺、曲线圆滑、顶面平整、缝宽均匀、勾缝密实。

④ 基底和后背填料必须夯打密实。

7.3.5 路肩

7.3.5.1 路肩的作用

路肩是位于行车道外缘至路基边缘、具有一定宽度的带状结构部分，包括硬路肩和土路肩。路肩的主要作用有：

① 保护行车道等主要结构的稳定；

② 为发生机械故障或遇到紧急情况的车辆需要临时停车提供位置；

③ 提供侧向余宽，有利于安全，增加舒适感；

④ 可供行人、自行车通行；

⑤ 为设置路上设施提供位置；

⑥ 作为养护操作的工作场地；

⑦ 在不损坏公路构造的前提下，也可作为埋设地下设施的位置；

⑧ 改善挖方路段的弯道视距，增进交通安全；

⑨ 使雨水能够在远离行车道的位置排放，减少行车道雨水渗透，减少路面损坏。

7.3.5.2 路肩施工

（1）填方路段，一般采用培土路肩，既经济又方便，培土路肩的材料通常与填筑路堤的材料相同，应在填筑路堤、修整边坡时，将削坡剩余的材料存放在靠近路肩的边坡上，方便使用，而且避免了铺筑路面过程中运输路肩材料污染路面。

（2）培土路肩通常随着路面结构层铺筑而相应地分层培筑。先培的优点是，已培好的路肩在路面结构层碾压时起支撑作用，可以减轻结构层的侧移，保证边缘的厚度和平整度，缺点是横断面上易形成一个三角区。

（3）路堤土路肩施工工艺

① 准备下承层：路基表面应平整、坚实，横纵坡、宽度、压实度符合规定要求，且没有松散和软弱反弹地点；

② 备料；

③ 用平地机或推土机推平料堆；

④ 平整；

⑤ 静压；

⑥ 切边；

⑦ 平整；

⑧ 碾压。

（4）路堑路肩施工：当开挖至路面标高时，路肩部分停止开挖，路面部分继续开挖至路床顶面。

（5）施工完成的土路肩表面需平整密实，压实度符合规定要求，线条直顺，曲线圆滑。

（6）硬路肩与行车道连接处的标高一致，横坡和铺筑材料与行车道也相同，可视路肩为行车道的展宽，与行车道一起铺筑，质量要求与行车道也相同。

（7）硬路肩标高低于行车道标高，此时应先摊铺硬路肩部分，宽度比设计宽 5cm 左右，保证与行车道路面有一定长度的搭接，以免搭接不上需要人工找补。摊铺行车道表面层时，靠近硬路肩一侧的端部应用 45°斜挡板，以减少碾压时边缘坍塌或发生较大的侧移，并使边缘顺直、平齐。

能力训练

第一部分　知识点考核

（说明：测试时间 45 分钟）

一、单选题（每题 1 分，共 10 题，共 10 分）

1. 铺砌人行道面层的料石应表面平整、粗糙，色泽、规格、尺寸应符合设计要求，其抗压强度不宜小于（　　）。

A. 100MPa　　　　　B. 80MPa　　　　　C. 120MPa　　　　　D. 60MPa

2. 人行道预制砌块铺砌时，纵缝直顺检验方法为：用（　　）线和钢尺量。

A. 10m　　　　　B. 30m　　　　　C. 20m　　　　　D. 40m

3. 路缘石宜采用（　　）水泥砂浆灌缝。

A. M10　　　　　B. M5　　　　　C. M15　　　　　D. M20

4. 路缘石灌缝后，常温期养护不应少于（　　）。

A. 3d　　　　　B. 5d　　　　　C. 7d　　　　　D. 15d

5. 公路工程质量验评规定，面层与路缘石及其他构筑物应密贴接顺，不得有积水或漏水现象。不符合要求时，每（　　）处减 1～2 分。

A. 1　　　　　B. 3　　　　　C. 5　　　　　D. 2

6. 建筑材料贴面的人行道一般采用（　　）。

A. 石灰土基层　　　　　　　　　B. 石灰水泥稳定石屑基层

C. 水泥稳定碎石基层　　　　　　D. 素混凝土基层

7. 广场和停车场的现浇水泥混凝土面层采用方格网控制施工高程，方格网的间距为（　　）。

A. 7m×7m　　　B. 6m×6m　　　C. 5m×5m　　　D. 4m×4m

8. 基槽施工时按设计图样实地测高程桩与放线，人行道直线段，一般（　　）一桩，曲线段适当加密。

A. 8m　　　　　B. 10m　　　　　C. 5m　　　　　D. 15m

9. 铺装完人行道水泥步砖面层，灌缝一般用（　　）水泥细砂干浆。

A. 1∶5　　　　　B. 1∶4　　　　　C. 1∶3　　　　　D. 1∶1

10. 人行道面层采用大理石贴面时，每隔（　　）应设伸缩缝。

A. 8m　　　　　B. 10m　　　　　C. 15m　　　　　D. 20m

二、多选题（每题 2 分，共 10 题，共 20 分）

1. 道路交通标志线是由（　　）突起路标和路边线轮廓等构成的交通安全设施。

A. 路面标线   B. 箭头   C. 文字

D. 立面标记   E. 数字

2. 道路标志牌按构造方式分可以分为（　　　）。

A. 路侧式   B. 立柱式   C. 悬臂式

D. 框式   E. 挑梁式

3. 交通标线主要采用涂料喷涂或涂敷而成。根据施工温度，涂料分为（　　　）三类。

A. 冷轧型   B. 加热型   C. 常温型

D. 冷塑型   E. 热熔型

4. 道路绿化可分为（　　　）三类。

A. 行道树   B. 绿带   C. 风景林

D. 花坛   D. 绿篱

5. 人行道按材料分为（　　　）等品种。

A. 沥青混凝土步砖   B. 水泥混凝土步砖   C. 各类预制步砖

D. 粉煤灰步砖   E. 三合土步砖

6. 人行道施工准备中的注意事项有（　　　）。

A. 沿路地质调研   B. 地下管线的保护   C. 相邻构筑物的协调

D. 环境保护   E. 场地平整

7. 雨水支管的施工可采用"四合一"法施工，即（　　　）同时施工。

A. 底板   B. 安管   C. 尾管

D. 抹带   E. 支管

8. 道路交通标志可分为主标志和辅助标志两类，其中主标志又可以分为（　　　）四类。

A. 警告标志   B. 限制标志   C. 禁令标志

D. 指示标志   E. 指路标志

9. 道路隔离护栏按其所设位置和作用可分为（　　　）。

A. 人行护栏   B. 机非隔离护栏   C. 中央分隔带护栏

D. 人车分隔护栏   E. 隔离网

10. 防撞护栏有（　　　）三种结构方式。

A. 波形梁护栏   B. 刚性护栏   C. 墙式护栏

D. 半刚性护栏   E. 柔性护栏

第二部分　综合能力考核

一、案例分析

【案例】

背景资料：某施工企业中标承建某路段的人行道及路缘石的施工，根据工程实际情况及施工单位人力、设备条件，人行道采用沥青混凝土，路缘石采用预制水泥块。

问题：

1. 人行道的沥青混凝土可采用什么类型？

2. 路缘石预制时应注意哪些因素？

3. 人行道施工前有哪些注意事项？

二、项目实施

根据附录中的具体项目，结合所学专业知识，编制专项施工方案。

第三部分　考核评价

考核内容	考核内容及标准		评　分
过程考核 (权重20%)	学习主动性强,按照要求、及时、正确地完成相关任务。主动承担项目小组相应工作,提出问题、解决问题意识强(小组互评＋个人自评＋教师评价)		
知识点考核 (权重30%)	在规定的时间内,独立完成知识点测试(可采取小组同学互评的方式)		
	单选题(10分)		
	多选题(20分)		
综合技能考核 (权重50%)	案例分析题(权重30%)	问题分析要点正确,知识点应用准确	
	项目实施(权重70%):道路基层专项施工方案,考核点及要求如下		
	1. 工程概况	内容全面,表达清楚,数据准确(5分)	
	2. 编制依据	内容全面,规范标准引用正确(5分)	
	3. 施工进度计划	进度计划安排合理(5分)	
	4. 施工工艺	施工工艺选用正确,工艺流程清晰,工艺要求和操作要点明确(20分)	
	5. 施工质量验收制度及评定标准	质量验收参照标准规范正确,验收流程符合规范要求(10分)	
	6. 质量目标及保证措施	质量目标明确,保证措施到位(10分)	
	7. 安全生产保证措施	安全生产措施到位(10分)	
	8. 文明施工措施	文明施工措施到位(10分)	
	9. 环境保护措施	环境保护措施到位(10分)	
	10. 主要施工机械计划表	按工程要求拟定施工机械计划表(10分)	
	11. 文本格式	文本格式符合专业要求(5分)	
总分			
总结与思考	(本次任务实施中主要存在的问题,需要教师帮助解决的问题)		
	年　　月　　日		

附录　××道路工程施工图

××路（沪蓉高速公路～云河路）

道路工程施工图

工程编号：××××-×××

院　　　　长：＿＿＿＿＿＿＿

总 工 程 师：＿＿＿＿＿＿＿

分 管 副 总：＿＿＿＿＿＿＿

项 目 负 责 人：＿＿＿＿＿＿＿

××市市政工程设计研究院有限公司

资质等级：甲级　证书编号：A×××××××××

××年××月

图纸目录

文 件 名 称	图 纸 名 称
路网-整理布局	工程区位图
云河路平面	平面设计图(一)
	平面设计图(二)
	平面设计图(三)
	平面设计图(四)
	平面设计图(五)
	平面设计图(六)
	平面设计图(七)
	平面设计图(八)
	平面设计图(九)
结构施工图	道路结构图(一)
	道路结构图(二)
	道路结构图(三)
	道路结构图(四)
	道路结构图(五)
	道路结构图(六)
	道路结构图(七)
	道路结构图(八)
	道路结构图(九)
纵断横断交叉口平面图	交叉口竖向设计图(一)
	交叉口竖向设计图(二)
	交叉口竖向设计图(三)

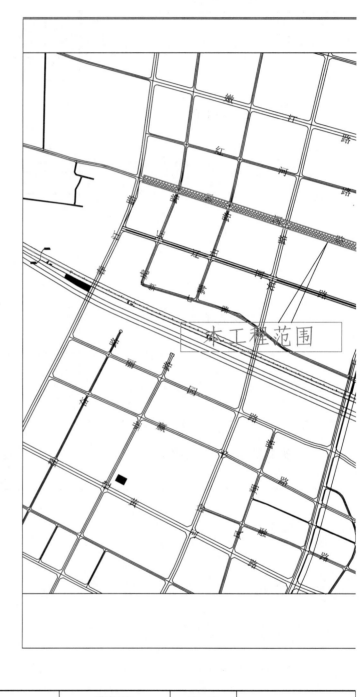

建设单位		道路工程	审 定	
项目名称		工程区位图	审 核	

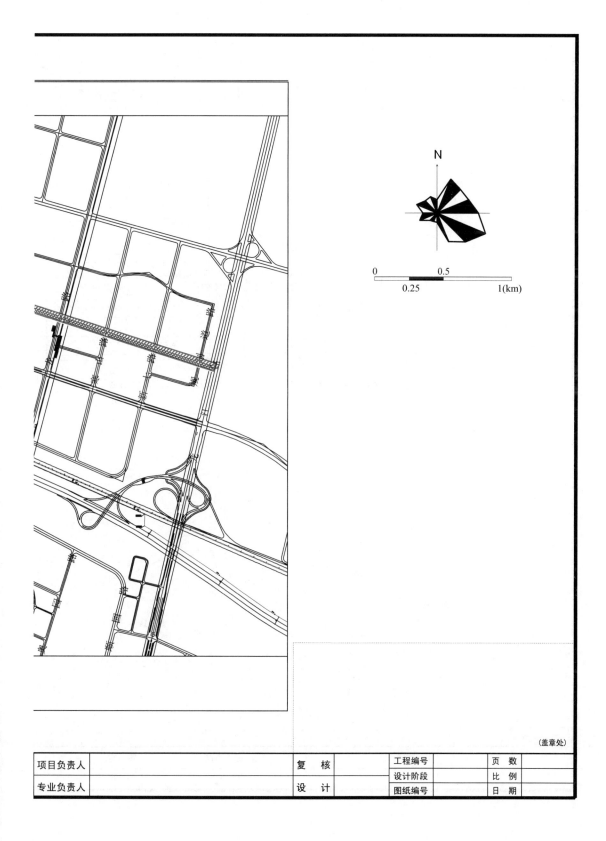

项目负责人		复 核		工程编号		页 数	
专业负责人		设 计		设计阶段		比 例	
				图纸编号		日 期	

(盖章处)

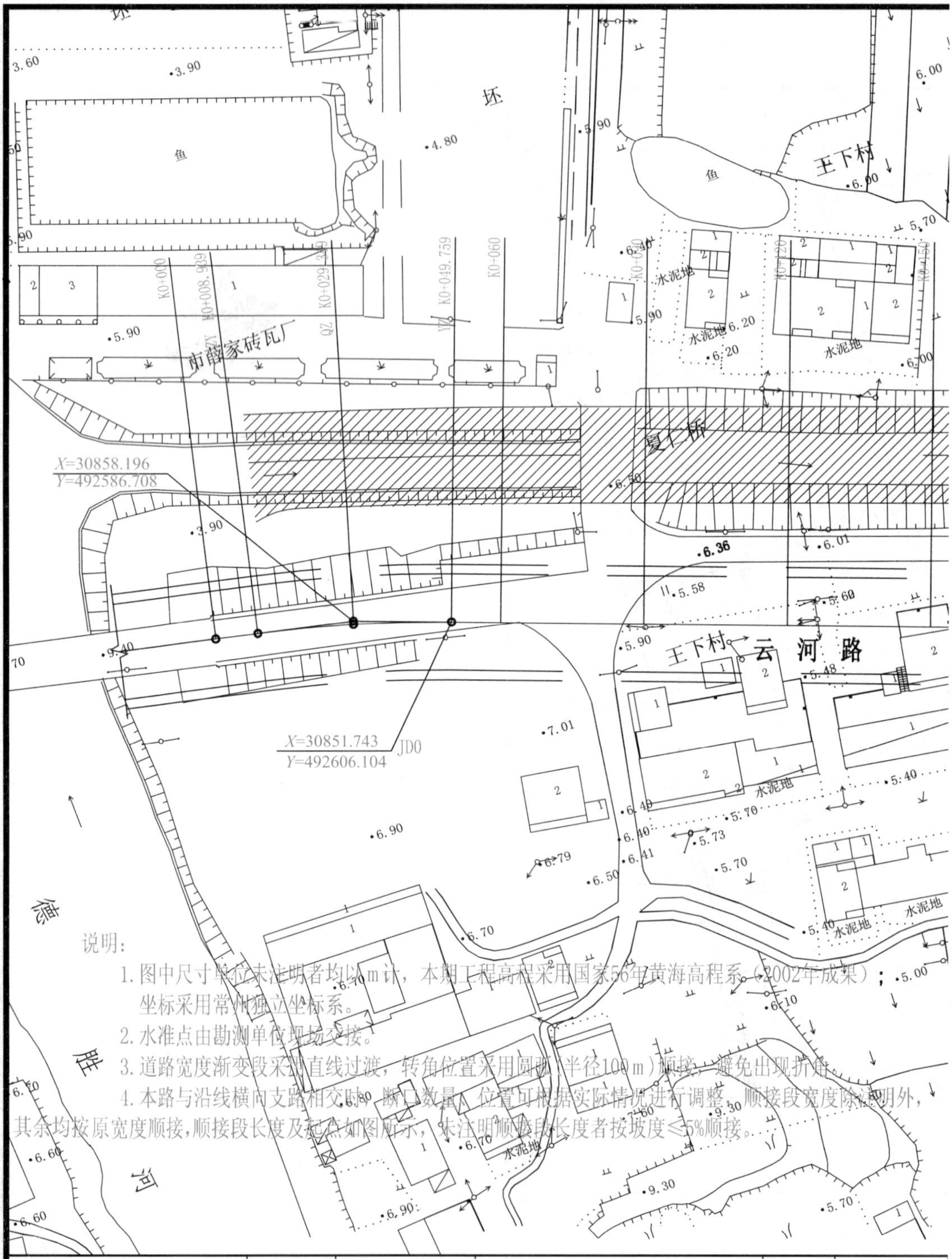
市韵家砖瓦厂
夏仁桥
王下村
云 河 路
鱼
坯
水泥地
德
胜
河
K0+000
K0+008.939
K0+029.309
K0+049.759
K0+060
K0+040
K0+120
K0+150
X=30858.196
Y=492586.708
X=30851.743
Y=492606.104
JD0
说明：
1.图中尺寸单位未注明者均以m计，本期工程高程采用国家56年黄海高程系（2002年成果）；坐标采用常州独立坐标系。
2.水准点由勘测单位现场交接。
3.道路宽度渐变段采用直线过渡，转角位置采用圆弧（半径100m）顺接，避免出现折角。
4.本路与沿线横向支路相交时，断口数量、位置可根据实际情况进行调整，顺接段宽度除注明外，其余均按原宽度顺接，顺接段长度及起点如图所示，未注明顺接段长度者按坡度≤5%顺接。

	建设单位		道路工程	审　定	
	项目名称		平面设计图(一)	审　核	

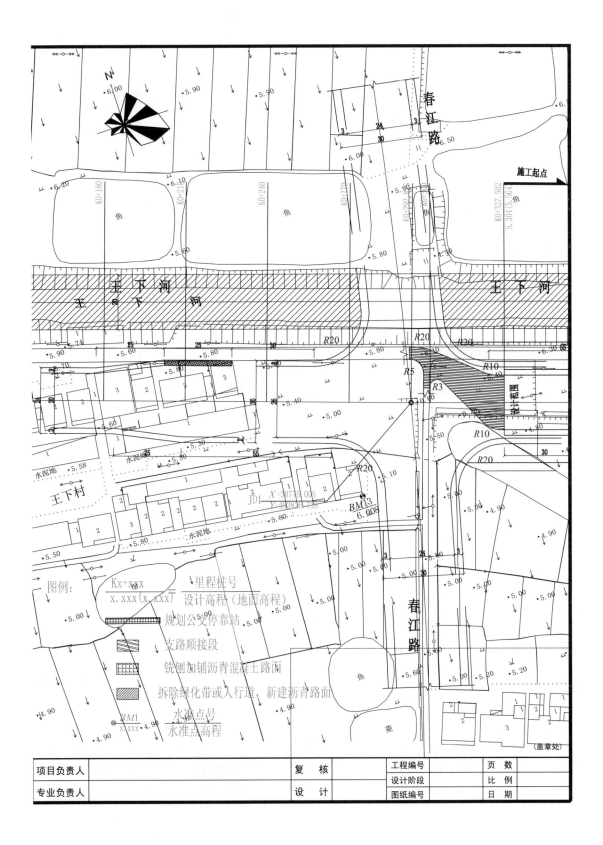

项目负责人		复 核		工程编号		页 数	
				设计阶段		比 例	
专业负责人		设 计		图纸编号		日 期	

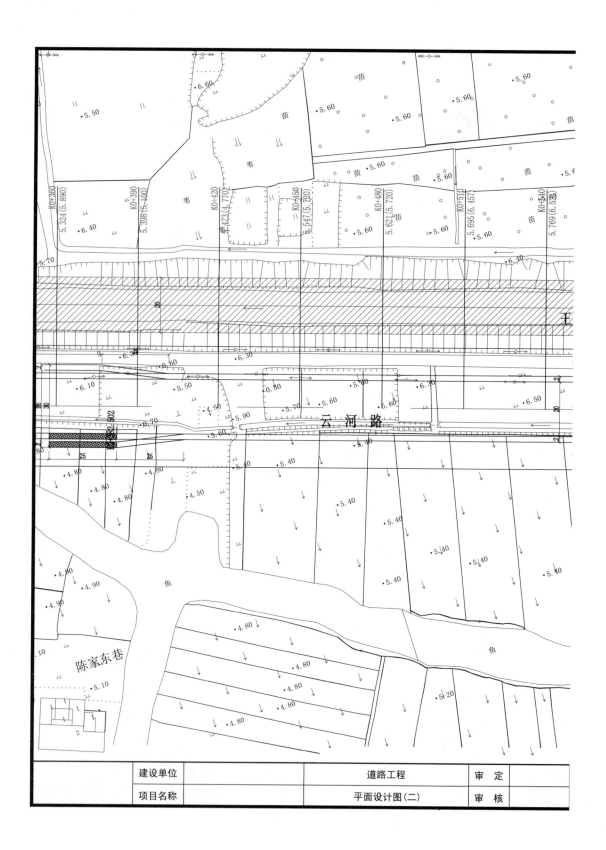

建设单位		道路工程	审　定	
项目名称		平面设计图(二)	审　核	

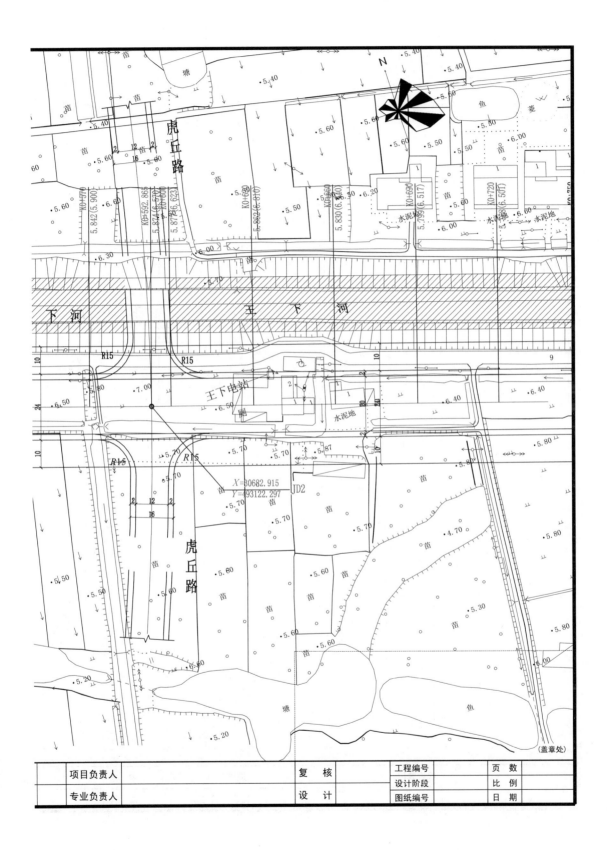

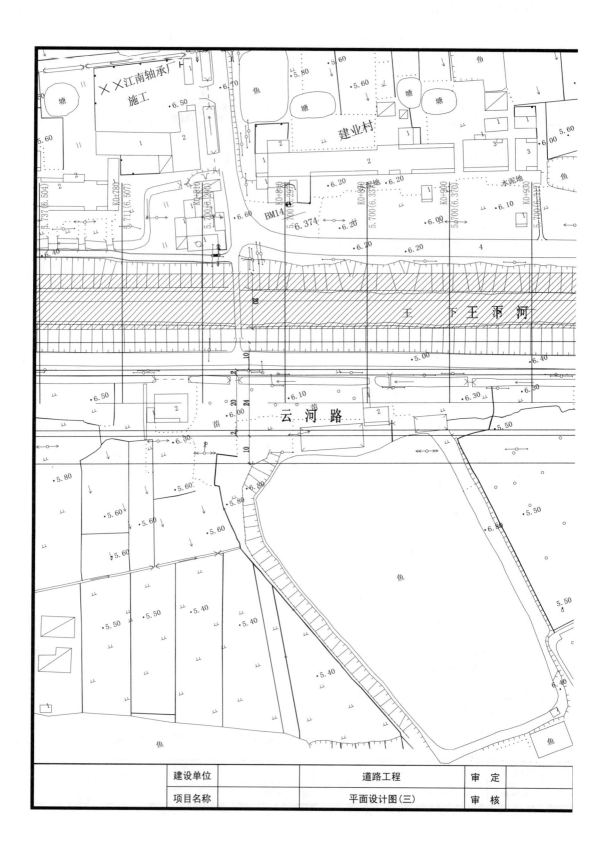

建设单位		道路工程		审 定	
项目名称		平面设计图（三）		审 核	

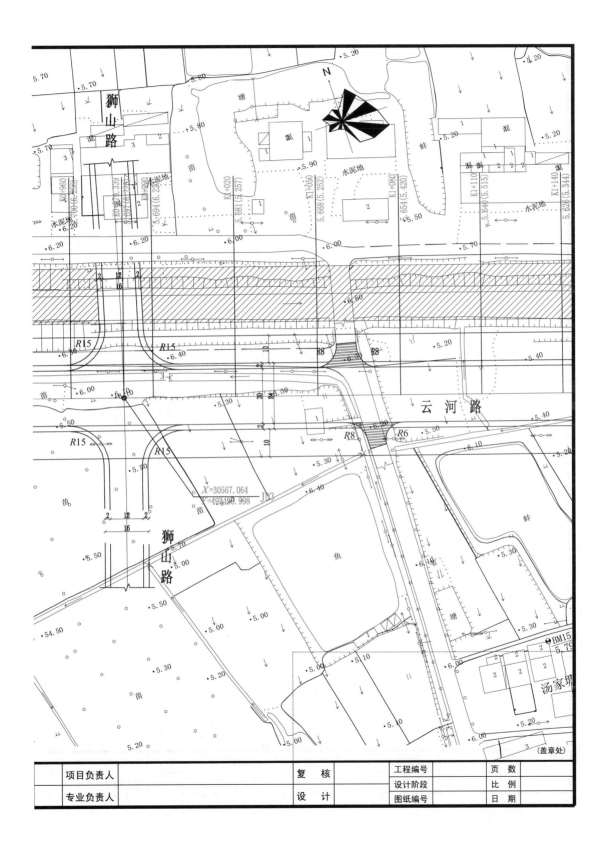

项目负责人		复　核		工程编号		页　数	
专业负责人		设　计		设计阶段		比　例	
				图纸编号		日　期	

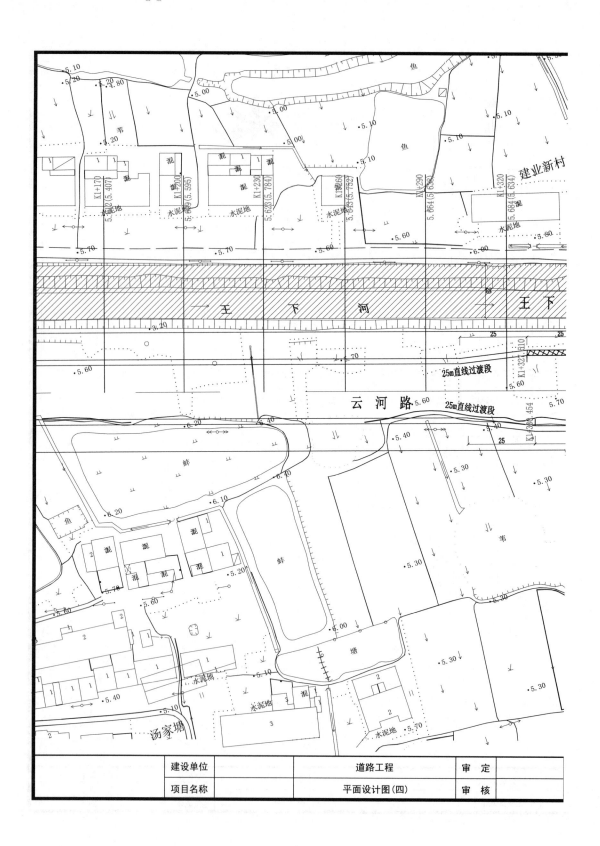

建设单位		道路工程		审　定	
项目名称		平面设计图(四)		审　核	

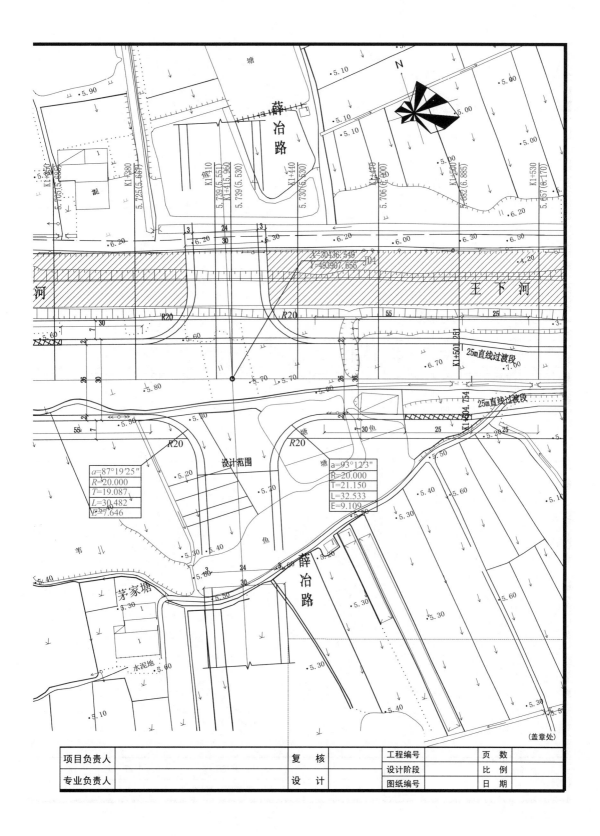

项目负责人		复 核		工程编号		页 数	
专业负责人		设 计		设计阶段		比 例	
				图纸编号		日 期	

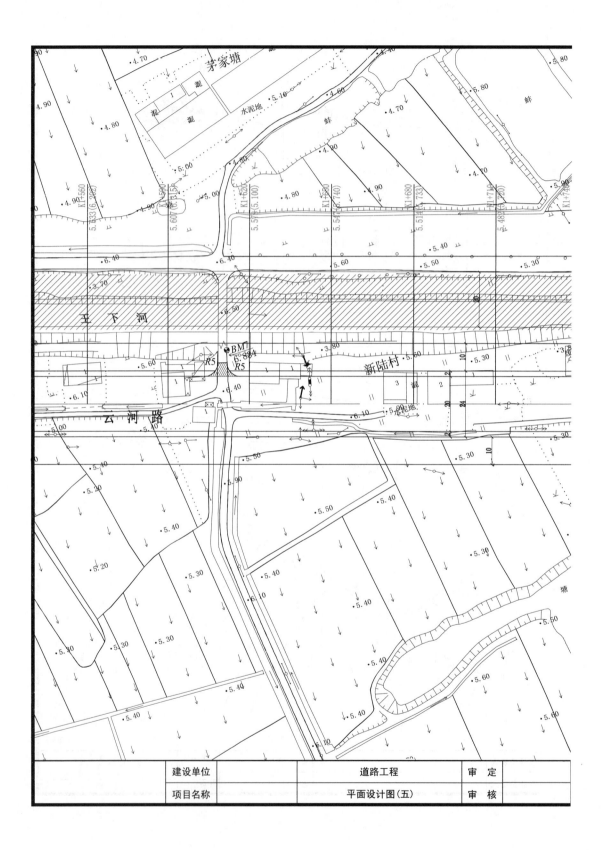

建设单位		道路工程		审 定	
项目名称		平面设计图(五)		审 核	

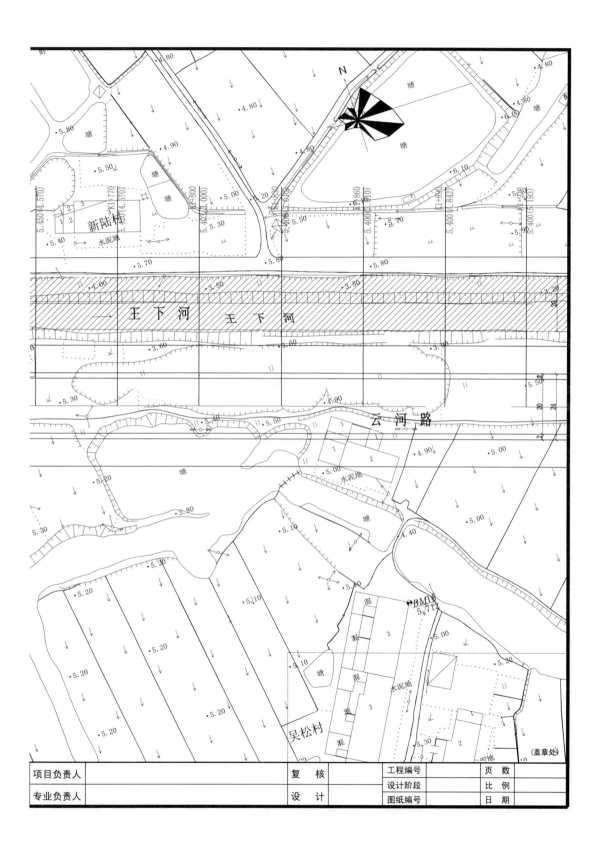

项目负责人		复 核		工程编号		页 数	
专业负责人		设 计		设计阶段		比 例	
				图纸编号		日 期	

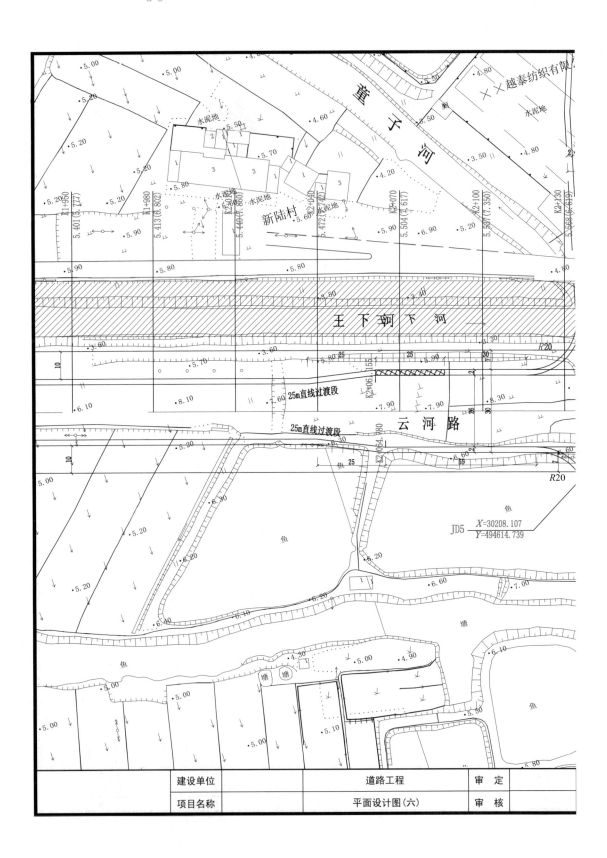

建设单位		道路工程	审 定	
项目名称		平面设计图(六)	审 核	

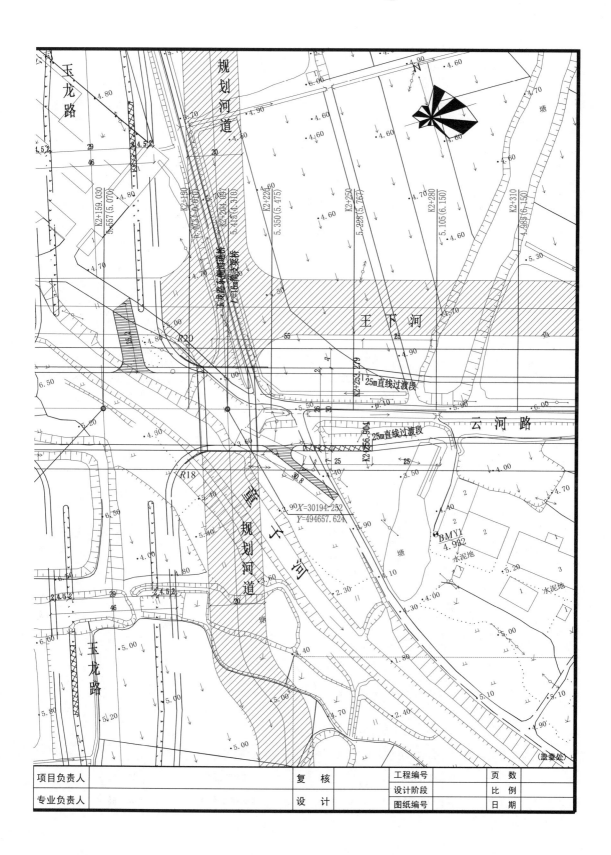

项目负责人		复　核		工程编号		页　数	
专业负责人		设　计		设计阶段		比　例	
				图纸编号		日　期	

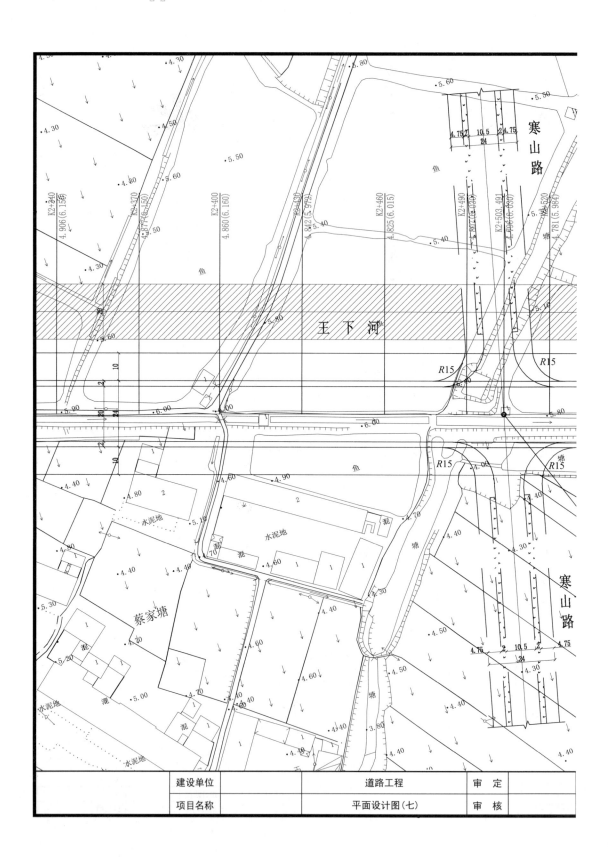

建设单位		道路工程	审 定	
项目名称		平面设计图(七)	审 核	

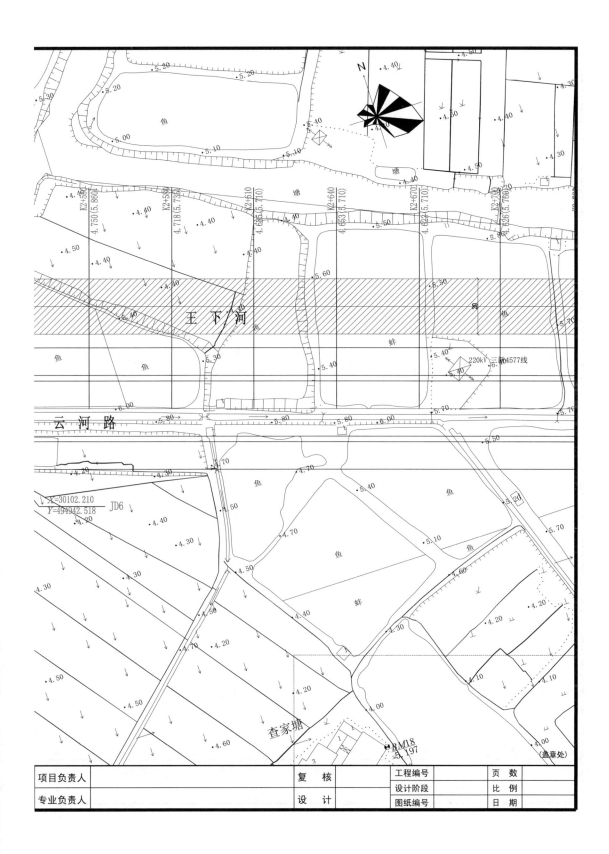

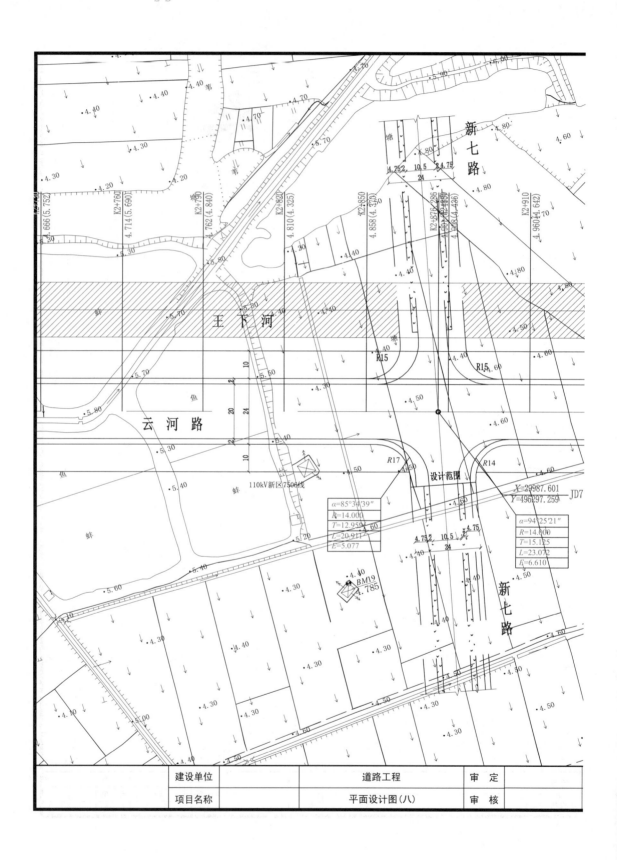

建设单位		道路工程		审 定	
项目名称		平面设计图（八）		审 核	

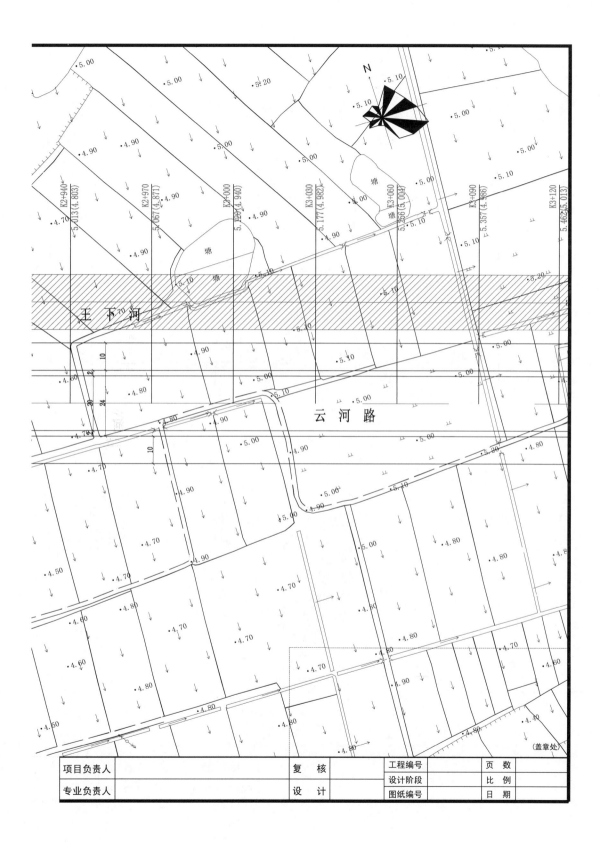

项目负责人		复 核		工程编号		页 数	
专业负责人		设 计		设计阶段		比 例	
				图纸编号		日 期	

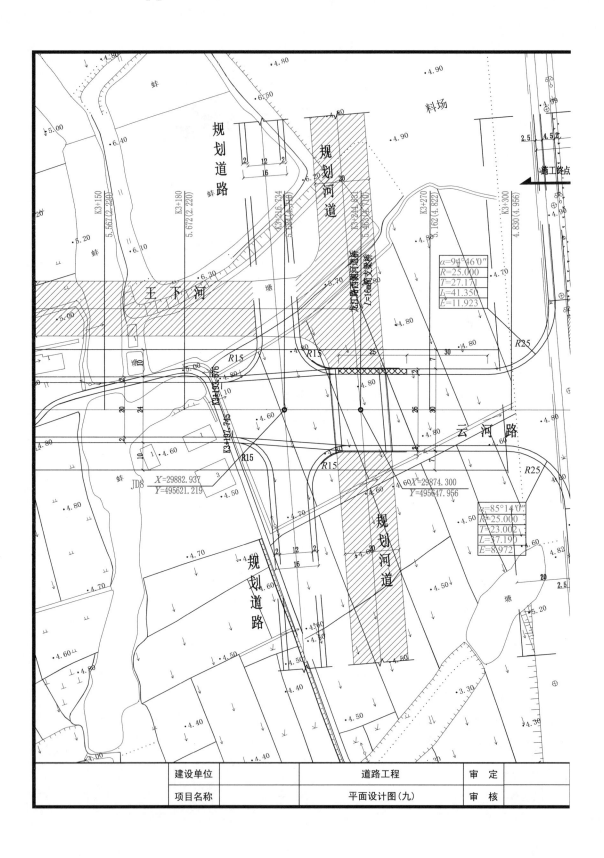

建设单位		道路工程	审 定	
项目名称		平面设计图（九）	审 核	

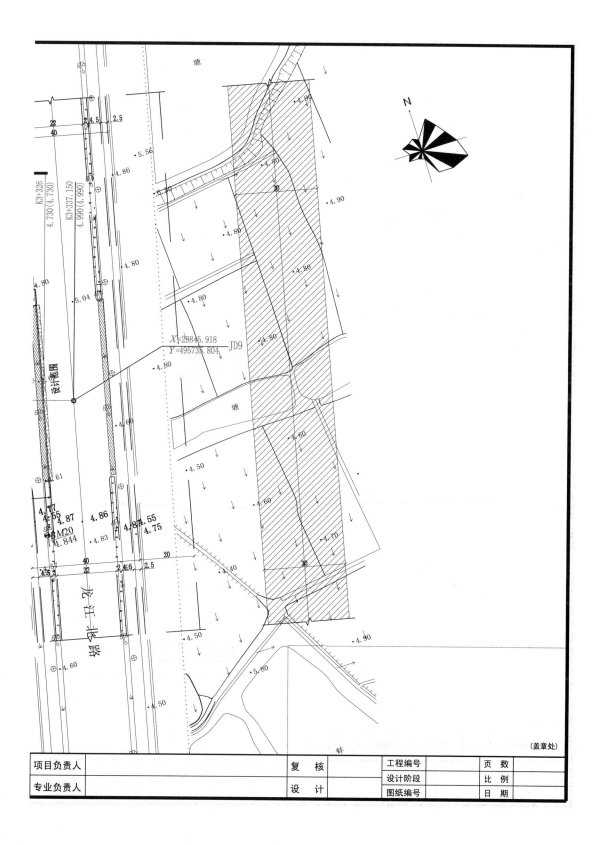

项目负责人		复 核		工程编号		页　数	
专业负责人		设 计		设计阶段		比　例	
				图纸编号		日　期	

(盖章处)

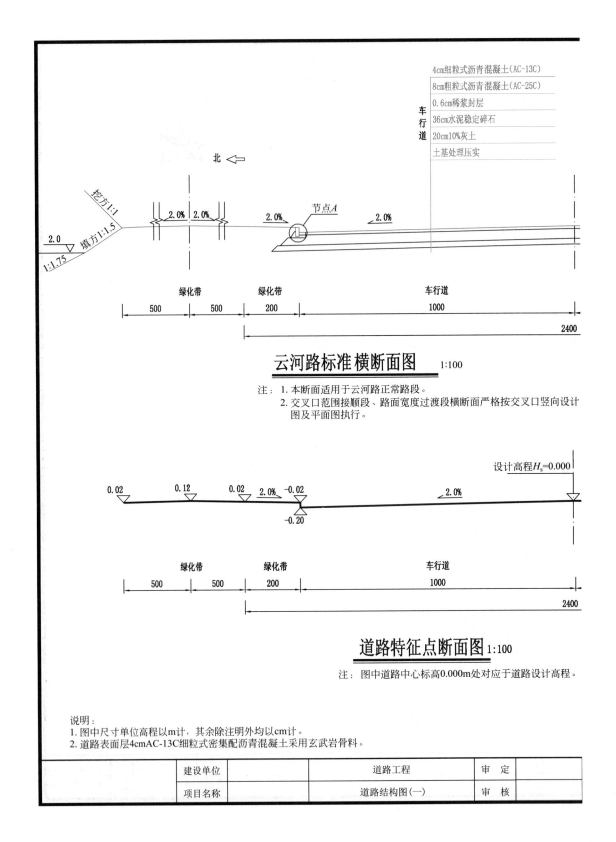

云河路标准横断面图 1:100

注: 1. 本断面适用于云河路正常路段。
　　2. 交叉口范围接顺段、路面宽度过渡段横断面严格按交叉口竖向设计图及平面图执行。

道路特征点断面图 1:100

注: 图中道路中心标高0.000m处对应于道路设计高程。

说明:
1. 图中尺寸单位高程以m计, 其余除注明外均以cm计。
2. 道路表面层4cmAC-13C细粒式密集配沥青混凝土采用玄武岩骨料。

建设单位		道路工程	审　定	
项目名称		道路结构图(一)	审　核	

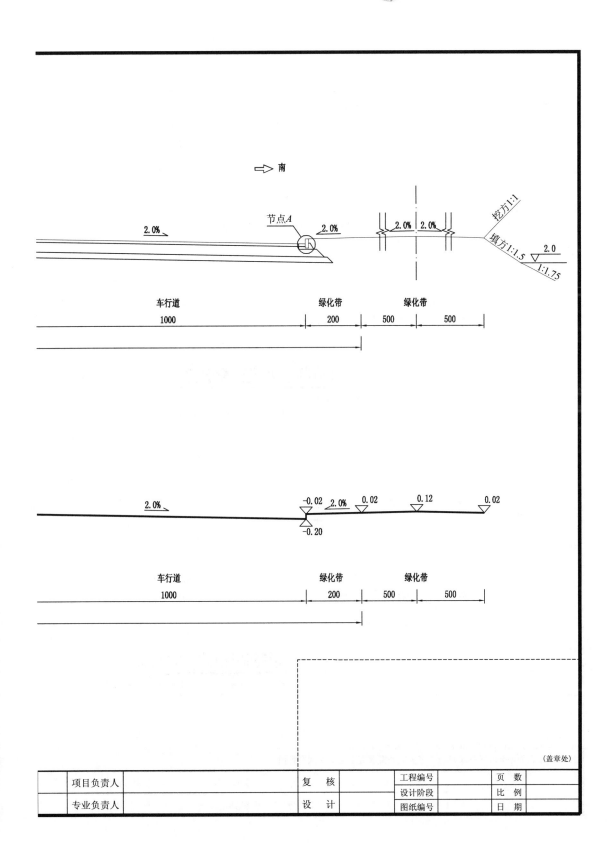

 南

节点A

车行道　1000　绿化带　200　绿化带　500　500

车行道　1000　绿化带　200　绿化带　500　500

(盖章处)

项目负责人		复 核		工程编号		页 数	
				设计阶段		比 例	
专业负责人		设 计		图纸编号		日 期	

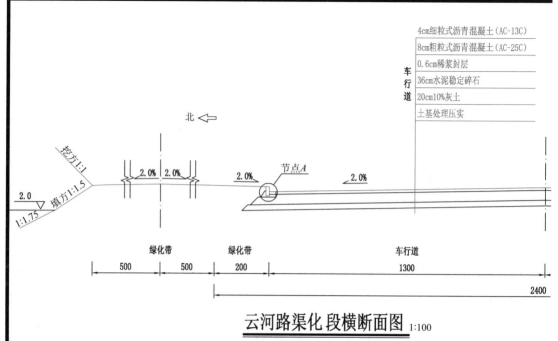

云河路渠化段横断面图 1:100

注：1. 本断面适用于云河路渠化段。
　　2. 交叉口范围接顺段、路面宽度过渡段横断面严格按交叉口竖向设计图及平面图执行。

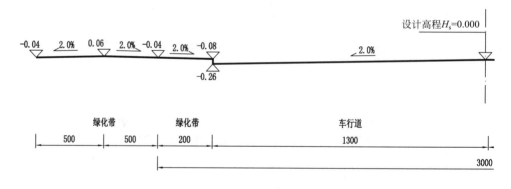

道路特征点断面图 1:100

注：图中道路中心标高0.000m处对应于道路设计高程。

说明：
1. 图中尺寸单位高程以m计，其余除注明外均以cm计。
2. 道路表面层4cmAC-13C细粒式密集配沥青混凝土采用玄武岩骨料。

建设单位		道路工程		审　定	
项目名称		道路结构图(二)		审　核	

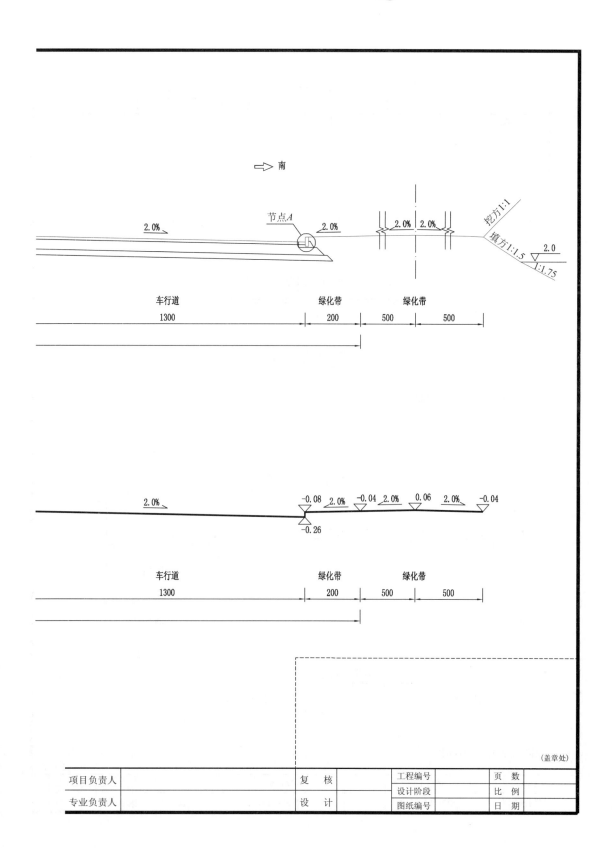

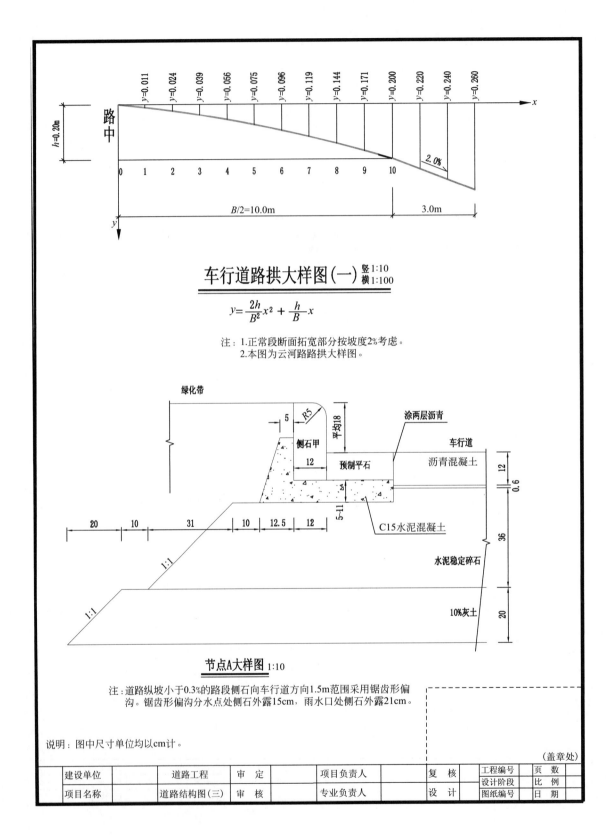

车行道路拱大样图(一) 竖1:10 横1:100

$$y = \frac{2h}{B^2}x^2 + \frac{h}{B}x$$

注：1.正常段断面拓宽部分按坡度2%考虑。
　　2.本图为云河路路拱大样图。

节点A大样图 1:10

注：道路纵坡小于0.3%的路段侧石向车行道方向1.5m范围采用锯齿形偏沟。锯齿形偏沟分水点处侧石外露15cm，雨水口处侧石外露21cm。

说明：图中尺寸单位均以cm计。

建设单位		道路工程	审　定		项目负责人		复　核		工程编号		页　数	
项目名称		道路结构图(三)	审　核		专业负责人		设　计		设计阶段		比　例	
									图纸编号		日　期	

(盖章处)

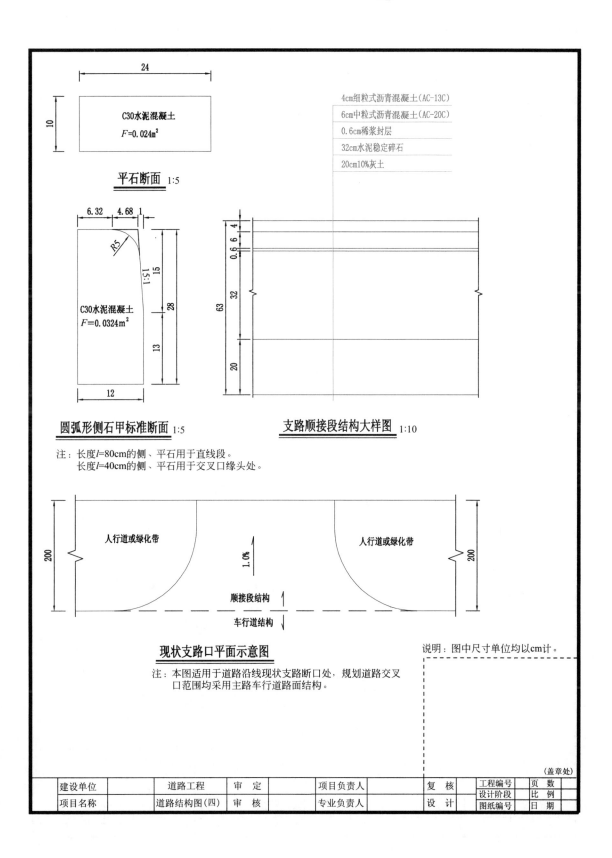

24

C30水泥混凝土
F=0.024m²

10

平石断面 1:5

6.32 4.68 1

R5

15:1

C30水泥混凝土
F=0.0324m²

15
28
13
12

圆弧形侧石甲标准断面 1:5

注：长度l=80cm的侧、平石用于直线段。
　　长度l=40cm的侧、平石用于交叉口缘头处。

4cm细粒式沥青混凝土(AC-13C)
6cm中粒式沥青混凝土(AC-20C)
0.6cm稀浆封层
32cm水泥稳定碎石
20cm10%灰土

4
6
0.6
32
20
63

支路顺接段结构大样图 1:10

人行道或绿化带

人行道或绿化带

200

200

1.0%

顺接段结构

车行道结构

现状支路口平面示意图

注：本图适用于道路沿线现状支路断口处，规划道路交叉
　　口范围均采用主路车行道路面结构。

说明：图中尺寸单位均以cm计。

(盖章处)

建设单位		道路工程	审　定		项目负责人		复　核		工程编号		页　数	
项目名称		道路结构图(四)	审　核		专业负责人		设　计		图纸编号		日　期	

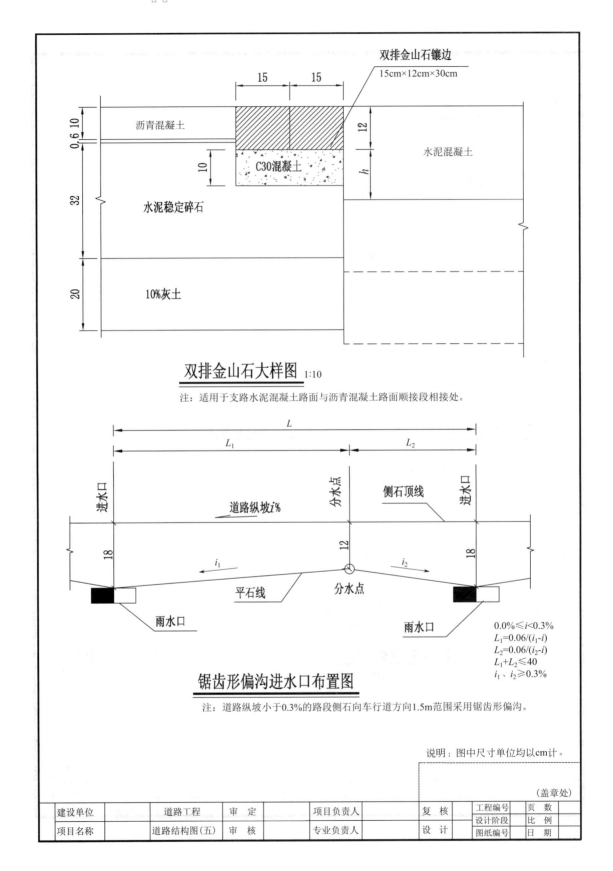

双排金山石大样图 1:10

注：适用于支路水泥混凝土路面与沥青混凝土路面顺接段相接处。

锯齿形偏沟进水口布置图

$0.0\% \leqslant i < 0.3\%$
$L_1 = 0.06/(i_1-i)$
$L_2 = 0.06/(i_2-i)$
$L_1+L_2 \leqslant 40$
i_1、$i_2 \geqslant 0.3\%$

注：道路纵坡小于0.3%的路段侧石向车行道方向1.5m范围采用锯齿形偏沟。

说明：图中尺寸单位均以cm计。

（盖章处）

建设单位		道路工程	审　定		项目负责人		复　核		工程编号		页　数	
									设计阶段		比　例	
项目名称		道路结构图(五)	审　核		专业负责人		设　计		图纸编号		日　期	

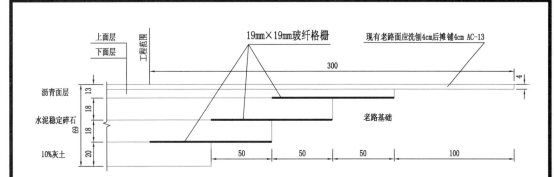

新老沥青路面过渡大样图(一) 1:20

注：本图适用于正常段沥青路面结构。

玻纤格栅采用表面经改性沥青涂覆、规格为GA1×1C型，网格尺寸为19mm×19mm，断裂强度：经向≥50kN/m，纬向 ≥44kN/m，弹性模量≥67000MPa。

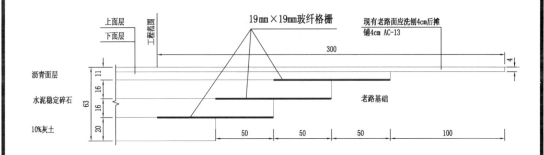

新老沥青路面过渡大样图(二) 1:20

注：本图适用于顺接段沥青路面结构。

玻纤格栅采用表面经改性沥青涂覆、规格为GA1×1C型，网格尺寸为19mm×19mm，断裂强度：经向≥50kN/m，纬向 ≥44kN/m，弹性模量≥67000MPa。

说明：图中尺寸单位均以cm计。

(盖章处)

建设单位		道路工程	审 定		项目负责人		复 核		工程编号		页 数	
项目名称		道路结构图(六)	审 核		专业负责人		设 计		设计阶段		比 例	
									图纸编号		日 期	

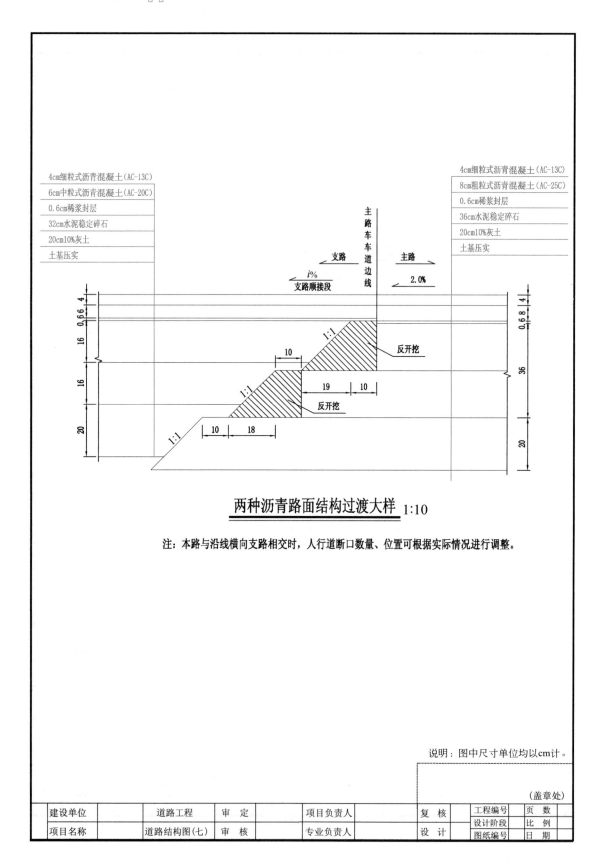

两种沥青路面结构过渡大样 1:10

注：本路与沿线横向支路相交时，人行道断口数量、位置可根据实际情况进行调整。

说明：图中尺寸单位均以cm计。

（盖章处）

建设单位		道路工程	审　定		项目负责人		复　核		工程编号		页　数	
项目名称		道路结构图(七)	审　核		专业负责人		设　计		图纸编号		日　期	
									设计阶段		比　例	

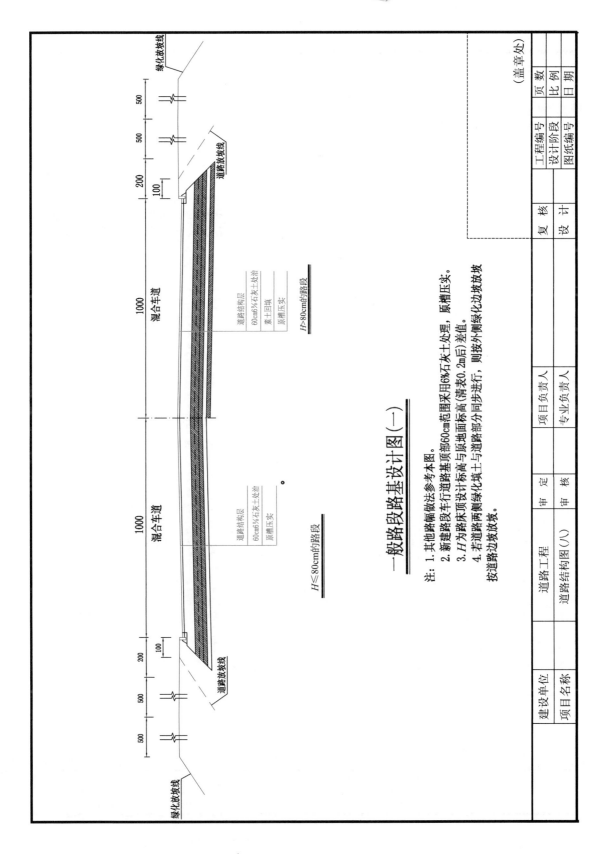

一般路段路基设计图（一）

注：1. 其他路幅做法参考本图。
2. 新建路段路基车行道路基顶部60cm范围采用6%石灰土处理，原槽压实。
3. H为路床顶设计标高与原地面高（清表0.2m后）差值。
4. 若道路两侧绿化填土与道路部分同步进行，则按外侧绿化边坡放坡；按道路边坡放坡。

建设单位		道路工程		审 定		项目负责人		工程编号		页 数	
项目名称		道路结构图（八）		审 核		专业负责人		设计阶段		比 例	
				复 核				图纸编号		日 期	
				设 计							

（盖章处）

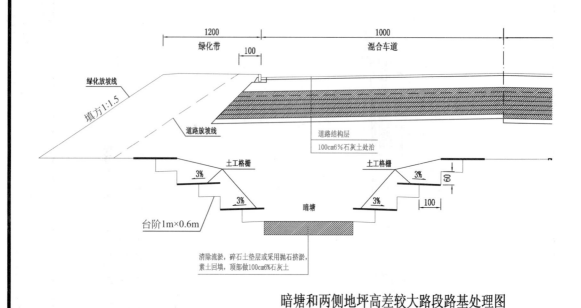

暗塘和两侧地坪高差较大路段路基处理图

注：其他路幅做法参考本图。

说明：
1．本图尺寸除注明外均以cm计。
2．一般路段车行道路基施工时，首先应清表平均20cm。当填土高度*H*(路床顶设计高程与清表后原地面高程的差值)≤60cm时，开挖路槽，保证路床顶设计高程与开挖后路槽顶面高程间的高差为60cm，然后对原槽压实，回填三层各20cm厚的6%灰土处理层；当填土高度*H*>60cm时，对原槽压实，再回填素土至路床顶面以下60cm处，上面设置三层各20cm厚的6%灰土处理层。其余路段做法参照本图。施工时结合路槽开挖后现场土质情况再确定原槽处理方案。
3．河塘部分填筑前需筑坝、抽水、清淤，岸坎应开挖成台阶，台阶高度≤60cm，宽度不宜小于1m，台阶内倾3%。当淤泥深度小于1.5m时，清除淤泥，采用素土回填，并在路床顶部增加40cm6%灰土处理；若淤泥深度大于1.5m时，清除表层流质淤泥，并采用60cm厚块石挤淤，后采用10cm碎石填隙，采用素土回填，路基顶部采用除60cm6%灰土处理外，增加40cm6%灰土处理。如遇特殊困难地段，应及时通知设计人员作出针对性处理。河塘路段路基压实度应符合路基填土要求。河塘段需处理道路路基部分，两侧绿化部分路基原则上不需处理。
4．在暗塘或高填土路段回填土层间，每两个台阶铺设一层土工格栅，土工格栅幅宽2m，技术指标要求为：在10%的延伸率时抗拉强度不小于25kN/m。
5．若道路两侧绿化填土与道路部分同步进行，则按外侧绿化边坡放坡；若绿化填土滞后，则按道路边坡放坡。

建设单位		道路工程	审　定	
项目名称		道路结构图(九)	审　核	

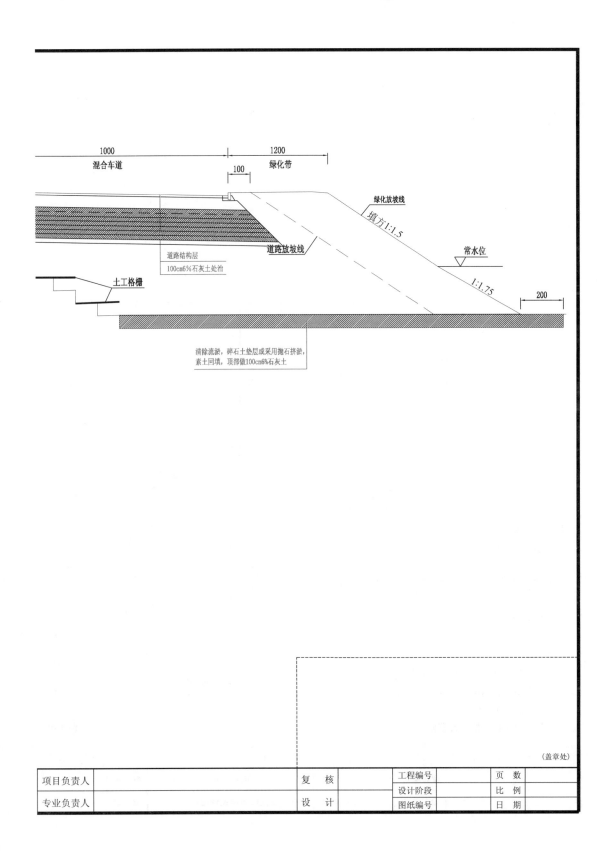

<table>
<tr><td>项目负责人</td><td></td><td rowspan="2">复　核</td><td rowspan="2"></td><td>工程编号</td><td></td><td>页　　数</td><td></td></tr>
<tr><td rowspan="2">专业负责人</td><td rowspan="2"></td><td>设计阶段</td><td></td><td>比　　例</td><td></td></tr>
<tr><td>设　计</td><td></td><td>图纸编号</td><td></td><td>日　　期</td><td></td></tr>
</table>

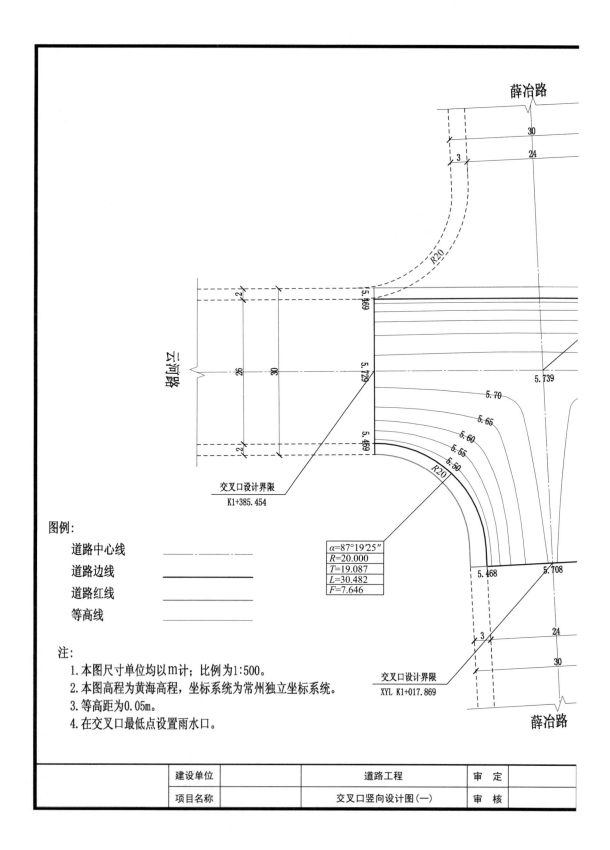

薛冶路

立新路

交叉口设计界限
K1+385.454

$\alpha=87°19'25''$
$R=20.000$
$T=19.087$
$L=30.482$
$F=7.646$

交叉口设计界限
XYL K1+017.869

薛冶路

图例:

道路中心线 ————

道路边线 ————

道路红线 ————

等高线 ————

注:

1. 本图尺寸单位均以m计;比例为1:500。
2. 本图高程为黄海高程,坐标系统为常州独立坐标系统。
3. 等高距为0.05m。
4. 在交叉口最低点设置雨水口。

建设单位		道路工程	审 定	
项目名称		交叉口竖向设计图(一)	审 核	

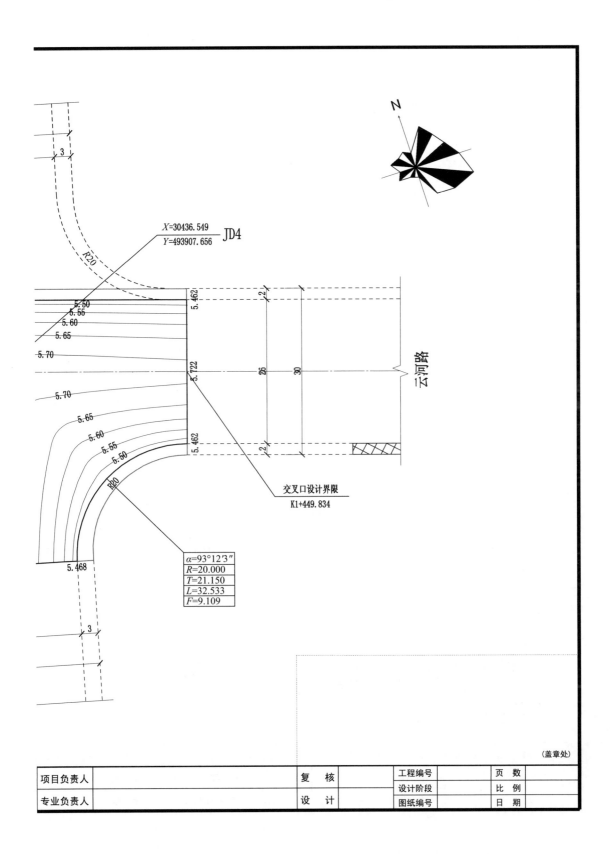

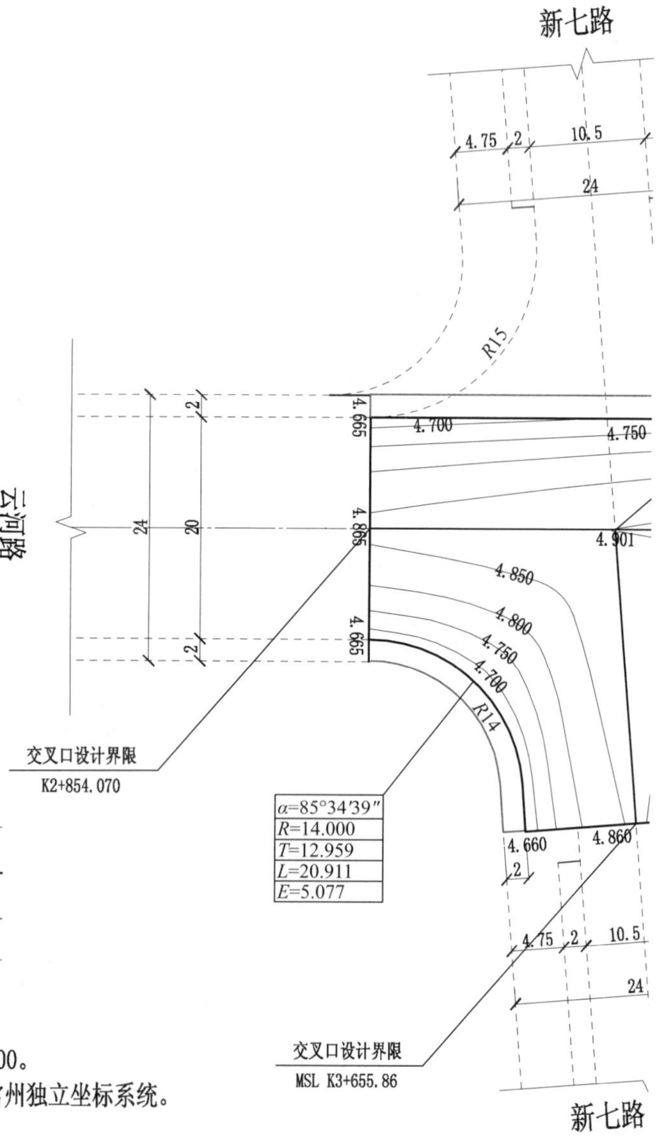

新七路

4.75　2　10.5

24

R15

云河路

2

24　20

2

4.665　4.700　4.750

4.885

4.901

4.850

4.800

4.665

4.750

4.700

R14

交叉口设计界限
K2+854.070

| $\alpha=85°34'39''$ |
| $R=14.000$ |
| $T=12.959$ |
| $L=20.911$ |
| $E=5.077$ |

4.660　4.860

2

4.75　2　10.5

24

交叉口设计界限
MSL K3+655.86

新七路

图例：

道路中心线　————

道路边线　————

道路红线　————

等高线　————

注：

1. 本图尺寸单位均以 m 计；比例为1:500。
2. 本图高程为黄海高程，坐标系统为常州独立坐标系统。
3. 等高距为0.05m。
4. 在交叉口最低点设置雨水口。

| 建设单位 | | 道路工程 | 审　定 | |
| 项目名称 | | 交叉口竖向设计图(二) | 审　核 | |

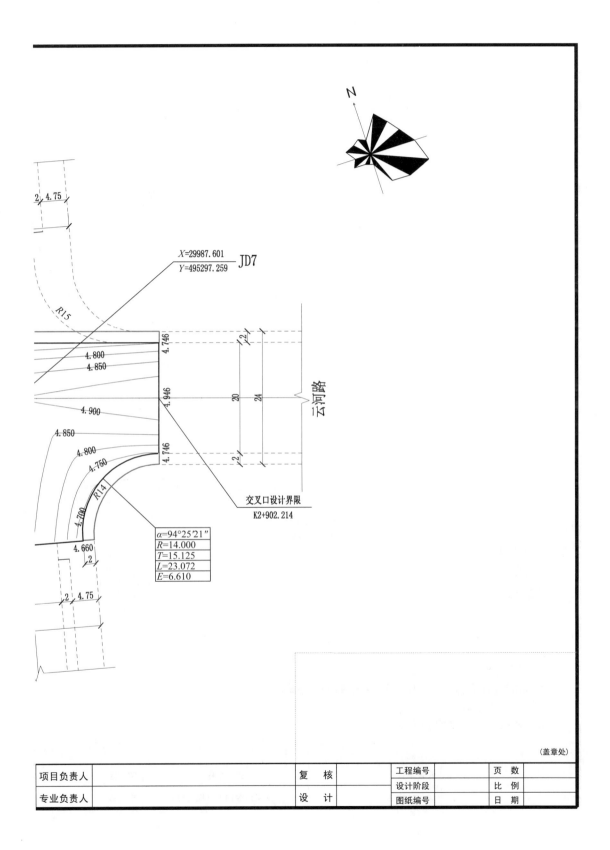

N

X=29987.601
Y=495297.259

JD7

R15

4.746

2

4.800
4.850

4.946

4.900

20

24

云河路

4.850

4.800
4.750

4.746

2

R14

交叉口设计界限
K2+902.214

4.700

4.660

2

2 4.75

α=94°25′21″
R=14.000
T=15.125
L=23.072
E=6.610

2 4.75

(盖章处)

项目负责人		复 核		工程编号		页 数	
				设计阶段		比 例	
专业负责人		设 计		图纸编号		日 期	

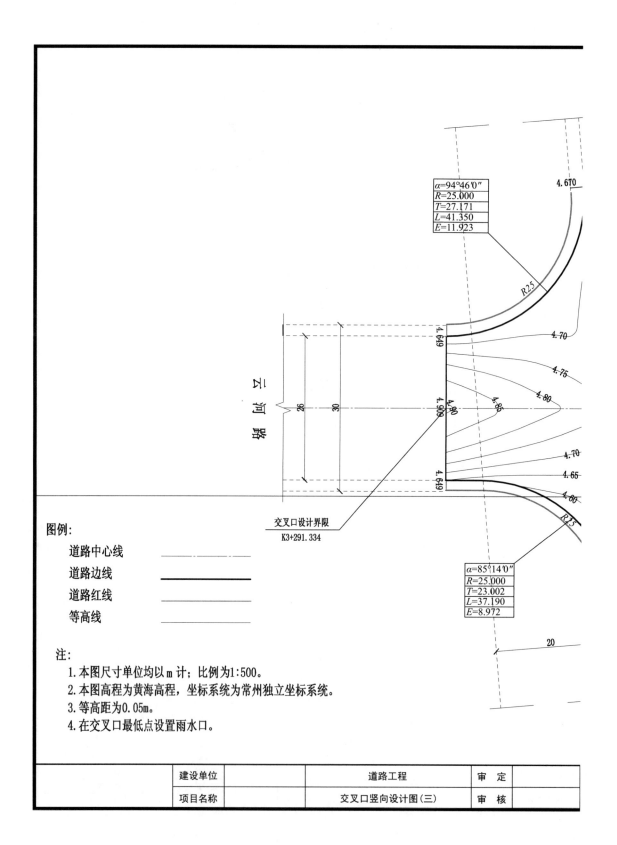

图例:

道路中心线 ————————

道路边线 ————————

道路红线 ————————

等高线 ————————

注:

1. 本图尺寸单位均以 m 计；比例为1:500。

2. 本图高程为黄海高程，坐标系统为常州独立坐标系统。

3. 等高距为0.05m。

4. 在交叉口最低点设置雨水口。

建设单位		道路工程		审 定	
项目名称		交叉口竖向设计图（三）		审 核	

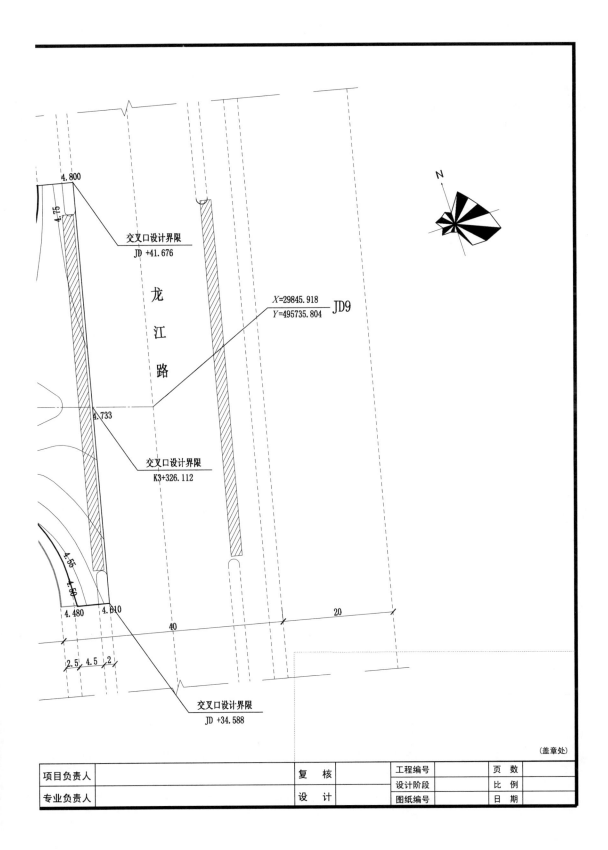

交叉口设计界限
JD +41.676

龙
江
路

$X=29845.918$
$Y=495735.804$ JD9

交叉口设计界限
K3+326.112

交叉口设计界限
JD +34.588

4.800

4.75

4.733

4.55

4.50

4.480 4.610

2.5 4.5 2

40

20

N

(盖章处)

项目负责人		复 核		工程编号		页 数	
				设计阶段		比 例	
专业负责人		设 计		图纸编号		日 期	

参 考 文 献

［1］城镇道路工程施工与质量验收规范 CJJ 1—2008.

［2］公路沥青路面施工技术规范 JTG F40—2004.

［3］闫超君，丁明科，费秉胜．道路工程施工技术．北京：中国水利水电出版社，2008.

［4］陈有杰．城镇道路工程施工员培训教材．北京：中国建材工业出版社，2011.

［5］蒋红，田万涛．道路与桥梁工程施工．北京：中国水利水电出版社，2010.